蘇轍及其政論與文論

陳 正 雄 著

文 史 哲 學 集 成
文史哲出版社印行

國家圖書館出版品預行編目資料

蘇轍及其政論與文論 / 陳正雄著. -- 初版 --
臺北市：文史哲, 民 99. 05
頁: 公分. --（文史哲學集成；584）
ISBN 978-957-549-903-7（平裝）

1.（宋）蘇轍 – 學術思想 – 哲學
2.（宋）蘇轍 – 學術思想 – 文學

125.16   9904899

文史哲學集成 584

蘇轍及其政論與文論

著　　者：陳　　　正　　　雄
出 版 者：文　史　哲　出　版　社
　　　　　http:// www.lapen.com.tw
　　　　　e-mail：lapen@ms74.hinet.net
登記證字號：行政院新聞局版臺業字五三三七號
發 行 人：彭　　　正　　　雄
發 行 所：文　史　哲　出　版　社
印 刷 者：文　史　哲　出　版　社
　　　　　臺北市羅斯福路一段七十二巷四號
　　　　　郵政劃撥帳號：一六一八○一七五
　　　　　電話886-2-23511028・傳真886-2-23965656

實價新臺幣四八○元

中華民國九十九年（2010）五月初版

新 序

　　本書嘗於九十四年出版，名曰：《蘇轍學術思想述評》歷經四年，「看書如服藥，藥多力自行」於書詳加註解，以明出處，校讎斧正，增潤顏色，俾使完備。遂以《蘇轍及其政論與文論》名焉，而舊題書名捐棄。

　　本書內容分為三篇，第一篇為蘇轍生平及其思想淵源，第一章蘇轍生平，第二章蘇轍思想淵源。以明三蘇蜀學一脈相傳，師友獎掖，造就穌轍一生之志業。第二篇為蘇轍政論，第一章蘇轍政治理論，第二章蘇轍軍事理論，第三章蘇轍財經理論。以「冗吏」、「冗兵」、「冗費」為析論主軸。但見蘇轍理論與實務兼備，改革與守成並進。懷抱「人飢己飢、人溺己溺」之儒家政治風範。第三篇為蘇轍文論，第一章蘇轍文藝理論概述，第二章蘇轍論詩及其詩作特色，第三章蘇轍論文及其散文特色，第四章蘇轍論畫及其文藝理論餘論。探討蘇轍之詩作、散文及繪畫，各獨具慧眼，別有風格。

　　　　　　　　　　　　　　陳正雄　謹序 98 年 12 月

自 序

　　唐宋八大家的文章，自宋明以來，向爲辛勤學子奉爲圭臬，津津樂道、耳熟能詳的文學津梁。尤其是「一門父子三詞客，千古文章八大家」的眉山三蘇 ── 蘇洵、蘇軾、蘇轍父子佔有三席，聲名遠播，享譽久遠，成爲中國文學史上的佳話。文安的奇崛、文忠的雄偉、文定的疏宕，當代稱之、後世頌之。子得之父、弟受之兄，一日而名震京師，聲動朝野；其中大蘇東坡先生，中外學者均認同其才氣縱橫的睿智、瀟灑風流的人格。至於嚴謹內斂的蘇轍，歷代名家對其諸多肯定、稱譽，不我欺也；而茅鹿門編有《唐宋八大家文鈔》，蘇轍名列其中，既以父兄爲師，蘇軾亦謂其體氣高妙有過於己者，因係晚出，故名列於後，實爲康宋八大家之壓卷者。

　　蘇轍於宋哲宗元祐元年（1086）除右司諫，歷任戶部侍郎、翰林學士等要職。元祐七年（1092）擢門下侍郎，時高太后垂簾聽政，蘇轍提出「以柔御天下」的嘉言讜論，對於朝政興革，厥爲舉足輕重。呂公著贊歎：「只謂蘇轍子由儒學，不知吏事精詳如此」《欒城遺言》，遂有蘇轍政治、軍事、財經等理論的研究。

　　蘇轍的政治理論，以儒家的禮樂爲本，刑政爲末。天子雖有「賞罰予奪之柄」，但必須「親近君子，斥遠小人」，才能做到君臣之間「相信如父子，相愛如兄弟」。至於「擇人濟用，不得緣故」，以達到人事精減的目標。

　　北宋中央集權的軍事制度，其來有自。蘇轍觀察天下大弊有二：以天下之治安，而薄天下之武臣；以天下之冗官，而廢天下之武舉。是以國勢不振，於是呼籲改革兵制，主張實行兵民合一的寓兵於農制度。其次是養兵，天子若能「擇將帥而厚之以財」，且「多養間諜之士以為耳目」，必能上下同心，戰無不勝，攻無不克。

　　蘇轍肯定「財者國之命，而萬事之本」，以節流儉用為手段，去冗吏、冗兵、冗費等三冗為目的，藉此達到富國強兵的豐財計劃。主張「藏富於民」，擴大稅基、增加稅源，對於榷酒、榷鹽、榷茶的公賣制度，以及與鄰國的國際貿易，貨幣流通及供給額度，均具有現代財務管理的目標導向，是位總體經濟的財經專家。基於上述蘇轍政治思想，則賡緒孔孟遺意，成為北宋名臣，位居要津，不只是唐宋文學八大名家之一，更是有為有守的政治家。

　　蘇轍的文藝理論，淵源「以父兄為師」，所言所行皆本乎家傳。講述文藝創作，在於「意立而理明」，創作目的，在於「才適邦家用，聲非章句學」。文學樂趣在於「心之所嗜，不能自已」的忘我情境。至於蘇轍提出「文不學而能，氣可以養而致」，更是在中國文學理論上最突破、最創新的新思考，打破曹丕「雖在父兄，不能以移子弟」的迷思。關於文藝創作思想的別出心裁，經天緯地的襟懷，塑造蘇轍語言平淡、一波三折、論事精確、識見獨到等文章風格，進而與王右丞輞川意境相似，是值得學者關注的焦點。至於「我非畫中師，偶亦識畫旨」的修養，認識「朝與竹乎為遊，暮與竹乎為朋」的成竹在胸，然後傾瀉於筆端為作畫的基礎。而論寫實的精妙之餘，更有「畫馬不獨畫馬皮，畫出三馬腹中事」的寫意出塵，向為歷代名家作畫的極致。

　　本書著手寫作之初，由於專書論文諸多闕如，因緣際會，賴

四川大學曾棗莊先生、李文忠主任的協助，得於川大古籍（宋史）研究室研閱，滿載而歸。黃師錦鋐在寫作綱要、思想言論的殷切指導，不勝感激。俾使本書順利完成，在此付梓之前，一併誠摯致謝。惟某生性魯鈍，才疏學淺，思慮不同，挂一漏萬，敬請師長賢良，不吝指正。

陳正雄　謹序 94 年 2 月

蘇轍及其政論與文論

目　　次

第 一 篇
蘇轍生平及其思想淵源

第一章 蘇轍生平

第一節 蘇轍的時代背景

蘇轍生於宋仁宗寶元二年（1039）卒於宋徽宗政和二年（1112），享年七十四歲。歷經仁宗、英宗、神宗、哲宗、徽宗五朝，從北宋全盛時期，仁宗朝范仲淹十項改革的慶曆新政，神宗朝王安石求新求變的熙寧變法，哲宗朝司馬光對鈞行法的元祐更化，徽宗朝曾布消釋朋黨的靖中建國，逐步入北宋衰敗，金人入侵的黑暗時期。再經十四年（1126），金人攻陷汴京，徽、欽二帝及宮妃、皇孫一併囚虜，欽宗弟康王趙構，在臨安（杭州）成立臨時政府，開啓南宋的扉頁。北宋歷經太祖等九朝皇帝，一百六十七年的政權告終。

一、北宋政權的建立

陳寅恪稱：「華夏民族之文化，歷數千載之演進，造極於趙

宋之世。」[1]

（一）**陳橋兵變**：北宋政權的創造者趙匡胤（927-976），琢郡（河北琢縣）人。周檢司徒岳州防禦使趙宏殷之子，堅毅雄偉，器度不凡。善騎射，破北漢，征淮南，屢建奇功。曾受命整編禁軍，備受軍中袍澤愛戴。世宗柴榮臨終，特命爲殿前都點檢[2]，令典禁軍，因而掌握京師實權。周世宗（921-959）於顯德六年（959）六月駕崩，由年僅七歲的柴宗訓即位，是爲周恭帝。幼主繼位，人心浮動。翌年（960）驚傳邊防契丹、北漢入侵告急，命趙匡胤率軍迎敵，行至陳橋驛（開封東北）兵變，軍人鼓噪，諸將擁立趙匡胤爲帝，改國號宋，仍都汴京，是爲宋太祖。王安石〈陳橋詩〉：「走馬黃昏渡河水，夜爭歸路春風裡。指點韋城太白高，投鞭日午陳橋市。楊柳初回陌上塵，胭脂洗出杏花勻。紛紛塞路堪追昔，失卻新年一半春。」[3]

宋太祖所以能輕易取得天下，一方面是掌握禁軍大權；另一方面則是受晚唐以來軍人擁立風氣的影響。[4]

（二）**杯酒釋兵權**：宋太祖即位之初，爲鞏固帝位，免除五日京兆的夢魘，於是推行「強幹弱枝」，厲行中央集權，奠定「尊王」的政策。將軍事與政治權力，集中在皇帝一人手中，首先收掌禁軍兵權，利用酒宴機會，諷示禁軍將領石守信等人以散官就第，頤養天年，史稱「杯酒釋兵權」。而鄧廣銘、漆俠則以爲「查

---

1 陳寅恪《金明館叢稿第二編》頁 245。
2 後周的禁軍又分前軍與侍衛親軍。殿前軍最爲天子親信，素質、裝備均在侍衛親軍之上。其統帥爲都點檢，地位最隆，權力最大。
3 王安石全集　宋 王安石著 上海古籍出版社 1999 年 11 月 1 版　卷四十七　古詩，頁 392。
4 五代中後唐明宗李嗣源，廢帝李從珂，以及後周太祖郭威等，都是部下擁立的匡胤高祖趙朓，於唐朝任永清、文安、幽都等縣令。曾祖父趙珽任藩鎮幕府屬官。

無實據」。何忠禮則提出佐證，說明「查無實據」的觀點。[5]宋太祖在接受趙普的建議以後，立即召集石守信等高級將領會飲，在酒興正濃之際，趙匡胤提出未嘗安枕而臥，其原因在於「一旦以黃袍加汝之身，汝雖欲不爲，其可得乎？」又說：「人生如白駒過隙，所爲好富貴者，不過欲多積金錢，厚自娛樂，使子孫無貧乏耳。爾曹何不釋去兵權，出守大藩，擇便好田宅市之，爲子孫永遠不可動之業，多置歌兒舞女，日飲酒相歡以終其天年。我且與爾曹約爲婚姻，君臣之間，兩無猜疑，上下相安，不亦善乎！」《續資治通鑑長編卷二》（另引簡稱：長編）其次削弱藩鎮，並禁節度使置牙將，毀其基本武力。把地方的財權、政權、軍權，從臣下方鎮手中，集於中央與天子掌握，解決君弱臣強的頹勢。藉以強幹弱枝，免除兵變割據，天子可以高枕無憂。又實施改革兵制，選全國精壯充任禁兵，駐守京師，並輪番戍守地方，俾集精銳於內，兵不爲將有，史稱「移鎮」，「將不專兵，兵不專將」，徹

5　「杯酒釋兵權」的實施，共計兩次：一爲宋太祖建隆二年（961）七月。《續資治通鑑長編卷二》二爲開寶二年十月。《續資治通鑑長編卷十》鄧廣銘、漆俠著《宋史》〈第二課北宋的政治改革運動　頁 016〉：在建隆初元，趙匡胤即收奪了高級將領的兵權，共同盛傳的「杯酒釋兵權」那一戲劇性事件則是查無實據的。

何忠禮《宋代政治史頁 32》：「杯酒釋兵權」學界多有引用，信以爲真，事實恐怕並非如此。（一）是要解除諸大將兵權，絕對不可能依靠一次宴請就可以解決，這是一個常識問題。（二）是當時正是趙宋建立的第二年，國家遠未統一，尙需大將領兵打仗，不可能一次就將兵權全部罷去。（三）是對這樣大的事，宋代的國史和實錄皆不作記載，僅僅根據一些筆記如《丁晉公談錄》、《王文正公筆錄》和司馬光《涑水記聞》的記載，而筆記小說的史料多來自道聽途說，有很大局限性，並不可靠。（四）是太祖之母杜太后在上個月方病逝，當時正值國喪時期，太祖不可能在宮廷宴飲群臣。（五）是從發生的時間上來說，有關記載也有矛盾，如《涑水記聞》及《長編》等以爲此事發生在建隆二年，《宋史、石守信傳》以爲在乾德初。而最重要的是它與歷史事實不符；如石守信、王審琦等任職均有時間不符情況。（略）

底消弭兵禍。其餘廂兵老弱，僅供地方雜役。

二、北宋的文治主義

（一）宋太祖早年，不學無術

　　五代是武人的天下，武人主宰朝政，武人權位極高，享盡榮華富貴。而宋朝則是文人的天下，文人主宰朝政，文人權位極高，卻未享盡榮華富貴。宋朝文人其所以執朝政的牛耳，原因在於宋太祖趙匡胤的政策導向，造就皇帝與士大夫共治天下的格局。張立文說：「宋初一反唐中葉後至五代的重武輕文的情境，爲重整倫理綱常，重構價值理想，安定社會秩序而提出政策，或曰重文政策。」[6]趙氏雖爲名門望族，[7]但生性貪玩而不好儒術，且不得庇蔭。而五代政局紊亂，峻法以剝下，厚歛以奉上，民財逐竭，家計窘困，只得身穿粗糙布袍，離家尋找生路，以創契機。幾經輾轉流離，鬱鬱不得志，遂投效於後漢樞密使郭威，因勇氣過人，屢立奇功，由士兵直上軍官。郭威死，效忠於周世宗，禦遼內侵有功，終於嶄露頭角，肇基大宋王朝。

（二）宋太祖聚書，廣聞見增智慮

　　宋太祖改元乾德時，才知道「宰相須用讀書人。」[8]對於讀書

<hr>

6　張立文　祁潤興著《中國學術通史　宋元明卷　頁4》：宋初一反唐中葉至五代的重武輕文的情境，爲重整倫理綱常，重構價值理想，安定社會秩序而提出「佑文」政策，或曰重文政策。
7　趙匡胤高眺，於唐朝任永清、文安、幽都等縣令。曾祖父趙珽任藩鎮幕府屬官，並兼任御史中丞。祖父趙敬歷任營、薊、涿三州刺史。父趙弘殷後周顯德年間，贈驍騎衛上將軍。
8　宋太祖命宰相選擇前世所無年號，改元「乾德」。待平蜀後，得蜀宮人奩具銅鑒，鑒（鏡）背有「乾德四年鑄」字樣，大爲吃驚，尋問其故。學士竇儀回應僞蜀王有此年號，才說：「宰相須用讀書人。」因此更加重視

人非常尊重，倡導讀書風氣，早年曾隨周世宗平淮南，有人進譖，以爲趙氏將財貨佔爲己有，周世宗派人檢驗，但得圖書數千卷，別無長物。周世宗諭告：「卿方爲朕作將帥，辟封疆，常務堅甲利兵，何用書爲？」趙匡胤頓首答話：「臣無奇謀贊聖德，濫膺寄任，常恐不逮，所以聚書，欲廣聞見，增智慮也。」《長篇卷七》宋太祖的提倡讀書，宋朝皇帝多文人，好學問道藝，文治之盛，乃始自太祖。《宋史文苑傳序》：「自古創業垂統之君，即其一時之好尙，而代之規模，可以預知矣。藝祖（宋太祖）革命，首用文吏而奪武臣之權，宋之尙文，端本乎此。……自時厥後，子孫相承，上之爲君者，無不典學；下之爲人臣者，自宰相以至令錄，無不權科海內，文士彬彬輩出焉。」[9]

（三）趙普半部論語治天下

趙普（921-991）出州薊人（河北薊縣）。字則平，沈默寡言，剛毅果斷，佐高祖定天下，不好讀書，太祖曾苦勸督促，並批評：「卿若不讀書，今學臣角立，雋軌高架，卿得無愧乎？」趙普因此手不釋卷，宋太宗時曾奏言：「臣有論語一部，以半部佐太祖定天下，以半部佐陛下致太平。」日後遂有「半部論語治天下」的名言。[10]

儒士。《宋史卷三本紀太祖三》據《宋稗類鈔》記載：宋太祖立誓碑：「不得殺士大夫及上書言事人。」

9　《宋史卷439》〈文苑傳一〉國初，楊億、劉筠猶襲唐人聲律之體，柳開、穆脩志欲變古而力弗逮。盧陵歐陽脩出，以古文倡，臨川王安石、眉山蘇軾、南豐曾鞏起而和之，宋文日趨於古矣。南渡文氣不及東都，豈不足以觀世變歟！作〈文苑傳〉

10　朱熹《宋名臣言行錄第一卷》中，對趙普的才幹作了很公正的品評：嶧韓王（趙普）謀慮深長，太祖聰明果斷，天下何以治平？至今戴白之老不親干戈，堅賢之見，何其遠哉？普爲人陰刻，當其用事時，以睚眦（皆）

　　宋皇朝有不成文的立法，非讀書人不得爲宰相，藝祖皇帝有言曰：「國家設科取士，本欲求賢以共治天下。」《魏了翁‧鶴山集卷一○七》「共治天下」謂宋朝天子尊重文人，擴大聽取包容宰臣等建言，文人仍是天子御用的工具。故北宋名臣如范仲淹、歐陽修、司馬光、王安石、蘇軾、蘇轍等人，貴爲卿相或大臣，也是詩家、史學家、詞人、文學家等。掌管軍事樞密院及各級重要將帥，亦以文人充任，形成文人主導國家政局，文人掌握國家治亂。蔡襄：「今世之人，大率以文詞進；大臣文士也，近侍之臣，文士也，錢穀之司，文士也，邊防大臣，文士也；天下轉運使，文士也；知州郡，文士也。」《端明集卷二‧國論要旨》雖然，文治無可非議，偏於文治而輕視武備則非；文人主兵亦不足爲病，由於姦臣竊柄，秕政百出，則內外皆病。文人既掣肘於權姦，武臣又不得尊重，統帥亦多顢頇無能之輩，而契丹、遼、金人、西夏屢寇邊境，燒殺擄掠，北宋皇朝只有求和避敵，卑躬屈膝，割地賠款，歷代版圖最小，國勢岌岌可危的殘喘苟延。這是宋太祖趙匡胤創立文治主義所始料未及的事。張方平：「凡諸爲士之民，惟以爲干祿之路。……是以天下學士，靡然向風，非惟道化所陶，抑由寵利所誘也。」《樂全集卷八‧芻蕘論》利之所在，寡廉鮮恥，不知仁義道德爲何物？蘇轍〈上皇帝書〉，感到非常憂心：「今世之取人，誦文書，習程課，未有不可爲吏者也。其求之不難而得之甚樂，是以群起而趨之。凡今農工商賈之家，不舍其田而爲士者也。爲士者日多，然而天下益以不治。」[11]蘇轍認爲當時科舉

中傷人甚多。然其子孫　至今享福祿，國初大臣鮮能及者，得非安天下之謀，其功大乎！

11 蘇轍著《欒城集》陳宏天　高秀芳　點校　北京中華書局　卷二十一　頁370。

考試制度,「誦文書,習程課」而爲士爲吏,是造成朝廷冗吏弊端的根由。

三、北宋的古文運動

唐宋古文八大家,三蘇父子並列,無出其右者。北宋古文運動,迄三蘇起而告終結,老蘇(蘇洵)是政論家,大蘇(蘇軾)才氣縱橫,叱吒風雲,蘇轍是三蘇中的「小蘇」,也是北宋古文運動的壓卷者。其在世時,古文運動發展臻抵顚峰;其歿時,古文運動隨其殞落。且北宋一六七年的政權,蘇轍歿後,十四年亡國,政府被迫播遷臨安(杭州),偏安江左。

在中國歷代文學發展史上,唐宋古文運動最爲輝煌亮麗,內容最豐富,思想最蓬勃,文辭最光彩奪目。唐代的韓、柳掀其端,高唱以秦漢散文替代魏晉儷偶的駢文,雖是波瀾壯闊,而得不到高層有力的支持,韓、柳又不得權位,不久,就消聲中挫。但文學思想汨汨細流,漸漸滋長。逮宋太祖趙匡胤統一天下以後,厲行文治主義,對於士人莫大的激勵,在君臣齊力推波助瀾之下,就如風動於上,波蕩於下;古文名家,蜂擁輩出,馳騁文壇,互不相讓。王夫之總結說:「自太祖勒不殺士大夫之誓以詔子孫,終宋之世,文臣無毆刀之辟。」《宋論卷一太祖》崇文抑武,建立文治政治,寬待儒臣文人。蘇軾「烏臺詩案」能逢凶化吉,王安石上書神宗,亦以太祖不殺士大夫之詔令而免刑。況且北宋國勢不張,歐蘇等士人惟求經世致用,以期革新政治,抵禦外侮,捍衛國土;於是摒棄晚唐五代的倚聲綺句,讓士人學習服膺「先天下之憂而憂,後天下之樂而樂」的胸懷,做爲天下第一等人。[12]北

---

12 同註 6 頁 39　後來陳傅良在《總結北宋學術嬗變時》指出:蓋宋興,
　　士大夫之學亡慮三變。起建隆至天聖明道間,一洗五季之陋,知鄉方矣,

宋古文運動，依其時代先後次序及其主要學說訴求重點，各有不同，略述如後：

（一）尊韓昌黎的統派古文－柳開與王禹稱

　　柳開（949-1000）字仲塗，大名（河北大多縣東北）人。《宋史卷四百四十》酷嗜韓文，因慕韓柳文，遂自名爲「肩愈」（韓愈），字紹元（柳宗元）。後再改名開，字仲塗。於宋太祖開寶六年（973），登進士第，步入仕途。太宗咸平三年（1000）徙滄州（河北滄縣），病卒於道，年五十四。著有《河東集》。

　　韓柳古文運動，到宋初寢衰已久，其意義已少有人知。柳開《河東集卷一·應責》說得十分清楚：「古文者，非在辭澀言苦，使人難讀誦之，在於古其理，高其義，隨言長短，應變作制，同古人之行事，是謂古文。」古文但求平易近人，與韓愈的「陳言務去」相同，而「古其理，高其義」，則爲孔孟道統的追求。

　　王禹稱（954-1001）字元之，鉅野（山東鉅野縣南）人。《宋史卷二百九十三》家本寒素，梁季亂離，舉族分散；當時未名，以乞丐自給，但讀書不輟。入宋後，於宋太宗太平興國八年（983）中進士，授成武縣主簿，屢遷至知制誥。其性剛直，不能容物。歿於宋真宗咸平四年（1001）五月，年僅四十八。著有《小畜集》。

　　王禹稱對於唐宋以降的文風，與柳開的見解類同，咸以爲頹靡麗句，宜革弊復古，以唐貞元、長慶時代，爲文章盛世，其下不足觀也。其革弊復古的主張，確立以宗經爲文學根源。

　　王禹稱的「遠師六經，近師吏部」，對於韓愈的崇拜與學習，

　　而守故蹈常之習未化。范子始與其徒抗之以名節，天下靡然從之，人人恥無以自見也。歐陽子出，而議論文章粹然爾雅，軼乎魏晉之上。久而周子出，又落其華，一本於六藝，學者經術遂庶幾於三代，何其盛哉！

不只是止於自己，並要求弟子亦如是焉。「近世爲古文之士者，惟吏部而已。」《小畜集卷一八‧答黃宗旦第二書》：評黃氏作文「辭理雅正」，讀之忘疲；文章在於說理，說理在於致用。若是蹈襲前人字句，則淪爲糟粕而已。所以要以韓愈爲師，「不師今，不師古，不師難，不師易，不師多，不師少，惟師是爾。」《小畜集卷一八‧答張扶書》

（二）效李商隱的西崑酬唱時文一楊億

當柳開高唱「以吏部爲師」之際，而以楊億爲首的效晚唐李商隱的台閣體，已逐漸形成氣候。

楊億，（973-1020）字大年，建州蒲城（陝西大荔縣）人。《宋史卷三百零五》七歲善屬文，十一歲時，太宗雍熙元年（984），試詞賦，官秘書省正字。十九歲中進士，遷光祿寺丞。真宗即位後，更是扶搖直上，無人能比。優寵有加，修國史，知貢舉，入翰林學士，編有《西崑酬唱集》。

《西崑酬唱集》的由來，是以楊億爲首，劉筠、錢惟演等附之，彼此更迭唱和而成，億序以爲取玉山策府之名。其文學特色，是柳開恢復古文的反動，一以晚唐李商隱爲宗，極盡艷麗雕鏤之能事，富貴典雅的文學，契合台閣體的典型。都是強調作品的外在形式，而作品本質內容，置之不顧。原因爲「更迭唱和」一種應酬的動機，誇奇鬥艷的文字遊戲，既缺乏藝術的創作，亦無民眾情感的表現。一味在文字修辭用功夫，自然沒有價值。《四庫總目提要》：「《西崑酬唱集》，宗法唐李商隱，詞取妍華，而不乏興象，效之者漸失本真，惟工組織，於是有優伶操揣之譏。」（卷一百八十六）

西崑體的文學乃應乎時運而生，適逢宋太宗政治承平時代，

又有楊億等政治地位，故能在文壇風行三、四十年之久。《歐陽修全集卷三・居士外集二・記舊本韓文後》：「楊劉之作，號爲時文，能者取科第，擅名藝，以誇榮當世。」上之所好，下者趨之，以「取科第，擅名聲」爲一時之選，名利兼得，「時文」風行，自然聳動天下，亦可見當時西崑勢力之盛況。[13]

（三）復艱澀古文的太學體一石介

石介（1005-1045）字守道，兗州奉符（山東奉安）人。《宋史卷四百三十二》曾授《周易》於徂徠山下，人稱徂徠先生。宋仁宗天聖八年（1030）登進士第。與孫復大唱復古之風，力振古道。次年因作〈慶曆聖德頌〉，外放未赴而卒。著有《徂徠先生文集》等書。

其時正當楊億等極力主張駢儷文風，風行天下。古文運動處於低迷不振，奄奄一息之際，因此，石介爲復振古文，對於楊億西崑體給予嚴厲的指責與批判。

石介以爲唯有楊億道滅，使人耳目不聞不見楊億之道，而後周公、孔子……韓愈等儒家道說，才能使人耳自聞見，具有強烈恢弘儒家道統的慾念和使命感。對於西崑體的淫侈麗句，風花雪月已經「刓鏤聖人之經，破碎聖人之旨，離析聖人之意，蠹傷聖人之道」，離經叛道，罪莫大於此。

文章合於治道，禮樂刑政；追求道文合一，且道勝於文也。比宋初期柳開「肩愈」古文運動，更勝一籌。「文者，道之用也；道者，文之本也。故文之作也，必得之於心而成之於言。」由於

---

13 羅根澤《中國文學批評史第六篇・兩宋文學批評史》：「宋初百年間的時文，前期是沿襲五代餘緒，可以稱爲五代體，後期是模仿溫李詩文，可以稱爲晚唐體。」

石介的怪誕，其行文亦是乖戾，形成獨特的「太學體」。

其時石介已是走火入魔，走入道統的死胡同，蘇軾云：「用意過當，求深者或至於迂，務奇者怪僻而不可讀，餘風未殄，新弊復作。大者鏤之金石以傳久遠，小者轉相摹寫號稱古文，紛紛肆行，莫之威禁。」《東坡集卷四十六謝歐陽內翰》又清鮑覺生於嘉慶間跋校抄本《石徂徠集》：

書估以《徂徠集》抄本索售，亟讀之，乃粗俚不足觀，始歎言之爲文，行而不遠，《徂徠集》之所以無人授梓也。《〈潘景鄭著硯模書跋過錄〉》

石介太學體的怪僻苦澀，至於不成文難卒讀的情況，當然不授梓，物極必反，接著歐陽修繼起，使古文再創契機。

（四）倡文道合一的古文，歐陽修與北宋古文運動

從宋初的柳開「肩韓」，楊億的西崑盛行，石介的僻澀苦言太學體，古文運動卻步不前，走上道統的窮途末路。其後歐陽修繼起，攘臂高呼，摒斥時文，棄藻詞[14]改試策論，樸實無華爲上[15]使古文運動重燃生機，歐陽修獎掖後進，不遺餘力。唐宋古文運動，終告大功底成，而後搖曳生姿，綿延不絕，迄今仍是主流，不曾衰息。歐陽修被尊崇爲北宋古文運動的文壇領袖。[16]

14　〈歐陽發先公事跡〉：「嘉祐二年，先公知貢舉，時學者爲文，以新奇相尙，文體大壞。……公深革其弊，一時以修辭知名在高等者，黜落幾盡。二蘇出於西川，人無知者，一旦技在高等，榜出，士人紛紛，驚恐怨謗。其後稍稍信服，而五、六年間，文格遂變而復古，公之力也。」

15　《文獻通考・卷三一》：「今觀歐公所陳，欲先爲論策，後考詩賦。蓋欲以論策驗其能否？而以詩賦定其優劣，以是粗淺視論策，而以精深視詩賦矣。」

16　蘇軾〈六一居士集敘〉：「歐陽子論道似韓愈，論事以陸贄，記事似司馬遷，詩賦似李白。」此非秦音也，天下之文也。居北宋古文運動文壇領

　　歐陽修，（1007-1072），字永叔，晚號六一居士，宋廬陵（江西吉安）人《宋史卷三百一十九》。幼孤貧，嗜韓文（愈），力學苦讀，宋仁宗天聖八年（1031）舉進士。景祐三年（1036），為范仲淹仗義執言，切責高司諫（高若訥）因而貶峽州夷陵縣令，自如也。慶曆三年（1044），參與慶曆新政改革失敗後，貶知滁州。生活在山水飲酒之間，因號醉翁。後奉召回朝，於嘉祐二年（1057）知貢舉，力斥「太學體」，以策論取士，曾鞏、王安石、三蘇等皆出其門下，儼然成為文壇領袖。旋高居樞密副使，參知政事等要職，於宋神宗熙寧四年（1071）六月以太子少師致仕，歸隱潁州西湖以終，享年六十六。諡文忠，著有《歐陽文忠公集一五三卷》、《新五代史》、《新唐書》等。

　　歐陽修認為「文字簡略，止記大節，期於久遠。然能有意於傳久，則須記大而略小，此可與通識之士語，士人必有深曉。將以是非得失，興壞理論之故而為法戒，則必得其所託而後能傳於久。」[17]然而所託不得其人，則或失去意，或亂其實，或析理之不通，或設辭之不善，故雖殊功建德，非常之跡，將闇而不章，鬱而不發。

　　唐宋古文運動，在歐陽修文與道相互並重，相互提攜的提倡之下，形成一股風潮，其後如江河日下，莫可阻遏。清王士禎云：

　　　韓吏部文章至宋始大顯……若天不生歐公，則公之文幾湮滅而不彰矣。《池北偶談卷一五・皇甫湜評論文》

　　而清袁枚，亦有如是看法：

袖，當之無愧。而三蘇父子因雲從龍風從虎的附驥而騰躍，使北宋古文運動燦爛輝煌，達到最高沸點。《東坡集卷十一》

17　《歐陽文忠公全集卷六十九》〈杜祁公墓誌銘〉四部叢刊 台灣商務印書館。

歐公學韓文，而所作文全不似韓，此八家中所以獨樹一幟
也。《隨園詩話卷六》

歐陽修的文壇地位，因學韓而不似韓，有後出轉精的聰明
才智，形成六一風神。為文平易自然，從容閒雅，紆餘委
備，含蓄不盡，言約意遠，集司馬遷、陸贄、李白、韓愈
於一身。

葉夢得《避暑錄話卷下》：

嘉祐初，安道（姓張）守成都，文忠為翰林，蘇明允父子
自眉州走成都，將求知安道。安道曰：「吾何足以為重，
其歐陽永叔乎？」不以其隙為嫌也，乃為作書辦裝，使人
送之京師，謁文忠。文忠得明允父子所著書，亦不以安道
薦之非其類，大喜曰：「後來文章當在此。」即極力推譽。

三蘇與歐陽文忠公的關係密切，三蘇因歐公提拔而彰顯，歐
公因三蘇繼起，使古文運動命脈綿延不絕。

四、北宋的變法與黨爭

北宋變法的背景，起於士大夫對於國勢積弱的不滿，宋自建
國以來，對外用兵，屢次失敗，不得不以納幣送禮等屈辱條件，
維持苟安殘喘的局面。對內則困於財政的短絀，入不敷出。如此
積弱不振的現象，乃由於軍政措施失當所造成，其來有自：

（一）**軍備不修，士氣渙散**：宋依兵立國，兵則來自招募，
又未施以嚴格的訓練，以致士氣渙散，缺乏戰鬥能力。但邊防吃
重，又亟需武力，只好再增兵額，結果：竭天下之財，養無用之
兵，兵士愈多而國勢愈弱。清王夫之論宋朝衰弱之因，乃繼唐末
五代以來的募兵制度，採百姓招募應徵自由報名的形式，一日為
兵，終身為兵。若有災荒，則招收無以為生的百姓為兵，藉原來

反抗力量成為新的鎮壓力量，是以兵士人數與日俱增。太祖末年時有軍隊 37、8 萬人，真宗時 91、2 萬，仁宗時有 140 萬。軍隊人數遽增，但戰鬥力因統兵中御不當而衰弱。《宋論 卷二 太宗》

　　（二）財用不足，屢戰屢敗：宋代優寵士人，長期以來，三冗充斥（冗官、冗兵、冗費），必須支付大量的金錢，造成財政困窘，國庫屢空，民困財竭。朱熹說：「本朝鑒五代藩鎮之弊，遂盡奪藩鎮之權，兵也收了，財也收了，賞罰刑政一切收了，州郡遂日就困弱，靖康之禍，虜騎所過，莫不潰散。」《朱子語類卷一二八》〈本朝法制〉

　　基於上述原因，況且宋朝對待文人的優渥，使得有識之士，懷抱報國淑世，以天下為己任的思想，自然而生。而宋朝的迭遭異族入侵凌虐，更激發民族意識，因此，富國強兵，遂為宋朝君臣上下一致的目標，於是變法圖強，應運而生。先有宋仁宗時代范仲淹的慶曆新政[18]二十六年後，又有王安石的熙寧變法[19]雖然范、王新政、變法未能徹底實現，導致宋朝積弱不振，不足以藥到病除。深究其原因，其實與新舊黨爭係孿生兄弟，就今日常言

---

18 慶曆三年（1043）范仲淹上作為慶曆新政綱領性文件的〈答手詔條陳十事〉之年。十事是指：「明黜陟、抑僥幸、精貢舉、擇長官、均公田、厚農桑、修武備、減徭役、覃恩信、重命令。」此十事針對時弊，從官吏的考績制度，科舉制度以及行政、經濟、軍事和愛民等提出了全面改革建設，其要求是天下公家之利必興，生民之病必救，政事之弊必去，綱紀之壞必葺等。張立文主編　張立文　祁潤興著　《中國學術通史 宋元明卷 頁四三》 人民出版社 2004 年 12 月北京第一次印刷。

19 《宋史王安石傳》宋神宗熙寧二年（1069）命王安石為相，先後在職七年，掌控大權，推行新政。重要措施包括：（一）理財，設制置三司條例司統轄財政，推行青苗法、市易法、免役法、均輸法、方田均稅法等。（二）整軍，在於裁兵置將，推行保甲法、保馬法。（三）育才，則更改貢舉法，廢明經，存進士。以上新法乃切中時弊、富國強兵之方；然終歸失敗，因傳統官僚的不予合作，新法躁進，用人不當而引咎離職，退居江寧。

意識形態的作祟，造成革新變法鮮能共襄盛舉，反而彼此詆毀，相互掣肘，未能摒棄私心成見，呈現士大夫的褊急性格。而個人立場非其所是，是其所非，好發議論。因而革新、變法，造成彼此相互攻訐，相互傾軋的怨結；且台諫勢力過分濫用職權，恣意攻擊，造成諫官與執政者的對立，削弱行政整體的力量，使得行政系統癱瘓，政令不行的無能政府。

尤其是王安石當政，保守舊黨的司馬光、歐陽修等年老大臣以及蜀黨的蘇軾蘇轍等人，極力反對新法，不肯合作，王安石只得擇用章惇、呂惠卿等激進分子，新舊黨爭更是對立鮮明。舊黨人士多遭貶謫，或被迫引退，政局愈陷不安；新法推行用人不當，擾民不便，民間怨聲四起，王安石被逼引咎去職。呂惠卿等繼續執政，彼等借用新法，以行私怨，政治愈加敗壞。而後歷經元祐更化、紹述之政，新舊黨爭彼起此落，愈演愈烈，終於招致金人內侵，北宋淪亡，始告終止。

五、宋與遼夏的關係

（一）宋遼關係

遼本稱契丹，原居遼河上游（熱河北部），唐末後梁之間，耶律阿保機利用回紇王國崩潰，乘機崛起。於西元九一六年統一各部後稱帝，定都臨潢（熱河林西），是為遼太祖。後傳遼太宗（德光）曾助石敬塘建後晉，取得燕雲十六州，又滅後晉，欲為中國皇帝，因漢人反抗不果。然國家北方門戶因而洞開，影響中國此後安危至鉅。再傳至景宗，正值趙宋統一中國，南北兩個大國對峙，不能相容，衝突因而產生。

宋太祖建國之初，重視保境安民，不輕易開邊隙、動干戈，

宋遼間二十年不曾有嚴重衝突。至太宗消滅北漢，統一中國，欲乘機收復燕雲失地，乃對遼發動戰爭，較重要者有高梁河之役[20]岐溝河之役[21]不幸宋軍大敗，死傷慘重，宋人不敢北伐。宋真宗景德元年（1004 年）遼兵大舉南侵，直抵澶淵（河北濮陽西南），距首都汴京僅三百里，朝廷震動，紛議遷都求和。惟宰相寇準力主親征，敗遼前軍，訂立「澶淵之盟」：宋歲輸銀十萬兩、絹二十萬匹，約爲兄（宋）弟（遼）兄之國，兩國以白溝河爲界。於是中國不能堅持大中華意識，與周邊部族國家建立對等關係的首見。此後一百多年，宋遼之間，沒有軍事衝突，彼此貿易恆常發展，莫大助益。蘇轍（戎州）詩：「漢虜更城市，羅紈靳不還。投氈揀精密，換馬瘦屍顏。兀兀頭垂髻，團團耳帶鐶。夷聲不可會，爭利若間關。」[22]詩中說明四川一帶夷人的裝扮，從髮型、耳環等裝飾的奇特，彼此以物易物，由於語言不通，爭取利潤十分困難。然促進民族的融和，肇始於此。

---

20 宋太宗太平興國四年（979）太宗興師滅北漢後，移師攻遼。包圍幽州即遼之南京（今北京），時幽州外圍易、涿、順、薊諸州望風歸附。是年六至七月，太宗親自督軍攻打幽州，遼全力抵抗，雙方戰於高梁河（約在今北京前門一帶）遼軍耶律休哥和耶律斜軫左右夾擊，宋軍潰敗，宋主僅以身免，遼軍大勝，獲財物、器甲、貨幣等，不河勝計。史稱「高梁河之役」。（長編卷二十）

21 遼聖宗（982）即位，年幼，蕭太后攝政。宋太宗認爲「主幼國疑」，正是可乘之機。於雍熙三年（986）再次派軍北上，兵分三路：東路由曹彬、米信出雄州（今河北雄縣）而攻幽州；中路由田重進率兵，由定州（今河北北定縣）攻飛狐（今河北淶源）；西路歸潘美統領，楊業副之，由雁門（今山西代縣）攻朔、寰、雲、應諸州。結果蕭太后、遼聖宗親臨幽州，遼軍在主力耶律休哥率領下，於岐溝關大破曹彬，乘勝追擊至易州，宋師「望風奔竄，墮河相蹂死者過半，沙河爲之不流。」而中路、西路相繼潰敗，史稱「岐溝關之役」。（長編卷二十七）楊業遇遼伏兵而身受創，絕死身亡，其子孫楊延昭等承襲家業，世稱「楊家將」。

22 欒城集卷一，頁 3。

（二）宋夏關係

夏爲黨項羌族所建國家，因位於宋的西北，故亦稱西夏。宋太宗攻北漢，曾得其奧援，賜姓趙。惟西夏國君的族弟繼遷不服，依遼爲亂，自是，宋夏多事。

西夏叛宋依遼，寇掠邊境不息，宋採綏撫政策，收效不大。至宋仁宗時，趙元昊即位（1038 年）稱大夏皇帝，邊釁益夢，自是遣軍入寇，宋軍屢敗，賴韓琦、范仲淹力籌戰守，防禦始固。惟元昊傷亡亦大，境內饑荒不已，國力衰減，又貪得宋朝歲幣，遂於仁宗慶曆四年（1044）與宋言和。

第二節　蘇轍的師承益友

韓愈〈師說〉開宗明義說：「師者，所以傳道、授業、解惑也。」老師指導教誨弟子，影響深遠，可久可大，而有「一日爲師，終身爲父」的格言。就廣義的老師定義：並非局限於親授，私淑亦然。蘇轍除父兄爲師以外，列舉關係密切者，概述如後：

一、師承（傳道、授業、解惑）

（一）啟蒙老師—張易簡、劉巨

蘇軾八歲開始在眉州家鄉私塾就學，〈眾妙堂記〉中云：「眉山道士張易簡教小學，常百人，予幼時亦與焉。居天慶觀北極院，予蓋從之三年。」而蘇轍六歲也在天慶觀讀書，《龍川略志第一》：「予幼居鄉間，從子瞻讀書天慶觀。」蘇轍沉默寡言的敦厚個性，

從小跟隨蘇軾，且埋下進退出處無不相同的根苗。

　　劉巨，四川成都老儒，定居城西，蘇轍與家安國兄弟、程建用、楊堯咨等人讀書。後來蘇轍回憶道：「城西社下老劉君，春服舞雩今幾人？白髮兄弟驚我在，喜君游宦亦天倫。」〈送家安國赴成都教授三絕〉[23]蘇轍從小讀書刻苦學習，注重品德修養，「出遊於途，行中規矩，入居室無惰容」，即使遊戲的進行，亦不類常人。同學在學舍中以六言詩聯句，蘇轍有「無人共吃饅頭」[24]其稚氣十足，引得同伴哄堂歡笑。

（二）知人之明—張方平（1007-1091）

　　字安道，南京人，神宗時累官參知故事，知陳州令，慷慨有氣節。王安石用事，嶷然不少屈，以是望高一時。諡號文定。著有《樂全集》。《宋史卷三百一十八》

　　蘇轍在〈追和張公安道贈別絕句并序〉詩敘：「予年十八，與兄瞻東游京師。是時，張公安道守成都，一見，以國士相許。」[25]蘇轍曾隨其父兄到成都拜謁張方平，經過測試之後，張方平對於蘇轍兄弟有不同評價：「二子皆天才，長者明敏可愛。然小者謹重，成就或過之。」蘇軾的才氣外露，蘇轍的謹重內斂，形成兄弟間個性截然不同，以仕宦職位陞遷貶謫而論，張方平的識人之明，一針見血。如是，張方平就是蘇轍兄弟乃從政生涯的啓業老

23　欒城集卷十五，頁298。
24　宋、胡仔纂集《苕溪漁隱叢話前集　卷第四十六　東坡九》　東坡云：「余時幼，里人程用、楊咨家弟子子由會草舍中，大雨，聯句六言，程云：庭松偃蓋如醉。楊云：夏雨凄涼似秋。僕云：有客高吟擁鼻。子由云：無人共吃饅頭。坐皆絕倒。今四十餘年矣。」長安出版社　六十七年十二月。
25　《欒城三集卷一》，頁1167。

師。有詩爲證，〈送張公安道南都留台〉：「少年喜文字，東行始觀國。成都多遊士，投謁密如櫛。紛然衆人中，顧我好顏色。猖狂感一遇，邂逅登仕籍。」[26]

由於張方平的勉勵，並推荐三蘇認識歐陽修，蘇洵才領引蘇轍弟兄赴京應試。爾後，張方平知陳州（河南淮陽），辟蘇轍爲陳州教授，〈潁濱遺老傳〉：「會張文定知淮陽，以學官見辟，從之三年。」[27]蘇轍〈陳州爲張安道論時事書〉：熙寧十年（1077），張方平辟蘇轍爲應天府判官，實現「從公當有時」的願望。元豐二年（1079）蘇轍因蘇軾的「烏台詩案」坐貶筠州（江西高安），臨行前向張方平辭行，手寫一絕贈別：「可憐萍梗飄浮客，自歎瓠瓜老病身。從此空齋掛塵榻，不知重掃待何人？」（同註 25）命酌酒，淒然不樂。「少年便識成都尹，中歲仍爲幕下賓。待我江西徐孺子，一生知己有斯人。」（同註 25）其後張方平贈馬，蘇轍有〈謝張安道惠馬〉：「作詩僅比窮張籍，得馬還從老晉公。」[28]當張方平於元豐二年（1079）致仕，蘇轍代作乞表和謝表。元祐六年（1091）張方平不起，《欒城後集》卷二十有〈祭張宮保文〉：「從公陳宋，庇于有仁。既博以文，又約以禮。示我夷易，行不知止。南遷而還，迎我而笑。世將用子，要志于道。」[29]蘇轍如顏子之敬尼父。而張方平待蘇轍，情同父子。「西蜀識公初，南都從事餘。一言知我可，久好復誰如？學術留元凱，家聲付伯魚。霜天近生日，間挽重欷歔。」〈贈司空張公安道挽詞三〉[30]

26　《欒城集卷三》，頁 55。

27　《欒城後集卷十二》，頁 1017。

28　《欒城集卷八》，頁 139。

29　《欒城後集卷二十》，頁 1095。

30　《欒城後集卷一》，頁 877。

（三）大力拔擢－歐陽修（1007-1073）

字永叔，自號醉翁。晚號六一居士。宋盧陵（江西吉安）人。

嘉祐二年（1057）蘇轍十九歲，隨父兄進京，參加科舉考試，兄弟同科進士及第。宋初科舉考試仍沿襲五代柔麗習風，逮歐陽修身居主考，疾時文的求難務奇，凡文涉雕刻者皆黜，拔擢蘇轍兄弟，名動京師。《歐陽文忠公集》附錄：「嘉祐二年先公知貢舉，時學者為文，以新奇相尚，文體大壞。公深革其弊，一時以怪僻知名在高第者，黜落幾盡。二蘇出於西川，人無知者。一旦拔在高等，榜出，士人紛然，驚恐怨謗，其後稍稍信服。」[31]

蘇轍兄弟步上仕途，從事政治活動，歐陽修的栽培提拔，厥為關鍵。蘇轍〈送歐陽辨〉：「我年十九識君翁，鬢髮白盡顴頰紅。奇姿雲卷出翠阜，高論河決生清風。我時少年豈知道？因緣父兄願承教。文章疏落未足云，舉止猖狂空自笑。」[32]

蘇轍面見歐陽修第一印象，歐公已五十歲的鬢髮盡白紅光滿面，談笑風生的長者，一見傾心，願承教誨。內省自歉，不足為傲。

熙寧四年（1071）歐陽修因反對王安石新政青苗法，為安石所詆，求歸心切，以太子少師致仕，居潁州。蘇轍兄弟陪修在西湖宴飲，〈陪歐陽少師永叔燕潁州西湖〉：「公年未老髮先衰，對酒清歡似昔時。功成業就了無事，令名付與他人知。平生著書乞絕筆，閉門燕居未嘗出。忽來湖上尋舊遊，坐令湖水生顏色。酒行樂作遊人多，爭觀竊語誰能呵。十年思潁今在潁，不飲耐此遊人

---

31 《宋史卷 319 歐陽修傳》：嘉祐二年（1057），禮部考試事畢，嚮來囂博者，伺修，出，聚噪於馬首，街邏不能制。然場屋之習，從此遂變。
32 《欒城集卷十五》，頁 299。

何？」[33]其時歐公無官一身輕，顯得十分自得，而蘇轍兄弟的陪伴出遊，更加遊興風發。不料歐公於次年因淋渴症病往生。蘇轍曾回憶記事，〈祭歐陽少師文〉：「轍官在陳，於潁爲鄰。拜公門下，笑言歡欣。杯酒相屬，圖史紛紜。辯論不衰，志氣益振。有如斯人，而止斯邪。書來告哀，情懷酸辛。報不及至，凶訃遄臻。」[34]歐公的惡耗，帶給蘇轍的無限懷念與感傷。在〈重到汝陰（潁州）寄子瞻〉：「憶赴錢塘九月秋，同來潁尾一扁舟。退居尚有三師在，好事須爲十日留。傾瀉向人懷抱盡，忠誠爲國始終憂。」[35]一位憂國愛民，忠貞不貳的大臣，與世長辭，蘇轍的感慨萬千，在〈歐陽太師挽詞三首〉流露真摯的情感，結語：

念昔先君子，嘗蒙國士知。舊思終未服，感歎不勝悲。[36]

（四） 力排眾議—司馬光 （1019-1086）

字君實，宋陝州夏縣（山西省夏縣）涑水鄉人。《宋史卷三百三十六》光自幼穎慧，勤苦攻讀，仁宗寶元初登進士第，累官端明殿學士。神宗時，以議新法，忤王安石，退居洛陽，朝野咸引領望光爲相。哲宗立，起爲門下侍郎，轉尚書左僕射，遂去新法，聲威遠播。遼夏使至，必問光起居，並敕邊吏毋輕生事，開邊隙。公親理庶務，日夕勞苦，居相位八月而卒，諡文正。撰有《資治通鑑》、《傳家集》等書。

蘇轍於秘閣試後，遂行御試，由仁宗皇帝親臨崇政殿策試所舉賢良方正，直言極諫之士，蘇轍作〈御試制科舉〉一文，責備

33 《欒城集卷三》，頁 57。
34 《欒城集卷二六》，頁 431。
35 《欒城集卷五》，頁 82。
36 《欒城集卷四》，頁 69。

仁宗諸多不是：無憂懼之識，沈溺聲色之樂，賦稅繁重、濫用民財等，皆失政而惑於虛名。其時，司馬光參與崇政殿復試，肯定蘇轍的直言，以為應入三等，第以范鎮反對，於是改為四等。而後再復考，初考官胡宿認為蘇轍之策，答非所問，比喻缺當，力請黜之。朝廷另派差官重定，蘇轍不入等。司馬光為之執言上奏：「但見其（蘇轍）指正朝廷得失，無所顧慮，於四人之中最為切直。今若以此不蒙甄收，則臣恐天下之人皆以為朝廷虛設直言極諫之科。而轍以直言被黜，從此四方以直言為諱，其於聖主寬明之德，虧損不細。」[37]仁宗御覽之後，詔示蘇轍入四等。

司馬光於元祐元年九月憂勞過度辭世，蘇轍一向十分敬重，在《司馬溫公挽詞四首》[38]，充分表現無遺。其一贊美司馬光歷仕仁宗、英宗、神宗「封章留帝所，德澤在人心」。其二寫司馬光因反對王安石屬行變法而退居洛陽，著作不朽史冊《資治通鑑》，「決策侍賢際，宛言變法初。紛紛看往事，一一驗遺書。」其三頌揚溫公在元祐更化中的功績：「區區非為己，怨怨欲亡生。力盡心終在，身亡勢亦成。」其四感激知遇之恩「少年真狷淺，射策本粗疏。欲廣忠言地，先收民棄餘。流離見更化，邂逅捧除書。趙孟終知厥，他人恐罵予。」詩中前四句感謝司馬光在應制科考試時，力排眾議，使其入等。後四句感謝司馬光提拔自己，回朝任職，詩中充滿感激之情。

（五）二蘇在此 —— 韓琦（1008-1075）

字稚圭，自號瓢叟。宋安陽（河南安陽）人。《宋史卷三百一十二》天聖中舉進士，歷官陝西經略安撫招討使，與范仲淹在

---

37 《欒城集一冊 前言》，頁 6。
38 《欒城集卷十四》頁 281。

兵間久，名重一時，人心歸之，朝廷倚以為重，天下稱韓范。邊人謠曰：「軍中有一韓，西賊聞之心膽寒；軍中有一范，西賊聞之驚破膽。」及元昊稱臣，召為樞密使，嘉祐中拜同中書門下平章事。英宗嗣位，拜右僕射，封魏國公。神宗立，拜司徒，兼侍中，判相州，相人愛之如父母，換節永興軍，卒諡忠獻。著有《安陽集》。

　　蘇轍十九歲時，於嘉祐二年（1057）隨父兄進京，進士及第，其時上書韓琦求見，強調文以氣為主，並以為後天的閱歷及尚友賢人，可以增進寫作能力。〈上樞密韓太尉書〉：「轍之來也，於山見終南、嵩、華之高，於水見黃河之大且深，於人見歐陽公，而猶以為未見太尉也，故願得觀賢人之光耀，聞一言以自壯，然後可以盡天下之大觀而無憾者也。」[39]

　　蘇轍於書中表示誠懇求見，願遊公門，依李薦《師友談記》：「頃同黃門公初赴制舉之召，到都下。是時同召試者甚多。一日相國韓公（琦）從容言曰：『二蘇在此，而試人亦敢與之較試，何也？』此語既傳，於是不試而去者，十蓋八九矣。」

　　又引東坡云：「國朝試科目，在八月中旬。頃與黃門將試，黃門忽病，自料不能及矣。相國韓魏公知之，輒奏上曰：『今歲召制科之士，唯蘇軾、蘇轍最有希望。今蘇轍偶病未可試，如此，兄弟有一人不得就試，甚非眾望。欲展限以俟。』上許之。黃門病時，魏公數使人間安否。既聞全安，方引試，比常例展二十日。自後試科併在九月，蓋始於此。」[40]

　　韓琦對於蘇轍另眼相待，為蘇轍生病將制科考試延期，而派

39　《欒城集卷二二》，頁 381。

40　蔡絛《鐵圍山叢談》：『二公將就試，共白厥父明允。慮有一黜落，奈何？明允曰：「我能使汝皆得之，一和題一罵題可也」由是二人果皆得。』曾棗莊《蘇轍評傳》〈附錄蘇轍年譜〉，頁 373。

人問安，待蘇轍病癒，乃一舉中第。對蘇轍的關愛與提拔，無人能出其右。

蘇轍奉令赴北遼賀使，歸來撰〈祭韓忠獻魏公文〉：「轍等游公之門，跡有戚疏，長育成材。」[41]蘇轍乃以門生自居，對韓文公感激涕零，懷念不已。

以上列舉啓蒙老師張易簡、劉臣，在宦途仕進拔握提攜不遺餘力者，有張方平、歐陽修、司馬光、韓琦等人，餘者如文彥博、曾公亮、楊畋、趙林等，皆捨去不載，取其關鍵而去蕪存菁。

二、益友（友直友諒友多聞）

蘇轍從小與蘇軾形影不離，以兄軾為師友。〈祭亡嫂王氏文〉：「轍幼學於兄，師友實兼，志氣雖同，以不逮慚。」[42]蘇轍謙沖自牧，自不以為不如兄軾。〈祭亡兄端明文〉：「手腳之愛，平生一人。幼而無師，受業先君。兄敏我愚，賴以有聞。寒暑相從，逮壯而分。」[43]然蘇軾對於弟弟子由，肯定讚美，相知相惜，蘇軾離開徐州，曾作〈初別子由〉：

> 我少知子由，天資和且清。好學老益堅，表裡漸融明。
> 豈獨為吾弟，要是賢友生。不見六七年，微言誰與賡？
> 常恐坦率性，放縱不自程。會合亦何事，無言對空枰。
> 使人之意消，不善無由萌。[44]

在出仕之前，兄弟不曾須臾分離，讀書一起，遊戲一起，兄弟情感融洽親密。逮科舉進士步上仕途，離多聚少，遂以詩文酬

41　《欒城集卷二六》，頁 436。
42　《欒城後集卷二十》，頁 1097。
43　《欒城後集卷二十》，頁 1100。
44　《蘇詩彙評卷十五》〈初別子由〉，頁 623　曾棗莊主編　四川文藝出版社
　　2001 年 1 月。

唱以慰相思之苦，及兄軾卒於常州，兄弟並未謀面，令人不勝唏
噓！除兄軾外，蘇轍益友，略舉五人，概述如後：

（一）不避牽累 —— 范鎮

字景仁，華陽（四川雙流）人。《宋史卷三百三十七》記載：
「仁宗朝知諫院，以直言敢諫聞名，後為翰林學士。神宗時王安
石當權，意見不合，遂致仕。」蘇軾有在野而名益重的讚美。范
鎮則說：「使天下受其害而吾享其名，吾何心哉？」其用心以未能
阻止王安石的變法為恨。哲宗即位，起端明殿學士，固辭不就，
累封蜀國公，卒諡文忠。有文集及《東聞記事》等凡百餘卷。

范鎮與蘇轍兄弟既是同鄉，又是世交，友情彌篤，從詩文中
略見梗概。當蘇軾「烏台詩案」生變後，突然鋃鐺入獄，帶給蘇
轍的惶恐驚懼，斯為政治迫害的官場現形記。蘇轍〈寄范丈景仁〉：
「人生聚散未可料，世路險惡終勞神。交遊畏避恐坐累，言詞欲
吐聊復合。安得如公百無忌，百間廣廈安貧身。」[45]

政治風暴，方興未艾，因「烏台詩案」牽累多人貶謫放逐，
不得倖免，蘇轍的「畏避坐累」正是道出內心的驚悸悚動，更加
仰慕范鎮的全身而退。

熙寧九年（1076）蘇轍從齊州返京，暫住范家東齋，有〈雪
中呈范景仁侍郎〉：「羈遊亦何樂？幸此賢主人。東齋暖且深，高
眠不知晨。……賴我古君子，高談吐陽春。方當庇華屋，豈憂無
束薪。」[46]在風聲鶴唳的政治迫害中，范家不避牽累，詩中蘇轍
在范家吃住都得到供應，彼此又談得投機契合，生活無憂無慮。
遂於范家過年，心中觸動些許感慨。〈次韻景仁丙辰除夜〉：「數舉

45　《欒城集卷八》，頁 138。
46　《欒城集卷六》，頁 117。

除夜酒，稍消少年豪。」[47]

　　蘇轍暫停范家，生活自在閒適，范鎮宴客，蘇轍作陪，〈次
韻景仁飲宋溫之南軒〉：「疏狂先醉倒，應許恃鄉情。」[48]同鄉情
誼深厚的流露，因此「時以酒相命，何妨心自齋」（次韻景仁招宋
溫之職方小飲）的自我陶醉，自我滿足，自得其樂。又如〈次韻
景仁正月十二日訪吳續寺丞二絕〉，亦有類似的描敘。（以上同註
48）

　　蘇軾於熙寧十年（1077）調任湖州時，行抵陳橋驛，詔下改
知徐州，不得入國門，遂居郊外范鎮東園。蘇轍〈寄范丈景仁〉：

> 我兄東來自東武，走馬出見黃河濱。及門卻遣不得入，回
> 顧欲去行無人。

> 東園桃李正欲發，開門借與停車輪。（同註45）

　　蘇軾的仕途困蹇，不得進入國門，有賴范鎮伸出援手，亟救
急難。後來蘇軾在〈送魯元翰少卿知衛州〉：「見士其所著，寄身
范公園。」范鎮與蘇轍兄弟的同鄉世交，勇於濟助燃眉之急，情
深意切，好為市道交者，應以為誠。

（二）貧賤之交 —— 王鞏

　　字定國，係名相王旦之孫，王素之子，曾築清虛堂，因以號
焉《宋史卷三百二十》。王素在嘉祐三年（1058）知成都，蘇軾往
見，並作〈上知府王龍圖書〉，論治蜀難易。其後王鞏與蘇轍兄弟
常相往來。當蘇轍罷齊州教授回京時，曾多次宴請，並有詩歌酬
唱，〈次韻王鞏廷評招飲〉：「都城歲晚不歸去，客舍夜寒猶獨吟，
樽酒憐君偏好客，詩篇寄我謬知音。會須雪裡相從飲，履跡旋平

---

47 同註46。
48 《欒城集卷六》，頁118。

無處尋。」[49]「歲晚」、「夜寒」是臘月時候，蘇轍的心情充滿苦味，「獨吟」是最佳寫照。

當張方平守南京，遂辟蘇轍為南京簽判，〈將至南京雨中寄王鞏〉：「河牽一線流不斷，雨散千絲卷卻來。煙際橫橋村十里，盤中倦客酒三杯。老年轉覺脾嫌濕，世路早令心似灰。賴有故人憐寂寞，繫舟待我久徘徊。」[50]抒情寫意，面面俱到，對於宦途生涯的失望，已是「心似灰」，「故人」的知心，堪慰寂寞。

後來在南京又重逢，蘇轍〈次韻王鞏見贈〉：「南都逢故人，共此一樽淥。……狂歌手自拊，醉倒頭相觸。」[51]好友相聚，不醉不歡，拍手狂歌，醉倒相觸，有為歡幾何的心態。但是蘇轍的生活依然拮据，〈飲餞王鞏〉：「送君不辦沽斗酒，發酷浮蟻知君有。問君取酒持勸君，未知客主定何人？」[52]蘇轍是主人，但貧而無酒，倒飲王鞏的美酒，主客易位的情況，時常發生，〈次韻王鞏同宴王廷老度支家戲詠〉：「莫怪貧家少還往，自須先辦買花錢。」[53]王廷老早識老友，適蘇軾通判杭州時，志同道合，主張政寬。蘇轍初識，時王廷老廢居南都「忘其固窮，笑歌歡呼。……見遠識微，我不如君」[54]蘇轍敬佩其人格與操守，六年後還朝，將息女嫁其長子，結為親家。

（三）墨竹畫家——文同（1018-1079）

字與可，宋梓潼（四川鹽亭）人。《宋史卷四百四十三》號

---

49 《欒城集卷六》，頁 116。
50 《欒城集卷七》，頁 131。
51 《欒城集卷七》，頁 131。
52 《欒城集卷七》，頁 134。
53 《欒城集卷八》，頁 149。
54 《欒城集卷二六》〈祭王虢州伯剔文〉，頁 433。

笑笑先生、石室先生、錦江道人等，神宗元豐元年（1078），知湖州，故亦稱文湖州。宋仁宗皇祐進士，累遷太常博士，最善畫竹、時文、篆、隸、行、草、飛白皆妙極。元豐二年卒，年六十二。著有《丹淵集》。

　　文同與蘇轍，是世交，又是親家，皆為四川人。文同是當代著名畫家，蘇洵曾索畫，有〈與可‧許惠所畫舒景，以詩督之〉：

　　　　貴家滿前謝不興，獨許見贈憐我衰。我當枕簟臥其下，暮續膏火朝忘炊。

　　　　門前剝啄不須應。老病人誰稱我為？[55]

　　蘇轍作〈墨竹賦〉，認為畫竹畫得妙，是「朝與竹乎為遊，暮與竹乎為朋，飲食乎竹間，偃息乎竹陰，觀竹之變多矣。」[56]生活在竹林綠蔭之中，體味竹的變化，耳濡目染，最為熟悉，蘇轍長女適文同長子文務光。元豐元年（1078）歲末文同知湖州，蘇轍有〈送文與可知湖州〉：「舊聞吳興勝，試問天公取。家貧囊裝盡，歲莫輕帆舉。」[57]湖州山水鼎勝，但因人而異，「人寄畫屏住，俗吏自難堪，詩翁正當與，從來思清絕。」（同註57）至於施政治民以做到「高臥鎮夸俗，清談靜煩訴」（同註57）為最高方針與期望。元豐二年正月二十一日，文同病歿陳州，蘇轍有〈祭文與可學士文〉：「與君結交，自我先人。舊好不忘，繼以新姻。……君牧吳興，我官南京。從君季子，長女實行。君次於陳，往見姑嫜。使者未返，而君淪亡。」[58]文蘇的友誼情篤，親上加親，是為摯友。

55　〈與可許惠舒景以詩督之〉。見於曾棗莊著《三蘇文藝思想》頁 348 學海出版社 84 年 8 月初版。
56　《欒城集卷十七》，頁 335。
57　《欒城集卷八》，頁 153。
58　《欒城集卷二十六》，頁 432。

（四）志氣相投 —— 李常（1027-1090）

　　字公擇，宋南康建昌（江西南城）人。宋仁宗皇祐舉進士。哲宗時，官御史中丞。《宋史卷三百四十四》

　　初與王安石友善，王安石立新法，以李常爲三司條例司檢詳官。但李常反對新法，極言其不便，《宋史‧李常傳》：「條例司始建，已致中外之議。」

　　至於均輸、青苗，斂散取息，傅會經義，人且大駭，何異王莽猥析《周官》片言，以流毒天下！遂被逐出朝廷。熙寧九年（1076）改知齊州。公擇年少讀書廬山白石僧舍，既擢第，抄所藏書萬卷留於室，名其室曰李氏山房。蘇軾作〈李氏山房藏書記〉，謂藏書以遺來者，固仁者之用心，東坡於此拈出主旨，以警學者，亦仁人之用心也。

　　蘇轍兄弟與李公擇友誼情深，熙寧五年（1072），時李公擇知鄂州（湖北武昌），曾應其請，分別賦黃鶴樓詩寄。見蘇軾〈賦黃鶴樓贈李公擇〉：「前年見君河之浦，東風吹河沙如霧。北潭楊柳強知春，樽酒相攜終日語。」《詩集卷八，東坡集卷四賦》李公擇赴齊州途中，重陽節李公擇設宴邀請蘇轍，蘇轍因病未能赴宴，有〈次韻李公擇九日見約，以疾不赴〉：「它年逢九日，杯酒逐英豪。漸老經秋病，獨醒何處高？床頭添藥裡，坐上減牛毛。寂寞知誰問，煩公置濁醪。」[59]可見彼此的情感篤厚，但李公擇到任不滿一年，蘇轍於十月任滿去職，「我行今不久，公到時方昨。」〈喜雪呈李公擇〉（同註59）

（五）筠州酬唱 —— 毛維瞻

---

59 《欒城集卷六》，頁114。

　　毛維瞻，宋西安人，以詩名，與趙抃同邑相得，爲山林之樂
《明廖用賢編尚友錄七》。於宋神宗元豐三年（1080）始出知筠州，
政平訟理，樂善好施，時蘇轍謫筠州，相與唱和，志在山林。於
元豐五年（1082）致仕，著有〈鳳山八詠〉、〈山房即事十絕〉。

　　毛維瞻是在蘇轍謫貶筠州之前到任，政通人和，寬柔從事，
對蘇轍尊重不以罪犯相待，蘇轍〈次韻毛國鎮趙景仁唱和三首，
一贈毛，一贈趙，一自詠〉：「我來邂逅逢寬政，忘卻漂流身在南。」
[60]使蘇轍忘卻貶謫的痛苦，感到溫暖，在〈次韻毛君經旬不用鞭
扑〉：「政寬境內棠陰合，訟去庭中草色新。……歲終誰爲公書考，
豈止江西第一人。」[61]經常陪侍毛維瞻視察施政，闢路藍褸，以
啓山林，〈次韻筠守毛維瞻司封觀修城三首〉：「北垣荊棘舊成堆，
留待公來次第開。車馬已通城下路，榛蕪盡付治家灰。」[62]在開
墾荒地，增加生產以後，給予人民豐富的生活，「荊棘燒殘桑柘出，
狐狸去盡犬雞來。」（同註 62）

　　蘇轍不只是白天陪侍毛維瞻從事各項政治活動，由於彼此志
趣相投，公暇之餘，夜遊相伴，得秉燭歡樂，〈陪毛君夜遊北園〉：
「一樽花下夜忘歸，燈火尋春畏春晚。」[63]有時蘇轍主動夜訪夜
飲，〈過毛國鎮夜飲〉：「不動歌聲人已醉，旋聞詩句夜初長。」[64]
彼此以詩酒酬答，多達二十九篇，共七十首，蘇轍在其他各地從
事，不曾有如是酬作。其時以作詩爲樂，相互贈送。〈次韻毛君見
贈〉：「江國騷人不耐秋，夜吟清句曉相投。」[65]又〈次韻毛君山

60　《欒城集卷十》，頁 188。
61　《欒城集卷十》，頁 192。
62　《欒城集卷十》，頁 186。
63　《欒城集卷十一》，頁 202。
64　《欒城集卷十》，頁 187。
65　《欒城集卷十一》，頁 210。

房即事十首〉,「案牘稀疏意自開,夜闌幽夢曉方回。青苔紅葉騷人事,時見詩簡去又來。」[66]在在敘述彼此全心投入寫詩情境,詩作已到如醉如癡境界,稍為遲緩遞交詩篇,毛維瞻即時催促,〈次韻毛君見督和詩〉:「新詩落紙一城傳,顧我疏蕪豈足編?他日杜陵詩集裡,韋迢略見兩三篇。」[67]蘇轍以毛維瞻喻杜甫,以自己喻韋迢。但究其事實,毛維瞻的生平志趣在《欒城集》得知,如〈次韻毛君山房即事詩〉:「東晉仙人借舊山,定應天意許公閑。郡人欲問使君處,笑指峰巒紫翠間。」(同註 65)而在〈次韻毛君留別〉:「問天乞得不貲身,屈指人間今幾人?魚縱江潭真窟宅,鶴飛松嶺倍精神。」[68]毛國鎮生日,蘇轍有詩:「怪公日夜歸心切,欲寄此生丹竈中。」[69]

由此得知毛維瞻類似陶淵明的歸輿心情,本性使然,蘇轍〈次韻毛君偶成〉:「鏖牙向物知難合,疏懶憐公獨未嫌。時聽淵明詠歸去,猶應為我故遲淹。」[70]

當毛維瞻致仕還鄉,蘇轍有詩:「忽言叩天閽,言旋歸山廬。朋友不及謀,親戚亦驚呼。人生各有意,何暇問俗徒。嗟我好奇節,歎公真丈夫。」[71]蘇轍有毛維瞻志同道合的長官,「我恨見公遲」的慨歎,因為「負罪不自知,適意忘憂虞」,得到尊重、尊嚴的生活,是生活最愜意的享受。因此,毛維瞻的致仕,自然不捨。而有「不才似我真當去,零落衡茅隔雍歧」的羨慕心情。是以毛維瞻致仕後,詩酬依然不斷,〈和毛國鎮白雲莊五詠〉:「歸去攜家

---

66 《欒城集卷十》,頁 194。
67 《欒城集卷十》,頁 190。
68 《欒城集卷十一》,頁 213。
69 《欒城集卷十一》,頁 211。
70 《欒城集卷十一》,頁 210。
71 《欒城集卷十一》,頁 214。

任白雲，雲中猿鶴許同群。……卻看人世應微笑，未熟黃粱書夢紛。」[72]黃粱一夢，富貴功名，幾時保有？人貴適志，若矯性違俗，斯志士之大痛矣。

其他方士深交往來者如：聰禪師、臻長老、大覺璉、巢谷等。尤其是巢谷，眉山人，務農。《巢谷傳》云：「予以鄉閭故，幼而識之，知其志節，緩急可托也。元祐兄弟在朝不高攀，兄弟遠謫嶺南，年七十，徒步慰問。氣節凜然，令人敬仰；熱情誠懇，令人感動！」[73]

第三節　蘇氏家族世系及其後代

一、蘇氏先祖

蘇味道

蘇洵《蘇氏族譜》：「蘇氏出自高陽，而蔓延于天下，唐神龍（705-707）初，長史蘇味道刺眉州，卒於官，一子留於眉，眉之有蘇氏，自是始。」

高陽，古帝瑞頊，佐少昊有功，國於高陽，因號高陽氏。

蘇　涇

蘇洵《族譜後錄下篇》：「蘇氏自遷於眉，自高祖涇，即已不詳。」自味道至明允的高祖，其間二百餘年，族譜缺漏。

蘇釿、黃氏

蘇洵《族譜後錄下篇》：「自曾祖釿而後稍可記。曾祖娶黃氏，

以俠氣聞於鄉閭。」生五子：即祈、福、禮、祐、祜。其中祜最少最賢，以才幹精敏見稱。

蘇祜、李氏

蘇洵《族譜後錄下篇》引蘇序：「祜生於唐哀宗之天祐二年（905）而沒于周世宗之顯德二年（958），蓋與五代相終始。……吾祖娶于李氏。李氏，唐之苗裔，太宗之子曹王明之後，世曰瑜，爲遂州長江尉，失官，家于眉之丹陵。」

蘇洵《蘇氏族譜》記載：蘇祜有子五人：蘇宗善、蘇宗晏、蘇宗昇、蘇杲、蘇宗晁。」祜不仕，享年五十四。

蘇杲、宋氏

蘇洵《族譜後錄下篇》引蘇序語：「吾父杲最好善，事父母極于孝，與兄弟篤于愛，與朋友篤于信，鄉閭之人，無親近皆敬愛之。娶宋氏，夫人事上甚孝謹而御下甚嚴。生子九人，而吾獨存。……卒之歲蓋淳化五年（994），推其生之年則晉少帝之開運元年（944）也。」杲不仕，享年五十一。蘇杲娶「宋氏」，是根據嘉祐集明巾箱本，明天啓元年刊本，蘇轍《欒城集東坡墓誌銘》明各刊本，《宋史蘇軾傳》均作「宋氏。」商務《萬有文庫嘉祐集》作「朱氏」。

蘇序、史氏

蘇洵《族譜後錄下篇》：「先生諱序，字仲先，生于開寶六年（973），而歿于慶曆七年（1047）。娶史氏夫人，生三子，長曰澹、次曰渙、季則洵也。先子少孤，喜爲善而不好讀書，晚乃爲詩，能自道，敏捷立成。凡數十年得數千篇，上自朝廷郡邑之事，下至鄉閭子孫畋漁治生之意，皆見於詩。」序仕至大理評事，娶史氏。生三子澹、渙、洵及二女，長適杜重祐，幼適石揚言。享年七十五。

蘇　澹

蘇序長子，蘇洵長兄，蘇轍長伯。歐陽修〈蘇明允墓志銘〉：「職方君（蘇序）三子，曰澹，曰渙，皆以文學舉進士。」張方平〈文安先生墓表〉：「（序）生三子，曰澹，曰渙，教訓甚至，各成名官。」「成名官」不確，因澹不仕。亦先洵而卒。蘇洵〈極樂院六菩薩閣記〉：「丁母夫人之憂，蓋年二十有四矣。其後五年而喪兄希白。」希白可能就是蘇澹的字號，卒于蘇洵二十九歲，即宋仁宗景祐四年（1037）。

蘇渙、楊氏

蘇轍〈伯父墓表〉記載，公諱渙，始字公郡，晚字文父（甫）。天聖元年（1023），始就鄉試，明年（1024）登科，爲寶雞主簿，官至提點利州路刑獄。嘉祐七年（1062）卒，享年六十二。夫人楊氏，次年亦卒。子三人：蘇不欺，監成都糧科；蘇不疑，嘉州通判；蘇不危，不仕。女四人：長適楊薦，次適王東美，三女適任更，四女適柳子文。

二、蘇洵、程氏

蘇洵：宋眉山人，字明允，號老泉。《宋史卷四百四十三》曾棗莊先生《三蘇傳》中（頁 8），引〈石林燕語〉卷十云：「蘇子瞻謫黃州，號東坡居士，……晚號老泉山人」，明人黃燦、蘇燁《重編嘉祐集紀事》載馬元調語云：「老泉固子瞻號也，吾嘗見子瞻墨跡矣，其圖記曰：『東坡居士，老泉山人』，八字合爲一章。且歐曾諸大家所爲志銘，哀挽詩具在，有號明允以老泉者乎？」可見老泉爲蘇軾號而非蘇洵號，但長期以來，以訛傳訛，一般人仍以蘇老泉爲蘇洵號。生於宋真宗大中祥符二年（1009），卒於宋英宗治平三年（1066），享年五十八。

　　由於兄長蘇渙進士及第的激勵，於天聖五年（1027）蘇洵也參加進士科舉考試，不第。歐陽修〈蘇明允墓志銘〉：「蘇洵年二十七始大發憤，謝其素所往來少年，閉戶讀書為文辭。歲餘，舉進士再不中。」[74]早年的蘇洵，亦有志於求取功名，所以「學句讀，屬對聲律，未成而廢。」遂有「此（科舉）不足為也。」做為「拒絕科舉考試」的讀書人。從此，決心走自己的路，做自己的事，讀自己的書。〈上韓丞相書〉：「及長，知取士之難，遂絕意於功名，而自托於學術。」[75]於是將以前為科舉考試而習作的數百篇文章，斷然燒毀，不留隻字片語。取《論語》，《孟子》，韓子（愈）及其他聖賢人之文而兀然端坐，終日以讀之者七、八年。遂通六經百家之說，為文古勁簡樸，張方平曰：「至京師，永叔一見，大稱歎，……目為孫卿子。獻其書於朝，自是名動天下，士爭傳誦其文，時文為之一變，稱為老蘇。」[76]歐陽修推崇蘇洵，「諸老誰能先賈誼，君主猶未識相如。」又說：「君（蘇洵）之文博辯宏偉，讀者悚然想見其人。既見而溫溫然似不能言；及即之，與居愈久而愈可愛，閒而出其所有，愈叩而愈無窮。嗚呼！可謂純明篤實之君子也。」[77]集政論、文學於一身。司馬光亦稱讚「道兼文武之隆，學際天人之表。」都不是溢美之詞。著有《太常因革禮》百卷、《諡法》三卷、《皇祐諡錄》三十卷，《易傳》十卷。

　　程氏：程氏富有優於蘇家，然社會地位並不顯要。蘇軾〈書外曾祖程公遺事〉：「公諱仁霸，眉山人，以仁厚信于鄉里。蜀平，中朝士大夫憚遠宦，官闕，選士人有行義者攝，公攝錄事參軍。……

---

74 《歐陽文忠公全集卷三十四》〈蘇明允墓志銘〉四部叢刊　台灣商務印書館
75 《蘇洵嘉祐集第十三卷》〈上韓丞相書〉。
76 張方平《樂全集卷39》〈文安先生墓表〉。
77 同註74。

坐逸囚罷歸。……外祖父壽九十。」[78]

外祖指程文應，乃程氏夫人父親。司馬光〈程夫人墓志銘〉：「夫人姓程氏，眉山人，大理寺丞文應之女。」[79]蘇軾曾對李薦說：「外祖甚富，二家聯姻，皆以子貴封官。」《李薦師友談記》。[80]程濬舅氏最為顯貴，字治之，進士及第，歷任縣尉、參軍、推官、通判、提點刑獄、轉運使等職。至於程濬之子程之才，字正輔，娶蘇轍幼姊八娘為妻（1050），為蘇洵女婿，因凌虐八娘，八娘鬱鬱而卒（1052），兩家於是交惡達四十三年之久。迄紹聖二年（1095）蘇軾貶官惠州，程正輔造訪，八娘死後蘇程二家舊怨冰釋。

依據蘇洵〈極樂皖六菩薩閣記〉：長女、次女、長子景先，皆年幼棄世。

幼女八娘：生於景祐二年（1035），卒於皇祐四年（1052），得年十八。蘇洵〈自尤〉詩敘：「壬辰之歲（皇祐四年）而喪幼女。始將有尤其夫家，而卒以自尤也。女幼而好學，慷慨有過人之節，為文亦往往有可喜。既適其母之兄程濬之子之才，年十又八而死。」[81]其詩有「生年十六亦已嫁」，「明年會汝初生孫」，得知八娘十六歲歸程之才，十七歲生子，十八歲即因受虐待憂鬱而死。

78　《蘇軾文集第六十六卷》〈書外曾祖程公逸事〉，頁 2052 孔凡禮點校 北京中華書局 1999 年 7 月第五次印刷。

79　《司馬溫公文集第七十六卷》〈蘇主簿夫人墓志銘〉四部叢刊 台灣商務印書館。

80　《師友談記一卷》宋李薦撰。雜記元祐勝流：蘇軾、范祖禹、黃庭堅、秦觀、晁說之、張耒所談，多名言格論，非小說瑣錄可比。《四庫全書總目 子、雜家類 卷一百二十》藝文印書館 民國五十八年三月三日。

81　蘇洵〈自尤並敘〉：「壬辰之歲而喪幼女。」「既適其母之兄程濬之子之才，年十有八而死。」詩云：「生年十六亦已嫁，日負憂責無歡欣。」《蘇轍評傳 附錄蘇轍年譜 頁 354》曾棗莊著　五南圖書公司　八十四年。

三、蘇軾、王弗、王閏之、王朝雲

蘇軾，字子瞻。生於仁宗景祐三年（1037）十二月十九日，卒於徽宗建中靖國元年（1101），享年六十六。《宋史卷三百三十八》著有《東坡集》、《東坡樂府》、《東坡志林》等。

蘇軾，幼聰慧過人，八歲就學，與弟轍皆以父洵為師。當蘇洵遊學四方時，由母親程氏親授經史，願學范滂，程母以此為「吾有子矣。」願為滂母。仁宗嘉祐二年（1057）試禮部，歐陽修知貢舉，擢置第二，後以〈春秋〉對策，列第一，名滿天下。六年（1061）就任陝西鳳翔，此為蘇軾宦海生涯的開始。

神宗熙寧四年（1071）軾上書反對新政，與王安石不和，乃自請外放杭州通判，徙知密州（山東諸城），因思念子由殷切，乃作〈水調歌頭〉一闋，成為古今傳誦家喻戶曉的名作。後遷徐州、湖州。在湖州因謗訕新政而有「烏台詩案」，被捕入獄。事後貶黃州團練副使，築室於東坡，自號「東坡居士」，是蘇軾文學詩賦文章創作最豐富的時期。如〈定風波〉（莫聽穿林打葉聲），〈前後赤壁賦〉，〈赤壁懷古〉，〈洗兒戲作詩〉等。

元豐八年（1085）神宗病逝，哲宗繼位，召為禮部郎中、翰林學士。元祐四年（1089）以龍圖閣直學士出知杭州、又遷定州、惠州、儋州（海南島）。於宋徽宗建中靖國元年（1101）遇赦北返，病逝於常州。其時訃音驚傳，吳越之民相與哭於市，士君子相與哭於家，全天下無論賢愚皆咨嗟出涕，大學士數百人相率齋於惠林佛舍。

蘇軾的妻妾都姓王，前妻王弗，蘇軾〈亡妻墓志銘〉：「治平二年（1065）五月丁亥，趙郡蘇軾之妻王氏卒于京師。……君諱弗，眉之青神人，鄉貢士（王）方之女。生十有六而歸于軾，有

子邁。……其死也,蓋年二十七而已。」[82]

　　王弗歸蘇軾十年夫妻,正當蘇軾外出求取功名,家庭迍邅之際,王弗謹言慎行,克儉持家,侍奉翁姑,聲聞戚黨。其精明能幹,爲蘇軾所依賴。一旦猝逝,哀痛逾恆。十年後,熙寧八年(1075)的正月二十日,知密州的蘇軾,夢見王弗,猶是悽切難遣,作〈江神子〉詞:「十年生死兩茫茫,不思量,自難忘,千里孤墳無處話淒涼,縱使相逢應不識,塵滿面,鬢如霜。夜來幽夢忽還鄉,小軒窗,正梳粧,相顧無言惟有淚千行,料得年年腸斷處,明月夜,短松岡。」[83]

　　繼室王閏之,蘇軾〈阿彌陀佛贊〉:「蘇軾之妻王氏名閏之,字秀章,年四十六,元祐八年(1093)八月一日卒于京師。」[84]又〈祭亡妻同安郡君文〉:「昔通義君(王弗)沒不待年,嗣爲兄弟,莫如君賢。」[85]蘇軾續娶王閏之應在治平二年底或三年初。以爲教養蘇邁,最爲適當。王閏之來歸後,視蘇邁如己出。

　　侍妾王朝雲,蘇軾〈朝雲墓志銘〉:「東坡侍妾曰朝雲,字子霞,姓王氏,錢塘人。敏而好義,事先生二十有三年,忠敬若一。紹聖三年(1097)壬辰卒于惠州,年三十四。」[86]

　　朝雲有一兒,名曰遯,未滿周歲即夭折,蘇軾有〈洗兒戲作詩〉:「人皆養子望聰明,我被聰明誤一生。惟願孩兒愚且魯,無

82　《蘇軾文集第十五卷》〈亡妻王氏墓志銘〉,頁472。
83　王文誥《蘇文忠公詩編注售成總案》卷一三:(熙寧八年乙卯正月)二十日記夢,作(江神子)詞。誥案:詞注謂公悼亡之作,考通義郡君卒于治平二年乙巳,至是熙寧八年乙卯,正十年也。見《蘇詞彙評江神子》曾棗莊 曾濤編 文史哲出版社 八十七年五月初版。
84　《蘇軾文集第二十一卷》〈阿彌陀佛贊〉,頁619。
85　《蘇軾文集第六十三卷》〈祭亡妻同安郡君文〉,頁1960。
86　《蘇軾文集第十五卷》〈朝雲墓志銘〉,頁473。

災無難到公卿。」[87]蘇軾的企盼，終於隨著遯兒的不幸夭逝，一切都成爲泡影。軾有子三人，長曰邁（王弗生）次曰迨、季曰過（王閏之生）皆承務郎。妾王子霞（朝雲）生子遯，早夭，無嗣。

四、蘇轍、史氏

　　蘇轍，字子由，自號穎濱遺老。《宋史卷三百三十九》生於仁宗寶元二年（1039），卒於徽宗政和二年（1112），享年七十四。著有《欒城集》八十四卷，《詩集傳》、《春秋集解》、《道德經解》、《古史》、《龍川略志》等。

　　轍小軾三歲，當軾於八歲入學，蘇轍《龍川略志第一》：「予幼居鄉間，從子瞻讀書天道觀。」在家中，蘇轍兄弟「皆師先君」，以父親爲師。蘇洵對於蘇轍兄弟的教育，頗爲嚴謹，蘇轍〈歷代論〉：「士生于世，治氣養心，無惡于身。推是以施之人，不爲苟生；不幸不用，猶當以其所知著之翰墨，使人有聞焉。」[88]欲其兄弟做到立德，而後立功，而後立言。因此，蘇轍兄弟接受良好的家教，思想純正，行爲端莊，且胸懷大志，頭角崢嶸，蘇轍〈初發彭城有感寄子瞻〉：

　　　　念昔各年少，松筠閟南軒。閉門書史叢，開口治亂根。

　　　　文章風雲起，胸膽渤澥（渤海）寬。[89]

　　仁宗嘉祐二年（1057），與兄軾同登進士。其後參加秘閣制科考試，直斥仁宗施政的不是，大臣以爲不當，仁宗卻說：「其言直切，不可棄也。」〈蘇穎濱年表〉又說：「吾以直言取士，士以直言告我，今而黜之，天下其謂我何！」〈蘇轍遺老齋記〉。（欒城

87　《蘇詩彙評卷二十二》〈洗兒戲作〉，頁 977。
88　《欒城後集卷七》〈歷代論并引〉，頁 958。
89　《欒城集卷七》，頁 130。

三集卷十，頁 1237）蘇轍兄弟在仁宗寬大愛才之下，雙雙登榜，仁宗高興而言：「朕今日為子孫得兩宰相矣。」《宋史卷・蘇軾傳》[90]

　　元豐二年（1079）二月，蘇軾知湖州，李定等掀起文字煉獄，摘文擒句，多方撫搕，欲置蘇軾於死地。退居南京的王安石上書聲援蘇軾：「安有聖世而殺才士乎？」蘇轍手足情深，憂心忡仲。〈為兄軾下獄上書〉：「臣早失怙恃，兄軾一人，相須為命。今者竊聞其得罪逮捕赴獄，舉家驚號，憂在不測。……不勝手足之情，故為冒死一言。」[91]願以官職替蘇軾贖罪，「昔漢淳于公得罪，其女子緹縈，請沒為官婢，以贖其父。……今臣螻蟻之誠，雖萬萬不及緹縈，而陛下聰明仁聖，過于漢文遠甚。臣欲乞納在身官，以贖兄軾。」（同註 91）情理兼盛，哀惋感人。蘇軾在上下內外，多方營救；神宗亦欣賞其才華，於同年十二月二十九日結案，命蘇軾為黃州團練副使。蘇轍坐貶筠州（江西高安）。

　　元豐八年（1085）二月神宗病逝，高太后臨朝，起用老臣司馬光以及反對新政被貶的官員。蘇轍於元祐元年（1086）二月到京，未及國門，改右司諫，到十一月任職期間，共上奏七十四篇，多數被採用，對元祐之政有重大作用。元祐四年（1089），改任吏部侍郎，翰林學士，知制誥。八月十六日被命為遼生辰使，出使契丹。回國後，除御史中丞，升遷尚書右丞。張方平，宋仁宗的預言，得到印證。元祐七年（1092）再擢門下侍郎（副相）。

　　元祐八年（1093）九月，高太后去逝，哲宗親政，再起用呂惠卿、章惇等人，元祐舊臣非降即貶，蘇轍兄弟亦不能倖免。蘇轍於紹聖元年（1094）貶汝州（河南臨汝），袁州（江西宜春），筠州、雷州（廣東雷州半島海康）。四年（1097）六月五日兄弟會

90　《蘇軾傳宋史卷三百三十八》。
91　《欒城集卷三五》，頁 621。

於雷州，十一日蘇轍送軾赴南海，此是兄弟最後訣別，直到建中靖國元年（1101）蘇軾卒於常州，兄弟不曾謀面。

元符元年（1098）遷循州（廣東龍川），杜門閉目，追憶平生事跡，令幼子蘇遠記錄成書，共十卷，名《龍川略志》。三年（1100）哲宗崩逝，北宋最荒淫的皇帝徽宗繼位。蘇轍移岳州（湖南岳陽），再移鄂州（湖北武昌），年終，回潁昌。而後十年之久，謝絕一切世俗往還，大門不出，大觀四年〈閉門〉：「閉門潁昌市，不識潁昌人。」[92]讀書學禪，吟嘯自得。政和元年（1111）〈冬至日作〉：「誰令閉戶謝往還，壽酒獨向兒孫輩。」[93]類似詩句不勝枚舉，在在說明蘇轍晚年的心境與生活，居潁昌，足不出戶，不問世事的態度。政和二年（1112）十月三日卒。

史氏：蘇洵〈祭史親家祖母文〉：「夫人之孫，歸于子轍。」孫汝聽說：「轍娶史氏，年十五，父曰瞿。」蘇轍的祖父蘇序，亦娶史氏。而蘇洵《族譜後錄下篇》：「史氏夫人，眉之大族。」史氏為大族，非望族。蘇轍〈寄內〉：「與君少年初相識，君年十五我十七。上事姑嬋旁兄弟，君雖少年少過失。」[94]得知史氏是個性情溫厚而做事謹慎的人。育三子：蘇遲、蘇适、蘇遠，六女。

五、蘇轍子嗣

蘇遲、梁氏（梁適曾孫女）

蘇遲，轍長子，字伯充，小名梁，號涌泉先生。娶妻梁氏，係位至同平章事梁適的曾孫女，德昌軍通判梁彥昌孫女，提點刑獄梁子美之女。《續資治通鑑長編》卷四九九：「元符元年（1098）

92　《欒城三集卷二》，頁 1179。
93　《欒城三集卷三》，頁 1193。
94　《欒城後集卷三》，頁 915。

六月蘇轍移循州安置。本路提刑梁子美與轍係婚姻之家，不申明回避，並其餘監司失覺察，各罰金三十斤。」建炎以後蘇遲累官尚書右司員外郎，直秘閣、知高郵、婺州、泉州。紹興元年（1131）知楚州。三年九月權刑部侍郎，十月權工部侍郎。五年（1135）告老，十二年（1142）遷一官致仕。二十五年卒（1155），享年八十八歲以上。元豐七年（1084）端午節，遲、适、遠伴伯父（蘇軾）出遊。蘇軾〈端午遊真如，遲、适、遠從，子由在酒局〉：「謂言必一醉，快作四川語。寧知是官身，糟麴困熏煮。獨攜三子出，古刹訪禪祖。高談付梁、羅，詩律到阿虎。」[95]羅，适小名；阿虎，遠小名。由此得知蘇轍兄弟情感親密，愛及晚輩，確是和樂融洽的家族。蘇軾、蘇轍有次韻遲詩眾多，可見遲有文才，蘇轍有〈遲往泉店殺麥〉：「老夫終病憊，長子幸可仗。劬勞慎勿厭，餅餌家共享。秋田雨初足，已作豐熟想。歸來報好音，相對開臘釀。」[96]蘇遲是長子，詩文俱佳，且能擔待全家責任。所以「長子幸可仗」，是蘇轍值得堪慰的事。又有〈汝南示三子〉：「此生賴有三男子，到處來看老病翁。」[97]而在崇寧三年（1104）春天，蘇轍還居潁昌，蘇遲兄弟築東齋居住，蘇轍〈葺東齋〉：「兒孫喜相告，定省便蚤莫。」[98]蘇遲兄弟竭盡孝道，使蘇轍晚年居家生活，享受含飴弄孫的天倫之樂。

蘇适、黃氏（黃寔女）

　　蘇适，轍次子，字仲南，小名羅，生於治平四年（1067），卒於宣和四年（1122）。蘇轍稱其賢可紹其後，因其有識能斷，凡

95　《蘇詩彙評卷二十三》，頁 1021　曾棗莊主編　四川文藝出版社 2000 年 1　月。
96　《欒城三集卷一》，頁 1166。
97　《欒城後集卷三》，頁 913。
98　《欒城後集卷三》，頁 921。

商略古今之事，皆通習焉。而東坡認為似己，常與之議論政事，适亦自負，亦將有為也。初以恩蔭授承務部，任郊社區令，改陳州糧料院。蘇轍南遷，留居潁昌。逮蘇轍北返，有宅以居，有田以耕，中外各得其所，是适得力處。後任太常寺太祝、監西京河南倉、授信陽軍司錄事。而後中山帥趙公述薦判廣信軍，卒於任。娶黃寔之女為妻。黃寔字師是，其父黃好謙（字幾道）與蘇軾兄弟同科進士及第。黃寔亦登進士，官至寶文閣待制，知定州，卒贈龍閣學士。當蘇轍南貶筠州北歸，與黃氏父子見於京師，相顧而喜，婚姻之好，從此開始。

蘇遠、黃氏（黃寔女）、范氏（范鎮孫女）

　　蘇遠，轍三子，又名遜，字叔寬，小名虎兒，生於熙寧七年（1074）十月生於齊州（濟南），卒於靖康元年（1126）。年十一，已能詩，聰敏過人。蘇軾十分喜愛遠，稱為「小東坡」，〈龍尾硯寄猶子遠〉：「吾衰安用此，寄與小東坡。」[99]自注：「遠為人類予。」而蘇轍初貶汝州，再貶袁州，復分司南京，筠州居住。留蘇遲、蘇适居潁，蘇遠隨轍南遷。蘇轍〈次遠韻〉：「萬里謫南荒，三子從一幼。」[100]遠妻黃氏隨行，於元符二年（1099）死於循州（廣東龍川）貶所，有二子。其時蘇遠才二十六歲，隨父轍返潁昌定居，再娶范氏之女。大觀元年（1107），蘇遠出監淮西酒稅。蘇轍三子，适、遠皆早逝，遲活得高壽，官位亦優其弟。

蘇轍有六女

　　一女適文務光（文同第四子），字逸民，梓州永泰（四川鹽亭）人，北宋名畫家。蘇、文兩家為世交，蘇轍兄弟與文同〈與可〉詩酬唱和甚多。

99　《蘇詩彙評卷三十九》〈龍尾硯寄猶子遠〉，頁1642。
100　《欒城後集卷二》，頁895。

一女適王適：王適，字子玄，趙州臨城人。蘇軾認爲王適賢而有文，喜怒不見，得喪若一，有類蘇轍。遂選爲蘇轍女婿。「烏台詩案」後，蘇轍坐貶筠州，王適夫婦隨同居筠州，從蘇轍學。蘇轍回朝，王適夫婦亦入京，元祐四年（1089）卒，年僅三十五歲。蘇轍作有〈王子立秀才文集引〉。

一女適曹煥：曹煥，字子文，光州知州曹九章之子。蘇、曹二人早就熟識，蘇轍祭〈曹演父朝議文〉：「我官宋都（商丘），晨出河南。逢公北征，吏卒譏呵。相輯于輿，莫復遑他。」[101]親事由蘇軾赴任徐州，與曹會於符離提及。後蘇軾貶黃州時，與李公擇撮合，一拍即成。「始于朋友，求我婚姻。數歲之間，相與抱孫。」

一女適曾縱：曾縱，字元距。曾鞏弟曾肇之子。曾肇於元祐初年爲中書舍人，與蘇轍同值掖垣。崇寧再謫元祐黨人，肇亦俱貶而落職。與蘇轍交情深厚。

一女適王浚明：王浚明，字子家。知虢州王廷志（伯易）之長子。蘇軾在杭州通判與之交往。後王廷志以罪廢，居商丘，與蘇轍遊，遂結婚。王浚明仕官十餘載，歷任二十官，「紹興七年賜三品服」，「階至中奉大夫，勳文安縣男」，紹興二十三年（1153）卒，享年八十五。〈蘇籀故中奉寶文閣王公墓志銘〉。在蘇轍女婿中，「尊榮壽考」以王浚明最優。

一女適胡仁修：蘇軾〈與胡仁修書〉：「小二娘知持服不易，且得無恙。伯翁一行甚安健，得翁二月書信，二月內許州相識書，皆言一宅安康。」[102]小二女乃蘇轍之女，因蘇軾自稱伯翁，胡仁修爲蘇轍女婿。因蘇軾自稱「平生無一女」。

---

101 《欒城集卷二十六》，頁 434。
102 《蘇軾文集第六十卷》〈與胡仁修書三首〉，頁 1843。

蘇轍之孫：蘇簡、蘇策、蘇籀

蘇轍孫男有九人。孫汝聽《蘇潁濱年表》：「遲二子：簡、策。適三子籀、範、築。遜四子：筠、籛、箱、簦。」九人中，事跡可考者僅簡、策、籀三人。

蘇簡，字伯業。以祖恩蔭，補承務郎。曾任錢監，通判、知嚴州、建州等。乾道二年（1164）卒，贈少保。有《山堂文集》二十卷（已佚）。事見吳師道《敬鄉錄》卷七。

蘇策，字伯行。以外祖梁子美恩蔭授將仕郎，歷任主簿、知縣、軍器監丞、權吏部郎。出閩漕，知台州。乾道三年卒。《敬鄉錄》卷七。

蘇籀，字仲滋。以祖官陝州儀曹椽，登朝為大府監丞，將作監丞。建炎初南渡，侍蘇遲居婺州二十年。著有《雙溪集》十五卷，《欒城遺言》一卷，皆傳世。《四庫全書總目》卷一五七〇：「詩文雄快舒暢，以詞華而論，終為尚有典型。」。

蘇轍曾孫蘇諤、蘇誦、蘇詡。玄孫蘇森、蘇林。

第四節　蘇轍生平後記

蘇轍生在眉山，迄十七歲娶妻史氏之前，不曾離開眉山，此為第一階段。其後隨父兄順長江三峽而下，飽覽江水勝景，赴京應試，為第二階段。而後從大名府推官的仕宦生涯，為生活歷程的轉捩點，投入風雲詭譎的政局，身不由己，為第三階段。然而在物極必反的自然原則驅使下，蘇轍逢凶化吉，扶搖直上，任職門下侍郎，位高權重，最為得意，為第四階段。而後新舊黨爭的惡鬥，並未稍葺，蘇轍再貶仍此州（筠州）的厄運，為第五階段。

在身心疲累，局勢險惡，退居潁昌，閉戶不出的寧靜生活，爲第
六階段。茲將蘇轍人生歷程分成六大階段，概述如後：

一、孕奇蓄秀當此地

　　從宋仁宗寶元二年（1039）至宋仁宗至和二年（1055），蘇
轍一歲至十七歲。

　　蘇轍生在四川眉山，眉山山明水秀，氣候溫和，土地肥沃，
物產豐富。南宋愛國詩人陸游，在〈眉州坡風榭拜東坡先生遺像〉
詩中寫道：「蜿蜒回顧山有情，年鋪十里江無聲。孕奇蓄秀當此地，
鬱然千載詩書城。」[103]「孕奇蓄秀」而人傑地靈，是眉山特有的
自然大環境。蘇轍又有父兄蘇洵、蘇軾爲師，母程氏嚴謹的家教，
塑造一片無憂無慮的生活空間，培養才高志大的胸襟。蘇轍〈初
發彭城有感寄子瞻〉：「少年讀書不曉事，坐談王霸了不疑。脂車
秣馬試長道，一日百里先自期。」[104]惟一遺憾的是：「余（轍）少
而多病，夏則脾不勝食，秋則肺不勝寒。治肺則病脾，治脾則病
肺，平居服藥，殆不能痊癒。」（服茯苓賦并敘）[105]激發蘇轍養生
以養年的意念。

二、起迎天步晚臨軒

　　從宋仁宗嘉祐二年（1056）至宋英宗治平元年（1064）蘇轍
十八歲至二十六歲。

　　天下父母疼惜子女的心都是一樣的。蘇洵「絕進取意」之際，
「唯此二子，不忍使之復爲湮淪棄置之人」在成都謁見張方平以

103　陸游《劍南詩稿卷九》四部備要　中華書局據汲古閣本校刊。
104　《欒城集卷九》，頁169。
105　《欒城集卷十七》，頁333。

後，引領軾、轍兄弟，順長江三峽而下，飽覽長江勝景，赴京應試。時歐陽修知貢舉，排抑綺麗時文，改試樸實策論，文風丕變，兄弟中第，名動京師，文擅天下。蘇洵感慨萬千，而有「莫道登科易，老父如登天。莫道登科難，小兒如拾芥。」〈史闕〉[106]蘇轍於〈御試制科舉〉文中直斥仁宗施政缺當，由於仁宗的寬宏，力排眾議，蘇轍才有「早歲西廂跪直言，起迎天步晚臨軒」的幸運，但終因不遜被黜，列入四等。蘇軾赴鳳翔就職，轍在京侍父。忠言逆耳，古有明訓，為政者或取或不取，或幸或不幸，難以逆料。

三、每到新年便築巢

　　宋英宗治平二年（1065）至宋神宗元豐六年（1083），蘇轍二十七歲至四十五歲。

　　此為蘇轍仕宦生活的開始，治平二年任大名府推官，因父喪扶柩返蜀，熙寧二年（1069）喪滿回京，在〈上皇帝書〉中，提出卓見，「害財者三：一曰冗吏，二曰冗兵，三曰冗費。」[107]神宗召見延和殿，以蘇轍為制置三司條例司檢詳文字，因與王安石在財政政策意見不合，出任陳州（河南淮陽）學官，改任齊州（山東濟南）掌書記，因蘇軾於密州（山東諸城）築超然台之請，作〈超然台賦〉。九年（1076）改著作郎，簽書南京判官。尋因蘇軾以謗訕新政被捕入獄（烏台詩案），轍有「乞納在身官以贖兄罪」的真情，坐謫監筠州鹽酒稅，蘇轍在人生最好的年輕力壯時代，長達十八年之久，擔任地方幕僚官職，調動頻繁，所以有「宦遊

106　《無名氏史闕》：「軾、轍登科，明允曰：莫道登科易，老夫如登天。莫道登天難，小兒如拾芥。」同註 81，頁 364。

107　《欒城集卷二十一》，頁 369。

欲學林間鵲，每到新年旋築巢」〈乘小舟出筠江〉[108]的無限感慨。
宦途多蹇，心存化機，「安心且作衷慵伴，海底鯤魚會化鵬」〈迎
寄王適〉[109]，以莊周的鵬飛千里，自我安慰與期許。沈潛之後，
如鵬飛九霄，官運亨通，扶搖直上。

四、行年五十治丘民

宋神宗元豐七年（1084）至宋哲宗元祐八年（1093）蘇轍四
十六歲至五十五歲。

蘇轍初到績溪，視事三日，有感而發，「行年五十治丘民，
初學催科愧廟神。」[110]績溪雖是既偏僻又狹小的窮苦小縣，對於
蘇轍仕宦而言，意義重大，終於當上地方主管，可以依理念推行
政策，可以滿足權利慾望。神宗崩，哲宗立（1085），除校書郎，
蘇轍〈初聞得校書郎示同官〉：「讀書猶記少年狂，萬卷縱橫曬腹
囊。奔走半生頭欲白，今年始得校書郎。」[111]「始」有過晚過遲
的本意，道說心中五味雜陳，酸不溜丟的滋味。因宦途亨達，除
右司諫、擢起居郎，中書舍人，一年之內，竄升迅速；接戶部侍
郎，權翰林學士、知制誥，權吏部尚書，改御史中丞，權尚書右
丞、門下侍郎（副相），當年張方平、宋仁宗的預言，部分實驗。
蘇轍對元祐施政的影響，任右司諫論時事上奏七十四件，中書舍
人三件，戶部侍郎十四件，翰林學士四件，御史中丞四十三件，
在財經政策有諸多前瞻遠見，所以蘇轍是總體經濟長才的學者。

---

108 《欒城集卷十三》，頁 251。
109 《欒城集卷十二》，頁 224。
110 《欒城集卷十三》〈初到績溪視事三日出城南謁二祠遊石照偶成四小詩
　　呈諸同官〉，頁 259。
111 《欒城集卷十四》，頁 266。

五、先人（蘇洵）何罪耶？

宋哲宗紹聖元年（1094）至元符三年（1100）。蘇轍五十六歲至六十二歲。

紹聖元年，蘇轍上奏，哲宗批示：「大中大夫，守門下侍郎蘇轍傾被選擢，與聞事機，義當協恭，以輔初政。而乃忘體國之義，循習非之私。始則密奏以指陳，終於宣言以眩聽。至引漢武上方先朝，欲以窮奢黷武之資，加之經德重哲之主。言而及此，其心謂何！」此乃欲加之罪，何患無辭？令下蘇轍出知汝州，再貶袁州，三貶分司南京，筠州居住。王大成《野老記聞》：及紹聖中，行〈子由謫詞〉云：「父子兄弟挾機權變詐，驚愚惑眾。」子由捧之泣曰：「某兄弟固無足言，先人（洵）何罪耶！」辱及父母，羞愧得無地自容。

蘇轍尚不能止跌，續貶雷州，循州，再徙永州、岳州，終於打住，陞遷與貶謫，豈可同日而語，蘇轍在〈閏九月重陽與父老小飲四絕〉其二：「獲罪清時世共憎，龍川父老尚相尋。直須便作鄉關看，莫起天涯萬里心。」[112]心中情緒萬千，欲理還亂，幾時休？

六、閉門不出十年久

宋徽宗建中靖國元年（1101）至政和二年（1112）。蘇轍六十三歲至七十四歲。

北返後居潁川（河南許昌），徐度《卻掃編卷四》：「蘇黃門子由南遷，既還居許下，多杜門不通賓客。有鄉人自蜀川來見之，

侍候於門,彌旬不得通。宅南有叢竹,竹中爲小亭,遇風日清美,
或徜徉亭中。鄉人既不得見,則謀之闇人,闇人使侍於亭旁。如
其言,復旬日果出,鄉人因趨進,黃門見之大驚,慰勞久之,曰:
『子姑待我於此。』翩然而去,迨夜竟不復。」從此得知蘇轍晚
年閑居潁昌的生活,遊西湖的感觸是「閉門不出十年久,湖上重
遊一夢回。……歸去無言掩屏臥,古人時向夢中求。」[113]在孤單
落寞、冷清淒涼,但見宛丘先生瘦長的身影。王鞏〈蘇黃門挽詩〉
三首,最足以道盡蘇轍的風範:

> 憶昔持風憲,防微意獨深。一時經國慮,千載愛君心。
>
> 坤道存終始,乾綱正古今。當時人物盡,惆悵獨知音[114]

---

113 《欒城三集卷三》〈遊西湖〉,頁 1197。
114 《王鞏蘇黃門挽詩三首》,頁 67。

第二章　蘇轍思想淵源

第一節　三蘇治學態度與方法

　　由於蘇轍「以父兄為師」，父兄的治學態度與方法，思想與理念，輾轉相承，影響蘇轍深遠。因此，蘇洵、蘇軾稍做略述，以得三蘇治學態度與方法，其精神一脈相傳的契合。《歷代論并引》：「予少而力學。先君，吾師也。亡兄子瞻，吾師友也。父兄之學，皆以古今成敗得失為議論之要。以為士生于世，治氣養心無惡于身。推是以施之人，不為苟生也。不幸不用，猶當以其所知，著之翰墨，使人有聞焉。」[1]

一、蘇洵：年二十七始大發憤

　　蘇洵〈上歐陽內翰第一書〉自稱：「洵少喜學，生二十五歲始知讀書，從士君子游。」[2]歐陽修〈蘇明允墓志銘〉云：「年二十七始大發憤，斷其素所往來少年，閉戶讀書為文辭。」[3]蘇洵自稱「二十五歲始知讀書」，歐陽修說「年二十七年始大發憤」，其

1　《欒城後集卷七》，頁 958。
2　《蘇洵嘉祐集第十五卷》〈上歐陽內翰第一書〉《三蘇全集》中文出版社，
　　1986 年 4 月。
3　《歐陽文忠公全集卷三十四》〈蘇明允墓志銘〉四部叢刊 台灣商務印書
　　館。

中差異爲何？二十五歲以前，因家計的負擔，不曾刻意爲學，其
後家計由程氏一肩擔當，蘇洵遂能專心向學，致力於「聲律詩詞」
之學，以爲參加科舉考試，求得功名利祿的唯一途徑。

　　蘇洵對於當代科舉考試的聲律、章句之學，既不肯爲且不屑
爲，初試不第，再舉不成，爾後「舉茂材異等不中」挫折以後，
於是「此不足爲學」的反科舉之難，油然而生，此後雖發憤於學
術，遂絕意功名仕途，而爲蘇洵另闢蹊徑的開始。

　　《明茅一桂校刊老泉十卷茅坤序言》：

> 蘇公崛起蜀徼，其學本申韓，而其行文雜出於荀卿，孟軻
> 及戰國策諸家，不敢遽謂得古六藝者之遺，然其鑱畫之
> 議，幽悄之思，博大之識，奇崛之氣，非近代儒生所及。
> 要之，韓歐而下與諸名家相爲表裡。及其二子繼響，嘉祐
> 之文，兩漢同風矣。

　　茅坤以爲蘇洵學術思想，源出於法家的申韓，又糅合儒家的
荀卿、孟軻及縱橫家的戰國策，思想龐雜，取各家之長而棄各家
之短，然其文筆議論精到，思考周密，識見博大，文氣奇崛，與
韓歐以下的諸多名家相互抗衡，擁有嘉祐文采，而有兩漢文風。

　　蘇洵〈上歐陽內翰第一書〉自云：

> 取《論語》、《孟子》、韓子（愈）及其他聖人賢人之文，
> 而兀然端坐，終日以讀之七、八年。[4]

〈上歐陽內翰第二書〉又云：

> 自孔子沒，百有餘年而孟子生；孟子之後，數十年而至荀
> 卿子；荀卿子之後，乃稍闊遠。二百餘年而揚雄稱於世；
> 揚雄之死，不得其證。千餘年而後屬之韓愈氏，韓愈氏沒

---

4 同註2。

三百餘年矣，不知天下之將誰與也。[5]

　　蘇洵三十八歲「舉茂才異等」不第，翻然憬悟，治學但為迎合科舉考試，以取得功名利祿，確實難為，時復內顧，自思其才，遂絕意仕進，而自托於學術；於是盡焚毀曩時所為文章數百篇，而專心致力於論語、孟子的鑽研，閉戶苦讀，遂通六經要旨，考古今治亂成敗，聖賢窮達之際，得其精粹，涵蓄充溢，而知聲律不足觀不足為。雖然不如孟子以闡揚儒學為己任，但「將誰與」的說辭，亦有心於聖賢的志業。蘇洵致力經學以儒家論、孟為主軸，旁及諸子百家兼及韓愈文章，為學問而學問，為讀書而讀書，奮勉七、八年之後，學術大進，「胸中之言日益多，不能自制」之勢，爾後搦管，暢所欲言，經綸天下，歐陽修評為「有用之言」，並目為孫卿子，以為有荀子（況）文風。曾鞏〈蘇明允哀詞〉：「為人聰明，辯智過人，氣和而色溫，而好為策謀，務一出己見，不肯躡故跡。頗喜言兵，慨然有志於功名者也。」說得貼切，周到確實。

二、蘇軾：此子他日當自用之

　　蘇軾八歲入天道觀鄉塾讀書，啟蒙老師為道士張易簡，蘇軾於天道觀讀書三年。從小勤學好問，張易簡曾觀看石守道〈慶曆聖德頌〉，詩的內容，蓋歌頌范仲淹、歐陽修等人革新朝政的事跡。蘇軾亦在旁觀看，好奇問老師此為何人？老師答：「童子何用知之」，蘇軾又說：「如是天人，則不敢知，如果是一般人，為何不可問？」老師對於蘇軾的反應過人，問得高妙，乃說明范仲淹等為人傑，蘇軾年幼，未能了解全貌，後來在《范文正公文集序》

---

5 同註3。

提到：「時雖未盡了，則已私識之矣。」[6]嘉祐二年（西元一〇五七）軾舉進士，至京師，范公歿，出墓碑讀之，至流涕：「吾得其為人，蓋十有五年，而不一見其面，豈非命也？」（同註4）軾對范仲淹仰慕若此，其來有自。

　　在家中蘇軾兄弟「皆師先君」，以蘇洵為師。蘇軾十歲時，蘇洵教軾模擬歐陽修的「謝室詔赴學士院，仍謝賜對衣、金帶及馬」的習作，其間有「匪伊重之帶有餘，非敢後也，馬不進」，蘇洵以為善，說：「此子他日當自用之。」後來蘇軾多次進學士院，並得到皇帝賞賜對衣、金帶及馬等，蘇洵的觀察判斷，有獨到的眼光，而蘇軾的努力成就，亦不讓蘇洵失望。

　　又蘇洵曾教軾作「夏侯太初論」，文中有警句：「人能碎千金之碧，不能無失聲于破釜；能搏猛虎，不能無變色于蜂蠆。」「老蘇愛此論」，軾亦感得意，知密州（山東諸誠）作〈顏樂亭詩並序〉再次引用。

　　時蘇洵遊學四方，程氏親授以書，軾聞古今成敗，輒能語其要。程氏讀東漢〈范滂傳〉慨然歎息，軾語曰：「軾者若為滂，母許之否乎？」程氏曰：「汝能為滂，吾願不能為滂母邪？」[7]程氏的教忠教孝，塑造蘇軾忠君愛國、不畏權貴，正言不諱的性格，得失毀譽，斟酌不易。

　　范滂，字孟博，汝南征羌人（河南郾城），少厲清節，為州里所服，舉孝廉，光祿四行（敦厚、質樸、遜讓、節儉）為官剛正不阿，不屑與不孝悌、不仁愛同朝，後因黨錮之禍的牽累，被捕，臨刑前，辭謝母親，母親勉勵得全名，可以無憾，告誡其子：「吾欲使汝為惡，則惡不可為；使汝為善，則我不為惡。」路人

6　《蘇軾文集第十卷》〈范文正公文集序〉
7　《宋范曄撰　唐李賢注　卷六十七》，頁311。

爲之流涕，時年三十三。《後漢書黨錮列傳第五十七》

　　楊萬里《誠齋詩話》記載，歐陽修曾問蘇軾，〈刑賞忠厚之至論〉文中：「舉皋陶曰殺之三，堯曰宥之三，此見何書？」蘇軾說事在「《三國志・孔融傳》注」，後來歐陽修重看〈孔融傳〉注，並無此言，又問蘇軾，蘇軾說：「曹操滅袁紹，以袁熙妻賜其子曹丕。孔融說，過去武王伐紂，以妲己賜周公。曹操驚問見于何書？孔融回答說：「以今度之，想當然耳。」蘇軾所說「舉皋陶」句，亦「想當然耳」。歐陽修驚歎：「此人可謂善讀書，善用者，他日文章必獨步天下。」歐陽修的拔擢、愛才表現，令人激賞。

　　蘇軾讀書，因各人才分不同，仁智所見，各隨其分。〈李氏山房藏書記〉：「象、犀、珠、玉、怪珍之物，有悅於人之耳目，而不適於用。金、石、草、木、絲、麻、五穀、六材，有適於用，而用之則弊，取之則竭。悅於人之耳目，而適於用；用之而不弊，取之而不竭；賢不肖之所得，各因其才；仁智之所見，各隨其分；才分不同，而求無不獲者，其惟書乎！[8]欲得到溫故知新的樂趣，必須做到「舊書不厭百回讀，熟讀深思子自知。」[9]

　　李方叔說：「東坡教人讀《戰國策》，學說利害；讀賈誼、晁錯、趙充國章疏，學論事；讀《莊子》，學論理性。又須熟讀《論語》、《孟子》、〈檀弓〉，要志趣正當；讀韓柳，令記得數百篇，要知作文體面。」《韓昌黎集敘說》[10]三蘇的學術淵源，已得詳盡說明。至於蘇軾具體讀書方法：

　　或問蘇子瞻讀書之法，軾曰：「讀書如錢穀兵農及諸事物之類，每一事作一次理會，可以終身不忘。」子瞻非強記者，於此

8　《蘇軾文集第十一卷》〈李氏山房藏書記〉，頁 359。
9　《蘇詩彙評卷六》〈送安惇秀才失解西歸〉，頁 181。
10《韓昌黎全集》〈昌黎集敘說〉李方叔云，頁 4。

可見。以余論之，長公所言實讀書要法，第頗費工力耳。子瞻嘗問一後進，近讀何書？其人答讀某書。子瞻輒問其中有某好亭子？其人愕然罔措，不知子瞻所問，即前意也。《少室山房筆叢卷三十九》。蘇軾為增加記憶力，致力於「用手讀書」，當他謫黃州，日課手鈔《漢書》，自言讀《漢書》凡三鈔：則一段事鈔，三字為題；次則兩字，今則一字。其法雖不乖巧，確是增加記憶的不二法門。

　　以上說明蘇軾天資聰敏，才學橫溢，而家庭教育完善。蘇洵以「內以治身，外以治人」的興德教育，誘導蘇軾「窮則獨善其身，達則兼善天下」，若不然，即「進則立功，退則立言。」所以有「封頭寄去吾無用，近日從戎擬學班（超）」〈次韻和子由欲得驪山澄泥硯〉[11]而程夫人以范滂母自居，教蘇軾以范滂為榜樣。蘇家的用心教育，再有蘇軾的讀書悟力，善於汰陳出新，學際天人，造就蘇軾在詩詞文章，琴棋書畫，樣樣皆通，造詣不凡，可謂中國文學史上曠世的大文學家。

三、蘇轍：以父兄為師

　　轍從小以「父兄為師」，兄弟出處諸多雷同。《宋史卷三百三十九‧蘇轍傳》：「轍與兄進退出處，無不相同。患難之中，友愛彌篤，無少怨尤，近古罕見。」由於蘇轍的沈默寡言，個性內斂，從小就隨從兄軾，以兄為師為友，所以接受教育，讀書去處，無不相同。《龍川略志第一》：「予幼居鄉間，從子瞻讀書天慶觀。」兄弟都是以道士張易簡為師，後又就學於城西社下劉巨（字微之），與家安國等同學，蘇轍〈送家安國赴成都教授〉回憶道：「城西社下老劉君，春服舞雩今幾人？白髮弟兄驚我在，喜君遊宦亦

11　《蘇詩彙評卷四》〈次韻和子由欲得驪山澄泥〉，頁107。

天倫。」[12]可見童年就學，讀書嬉戲，享有快樂時光。

當蘇洵因應制科舉，再造京師，程夫人在家親自教育蘇軾兄弟，時轍七歲，除教授課本知識之外，品德教育的惕勵，尤為出色，要求「以書自名」，更要「以名節自勵」。司馬光〈程夫人墓志銘〉：「汝果能死直節，吾其憾焉。」種種教育，都深植蘇氏兄弟內心，使兄弟皆為朝廷名臣，程夫人的教誨，功不可沒。

蘇洵在應制科舉，舉茂材異等失利後，遂絕意仕進，在家刻苦鑽研，著書立說，親校家中藏書數千卷，並授課二子，明示讀書的目的，在於「內以治身，外以治人」，蘇轍〈歷代論〉：「士生於世，治氣養心，無惡於身，推是以施之人，不為苟生也；不幸不用，猶當以其所知著之翰墨，使人有聞焉。」[13]蘇洵希望二子能達到儒家的進退由己，才為世用，行則兼善天下，不行則著書立說，藉研究古今成敗得失徵兆，俾以為鑑。

蘇轍在父母悉心教育中，從小志氣不凡，遵照父母的教育行事，在〈初發彭城有感寄子瞻〉說：「閉門書史叢，開口治亂根。文章風雲起，胸膽渤澥寬。不知身安危，俛仰道可存……誓將貧賤身，一悟世俗昏。」[14]

「道」為生活的全部，為「道」可以置個人死生於度外，立志行道，不恥貧賤，有顏子（淵）安貧樂道的學養，又有「以天下安定為己任」的擔當。為實現理想，為完成心願，就必須位居要津，掌有大權：〈四十一歲歲暮日歌〉：「少年讀書不曉事，坐談王霸了不疑。脂車秣馬試長道，一日百里先自期」[15]。蘇轍從小

12　《欒城集卷十五》，頁298。
13　《欒城後集卷七》，頁958。
14　《欒城集卷七》，頁130。
15　《欒城集卷九》，頁169。

讀書，並不諱言其目的在做大官，掌大權，以實現大志，外以治人，兼善天下的通儒。因此，刻苦勵學，謝絕賓客，而有「不經一番寒澈骨，那得梅花撲鼻香」的歷練，〈張恕寺丞益齋〉：

> 我家亦多書，早歲嘗竊叩。晨耕挂牛角，夜燭借鄰牖。
>
> 經年謝賓客，饑坐失昏晝。推胸稍蟠屈，落筆逢左右。[16]

蘇轍讀書勤勉，夜以繼日，不眠不休，自我潛藏，不作應門，終於做到「胸中存萬卷，下筆如有神」，筆端觸處，如影隨形，中規中矩，行止自如，舒緩得宜。

蘇轍的治學方法，頗具個人獨特見解，具有特色。元祐間，蘇轍及蘇子容劉貢父同在省中，二人各云少年所讀書，老而遺忘，蘇轍亦云然。劉貢父說：「觀君為文，強記甚敏。」公辭焉。二人皆曰：「某等自少記憶書籍，不免抄節，而後稍不忘；觀君家昆仲，未嘗抄節，而下筆引據精切，乃真記得者也。」

蘇子容、劉貢父盛讚蘇轍的聰敏強記，不須抄錄，而蘇轍則「看書如服藥，藥多力自行」的多看多讀，以達到好者樂者的境界，自然記憶如新。

其次，蘇轍〈上兩制諸公書〉：「昔者轍之始學也，一書伏而讀之，不求其傳，而惟其書之知。求之而莫得，則反復而思之，至于終日而莫見，而後退而求其傳。何者？懼其入于心之易，而守之不堅也。」[17]讀書訣竅，但讀原著，反覆思索書中要義，以期增強記憶，不求速成，因為「學而不思則罔，思而不學則殆」，蘇轍是劍及履及的學人，「讀書百遍，經義自見」，蘇軾所見亦同，「舊書不厭百回讀，熟讀深思子自知」[18]若要讀書但看注釋，以

16　《欒城集卷七》，頁136。
17　《欒城集卷二十二》，頁388。
18　同註8。

求速得經義，必失之易而不得義理，是捨本逐末，難得三昧。

透過理解的探究經義，先易後難，如攻堅木。蘇軾曾嘲子由云：「堆几盡埃簡，攻之如蠹蟲；誰知聖人意，不在古書中」[19]治學切忌快速，以期「慢工出細活」，而貴自得。〈私試進士策問二十八首〉：「古之學者，其爲學必遲，而信道必篤。蓋非其遲，則不能至於篤也。故子夏門人，始於洒掃應對進退，而《孟子》亦云：『君子之於道，欲其自得。自得之，則資之深，資之深，則取之左右逢其原。』夫待其自得也，非久而何？」[20]因此，治學未得，則宜發憤忘食；已得，就能樂而忘憂；所以，學者朝夕醉心勤勉，必能獲得「不知老之將至」的忘年之樂。由此觀之，輪扁的讀書論，確是自得的最佳竅門。

第二節 蘇轍的儒家思想

一、北宋的新儒學

中國的儒家學術思想，自漢武帝推行董仲舒的「獨尊儒術，罷黜百家」之後，儒學遂成爲中國歷代君王統治天下的法統，最高的指導原則。[21]其他各家學說，被視爲非正統的學術支流。儒

---

19 《蘇詩彙評卷七》〈嘲子由〉，頁 233。
20 《欒城集卷二十八》，頁 358。
21 《中國學術通史 宋元明卷 張立文主編 張立文 祁潤興著》 人民出版社 2004 年 12 月北京第 1 次印刷，頁 27 漢武帝採取董仲舒的建議，「罷黜百家，獨尊儒術」，儒術就成爲國家意識形態，典章制度、百姓日用的指導思想。董仲舒超越儒家門牆，吸收道、陰陽、名、法各家思想，歸宗於儒，以（天人三策）回應了漢武帝的對策，化解了當時社會所面臨的衝突，發展和豐富了儒學。

學經過魏晉時代的沉淪不彰，唐朝韓愈又扛起大纛，以聖人之徒自居，再度掀起儒學的復興風潮。宋朝學者繼續推波助瀾，儒學如長江洪鋒，滾滾東流，銳不可擋。近代學者喻為中國文藝復興。[22]

宋朝儒學分為兩大體系：一為明心見性的程朱學派，以君子期以「內聖」自居，以儒學為本，積極入世，再加佛老為輔，形成天道合一的新儒學，就是理學。[23]二為明體致用，范仲淹、歐陽修等為政儒學，摒棄不切世用，高談空論，起用「外王」的儒學，將章句、聲律之學，置諸於後，駢驪之風稍茸。使「聖人之術，在於安危治亂，不在章句名數焉而已。」《王安石全集答姚闢書卷八》

歐陽修對於文與道是兼容並蓄，不分軒輊；於文則取諸韓愈而近於李翶，於道則取諸李翶而近於韓愈。〈六一題跋十一〉：「年十有七，試於州，為有司所黜；因取所藏韓氏之文，復閱之，則喟然而歎曰：『學者當至於是而止爾。』……韓文遂行於世，至今蓋三十餘年矣。學者非韓不學也，可謂盛矣。」稱韓文「深言雄博，學者當至於是而止爾」？並未論及「道」的層面。

最後讀〈幽懷賦〉，然後置書而歎，歎已復讀不自休；恨翶不生於今，不得與之交，又恨予不得生翶生，與翶上下其論也。況迺翶一時人有道而能文者，莫若韓愈。愈嘗有賦矣，不過羨二鳥之光榮，歎一飽之無時爾。推是心使光榮而飽，則不復云矣。《昌黎先生集卷一》〈感二鳥賦〉若翶則不然。

---

22 《王水照主編　宋代文學通論》〈緒論　宋型文化與宋代文學〉頁六　胡適則逕稱『從公元一千年（北宋初期）開始，一直到到現在』，為「現代階段」或「中國文藝復興階段」或「中國的革新世紀」，其論斷更為鮮明。』

23 《鄧廣銘、漆俠著宋史》頁 77 著重於闡發儒家經典義理的宋學，也可稱作新儒學。事實上，它是儒家學者與佛家學者和道家學者在長時期的互相排斥、互鬥爭、互相滲透、互相吸取之的一個產物。

　　李翱〈答獨孤舍人書〉:「僕嘗怪董生大賢,而著〈仕不遇賦〉。惜其自待不厚。凡人之蓄道德才智於身,以待時用。蓋將以代天理物,非為衣服飲食之鮮肥而為也。……僕意間自待其厚,此身窮達,豈關僕之貴賤耶?雖終身如此,固無恨也。」。

　　歐陽修的論道,頗與道學家相近。〈答吳充秀才書〉:

　　「夫學者未始不為道,而至者鮮,非道之於人遠也,學者有所溺焉爾。蓋文之為言,難工而可喜,易悅而自足。世之學者,往往溺之;一有工焉,則曰吾學足也。」

　　為道不難,致道為難,因為學者往往沈溺於「易悅自足」,是以不至也。接著又說:「大抵道勝者文不難自至」,與道學家所謂「有德者必有言」,如出一轍。至於作家的「文章麗」「言語工」,與「草木榮華之飄風,鳥獸好音之過耳」相同,歐陽修以為「勤一世以盡心於文字間者,皆可悲」,為文章若缺少道的支柱,就是玩物喪志的行為,因此,學者必須講求「充於中者足,而後發乎外者大以光」,做到「剛健篤實,輝光日新」,源源不絕的動力,來自內心的驅策,所以「君子多識前言往行,以蓄其德」,才是為文的根源。若是但求巧詞以為華,張言以為大。強為則用力艱,用力艱則有限,有限則易竭。

　　歐公是古文學家,不只是重道而已,更不許廢文,甚至擴大討論層面,「偶儷之文,苟合於理,未必為非,故不是此而非彼也」〈論尹師魯墓誌銘〉,由此更可以確定:高道德能文章,是古文學家歐曾一派論文的中心主張。

　　仁宗慶曆時期（1041-1048）,隨著新儒學掀起的政治改革運動,邁向高峰,新儒學運動遂逐漸蔚成氣候。清皮錫瑞說:「宋儒撥棄傳注,遂不難於議經。排繫辭謂歐陽修,毀周禮謂修與蘇軾、蘇轍,疑孟子謂李覯、司馬光,譏書謂蘇軾,黜詩序謂晁說之。

此皆慶曆及慶曆稍後人，可見其時風氣使然，亦不獨咎劉敞，王
安石矣。」[24]宋朝的儒學走出傳統儒學的窠臼框架，體察時代的
政情需要，拋棄「無事拂神談心性，臨危一死報君王」的消極態
度，積極務實投入明體致用的治國平天下理念中，蘇轍逐於此時
應運而生。蘇轍的思想淵源，源自儒家，但不是純儒，曾對以發
揚聖道為己任的韓愈，因反對佛學而指責為「不知道」。[25]在時代
學術思潮的激盪、醞釀中，蘇轍以道家思想養身，以佛學思想養
心，截長補短，揉合以成。為實現理想的意念，縱橫之術亦不排
除納用。茲將蘇轍儒家思想，敘述如後。

二、蘇轍的《論語拾遺》

蘇轍寫作《論語拾遺》的動機，在於質問子瞻，為正其義，
並授課孫籀、簡、筠等人，《欒城三集・論語拾遺並引》：「予少年
為《論語略解》，子瞻謫居黃州，為《論語說》，盡取以往，今見
於書者十二、三也。大觀丁亥（1107）閑居潁川，為孫籀、簡、
筠講《論語》，子瞻之說，意有所未安。時為籀等言，凡二十有七
章，謂之《論語拾遺》，恨不得質之子瞻也。」[26]

蘇轍少年時代撰寫《論語略解》。而軾兄貶謫黃州期間著《論
語說》，有參酌《論語拾遺》的見解，轍晚年居潁昌，為籀等講解

---

24 《清皮錫瑞經學歷史・八、經學變古的時代》。頁 202 藝文印書館 55
　　年 9 月 1 版。

25 《張立文主編中國學術通史（宋元明卷）》〈第三章儒佛道三教融突和理
　　學精神〉，頁 57 蘇轍曾對韓愈的反佛總結說：「愈之學，朝夕從事於仁
　　義、禮智、刑名、度數之間，自形而上者，愈所不知也。〈原道〉之作，
　　遂指道德為虛位，而斥佛與楊墨同科，豈為知道哉！意謂韓愈不知形而
　　之道。不知道，就不能與佛老的形而上的真知、虛妄相抗衡，也就不可
　　能改變儒衰佛道盛的局勢。」

26 《蘇轍著論語拾遺并引 欒城三集卷七》，頁 1216。

《論語》，認為《論語說》意有未安，於是改寫《論語拾遺》；有不能質子瞻的遺憾。[27]

　　蘇轍對於「道」的界定，《論語拾遺》：「道之大，充塞天地，贍足萬物，誠得其人而用之，無所不至也。苟非其人，道雖存七尺之軀，有不能充矣，而況其餘乎？故曰：「人能弘道，非道弘人。」[28]

　　「道」雖無所不在，道無偏私，萬物皆得其「道」，但弘道者必是人，人是「道」的主宰，並非道能使人。欲得其道，欲用其道，惟學得道，故《論語拾遺》：「古之教人必以學，學必教之以道，道有上下，其形而上者道也；其形而下者器也。君子上達知其道者，小人下達得其器也。上達者不私我，不役於物，故曰：君子學道則愛人；下達者知義之不可犯，禮之不可過，故曰：小人學道則易使也。如使人而不知道，雖至於君子有不仁者眾矣，小人則無所不至也。故曰：君子不仁者有矣，夫未有小人而仁者也。」（同註28）《東坡集卷七·觀過斯知仁矣》：「人之難知也，海不足以喻其深，山谷不足以配其險，浮雲不足以比其變。雖是人心難測，不易捉拿，然而功者人之所趨也；過者，人之所避也。審其趨避，而真偽見矣。」君子與小人的分辨取捨，為蘇轍兄弟知人之論。

　　道者，人人皆可學習而得，君子學道乃「形而上者的道」，培養高尚的情操，不自私為我，不役於物，也不「因貧而怨，因富而驕」，所以能發揮大愛，愛天下眾人，即為民胞物與的仁德襟抱。小人學道是「形而下者的器」，不犯義背禮，謹守法度，只能獨善其身，故使之容易。反之，小人若不學道，則胡亂非為，無所不至。

---

27 蘇軾病殁於徽宗靖國元年（1101），《論語拾遺》著於徽宗大觀元年（1107）。
28 《欒城三集卷七》，頁1221。

三、蘇轍質問蘇軾有三

　　道至為重要，不得中止絕滅，如何使道長存不朽？蘇轍認為「古之傳道者必以言，達者得意而忘言，則言可尚也。小人以言害意，因言以失道，則言可畏也。」道因言而得意，道亦因言而害意，是故言非唯一傳道的工具，傳道亦多術矣，行止語默，亦為傳道方法，又可避免害意的弊端，譬如禪宗「以心傳心」「明心見性」的悟道工夫皆可。

　　蘇轍質問蘇軾有三：（一）《論語・憲問》齊陳成子弒其君簡公，孔子朝於哀公曰：陳恆弒其君，請討之。[29]

　　此發生在春秋魯哀公十四年，是時孔子致仕居魯。孔子沐浴齋戒而後告魯哀公，慎重其事如此。子瞻認為：從孔子而伐齊，使三桓：孟孫、叔孫、季孫不治而自服。子由以為不然，蓋孔子之憂，顧在哀齊之後，禮制不守，是為要義。孔子去魯，子瞻認為衛靈公因南子自汙受命，可：（見左傳魯定公十四年）季桓子歸女樂，已受命，故不可。但子由質問子瞻：孔子之世，如衛靈公者多，可盡去否？齊人以女樂間孔子，魯君已食餌，如果孔子不去，就只有坐以待禍，因此，非去不可。

　　（二）評孔子去魯之不通「衛靈公以南子自污，子去魯從之不疑」。[30]

　　語曰：佛肸召子欲往。又曰：子見南子，子路不說。學者以為孔子急於行道而為此。

　　蘇轍：孔子之於衛靈公，語及兵事不說而去。於陽貨時其亡而見之，蓋亦不欲見也。……至於仕魯為司寇，從而祭，膰肉不

29　《欒城三集卷七》，頁 1220。
30　《欒城三集卷七》，頁 1222。

至，不稅冕而行……君臣之義不爲淺矣。

　　膰肉不至而行，何其輕君臣之義而重區區之微禮哉！此明於輕重之所不爲也。

　　或曰：膰肉不至，仲尼以爲禮將從此而大壞，此所謂知幾者。夫爲大臣知禮之將亡，不救而去，則又安用？

　　（三）泰伯以國授王季，逃之荆蠻，天下人民不知王季文武之賢，亦不知泰伯之德。子瞻認爲：泰伯斷髮文身……有讓國之實，而無其名，故亂不作。彼宋宣、魯隱皆存其實而取其名，皆被其禍。蘇轍以爲不然：魯之禍始於攝，宋之禍起於好戰，皆非讓之過也。（同註 29）

　　蘇轍〈亡兄子瞻端明墓誌銘〉：（子瞻）復作《論語說》，發孔子之秘。盛贊子瞻在《論語說》有獨特過人的見解。但蘇轍有「飄然從孔公，乘桴南海涘」的志向，在貧病逼迫窘境的威脅中，就想到顏淵的守窮礪行，〈初葺遺老齋二首〉：「陋巷何妨似顏子（淵），勢家應未奪蕭何。……多病從來少賓客，杜門今後幾人過？」[31]可見蘇轍對復聖顏淵的傾心，並以爲典範。所以在筠州時，作〈東軒記〉：「然後知顏子之所以甘心貧賤，不肯求升斗之祿以自給者，良以其害於學故也。……非有德者不能任也。」[32]蘇轍對於儒家孔子的學說探究入微，自然發現心領神會的卓識，企及顏淵，入室孔門，是孔氏的私淑門徒。

四、蘇轍讀孟心得

　　蘇轍少年時代著有《孟子解》二十四章，久失真本，杜門潁昌期間，拾得舊稿，重新挹注，遂編入《欒城後集》。子由對於《孟

31　《欒城三集卷一》，頁 1152。
32　《欒城集卷二十四》，頁 405。

子》的研究精審，深受《孟子》一書的影響，在《欒城集》中的政治、軍事、經濟等思想，引徵以爲立論、說理，增強氣勢，到處可見，俯拾可得。僅就〈上樞密韓太尉書〉論及文氣，不認同曹丕的「父兄不能以移子弟」的觀點，提出：「孟子曰我善養吾浩然之氣，今觀其文章寬厚宏博，充乎天地之間，稱其氣之小大。」[33]子由贊歎孟子文章「寬厚宏博」，在於「浩然之氣」的支撐，深得孟子的精髓。今就子由對孟子探究而有特殊見解者，敘述如後：

蘇軾〈子思論〉：「昔三子之爭，起於孟子，孟子曰：人之性善。是以荀子曰：人之性惡。而楊子又曰：人之性善惡混。孟子既已據其善，是故荀子不得不出於惡，人之性有善惡而已。二子既已據之，是以楊子亦不得不出於善惡混也。」[34]蘇軾的批判孟子、荀子、楊子對人性是「不求其情」，但「異於人」，所以大膽的結論，是孟子等三人不足以談人性的善惡。況且孟子的性善，係出於子思，但孟子不善於用，「能言其道而不知其所以爲言之名」，「故荀子、楊子之爲異論」，是孟子的過失。

蘇轍則不以爲然，反駁蘇軾指斥孟子人性論的過失：

（一）〈離婁下〉孟子說：「天下之言性也，則故（已然之跡）而已矣。」[35]蘇轍認爲孟子是嘗知性而言性的人，以人有「四端」做爲「故」的基礎，四端出於性而非性。「故」不是性，無所待之謂性，有所恃之謂故，物起於外而性作以應之，就是性。性之有事謂之「故」，未有不就利而避害，知道就利而避害，則性滅而「故」盛，所以「故」，以利爲本。方其無事，無可無不可，物未有以入，有性而無物，可謂人之性。又孟子以惻隱之心，羞惡之心，是非

33　《欒城集卷二十二》，頁 381。
34　《蘇軾文集 第三卷》〈子思論〉，頁 94。
35　《欒城後集卷六》，頁 953。

之心，辭讓之心的四端，做爲解故的基礎。蘇轍認爲：四端是性之所自出，非性也。

　　（二）〈盡心上〉孟子曰：莫非命者，順受其正，何謂也？[36]

　　蘇轍認爲：天之所以受我者，盡於是。君子修其在我，以全其在天；人與天不相害而得之，是故謂之正。忠信孝悌爲順。人道已盡，而有不幸以至於大故，而後而得爲命。至於巖牆之壓，桎梏之困，非命使然，所處者然。惟存心養性，修身以俟命，是謂「無爲其所不爲，無欲其所不欲。」《孟子盡心上》

　　（三）**蘇轍認為**：孟子學於子思，子思言聖人之道，出於天下之所能行。而孟子言天下之人，皆可以行聖人之道，子思言至誠無敵於天下，而孟子言不動心與浩然之氣。凡孟子之說，皆所以貫通於子思而已。故不動心與浩然之氣，誠之異名也。我之爲言，心之所謂誠然也，心以爲誠然，則其行之也安。是故心不動而其氣浩然，無屈於天下，此子思孟子之所以爲師爲弟子也。子思與其端而言之，故曰誠。孟子從其終而言之，故謂之浩然之氣。一章而三說具焉，其一論善心以致浩然之氣，其次論心之所以不動，其三論君子之所以達於義，達於義，所以不動心也；不動心，所以浩然之氣也；三者相須而不可廢。孟子曰：「我善養吾浩然之氣。」

　　蘇轍從養氣的條理系統，直指孟子是子思的嫡傳弟子，浩然之氣的素養，孟子以集義而生，而蘇轍以爲與子思的誠相輔相從，「始終」不同而已，其實就是誠。誠是中庸全書的要旨，也是中庸全書的精義，蘇轍以誠詮釋「浩然之氣」，善於讀書，思路通達，而得真知灼見的學者。

---

36 同註 33，頁 956。

蘇轍〈吳氏浩然堂記〉:「古之君子,平居以養其心,足乎內,無待乎外,其中潢漾,與天地相終始。止則物莫之測,行則物莫之禦,富貴不能淫,貧賤不能憂。行乎夷狄患難而不屈,臨乎死生得失而不懼,蓋亦未有浩然者也。」[37]蘇轍對於孟子的養氣之說,心得最為獨到,不只是養心,藉此以說明孟子師承子思的淵源,亦是創見。

(四)學聖人不如學道:蘇轍認為:「學者皆學聖人,學聖人者不如學道。聖人之所是而吾是之,其所非而吾非之,是以貌從聖人也。以貌從聖人,名近而實非,有不察焉,故不如學道之必信。」[38]

蘇轍以學道為學聖人的要務,若只學聖人表相,以貌相從,乃似是而非,是不得學聖人之要。欲學聖人必以道為要,如何學道?孟子〈離婁下〉曰:「君子深造之以道,欲其自得之也。自得之,則居之安;居之安,則資之深;資之深,則取之左右逢其原。故君子欲其自得之也。」[39]

君子學道以入聖人之境,學道貴在自得,自得者,乃循序漸近,徐徐不休,而得「居安、資深、逢原」一齊到來之妙,學道必致力功深,自然融會貫通,而後自得之。左右逢源,水到渠成,自然之勢,若學道但強探力索,暫得之,終不為己有,隨得隨失,如財貨的貨聚為己所有,其耗散失脫必去也速,學道不可苟且而已。

王道之始,何以行之哉?

---

37 《欒城集卷二十四》,頁 408。
38 同註 33,頁 953。
39 同註 33,頁 953。

《欒城集卷二十‧河南府進士策問》：[40]

孟子言立五畝之宅，植之以桑，則五十者可以衣帛。雞豚狗彘，無失其時，則七十者可以食肉。數罟不入洿池，則魚鱉不可勝食。斧斤以時入山林，則林木不可勝用。誠哉是言也。《孟子梁惠王上》

雖然，孟子將何以行之？

豈將立法設禁以驅之歟？夫立法設禁而無刑以待之，則令而不行；有刑以待之，則彼亦何罪？

請言孟子將何以行此？

蘇轍以兩難詰問法駁問孟子，無刑，則令不行，人民不從；有刑，則人民無罪，何以服刑？蘇轍的務實態度，認為孟子的「五畝之宅」不切實際，是以辨正其說。

五、蘇轍以人情解說六經

蘇氏兄弟對於儒家經典的解釋，都是依循蘇洵六經論說的觀點，以人情說解六經。

蘇洵《辨姦論》，批判王安石不近人情，是「口誦孔老之言，身履夷齊之行」，然而「陰賊險狠，與人異趣，是王衍盧杞合而為一人也。」蘇洵比喻說：「面垢不忘洗，衣垢不忘澣，此人之至情也。」若是囚首喪面而談詩書，是不合人情者也！結論：「凡事不近人情者，鮮不為大姦惡。」

蘇軾《中庸論中》：「聖人之道，自本而觀之，則皆出于人情。」[41]

蘇轍《詩論》：「六經之道，惟其近乎人情，是以久傳而不廢。」

40　《欒城集卷二十》，頁 355。
41　《蘇軾文集第三卷》，頁 61。

又「聖人之爲經……未嘗不近于人情。」又「詩者，天下之人，匹夫匹婦，羈臣賊隸，悲憂愉佚之所爲作也。」[42]

《春秋論》：「二百四十年之間，天下之是非，雜然而觸乎其心，見惡而怒，見善而喜，則夫是非之際，則又可以求諸其言之喜怒之間矣。」[43]

〈臣事下四〉：

「聖人之爲天下，不務逆人之心。人心之所向，因而順之；人心之所去，因而廢之。故天下樂從其所爲。……後世有小丈夫不達其意之本末，而以爲禮義之教，皆聖人之所作爲以制天下之非僻。徒見天下邪放人民，皆不便於禮義之法，乃務矯天下之情，置其所好而施其所惡。」[44]

「不務逆人心」，就是順從人情。除前述《論語拾遺》、《孟子解》以外，在《欒城集》、《後集》、《應詔集》、《詩集傳》、《春秋集解》、《古史》、《龍川略志》等，字裡行間，處處有儒家思想存焉，有跡可尋，足以說明蘇轍的思想淵源，以儒家思想爲骨幹。

六、顧我未及門下賢

蘇轍一生以儒學始，以儒學終，施政治民，行止出處，莫不以儒學爲依歸。對於儒家先聖先賢，衷心景仰，私淑厲行，《欒城後集卷三·三不歸行》：

> 孔子晚歲將入楚，磐桓陳蔡行且住。……冉求一戰卻齊虜，請君召師君亦許，歸來閉戶理詩書，弁冕時出從大夫。夢見周公已不復，老死故國心亦足。孔公愈老愈迤邐，顧

42 《欒城集應詔集卷四》，頁 1273。
43 《欒城應詔集卷四》，頁 1275。
44 《欒城應詔集卷八》第四道，頁 1311。

我未及門下賢。[45]

對於孔子志業，描述貼切，而「顧我未及門下賢」，有不能躋身孔門，得其教授的遺憾。蘇轍儒家的思想淵源，因限於篇幅僅述及孔孟二聖，就子由〈穎濱遺老傳上〉，蘇轍說：

> 「謫筠州鹽酒稅，五年不得調。平生好讀《詩》，《春秋》，病先儒多失其旨，欲更為之傳。老子書與佛法大類，而世不知，亦欲為之注。司馬遷作《史記》，記五帝三代，不務推本《詩》、《書》、《春秋》，而以世俗雜說亂之，記戰國事，多斷缺不完，欲更為《古史》，功未及究，移知歙績溪。」[46]

由於謫筠州時，不得過問州事，生活悠閒：「十載還上都，再謫仍此州。廢斥免羈束，登臨散幽憂。」[47]經常與三五知己，遊山玩水，遂有餘閒從事著作，而有「居處方自適，未知厭拘囚」〈雨中遊小雲居〉，居窮仍不改其樂，忘其憂困，有顏子之風。且得蘇洵「內以治身，外以治人」的遺意。

第三節　蘇轍的道家思想

道家思想自老莊之後，與儒家思想形成中國文化思想的主流，不分軒輊的一脈相傳。漢初黃老之治，守成平和，與民休息，遂有文景治術的表現。而後由於漢武帝的尊崇儒術，道家思想在政治舞台上，遂退而居其次，以其「清虛自守」、「無為而治」故

---

45 《欒城後集卷三》，頁 918。
46 同註 40 卷十二，頁 1017。
47 同註 40 卷二，頁 888。

也。但在文化洪流中，與人民生活息息相關，合而爲一。經過魏晉南北朝的玄學發展，更加蓬勃。到唐朝李家，因同姓李氏，遂定爲國教，道觀林立，道士眾多，超越歷代。宋初由周濂溪的《太極圖說》領軍開創，邵康節繼其後，接著張載的《正蒙》，二程、朱子等繼續努力於窮理盡性，而由朱熹集理學之大成。

一、我師柱下史

蘇洵的思想淵源，來自儒家爲骨幹，酌取法家、兵家，縱橫家，兼及諸子學說，涉及道家鮮少。蘇軾〈題張白雲詩後〉：

> 張俞少惠，西蜀隱君子也，與予先君遊居岷山下白雲溪，
> 自號白雲居士。本有經世志，以自重難合，故老死草野。[48]

蘇洵與張俞交遊，乃因「經世志」之好，並無道家思想的相互切磋，相互推演。至於蘇轍兄弟的道家思想，源自老莊，旁及列子，磅礡激盪，並致道以爲仕途坎坷困鈍的治心良方，悠遊自在的寬心良劑，遊於物外，處變不驚。以道家思想在日常生活養心，養身，「雖有等觀，燕處超然」，是道家思想的實踐者。

蘇轍六、七歲，隨兄軾讀書天慶觀，其啓蒙老師即爲天慶觀的張易簡道士。而後與軾兄共同研讀道藏經。〈和子瞻讀道藏〉：

> 道書世多有，吾讀老與莊。老莊已云多，何況其駢傍。[49]

道藏者，是道家書籍的總稱。蘇轍但讀道家的老莊二家，於道家思想的探討，認爲已得道家的要義，勿庸論及各家。在〈次韻子瞻和淵明擬古九首〉更明確宣示，以老聃爲師：

> 我師柱下史（老聃），久以雌守雄。金刀雖云利，未聞能斫風。
> 世人欲困我，我已長安窮。[50]

---

48 《蘇軾文集第六十八卷》，頁 2166。
49 《欒城集卷二》，頁 35。

　　雌（柔弱謙下），雄（奮勵自遜）。……竿木常自隨，何必

　　返故丘？老聃白髮年，青年去西周。

　　不遇關尹喜，履跡誰能求？[51]

　　柱下史是周藏書室的主持人，老子嘗任此職。《史記老子傳》：「周守藏室之史也」。

　　《史記老莊申韓列傳》：（老聃）居周久之，見周之暗，迺遂去至關，關令尹喜曰：「子將隱矣，強爲我著書。」於是老子乃著書上下篇，道道德之意，五千餘言而去，莫知其所終。

　　蘇轍私淑老聃，以柔弱卑下，沈默寡言，謙沖自持爲生活座右銘。三十歲守父喪期滿，挈家返京擔任官職，其後仕宦遷貶，居無定所，晚年歸隱潁昌以終，卻不曾返回四川眉山故里。因此，以「老聃白髮年，青年去西周」自勉，又何必執著帝累，「返故丘」的落寞失意呢？

　　蘇軾在鳳翔、杭州，守臨西，而後兄弟闊別七年，相從於徐州，留百餘日，時宿於逍遙堂。追感前約，以詩紀事，〈和別子由〉：

　　我少知子由，天資和而清。好學老益堅，表裡漸融明。

　　豈獨為吾弟，要是賢友生。[52]

　　蘇軾稱贊子由的天資聰敏，性情和順，勤勉力學，悟道通達，情誼彌篤，良友自居。兄弟曾一齊《讀道藏》，蘇軾說：

　　嗟余亦何幸，偶此琳宮居。宮中復何有？戢戢（每每）千

　　函書。盛以丹錦囊，冒以青霞裾。王喬掌關籥，蚩尤守其

　　廬。秉閑竊掀攬，涉獵蚩暇徐。至人悟一言，道集由中虛。

　　心閑反自照，皎皎如芙蕖。千歲厭世去，此言乃蘧蘆。人

50　《欒城後集卷二》，頁 901。
51　同註 50。
52　《蘇詩彙評卷十五》〈和別子由〉，頁 623。

皆忽其身，治之用土苴。何暇及天下，幽憂吾未除。[53]

　　此詩寫於蘇軾二十八歲簽判鳳翔時，前八句寫太平宮的藏書豐富，每每千函，蘇軾感到驚喜；次八句寫蘇軾專心《讀道藏》，領悟至人的言論。蘇軾勤勉讀過《黃庭經》，用含苞欲放的蓮花以比心的形狀，為後世學內丹存思法的人，提供形象的比喻。蘇軾遂掌握此關鍵，為學道奠定基礎。結束四句是《讀道藏》的心得，引用「莊子讓王」的典故：（一）堯以天下讓人而遭拒絕，（二）帝王之功，非所以完身養生，而世俗的人，棄生殉物，令人悲痛。

二、少小本好道

　　蘇轍〈和遲田舍雜詩九首并引〉：「少小本好道，意在三神州。」[54]蘇轍的好道，是天性使然。蘇軾很早就發現蘇轍的清和少欲，本訥好靜，如此個性皆為近道、修道的起點。蘇軾愛享樂，遊終南山玉女洞，取兩瓶淨水，命士卒帶回家，懼士卒弄假，與寺僧破竹為契，戲作「調水符」，所以有「誰知南山下，取水亦置符。……多防竟無及，棄置為長吁。」蘇轍作〈和子瞻調水符〉：

　　多防出多欲，欲少防自簡。君看山中人，老死竟誰譴？

　　渴飲吾井泉，飢食甑中飯。何用費卒徒，取水負瓢罐？

　　置符未免欺，反覆慮多變。授君無憂符，階下泉可嚥。[55]

　　蘇軾挖苦空心思以取得「調水符」，即出於「多欲多防」，多憂多慮所致，蘇轍則心平氣和，以「少防自簡」，無憂無慮以相勉，傾囊相授「無憂符」，「階下泉可咽」，何必捨近求遠？求道亦如是。蘇軾的貪多務得，是求道的魔障，也是性格使然。在求道的功力

53　《蘇詩彙評卷四》，頁 134。
54　《欒城後集卷四》，頁 927。
55　《欒城集卷二》，頁 33。

火候，蘇轍遠遠勝過蘇軾，因此蘇軾稱其為師。蘇軾說：

「余觀子由，自少曠達，天資近道，又得至人養生長年之訣，而余亦竊其一、二。」[56]蘇軾與道士交往緊密，道士亦多，但生性好動，止於登堂。蘇轍早已入室，使蘇軾自歎弗如。

三、心是道人，身是農夫

〈子由真贊〉：「心是道人，身是農夫。誤入廊廟，還居里閭。秋稼登場，社酒盈壺。頹然一醉，終日如愚。」[57]

蘇轍對於道家思想承襲老莊為骨幹，蘇軾的多方涉獵頗以為然，而有「吾讀老與莊」的詩句。〈和子瞻濠州、觀魚台〉：

莊子談空惠子聽，鄙人斤斧唉忘形。莫嗟質喪無知者，對石何妨自說經。[58]

詩中引用莊子與惠施的交往情深意摯，首句是莊子〈秋水篇〉藉莊子與惠子遊於濠梁之上，讀儵魚出遊的快樂：知與不知，以此得知莊子和惠子的出遊樂趣。次句是源自莊子〈徐无鬼〉，記載莊子送葬經過惠施的墳墓，藉石匠將鼻尖上的石灰砍掉，說明惠施和莊子的對談是棋逢對手，惠施的過世，莊周失去談話的對象，有無限的懷念。一種哀痛朋友的淒涼孤獨，躍然紙上，蘇轍將莊周和惠施的情感深厚，和蘇軾共勉，以為惕勵。

莊子的情感是對天地的至性，不是個人私情，整個宇宙，都

---

56 《蘇詩彙評卷十五》〈子由將赴南都，與余會宿於逍遙堂。作兩絕句讀之，殆不可為懷因和其詩以自解、以為今者宦遊相別之日淺，而異時退休相從之日長。既以自解且以慰子由云〉詩云：（一）別期漸進不堪問，風雨蕭簫已斷魂。猶勝相逢不相識，形容變盡語音存。（二）但令朱雀長金華，此別不同一轉車。五百年間誰復在？會看銅狄兩含嗟。

57 《欒城後集卷五》，頁 945。

58 《欒城集卷三》，頁 59。

是充滿生機，一草一木，甚至一塊石頭，一具骷髏，都是有生命的存在，所以蘇轍才有「對石何妨自說經」的詩句。

蘇轍〈王維吳道子畫〉：

> 吾觀天地間，萬事同一理。扁也工斲輪，乃知讀文字。[59]

這是莊子天道篇的一則故事，敘述莊子文學的特質，輪扁與桓公論讀書，莊子以爲「得之於手而運於心」的文學技巧，不是別人「摹倣其一字」，而莊周可以隨心所欲，運筆如飛，透過想像，刻劃人物，無不栩栩如生，無不生動傳神。蘇轍贊美王維、吳道子的畫，和莊子的文學寫作，是「萬事同一理」，給予極高的肯定和評價。

四、治肺則病脾，治脾則病肺

蘇轍的身體健康，其狀況一向不好，因此在《欒城集》詩文中，常常抒寫病苦的情形，〈服茯苓賦並敘〉：「余少而多病，夏則脾不勝食，秋則肺不勝寒。治肺則病脾，治脾則病肺。平居服藥，殆不復能愈。年三十有二，官於宛丘，或憐而愛之以道士服氣法，行之期年，二疾良愈。蓋自是始有意養生之說。」[60]爲蘇轍三十二歲，任陳州教授時的生活記錄。

又有〈記病〉詩：

> 我病在脾胃，一病四十年。微傷輒暴下，傾注如流泉。
> 去年醫告我，此病猶可痊。試取薑豆附，三物相和丸。
> 服之不旬浹，病去如醫言。醫言藥有毒，病已當速捐。
> 我意藥有功，服久功則全。侵尋作風痺，兩足幾蹣跚。
> 徐悟藥過量，醫初固云然。舊病則已除，奈此新病纏。

---

59 《欒城集卷二》〈和子瞻鳳翔八觀八首 王維吳道畫〉，頁23。
60 《欒城集卷一七》〈服茯苓賦并敘〉，頁332。

醫言無甚憂，前藥姑捨旃。藥毒久自消，真氣從此完。

鄙夫不信醫，私智每自賢。咄哉已往咎，終身此韋弦（箴
規）。

此詩乃任績溪令臥病五十餘日所寫，時蘇轍四十七歲。[61]

蘇轍因脾胃的病情治療不易，冷熱相克，因此對於道家的學習，不只是老莊的思想而已，兼攝道家的養生之術，養生之術的鍛鍊，最終目標是長生不死。蘇轍說：

晚讀《抱朴子》書，言服氣與草木之藥，皆不能致養生。古神仙真人皆服金丹，以為草木之性，理之則腐，煮之則爛，燒之則焦，不能自生，而況能生人乎？[62]

余既汩沒世俗，意金丹不可得也。則試求之草木之類，寒暑不能移，歲月不能敗者，惟松柏為然。古書言松脂流入地下為茯苓，茯苓又千歲則為琥珀，雖非金石而能自完也，亦不久矣。於是求之名山，屑而瀹之，去其脈胳，而取其精華，庶幾可以固形養氣延年而卻老者。[63]

宋人對於道家的養生之術，嗜好風行，有內丹外丹的不同，從歷代道藏考察，只是利用人體內部的精氣神等結合丹田的丹，它無形狀，不可息，稱為內丹。凡是利用金屬、礦石燒煉為有形狀的藥物，道門稱之「外丹」。至於靈芝、葹苓之類是草木之藥，對人體的滋補、強壯作用，從現代醫學觀之，既不是內丹，也不是外丹，只是傳統的中藥而已。除靈芝、葹苓等藥之外，還有菖蒲。蘇轍〈夢中反古菖蒲并引〉，古詩云：「石上生菖蒲，一寸十

---

61 《欒城三集卷三》頁 1195。
62 《抱朴子》晉葛洪著，葛洪號抱朴子，因以名書。其書內外篇凡八卷，內篇論神仙吐納符籙剋治之術，能為道家之言。外篇則論時政得失、人事臧否，詞旨辨博，饒有名理，要旨以黃老為宗，世以為道書之一。
63 同註 60。

二節。仙人勸我食，令我好顏色。」十一月八日四鼓，夢中反之作四韻，見一愚公在側借觀，示之，赧然有愧恨之色。詩云：「石上生菖蒲，一寸十二節。仙人勸我食，再三不忍折。一人得飽滿，餘人皆不悅。已矣勿復言，人人好顏色。」[64]時蘇轍六十八歲，閑居潁昌。

　　治平四年（1067），蘇轍在家居父喪，有〈養生金丹訣〉，《龍川略志第一》：「予治平末，泝峽還蜀（扶父喪），泊舟仙都（四川酆都縣）仙都觀山下。有道士以〈陰真君長生金訣〉石本相示：「養生有內外，非金石所能堅凝，四肢百骸，外也；非精氣所能變化。欲事內，心明養精氣，極而後內丹成，內丹成則不能死矣。」[65]

　　久病成良醫，蘇轍與單驤論醫，《龍川略志第二‧醫術論三焦》：「彭山有隱者，通古醫術，與世諸醫所用法不同，人莫知之。單驤從之學，盡得其術，遂以醫名行於世。治平中，予與單驤遇廣都（四川雙流縣）論古今醫術不同。」

　　由於唐朝養生外丹而死者眾，宋朝遂以內丹為主要養生之術，蘇轍當然明白養生之道，熙寧五年（1073）李昊曾到陳州探視蘇轍，談養生之術在忘物我之情。《龍川略志第十》：「李昊來陳時，年八、九十歲矣。昊曰：人稟五行以生，與天地均，五行之運行於天地無窮。而人壽不過百歲者，人自害之耳。」

　　李昊也是講求內丹的養生方法。〈欒城後集卷三‧見兒姪唱酬次韻五首〉其四：

> 身病要須閑，閑極自成趣。空虛雖近道，懶拙初非悟。
>
> 偶將今生腳，還著古人履。大小適相同，本來無別處。[66]

64　《欒城三集卷一》，頁1150。

65　《蘇轍著龍川略志卷一》。

66　《欒城後集卷三》，頁922。

　　此爲李昊養生術的實踐，以「忘物我之情」，得閑入手，但閑與空虛不同，空虛近道而非悟道，閑乃悟道，可物我兩忘，是修道的極致，也是養生卻病的妙方。閑則心無旁騖，心無旁騖則寡慾，寡慾則悟道生，悟道生則忘情，忘情則長生卻病。所以「不是閑人閑不得，閑人不是等閑人」，確是真言。能夠「遊心塵垢之外，超然無蠆蠆之意」，養心亦養生的良方。

　　蘇轍的養身養心，成效若何？徽宗大觀元年（1107）〈丁亥生日〉：「少年即病肺，喘作鋸木聲。中年復病脾，暴下泉流傾。困苦始知道，處世百欲輕。收功在晚年，二疾忽已平。」[67]其時蘇轍已閑居潁昌，不問世事。

　　蘇軾在養生練氣一直是以蘇轍爲師，不服外丹，服外丹者死。偶而得丹砂以鍛鍊，但觀其變化，不敢服用。因此，蘇軾詩文中提及修煉方法：如胎息、黃庭、坐忘、守一、採日月精華、閉息等等，其最終目的，都是爲得內丹。蘇軾〈和子由澠池懷舊〉：

　　　　人生到處知何似？應似飛鴻踏雪泥。泥上偶然留指爪，鴻飛那復計東西。

　　　　老僧已死成新塔，壞壁無由見舊題。往日崎嶇還記否？路長人困蹇驢嘶。[68]

　　這首詩前四句，有人以爲「禪意盎然」，其實是一種「道意」，人生是短暫的，有著「但恐歲月去飄忽」的感觸，以有涯的人生在世間留下一些痕跡，都會消失。鴻雁在雪上留下的指爪，春暖雪融時快速化爲烏有，昔日兄弟的題壁詩，就如雪上指爪，已消失不見，這一切都是虛空，人生的變幻又如何能得知？如何能掌握？在密州〈祭常山絕頂廣麗頂〉：「人生如朝露，白髮日夜催」，

67　《欒城三集卷一》，頁 1151。
68　《蘇詩彙評卷三》，頁 64。

在〈薄薄酒一〉，說出用道家理念的生活，更是透徹，更是確實。
詩云：

> 薄薄酒，勝茶湯，麤麤布，勝無裳，醜妻惡妾勝空房。
> 五更待漏靴滿霜，不如三伏日，高睡足，北窗涼。珠襦玉
> 柙，萬人袒送歸北邙，不如懸鶉百結，獨坐負朝陽。生前
> 富貴，死後文章，百年瞬息萬世忙，夷齊盜跖俱亡羊，不
> 如眼前一醉，是非憂樂兩都忘。[69]

上述都是蘇軾兄弟受到莊子思想影響，企圖忘掉是非，但求
眼前一醉，「師淵明之雅放，和百萬之新詩。賦歸來之清引，我其
後身蓋無疑。」[70]及時行樂的思想，表現十分顯眼。

五、不意老年見此奇特

蘇轍應制科試所進《老子論》中，就反對以周公孔子之言，
定佛老之非，認為儒、釋、道可參照。貶官筠州時，開始著《老
子解》。貶官汝州、雷州時，蘇軾曾對蘇轍說：「子所著《詩》、《春
秋傳》、《古史》三書，皆古人所未至，唯解《老子》差若不及。」
蘇轍於是重新修正，並寄與蘇軾。蘇軾在〈跋子由老子解後〉：「使
戰國有此書，則無商鞅、韓非；使漢有此書，則孔子、老子為一；
使晉宋間有此書，則佛老不為二。不意老年見此奇特。」[71]蘇軾
對《老子解》的肯定與評價，並非溢美之辭。

（一）使戰國有此書，則無商鞅韓非

根據《史記卷六十八‧列傳第八，商君鞅》：商君入秦，先

69　《蘇詩彙評卷十四》，頁 562。
70　《蘇詩彙評卷四十三》〈和陶歸去來兮辭〉，頁 1848。
71　《蘇軾文集第六十六卷》，頁 2072。

以帝道說孝公，孝公睡而弗聽；再以王道說，亦不合孝公意；繼以霸道說，才有重用商鞅的意念。終以強圖之術取悅孝公，孝公悟數日，不自知膝之於前席，遂得重用而厲行變法。

商鞅的帝道說法，或指孟子的堯舜禪讓政治，或指莊子所謂伏羲氏、神農氏等恬淡無爲之政而言。接近老子思想。

韓非，史稱喜歡刑名法術之學，而歸本於黃老，《史記》以老聃申韓同傳，而韓非書中，歷記古今成敗存亡禍福之道，其言近於史冊，又有〈解老〉〈喻老〉兩篇，可見受《老子》影響至深。

韓非的君術主道，是從老子虛靜無爲之中蛻變而來。老子從古今宇宙人生成敗存亡禍福道中，體會「有之以爲利，無之以爲用」的原則，強者是有，弱者是無，所以人生追求福，常得禍；因爲「有無」的易位；而得到柔弱勝剛強的道理。所以老子的道法自然，自然是順著人情、物理、時勢，也就是人生的標的是清靜無爲。

韓非〈主道篇〉：「道在不可見，用在不可知，虛靜無爲，以闇見疵。」虛靜無爲是道的根本，「不可爲」、「不可見」就是「無」的具體落實。從法家思想的淵源探究分析，是來自道家老子的「清靜無爲」，而蘇轍在〈老聃論下〉：「昔者六國之際，處士橫議，以熒惑天下，楊氏爲我，而墨氏兼愛。……彼二子（楊墨）者，欲一之以兼愛，斷之爲我，故其說有時焉而遂窮。」[72]只有聖人（老聃）能處於間而制其當，兼愛爲我可以並收，用之而不失其道，生活在紛紜之際而不失其當。所以蘇軾有使戰國有蘇轍〈老子論〉，則無商鞅韓非的異論。

---

72 《欒城 應詔集 卷三》〈老聃論（下）〉，頁 1265。

（二）使漢有此書，則孔子、老子為一

漢高祖劉邦的知人善任，寬厚豁達，去秦苛法，終於戰勝項羽，定都長安，建立四百年的劉氏王朝。

由於中國長期戰亂，民生凋蔽，黃老無爲的思想，應運而生，凡事從民所欲，避免擾亂。而「蕭規曹隨」守而勿失的政策，傳爲美談。又有文景之治，崇尙名法，節儉自持，休養生息，國力富強，使國家富裕，經濟繁榮，更是道家黃老之治的指標。

及漢武帝就位時，漢初六十多年的休養生息，社會富庶，府庫充實，而武帝的雄才大略，開疆拓土。於是施政求新求變，採用中央集權，用人詔舉「賢良方士，直言極諫」的儒生，置五經博士，進而採董仲舒建議，「獨尊儒術，罷黜百家」，使漢朝的政治威望，達到巔峰。蘇轍〈老聃論上〉：

> 夫聖人之所為尊於天下，為其知夫理之所在也。而周公仲尼之所以信於天下，以其弟子而知之也。故非其弟子，則天下有不知周公之為周公，而仲尼之為仲尼者矣。是故老聃、莊周其為說不可以周孔辯也。[73]

儒家、道家其學說各有擅場，不可以己是攻人之非，不可以己長攻人之短，也不可以己非說他人的不是。況且，〈老聃論下〉：

> 聖人之道，處於可、不可之際，而遂從而實之，是以其說萬變而不可窮。老聃、莊周從而虛之，是以其說汙漫而不可詰。今將以求夫仲尼、老聃之是非者，惟能知虛實之可用與否而已矣。[74]

老莊的思想是「無所是非」，「無可無不可」，而孔子也有「無

<hr>

73 《欒城　應詔集　卷三》〈老聃論（上）〉，頁 1264。
74 《欒城　應詔集　卷三》〈老聃論（下）〉，頁 1266。

可無不可」的主張。老莊的清靜寡欲，是其得；棄仁義，絕禮樂，是其失。而周孔之得在尊君抑臣，其失在虛文不實，因此，漢文取老子之長而行，是以天下富；漢武取儒者之失而用之，是以用之而天下弊。此儒老得失之辯。就平心觀之，使漢有〈老子解〉，則孔子、老子為一是確論。

（三）使晉宋有此書，佛老不為二

魏晉時代，佛唱不絕，晉元中興，在宮殿內主講佛經，明帝、成帝，信好甚深。自五胡亂華以後，在中原各建國號，西域高僧，乘時進入中原，其時兵荒馬亂，朝不保夕，生命危淺，遂寄身在佛事，以得慰藉。因此，僧侶頗受尊崇，如石趙有佛澄圖，尤擅異術，弟子道安及鳩摩羅什等高僧。羅什在晉隆安年間（397-401）在姚秦的洛陽，集沙門八百餘人，譯經論三百多卷，大乘義至是始傳。東晉安帝義熙年間，法顯西遊印度，歸撰《佛圖記》，自是以來，大江南北，盛行佛法，如日中天。

佛教在中國的流行，在南北朝晉末宋初之間，道生和尚將道家哲理的道在萬物及悟道的說法，引入佛教。道生主張眾生皆有佛性，頓悟成佛。其後的《大乘起信論》，隋吉藏《大乘玄論》，唐時湛然大師的《金剛錍》及禪宗的創立，對佛教宗派及經論，對真如佛性的闡述，都受到老莊道體論的影響。也成為中國佛教的一大特色。

《莊子》又稱《南華經》。《唐書卷六十五藝文志三》：「天寶元年（742），詔莊子為《南華真經》。」清人姚範《援鶉堂筆記》：「南華之名，未詳所出，《隋志》有梁曠《南華論》、《南華論音》其號為南華真人，名書為真經。在唐開元十二年（725）。」賈島

〈病起詩〉:「燈下南華卷,祛想當酒杯。」[75]施肩吾〈訪松嶺徐鏈師〉詩:「開經猶在松陰裡,讀到南華第幾篇?」[76]吳筠〈南華真人〉詩:「南華源道宗,元遠故不測。」[77]方干吳處士〈陳陶詩〉:「南華至理須齊物,生死即應無異同。」[78]如此皆說明《南華經》在隋唐以後,已經滲透進入士大夫的生活裡,成為士大夫生活不可或缺的要物。

　　以上就佛教輸入中國,其傳播路徑,以及佛老(道家)理論滲透相摻的情形,概略的說明。而蘇轍《老聃論上》:

　　「昔者天下之士,其論老聃、莊周與夫佛老之道者,皆未嘗得其要也。」[79]天下之士,述論不當,蘇轍提出新解:老聃之說曰:「去仁義,絕禮樂,而後天下安。」老聃的說法,意旨為何?應作「大道廢,有仁義。」老聃肯定大道與仁義是相互依存,並不是相互對立,大道是仁義的基礎。老聃所說的去仁義,是指無大道的仁義;無大道的仁義,就是假仁假義,當然是該棄絕。所以老聃又說:「絕仁棄義,民復孝慈。」而蘇轍卻說:「仁義禮樂,天下之所待以治安者。」與老聃的述論似乎意義相反,其實是相互一致,老聃的「去仁義,絕禮樂,是當失去大道的支撐下,是虛偽鄉愿的胡亂非為,宜一并棄絕,使其恢復常道。而蘇轍「仁義禮樂」作正面的詮釋,以為治天下的利器,其實與老聃的觀點是相同,也是老聃「仁義禮樂」的推演,

---

75　賈島〈病起詩〉《全唐詩卷五七三》　清聖祖御製　宏業書局　71 年 9 月 1 日再版。
76　同註 75 卷四十九　施肩吾〈訪松嶺徐鏈師〉。
77　同註 75 卷八五三吳筠〈南華真人〉。
78　同註 75 卷六四八方干(吳處士　陳陶詩)。
79　同註 73。

更合乎語言邏輯的應用。蘇轍〈和（蘇）遲田舍雜詠〉：「老‧佛同一源，出山便異流。少小本好道，意在三神州。」[80]

〈書傳燈錄後〉佛之說曰：棄文絕子，不為夫婦；放雞豚，食素茹，而後萬物遂。[81]

《大方廣佛華嚴經卷》十一〈功德華聚菩薩十行品〉第十七之一說：「眾生長夜在生死中，憶念五欲，貪著五欲，愛樂五欲，心常流轉五欲境界，永沒五欲，莫之能出。」因此，人們墮入無邊無際，日日夜夜的苦難中。據說佛祖釋迦牟尼多年苦思冥想，想出四大真理（真諦），頭一個真理就是苦，生也苦，死也苦，吃得不飽也苦，吃得太飽也苦，與人交往應酬苦，無人來往寂寞苦。總之，生在世上就是苦難。苦難的由來，是因為人有身、口、鼻、眼、意等五欲，五欲分為內外兩種：外五欲是眼貪美色、耳耽妙聲、鼻愛名香、舌嚐上味，身觸細滑，求之不得，煩惱多起。內五欲是飢思食渴思飲的食慾，貪圖金錢的財慾，希求美艷的色慾，渴求贊譽的名慾，貪圖安逸的睡慾。諸多慾望帶給人類無窮無盡的奢求，慾望不能滿足，痛苦不能解除。如老子所說：「吾之大患，在於我之有身。」因此，佛家才有「棄父絕子，不為夫婦，放雞豚，食素茹」的主張，斷絕五慾，俾使萬物順遂平和。佛家的涅槃，要求人做到「寂滅」，做到杜絕慾望，或作「不淨觀」[82]，慾望絕滅，就得到自由快樂，過著逍遙自在的生活。

80　《欒城後集卷四》，頁 927。

81　《欒城三集卷九》，頁 1231。

82　不淨觀，看到美食佳肴，你就把它想作狗屎豬糞，看到美色佳人，你就把她想魔鬼醜髏，看到金銀財寶，你就把它想作瓦礫石頭，看到大千世界的五光十色，林林總總，你就把一切看作子虛烏有，過眼煙雲。

第四節　蘇轍的佛學思想

一、宋士大夫與佛學文化

　　宋朝的思想主流，以儒家爲骨幹，但佛學思想已經與道家思想頗多類似而相互揉合，儒道釋三教調和的形成與發展，已經得到社會的認同與肯定。是以宋朝理學家雖然批評佛教人士以性爲空，但是佛學的影響已經深刻擴大，甚至理學家有取於佛學，雖極力掙脫，愈是不得其道，愈是牢固，終於儒釋道相互滲透糅合，成爲宋朝理學的特色。張立文以爲「儒之治世，又是釋之治心，道之治生，三者和合的落實，便是宋明理學。」（同註 23 第一章頁 21）

　　佛學經過唐五代與士大夫的互相摻透，到宋代，禪僧已經完全士大夫化。得道禪僧不僅遊歷名山大川，且與士大夫結友唱和，填詞作詩，鼓琴作畫，彼等已與士大夫生活打成一片。因此，士大夫的思想，浸漬感染，影響深刻。如北宋文壇領袖的歐陽修，反對佛老，但在盧山東林寺，與祖印禪師一席話後，對禪師「肅然心服」，晚年致仕潁川，日與沙門遊，因自號「六一居士」，名其文曰《居士集》。[83] 恪守傳統儒家文化的司馬光謂：「近來朝野客，無座不談禪」（戲呈堯夫）曾寫〈解禪偈〉、〈極樂園〉、〈作因果〉、〈光明藏〉、〈不壞身〉、〈菩薩佛〉等，以爲從儒術轉入佛學。而張方平也說過一句使王安石大爲驚歎的禪話：「儒門淡泊，收拾

83　六一居士初謫滁山，自號醉翁。既老將退休於潁水之上，則又更號「六一居士」。

不住，皆歸釋氏。」[84]「儒門淡泊」乃指漢唐以來以經學爲核心的傳統儒學，其繁瑣陳舊，枯燥無味。遠不如禪宗來得生動活潑，機智橫生，而引人入勝。然傳統儒家的人生觀，入世的積極態度，並未消減，「正心、修身、齊家、治國、平天下」的思想，仍然在士大夫的心中紮根，不曾動搖。所以禪宗的思想雖是在士大夫心中有其分量，但只在生活理念中增加情趣而已。蘇軾蘇轍與僧侶爲友的名家，有參寥子、維琳、圓照、秀州本覺寺一長老、楚明、仲殊、守欽、思義、聞復、可久、清順、法穎等。並稱讚其「行峻而通，文麗而清」，「志行苦卓，效法通洽」，「能文善詩及歌詞，皆操筆立就，不點竄一字」，「學行皆高」。且言其「自文字言語悟入，至今以筆研作佛事，所與遊皆一時名人」，「語有璨，忍之通，而詩無島、可之寒」等美言。

蘇軾〈祭龍井辯才文〉有言：「孔老異門，儒釋分宮，又于其間，禪律相攻。我見大海，有北有南，江河雖殊，其至則同。」《蘇軾文集卷十六》儒、釋、道三教滲透並出入其間，各取其長而補己之不足，且批判佛、老，劃清界限，延續儒學特質，形成宋士大夫特有文化風格。

二、《楞嚴十卷》幾回讀

釋曉瑩《羅湖野錄卷三》記載「蘇門子由，元豐三年（1080），以睢陽從事左遷筠陽推筦之任。是時，洪州景福順禪師與其文安先生有契分，因往訪焉，相從甚樂，咨以心法，順示古德搐鼻因緣。久之有省，作偈呈順曰：「中年聞道覺前非，邂逅相逢老順師。搐鼻徑參真面目，掉頭不受別鉗鎚。枯藤破衲公何事，白酒青錢

---

84 《禪宗與中國文化》葛兆光著〈第一章禪宗的興起及其與中國士大夫的交往〉頁53，里仁書局，76年10月10日。

我是誰,慚愧東軒殘月上,一盃甘露滑如飴。」[85]

　　三蘇父洵兄軾弟轍,皆與佛家往來交遊,在蘇轍九歲時,蘇洵與史經臣舉茂材異等不中,轍陪侍父親遂自嵩洛到廬山,望瀑布,與訥禪師、景福順公遊,於此得知蘇轍與佛學因緣甚早。在元豐五年(1082)謫居高安,景福順公不遠千里來訪,自言昔從訥於圓通,逮與先君遊。在貶謫失意之時,景福順公的到來,予轍有積極的精神鼓勵。

　　前有蘇洵的帶頭引導,後有兄長蘇軾的相互提攜,一同與名僧交遊,如龍井辯才法師,臻長老、寶月大師等,而蘇轍本性的「淡泊清淨」,對於佛學更容易得入,在詩文中表現的佛學思想的鑽研與心得,更是深刻獨到。在陳州時,致仕在家的李簡夫,李君少而好學,詳於吏道,詩作曠達閑放,不拘泥繩墨,有物我兩忘的妙境。蘇轍嘗與之遊,在〈次韻李簡夫因病不出〉詩中,有「十五年來一味閑,近來推病更安眠。鶴形自瘦非關老,僧定端居不計年」[86]敘述李君的悠閑生活,逍遙自如。僅一年,李君病逝,蘇轍挽詞:「養生能淡泊,愛客故留連。……葆光(李有葆光亭)塵滿榻,無復聽談禪。」[87]此乃士大夫佛化的另一見證。

　　蘇轍於熙寧六年(1073)任齊州掌書記,業務繁冗,鮮少出遊,一年後始遊泰山四禪寺,四禪寺為唐代高僧義靖(義淨)譯經之所,義靖曾前往西域,遍遊三十餘國,歷時二十五年,得梵本四百部,回國後親自譯經,對佛學發展,頗有貢獻,死後葬在四禪寺〈四禪寺〉:「云昔義靖師,萬里窮西域。華嚴貝多紙,歸

85　《欒城集卷十三》〈景福順老夜坐道古人搊鼻語〉,頁244。
86　《欒城集卷三》,頁53。
87　《欒城集卷四》〈李簡夫挽詞二首〉其二,頁65。

來手親譯。蛻骨儼未移，至今存石室。」[88]蘇轍對義靖高僧，仍然心存崇拜敬仰。

蘇轍父兄均與淨因院大覺璉師和璡長老有舊，轍於熙寧九年（1076）訪問璡長老，〈贈淨因璡長老〉：「十方老僧十年舊，燕坐繩床看奔走。遠遊新自濟南來，滿身自覺多塵垢（追求俗世是爲不智）」。[89]又於僧舍沐浴後感覺：「明窗閑臥百緣絕，此身瑩淨初何有？清泉自清身自潔，塵垢無生亦無滅。」（還我本性，得到真知。）

蘇轍兄弟最深交者爲成都中和相勝院寶月大師惟簡，姓蘇，眉山人。嘉祐元年（1056）赴京應進士試時，「以宗黨之故，情若舊識」。當時惟簡曾勸告兄弟說：「遊宦如寄，非可久安。意適忘歸，憂患所由。亟還於鄉，泉石可求。」[90]當轍於紹聖二年（1095）再貶筠州時，惟簡卒。臨終前，派徒弟法舟求蘇轍兄弟作塔銘。法舟先到惠州，蘇軾作〈寶月大師塔銘〉，轍作〈祭寶月大師宗兄文〉：

轍方志學，從先君子。東遊故都，樂觀藥市。解鞁精舍，時始見兄。頎然如鶴，介而善鳴。宗黨之故，情若舊識，屈信臂頃，閱歲四十。[91]

蘇轍貶筠州鹽酒稅時，與佛家的來往交遊，最爲頻繁，悟道最多。

〈筠州聰禪師得法頌並序〉：「聰住高安聖壽禪院，予從之問道，聰曰：『吾師本公，未嘗以道告人，皆聽其自悟，今吾亦無以

88 《欒城集卷五》〈遊泰山四首〉其二，頁95。
89 《欒城集卷六》，頁119。
90 《欒城後集卷二十》，頁1105。
91 同註90，頁1104。

告子。』予從不告門久而入道。」[92]

聰禪師，本姓王，綿竹（四川省）人。爲蘇轍同鄉。聰禪師，幼師劍門慈雲寺海亮禪師，後至吳越得法於淨慈寺大本禪師。在筠州住持真如開善、聖、壽三院……。蘇轍亦悟得「道不可告，告即不得。以不告告，是真告敕」的道理。院離鹽酒處很近，蘇轍晨入暮出都要經過聖壽院，彼此常相往來，接觸頻繁。〈過聖壽院訪聰長老〉：

> 朝來賣酒高安市，日暮歸為江北人。禪老未嫌參請數，漁舟空忙往來頻。
>
> 每慚飯菜分齋鉢，時乞香泉洗病身。世味漸消婚嫁了，幅巾緇褐許相親。[93]

又〈回寄聖壽聰老〉：

> 五年依止白蓮社，百度追尋丈室游。睡得磨茶長展轉，病蒙煎藥久還留。[94]

此禪宗中的頓悟禪，爲六祖慧能的頓悟入道方法，是頓然的、當下的覺悟。不經次第、階段而直下證入真理的覺悟，且爲南宗禪的覺悟方式。

〈秀城順長老真贊並引〉：長老順公，昔居圓通，從先子遊數日耳。頃予謫高安（江西高安縣），特以先契訪予再三。予嘗問道于公，以搐鼻爲答，予即以偈謝之曰：「搐鼻徑參真面目，掉頭不受別鉗鎚」，公頌之。紹聖元年（1094）予再謫高安，而公化去已逾年矣，其門人以遺像示予，焚香稽首而贊之曰：「與訥皆行，

92 《欒城集卷十八》，頁345。
93 《欒城集卷十二》，頁221，余居高安三年，每晨入莫出，輒過聖壽訪聰長老謁方子明，洛頭笑語移刻而歸，歲月既久，作一詩以記之。
94 《欒城集卷十三》，頁250。

與璉皆處，於南得法⋯⋯向也無來，今也奚去？」[95]

賈蕃是繼毛維瞻爲筠州知州，蘇轍與其唱和不多。〈病中賈大夫相訪，因游中宮僧舍二首〉：

> 江城寒氣入肌膚，得告歸來強自扶。五馬獨能尋杜老（杜甫），一床深愧致文殊。

> 體虛正覺身如幻，談劇能令病自無。明日出門還擾擾，年來真畏酒家壚。[96]

杜甫有詩曰：「使君五馬一馬驄」。五馬，指太守。詩中五馬乃指賈蕃，以老杜自喻，猶嚴武（唐朝四川節度使）之訪杜甫。

文殊是文殊師利的簡稱，又作曼殊室利。義譯爲妙首、妙德、吉祥等。文殊或曼殊是妙之義，師利或室利是頭之義，德之義，吉祥之義。

蘇轍〈春盡〉詩：「楞嚴十卷幾回讀，法酒三升是客同，試問鄰僧行乞在，何人閑暇似衰翁？」[97]詩中抒寫生活的閑適，就是僧人亦難望其項背。

三、手披禪冊漸忘情

蘇轍在筠州抒寫大量的感懷詩，元豐四年（1081）十一月，蘇轍之侄安節，自蜀入京應試落第後，到黃州看望蘇軾，蘇轍〈次韻子瞻與安節夜坐三首〉中寫道：

> 少年高論苦崢嶸，老學寒蟬不復聲。目斷家山空記路，手披禪冊漸忘情。[98]

---

95 《欒城後集卷五》，頁 945。
96 《欒城集卷十二》，頁 238。
97 《欒城後集卷三》，頁 914。
98 《欒城集十二》，頁 212。

　　蘇轍在詩中有昔日年少的志節,自勉而勉安節,年老的志意消沈,貶謫筠州,有家歸不得的無奈,為解脫煩苦,只有寄情佛家。而筠州佛剎道觀、和尚道士眾多之處,即使婦人孺子常喜歡著道士服裝。自唐禪宗六祖慧能以佛性化嶺南,其再傳弟子馬祖興於江西,以禪名精舍者多達二十四處。促使筠州佛教鼎盛的大環境,而蘇轍在此與佛家交遊有其特殊的經歷,〈筠州聖壽院法堂記〉寫道:

> 余既少而多病,壯而多難,行年四十有二,而視聽衰耗,志氣消竭。夫多病則與學道者宜;多難則與學禪者宜。既與其徒出入相從,於是吐故納新,引挽屈伸,而病以少安;照了諸妄,還復本性。而憂以自去。灑然不知網罟之在前與桎梏之在身,孰知乎險遠之不為予安,而流徙之不為予幸也哉![99]

　　透過道學的「吐故納新」以養身,以療疾;透過佛學的精義,「還復本性」以忘憂,以達到是非榮辱不擾於心的境界。

　　蘇轍〈送琳長老還大明山〉詩中敘述貶謫的心情:

> 身老與世疏,但有世外緣。五年客江西,掃軌復往還。依依二三老,示我馬祖禪。身心忽明曠,不受塵垢纏。[100]

　　五年的筠州鹽酒稅不得遷調,由於二、三寺僧的往來,頓悟入理,遂能身心曠遠,不受拘累。其時蘇轍結識的寺僧,有名可考者近二十人。

　　石台長老問公姓吳,本成都吳氏子,棄俗出家,手書《法華經》。蘇轍「未來高安,以鄉人相好」〈贈石台問長老二絕並序〉:

99　《欒城集卷十一》,頁211,〈毛國鎮生日二絕〉:「生日元同小趙公,里閭相接往還通。怪公日夜歸心切,欲寄此生丹竈中。」
100　《欒城集卷十四》,頁264。

「法達曾經見老盧，半生勤苦一朝盧。心通口誦方無疑，笑把吳鸞細字書。」《欒城集卷十二》

　　洞山克文禪師，幼學儒家典籍，後出家為僧，說法於高安各地，晚居洞山。蘇轍貶高安，彼此一見如故〈洞山長老語錄敘〉，蘇轍有〈約洞山長老夜談〉：「問公勝法須時見，要我清談有夜閑。今夕客房應不睡，欲隨明月到林間。」[101]可見彼此常常夜談，談得非常投機，以至徹夜不眠。

　　黃蘗山的道金禪師，姓王，洛陽人，生不食葷，十九歲為僧。蘇轍謫筠州，金禪師贊美其特質：「君靜而惠，可以學道」〈金禪師塔銘〉。文、金二禪師曾同道訪蘇轍，說法論道：「江南氣暖多未回，北風吹雪真快哉。雪中訪我二大士，試問此雪從何來？君不見六月赤日起冰雹，又不見臘月幽谷寒花開。紛然變化一彈指，不妨明鏡無纖埃。」[102]（雪中洞山、黃蘗二禪師相訪。）

　　蘇轍與醫僧鑑清、善正往來甚密（贈醫僧善正）。「老怯江邊瘴癘鄉，城東時喜到公房」[103]並曾向三局能師卜問自己的未來，（贈三局能師二絕）：「旋食江干秋復春，歸耕未遂不勝貧。憑師細考何年月？可買山田養病身。」[104]

　　蘇轍在筠州時，毛維瞻（國鎮）不以罪人相待，彼此詩文酬答，不計其數，蘇轍曾以詩告知毛維瞻修習楞嚴經的真妙，做到不生不滅的境界。〈毛國鎮生日二絕〉：

　　　　聞公歸橐尚空虛，近送楞嚴十卷書，心地本無生滅處，定

101　《欒城集卷十三》，頁 249。

102　《欒城集卷十一》，頁 211。

103　《欒城集卷十三》，頁 247，又贈〈醫僧鑒清二絕〉其一「肘後醫方老更精，鬚眉白盡氣彌清。」

104　《欒城集卷十二》，頁 234。

逢生日亦如如。[105]

〈書金剛經後二首〉:「須陀洹所證,則觀世音所謂『初於聞中入流無所』者耶?入流非有法也,唯不入六塵,安然常住,斯入流矣。至於斯陀含名一往來,而實無往來。阿那含名爲不來,而實無不來。蓋往則入塵,來則返本,斯陀含雖能來矣,而未能無往。阿那含非徒不往,而亦無來。至阿羅漢則往來意盡,無法可得。然則所謂四果者,其實一法也。但歷三空,有淺深之異耳。予觀二經之言,本若符契;而世或不喻,故明言之。」[106]

六塵就是六種認識對象:色、聲、香、味、觸、法。其中色、聲、香、味、觸是具體性、物質性,其相應認識機能分別是眼、耳、鼻、舌、身。法則可以是具體的物質性,也可以是抽象非物質性。如概念,這是意識認識的對象。一般而言,凡是可以感觸,以至思想,都是法,而爲意識所認識。故意識的對象最爲廣泛。與金剛經的說法論理,其實如一。

蘇轍〈書白樂天集後二首〉:

> 元符二年夏六月,予自海康再謫龍川。……樂天少年知讀佛書,習禪定,既涉世履憂患,胸中了然,照諸幻之空也。故其還朝爲從官,小不合,即舍去。分司東洛,優游終老。蓋唐世士大夫,達者如樂天寡矣。予方流轉風浪,未知所止息,觀其遺文,中甚愧之。[107]

白居易在五十八歲時,以太子賓客分司東都洛陽,其時離開唐代政治中心的長安,有貶謫的意味,但居易的心情卻輕鬆自在,自得其樂,猶如陶潛的掛冠而去。〈歸履道宅〉:「驛吏引藤輿,家

---

105 《欒城集卷十一》,頁211。
106 《欒城後集卷二十一》,頁1113。
107 《欒城後集卷二十一》,頁1114。

僅開竹扉。往時多暫住，今日是長歸。眼下有衣食，耳邊無是非。不論貧與富，飲水也應肥」《白香山集卷五十七》蘇轍面對白居易悠閒平靜的心境，感佩不已。因此，「初念息念，皆歸迷悶。世間諸修行人，不墮動念中，即墮息念中矣。欲兩不墮，必先辨真妄。」無念念，才是處世應有的態度。

蘇轍退隱閑居潁川，亦有如是觀，〈築室示三子〉：

> 宅舍元依畢竟空，小乘慣住草庵中。一生滯念餘妻子，百口僑居怯雨風。
>
> 松竹已栽猶稍稍，棟梁未具勿匆匆。三間道院吾真足，餘問兒曹莫問翁。[108]

蘇轍對於佛學的研究，持恆不輟，深得佛理。〈書楞嚴經後〉：「予自十年來，於佛法中漸有所悟，經歷憂患，皆世所希有，而真心不亂，每得安樂。崇寧癸未（1103，時65歲）自許遷蔡，杜門出坐，取《楞嚴經》翻覆熟讀，乃知諸佛涅槃正路從六根入，每趺坐燕安，覺外塵引起六根，根若隨去，即墮生死道中；根若不隨，返流全一，中中流入，即是涅槃真際，觀照既久，如淨琉璃內含寶月，稽首十方三世一切佛菩薩羅漢僧，慈悲哀愍，惠我無生法忍，無溺勝果，誓願心心護持，勿令迷失。（三月廿五日）志。」佛學達到涅槃，是最高意境，蘇轍說明修習「從六根入，而修習關鍵在「根隨」與「不隨」，隨則「墮生死道中」，不隨則「返流全一」，得涅槃。欲持久的工夫，是「心心相護，勿令迷失。」[109]蘇轍儼然是得道高僧。

108　《欒城後集卷四》，頁936。
109　《欒城後集卷二十一》，頁1112。

第五節　蘇轍思想淵源餘論

　　蘇轍的思想淵源，誠如前列敘述：爲側身於仕途，爲取勝科舉考試，家庭教育以儒家思想爲骨幹，付諸於朝政的實踐。而後由於體質屢弱，脾肺健康欠佳，爲養生而有道家的鑽研，並涉及道教的鍊丹術。但在仕途困頓屢遭貶謫的挫敗中，必須調適心態，以爲療傷，遂有佛學名家的交往頻仍，乃至於佛學的深究精到。由於以父洵兄軾爲師的習染，父兄的影響深刻，思想的塑造，不是突如其來，而是淵源有自，承緒事業，因而略述父洵兄軾，而詳述蘇轍。在讀書和人生歷練交互激盪，真積力久則入，蘇轍的思想淵源在儒家、道家、佛學三大主流，並非截然劃分清楚，其實是相輔相成，糅合錯綜的儒道滲透，儒佛滲透，佛道滲透。試詳述如後：

一、儒道滲透

　　蘇轍以爲儒家道家相互滲透，並不相互排斥，尤其是論「道」與「性」的說法，以《中庸》和《易傳》爲證，最爲周延，〈易說三首〉：

> 一陰一陽之謂道，繼之者善也，成之者性也。何謂道？何謂性？……性者，道之所寓焉；道無所不在，其在人爲性。[110]

　　性在未接物之前，寂然不動，可以有喜怒哀樂；與物接之後，

110　《欒城三集卷八》，頁1224。

喜怒哀樂層出不窮，而不失節度者，皆善。因此，道家的一陰一陽，如同儒家的一喜一怒。陰陽喜怒本是源出於性，「散而爲天地，歛而爲人。」言其散而爲天地則曰：「天地位爲，萬物育焉。」言其歛而爲人，則曰：「成之者性，其實一也。」

是儒道滲透說。蘇轍的儒道滲透，亦可落實於政治理念的層面，〈御試制策〉有言：

> 「老子之所以爲得者，清靜寡欲，而其失也，棄仁義、絕禮樂。儒者之得也，尊君卑臣，而其失也，崇虛文而無實用。然而道之可以長行而無弊者，莫過於儒術。其所以有弊者，治之過也。漢文取老子之所長而行之，是以行之而天下豐；漢武取儒者之失而用之，是以用之而天下弊。此儒老得失之辨也。」《欒城應詔集卷十二》[111]

又說：「世之君子，未有以解其所以入，而易其所以悅，是以終不能服天下之意。天下之民以爲養生報死皆出於此。」[112]蘇轍以爲天下人民從事佛老荒誕的行爲，乃天下人民認知的偏差，不明事理，並「非有所悅乎佛老之道，而悅乎養生報死之福。今能使之得其所以悅之實，而去其所悅之名，則天下何病而不從？」（同註112）其歸根究底，必須以儒家治事，「教民養生有方，而報死有禮」

蘇轍對於施政的主張，雖以儒家爲骨幹，但是儒家有求治太過的弊端，需要老子的清靜無爲來補正；而老子之學亦非圓滿自足，需要儒家的禮樂來補正缺漏。此爲蘇轍開放的心態，儒道的相互滲透使然耳。

111　《欒城應詔集卷十二》，頁1357。
112　《欒城應詔集卷九》〈民政上第三道〉，頁1320。

二、儒佛滲透

蘇轍〈書傳燈錄後〉:「仰山嘗謂第一坐曰:不思善,不思惡,正恁麼時作麼生!對曰:正恁麼時,是某甲放身命處。仰山曰:何不問老僧?曰:恁麼時不見有和尚。仰山曰:扶吾教不起。或曰:不思善,不思惡,此六祖所謂本來面目,而仰山少之何也?」[113]

「無思無念」是寂然不動,是恁麼時(修行最好時機),不受虛幻的妄念干預,是個人本性的展露,至真至性,就是人的本來面目,而仰山少之何也?」

潁濱遺老曰:「在《周易》有云無思也,無爲也,寂然不動,感而遂通天下之故,非天下之至神,其孰能與於此無思無爲者,其體也感而遂通天下之故者,其用也。得其體未得其用,故仰山以爲未足耳。」[114]

蘇轍以《周易》的「無思無爲,寂然不動,感而遂通天下之故」,說法仰山以爲不足,是「用也。得其體而未得其用」,是儒道滲透說。在蘇轍的思想中,儒佛是雜揉並進而共存,在晚年〈歲莫〉詩中寫道:

> 文章習氣消未盡,般若初心老漸明。粗有春秋傳舊學,終憑止觀定無生。
> 維摩晚亦諧生事,彌勒初猶重世名。鬚髮來年應更白,莫留塵滓潤澄清。[115]

蘇轍在學習歷程中,雖早有儒學(春秋)爲學,但晚年在佛

---

113 《欒城三集卷九》,頁 1234。
114 同註 113。
115 《欒城後集卷四》,頁 930。

學（般若）的探究，使其修行更能明白人生要的是什麼，不要的
是什麼。

三、佛道滲透

　　蘇轍〈書傳燈錄後〉，有一段保福僧與地藏的對話，對於佛
法中的見聞，坐「二尊宿意爲同爲不同」，引用老子《道德經》論
釋，相互呼應。潁濱遺老曰：「六根爲物所塞，爲物所坐，則不見
自性，不聞自性，不能分別自性。若不爲物所塞，不爲物所坐，
則可以聞見自性，分別自性矣。」[116]

　　老子曰：「視之不見，名曰夷，聽之不聞，名曰希；搏之不
得，名曰微。是三者不可致詰，故復混而爲一，一則性也。」凡
老子之言，與佛同者，類如此。

　　老子「夷、希、微」的微妙，老子以爲未能盡意，就用「一」
來統括，「一」即爲「道」。

　　蘇轍在崇寧甲申（1104）六十六歲，還居潁川時，曾寫〈抱
一頌〉，以爲是瞿曇正法。取自老子《道德經》第二十二章：「曲
則全，枉則直，窪則盈，敝則新，少則得，多則惑，是以聖人抱
一爲天下式。」

　　蘇轍在南豐（江西廣昌縣）張君家有等軒，張君問何者是平
等法，蘇轍乃作〈等軒頌〉。告訴張君：「物之不齊，何所不有？
長短大小，淨穢好醜，雜然前陳，參差不等，亂我身心，耳目鼻
口，欲求平等，了不可得。」[117]就老子的「高下相形」，莊子的「萬
物齊一」，於是佛家學術發展形成相對主義和虛無主義，也就是
「空」、「無」的理念。所以蘇轍說：「忽然覺知，身心本空，萬物

---

116 同註 113，頁 1233。
117 《欒城集卷十八》，頁 345。

亦空。諸差別相,皆是虛妄。無有實性,孰爲不等。等爲一空,尙無平等。何處復有不平等者?遍觀萬物,無等不等,是謂真實平等法已。」[118]

　　一般讀書人相信「人生似幻化,終當歸虛無」,因此,佛學中的「空」、「無」,老莊的拋棄紅塵羈絆,返回自然,追求無拘無束、樸素淡泊的生活,自然而然的合而爲一。蘇轍穎濱遺老傳(上)有言:「老子書與佛法大類。」深得佛道滲透之理。

四、朱熹等評蘇轍思想

　　蘇轍思想淵源誠如上述,從政論思想研究,得知以儒家思想爲骨幹,以道家思想養身,以佛家思想養心。蘇轍思想乃集合各家思想,糅合而成,並未能跳脫宋朝士大夫習染之窠臼。其學術思想在朱熹眼中,視爲「雜學」,朱熹批評蘇轍思想的駁雜多端:「近見蘇子由《語錄》(指蘇轍長孫蘇籀《雙溪集》中的遺言),大抵與《古史》相出入。它說要「一以貫之」,但是他說得別。他只是守那一,說萬事都在一,然而又不把一去貫,說一又別是一個物事模樣。」《朱子語錄卷一百三十》

　　曾有學生問:「二蘇之學得於佛老,于這邊道理,原無所見,所以其說多造作。」朱熹答問:「二蘇所以主張個「一」與「中」者,只是要你含糊不分別,所以橫說豎說,善作惡作,都不會道理也。然當時又未有能如他之說者,所以都被他說動了。故某嘗說,今人容易爲異說引去者,只是見識低,只要鶻突包藏,不敢說破。才說破,便露腳手。所以都將「一」與「中」蓋了,則無面目,無方所入不得而非之。」(同上)蘇轍並未表明自己立場,

---

118 同註117,頁346。

只是籠統混合儒釋道三家思想。

蘇轍於〈老聃論上〉有言:「昔者天下之士其論老聃、莊周與夫佛之道者,皆未得其要也。老聃之說曰:去仁義、絕禮樂,而後天下安。而吾之說曰:仁義禮樂,天下之所恃而治安者。佛之說曰:棄父絕子,不為夫婦,放雞豚,食菜茹,而後萬物遂。而吾之說曰:父子夫婦,食雞豚,以遂萬物之性。」《欒城應詔集卷三》

錢穆先生對蘇轍有如下的敘述:「(二蘇)好像僅恃聰明,憑常識,僅可稱之曰俗學。而卻是俗學中之無上高明者。」此因二蘇才氣縱橫,智慧過人,所以不是「俗學」可以當之。他們並不想自成一學派,而實際確已自成一學派,因為影響後世深遠,歷久不衰,如社會現象的「亂中有序」,雖不是和諧完美,它仍是一種社會現象。「他們是儒門中之蘇張,又是廟堂中之老莊。非縱橫,非清淡,非禪學;而亦縱橫,亦清淡,亦禪學。實在不可以一格繩,而自成一格。」《宋明理學概述》由於二蘇的思想淵源開闊,識見多端,才學富贍,很難用某一規模規範他們,這就是他們與眾不同,自成一派的蜀學。朱子的思想來自四書五經,是位繼韓愈之後的弘儒,與儒釋道兼容並蓄的蜀學,截然不同,而蜀學的影響層面深遠,尤其是文學創作精神。因此,宋朝各政黨因主張不同,而形成不同的學派,彼此由政黨爭鬥而延伸到人身攻擊,是文人狹隘心理的作祟,各是其是,各非其非,是是非非,是非非是,錢穆先生的說法或許是比較中肯而合理的評論。

蘇門四學士的秦觀,為蜀學有著深入的駁辯:「蘇氏之道,是深於性命自得之際,其次則器足以任道,視足以致遠。至於議論文章,乃與世周旋,至粗者也。閣下論蘇氏,而其說止於文章,意欲尊蘇氏,適卑之耳。」《淮海集卷三十答傅彬老簡》「深於性

命自得之際」即爲「明心見性」之理相通，秦觀深得蘇氏蜀學的
精髓，然就現代觀察蜀學的蓬勃發展，仍然是文學創作爲上。

第二篇　蘇轍政論

第一章　蘇轍政治理論

第一節　仁宗嘉祐以後的政治生態

　　清代著名思想家嚴復曾說：「古人好讀前四史，亦以其文字耳！若研究人心、政俗之變，則趙宋一代歷史，最宜究心。中國所以成爲今日現象者，爲善爲惡，姑不具論，而爲宋人之所造就，什八九可斷言也。」《嚴復集第三冊》諸多史實證明，嚴復的論斷是有其正確性。蘇轍躬逢北宋盛世，早年從父洵習文，推崇漢初賈誼、唐代陸贄，其基本思想傾向關注歷史現實問題，以政論爲主。陳宏天於《蘇轍集》前言曰：「蘇轍是一位飽讀經史的學者，從政以後不免帶有較濃厚的書生氣。他性情沈靜，爲人耿介，不肯趨炎附勢，隨波逐流，在混濁的官場中，始終潔身自好，思想品格有不少值得稱道的地方。」

　　蘇轍（1039-1112）歷經北宋中後期的繁榮、承平、動盪，由盛而衰的歷史，在仁宗（1010-1063）晚年倖進，經英宗（1065-1068），神宗（1069-1085），哲宗（1086-1101）的一歲超遷，徽宗（1102-1125）的閑居潁昌，歷經熙寧變法、元祐更化政

治生態的起伏變化，波瀾壯闊，竄升貶降，難以逆料，所以蘇轍
曾居高位，但謫居生涯歷時長久。概述於後：

一、仁宗以直言取士，為子孫得宰相

　　宋興，享位最久，號稱承平，莫如仁宗[1]。嘉祐元年（1056），
時蘇轍十八歲，赴京應試。朝廷拔擢賢能，濟濟一堂：富弼與韓
琦同為執政，歐陽修在翰林，包拯為御史中丞，胡瑗（993-1059）
侍講在大學，皆極天下人望，一時之選，號稱四真[2]。嘉祐六年
（1061）富弼丁母憂，由曾公亮繼之，與韓琦並列為相，歐陽修、
趙渠（996-1083）參知政事，同心輔政，造就嘉祐之政。

　　蘇轍兄弟於嘉祐六年（1061）在京師參加應制舉中試，於〈御
試制策〉文中，蘇轍對於仁宗皇帝有激烈、尖銳的指責，以為仁
宗怠於政事：「古之聖人無事則深憂，有事則不懼。夫無事而深憂
者，所以為有事之不懼也。」[3]而仁宗的作為，與聖人背道而馳：
「陛下無事則不憂，有事則大懼」，既乏憂懼之誠，豈能結合民心？
其餘的不是：如仁宗的沈緬酒色、賦歛繁重、濫用民財，而以為
仁宗有「惻隱之心」，無「忠厚之政」，只是「惑於虛名而未知為
政之綱」。

　　蘇轍不顧情面的指責，朝廷大臣為之側目，欲以罷黜不取。
但仁宗以為「其言直切，不可棄也。」而自我檢視：「吾以直言取

1　仁宗朝的政事怠荒，首先由他自身表現出來、滕宗諒在職任諫官時曾上
　　疏批評宋仁宗謂之：「臨朝多羸形倦色，決事如不掛聖懷。」《宋儒微言》
　　盧國龍著　北京　華夏出版社　2001年4月，頁4。
2　《容齋五筆卷三》：嘉靖四真：富公真宰相，歐陽永叔真翰林學士，包拯
　　真中丞，胡瑗真先生。
3　《欒城應詔集卷十二》，頁1349。

士，士以直言告我，今而黜之，天下其謂我何！」[4]。仁宗的仁慈愛才，以為為子孫得宰相，蘇轍倖入第四等位，從此步入仕途。子由十分感激仁宗的寬厚，在〈追記侍邇英講四絕〉詩中回憶說：「早歲西廂跪直言，起迎天步晚臨軒。」[5]當天晚上，仁宗從延和步入崇政殿，過所試幄前，瞻望天表，最為接近。這是蘇轍第一次也是唯一一次見到仁宗，因為不到二年，仁宗就病逝。

二、神宗的熙寧變法，雖欲自效，其勢無由

仁宗病逝，英宗繼立（1065-1068），親政兩年，無治績可言。「即位初，因病由曹太后垂簾聽玟，治平元年五月病癒，在宰相韓琦等促使下，曹太后撤簾，始親政。」[6]治平四年（1068）崩，年三十六。長子頊嗣位，是為神宗。帝平生好學，食非衣綈，務遵節儉。即位之初，不斷振作，「小心謙抑，敬畏輔相，求直言，察民隱，恤孤獨，養耆老，振匱乏，不治宮室，不事遊幸。」[7]憂憫元元，勤勞庶政，主德如此，堪稱賢君。所以在仁宗大弛以後，神宗亟圖奮發，求張聲威，是大勢使然。況且朝廷大臣司馬光、曾公亮、韓琦等持平守常，不能分憂，無一可詢，求賢若渴，國情如此，改革圖治，無可非議。而王安石學本經術，才宏經濟，清介自矜，久更吏事，兼有時才，變風俗，立法度，正是時候。熙寧二年任命為相（1069），以「天變不足畏」、「祖宗不足法」、「人

---

4 《欒城三集卷十》，頁 1237。《遺老齋記》：「予采道路之言，論宮掖之秘，自謂必以此獲罪，而有司果以為不遜。上獨不許曰：吾以直言求士，士以直詬我。今而黜之，天下其謂我何？宰相不得已，置之下第。」

5 《欒城集卷十五》〈去年冬轍以起居舍人侍邇英講不逾時遷中書舍人雖忝冒愈深而瞻望清光與日俱遠追記當時所見作四絕句呈同省諸公〉頁 292。

6 《宋論》清　王夫之著　王嘉川譯注　卷五〈英宗〉頁 47　注釋 1　北京中華書局　2008 年 9 月。

7 《宋史卷十六　神宗本紀》。

言不足恤」三原則，[8]推行新政，自是展開，而以理財為當今的急務，蘇轍因以理財為急務，與神宗、王安石看法一致，遂任職三司條例司檢詳文字。

蘇轍在理財的作法，和王安石大不同：蘇轍的主要目的：「去事之所以害財者」，即節用。遂有〈上皇帝書〉，主張去三冗：冗官、冗兵、冗費。神宗御覽之後，為之動容，認為蘇轍「潛心當世之務，頗得其要」，即日召對延和殿。其後蘇轍在〈自齊州回論時事書〉非常肯定神宗的召見：「臣自少讀書，好言治亂。方陛下求治之切，上書言事。陛下不度狂狷，召對便殿，親聞德音。九品賤官，自此始得登對論事。」[9]

王安石在理財主張：「豐財而益之」，即擴大財源，增加賦稅。蘇轍不與贊同，尤其因青苗法措施缺當[10]，更是公然反對抨擊，在〈遺老齋記上〉直斥其弊病：「以錢貸民，使出息二分，本以援救民眾之困，非為利也。然出納之際，吏緣為奸，雖重法不可禁；錢入民手，雖良民不免非理之費，及其納錢，雖富家不免違限。如此，則鞭箠必用，自此恐州縣事不勝繁也。」[11]其他如均輸法、鹽法、鑄錢等蘇王均有衝突，而王安石造成推行新法的不便，在回神宗垂詢蘇轍的為人，王安石答以「軾兄弟大抵以飛箝捭闔為事」，因此，蘇轍自請外放，免去條例司檢詳文字的官職，自稱「臣獨以愚鄙，固執偏見，雖欲自效，其勢無由。……伏乞除臣一合

8　《宋史專題課》鄧廣銘、漆俠著　〈第二課北宋的政治改革運動〉　頁 024
　　北京大學出版社　2008 年 1 月。
9　《欒城集卷三十五》，頁 616。
10　唐有青苗錢，為計畝加稅之法。而宋之青苗法，乃常平倉法之變。當時
　　官文書，皆稱為常平新法。頗有類似近代的農民貸款，欲嘉惠農民。
11　《欒城後集卷十二》〈穎濱遺老傳（上）〉，頁 1015　諫官楊樂道見上曰：
　　「蘇轍，臣所薦也。陛下赦其才狂直而收之，盛德之事也，乞宣付史館。」

入差遣，使得展力州郡。」[12]不到半年，就離職。熙寧三年（1070）因張方平知陳州，蘇轍旋赴陳州就任州學教授。

三、哲宗的元祐更化，冰炭同處，必至交爭

元豐八年（1085）神宗崩，哲宗繼位，時蘇轍任績溪令。有「行年五十治丘民」的感慨，不滿一年，即被命爲祕書省校書郎。

綜觀元祐諸臣，假靈寵於宮闕，排擊新政，求快於一朝，自矜更化，質言之，此不過政治上逞其意氣之爭，自開釁隙而已。[13]其實元祐朝政破壞多於建設，豈有治績可言？哲宗在位十五年，前八年元祐之政，司馬光、呂公著、呂大防等假宣仁皇后絕對獨裁的權力，控制朝政，日以竄逐熙豐大臣爲能事，而後釀成新舊黨爭，相互傾軋，朝政無一寧日。哲宗御臨親政以後，章惇得勢，捲土重來，蓄意報復，以其道還諸其人。其手段陰狠，作法殘暴，誣加罪狀，始於元祐黨人，攻熙豐之臣，指爲欺罔先帝，或曰姦邪小人，演變以後黨爭，怨毒繆結而不可解。是以政權反覆交替，精神與力量，因內爭而抵銷。總之，哲宗朝無一日而非亂媒，無一日而不爲危亡的困境。

元祐元年（1086）蘇轍未及國門，改右司諫，不眠不休，忠於職守，有「諫草未成眠未穩」，繁重冗務寫實。其時重大建言，多被採用施行，對元祐政治有舉足輕重的作用。而對於推行新法的大臣，應予嚴懲，小臣則予以改過自新。任右司諫期間，蘇轍

---

12 《欒城集卷三十五》〈條例司乞外任奏狀〉，頁 612。
13 （同註 1）引《續資治通鑑長編卷 364 注引》頁 25：所謂對鈞行法，首要意義就是調整政治方針，將元豐變革而有爲嘉祐守常而無爲的政治結合起來、對鈞行法實際上意味著君主與士大夫共治天下，擴充士大夫的政治活動空間，加強士大夫的政治責任，以解決君主有爲與無爲兩難的問題。

八次上書要求責降左僕射韓縝，三次乞誅竄呂惠卿，並一論章惇，再論安燾，五論蔡京，六論張頡。蘇轍的直言糾彈，對事不對人的勇氣，表現搶眼。

　　同時，蘇轍乃一介書生，對民間疾苦，頗為關心。有四項重要主張：（一）放積欠，（二）還民田，（三）救災傷，（四）罷榷蜀茶，都能一一實現，解除民怨，造福百姓。而後任起居郎，中書舍人，升任戶部侍郎，掌控全國人戶、土地、錢穀、貢賦、征役等事，經理國家財政大權。表現「精練吏事，通知民情」，堪稱「強明練達之人」。

　　元祐元年以來，舊黨得勢，新黨被逐出朝廷，但是舊黨的彼此爭鬥，亦無休止：先有蘇轍兄弟與司馬光爭論，再則與洛黨程頤及其門人爭論，接著又與朔黨劉摯、呂大防爭論。朝廷大權完全受制劉摯、呂大防把持，劉、呂因新黨志在反撲，心存畏懼，為求自保，於是主張起用新黨，以平宿怨，謂之調停。蘇轍堅決反對劉、呂的調停主張：「若陛下不察其實，大臣惑其邪說，遂使忠邪雜進於朝，以示廣大無所不容之意，則冰炭同器，必至交爭，薰蕕共器，久當遺臭，朝廷之患，自此始矣。」[14]蘇轍希望人主「不為流言所惑，毋使小人一進，復有噬臍之悔，則天下幸甚！」[15]蘇轍的奏言，深得高太后及諸大臣的支持與肯定，而參用邪正的論調，譜上休止符。

　　元祐八年（1092）蘇轍任門下侍郎（副相），而高太后亡故，紹聖元年（1094）十九歲的哲宗親政，以「引漢武上方先朝，欲以窮奢黷武之資，加之經德秉哲之主。言而及此，其心謂何！宜解東台之官，出守列郡之寄。尚為寬典，姑務省循。可特援依前

14　《欒城集卷四十三》，頁757。〈乞分別邪正劄子〉
15　《欒城集卷四十三》，頁761。同註14

太中大夫、知汝州。」[16]其後再貶袁州、筠州居住，復遷雷州、循州，再徙永州（湖南零陵）、岳州（湖南岳陽），迄哲宗崩，還居潁昌。時元符三年（1100），蘇轍已年屆六十二。

四、徽宗的調停黨爭，欲救時弊，折衷釋怨

徽宗初立，意欲有所作為。章惇、蔡卞、蔡京等已被斥貶，因元祐、紹聖均有偏煩。徽宗以大公至正，消釋朋黨，詔明年（1101）改元建中靖國，建中者，執兩中之意。元祐、紹聖兩黨爭鬥，流於意氣用事，旋負旋勝，兩敗俱傷，不惟害政，且亦害國。欲救時弊，折衷釋怨，最為上策。故曾布主張調停兩黨之議，宜為正道。被貶嶺南的元祐大臣逐漸內遷，蘇轍兄弟亦在其中，蘇軾於徽宗建中靖國元年（1101）北返至江蘇常熟病逝。而蘇轍則閒居潁昌（河南許昌）。此後，迄政和二年（1112），蘇轍不問世事，杜門不出，以避迫害。教育子孫，詩文燦爛，編排舊文章，完成四大著作；《春秋集解》、《老子解》、《欒城遺言》、《古史》。其實蘇轍的心情苦悶，寂寞誰堪？〈上元〉詩：「上元車馬正喧喧，老病無聊長掩門。不著繁燈眩雙目，獨邀明月上前軒。跏趺默坐聞三鼓，寂寞誰來共一樽。已覺城中塵土臭，急將清雨洗乾坤。」[17]寂寞孤苦，拉著瘦長的身影，有李白「舉杯邀明月」的狂想，卻無「對影成三人」的狂態，在寂靜憂思的歲月中，卒於政和二年（1112）十月三日。

---

16 《蘇轍評傳》曾棗莊著〈附蘇轍年譜 年表〉，頁 425。
17 《欒城三集卷三》，頁 1195。

第二節　天子治天下不可無術

　　蘇轍《應詔集卷六君術第一道》結論說：「治天下不可無術」，術者，就是道，泛指方法或技巧、策略。韓非〈定法篇〉對於「術」的意義，釋義頗為具體。「術者，因任而授官，循名而責實，操殺生之柄，課群臣之能也；此人主之所執也。」韓非主張君王應掌握：人臣的任用權，再依據人臣的官職，責求盡忠職守，對於人臣的生殺，有絕對的權利，並且考核人臣的能力。韓非以「術」為君王的治國的重要技巧，管理人臣的權力。捨此，天子則無能治理國事。蘇轍是儒學為本，對於天子的權利，有周延的詮釋：「天下惟其有權者可以使人，有利者可以得眾。權者，天下之所為去就也；利者，天下之所為奔走也。能是非可否者之謂權，能貧富貴賤者之謂利。天子者，收天下之權而自執之，斂天下之利而親用之者也。」[18]蘇轍將天子的權利，具體肯定的說明，天子是集天下的權利於一身，天子就是天下，天下就是天子，斷天下的是非，操天下貧富貴賤，絕對專主，絕對控制。「古之人君，得天下之權利而專之，是故所為而成，所欲而就。」（同註 18）

一、禮樂之事，皆可以為政

　　儒家的治平天下最高境界，是以「禮樂為本」為治具，而禮樂的興起，源自三代的天下為公，路不拾遺，夜不閉戶的大同世界，向為世人從事政治活動的終極目標，儒家更以此為政治努力

18　《欒城應詔集卷八》〈臣事下第三道〉，頁 1308。

的方向，然而因人性的貪慾，遂有違法亂紀的行為，紛擾暴戾的社會，為化性棄偽，使人性回歸本善；為撥亂反正，使社會回歸安樂，禮樂因應而生。《荀子禮論》：

> 禮，起於何也？曰：人生而有欲，欲而不得，則不能無求，求而無度量分界，則不能無爭。爭則亂，亂則窮。先王惡其亂也，故禮義以分之，以養人之欲，而給人之求，使欲必不窮於物，物必不出乎欲，兩者相持而長，是禮之所起也。

禮是因人類社會的需要而產生，首先在控制人慾，但人慾的控制易否？以子夏的賢能，還經不起外物的誘惑，而有「出具紛華盛麗而說（悅），入聞夫子之道而樂，二者心戰，未能自決。」《史記卷廿四禮書第一》孔子為使「禮」生活化，使禮成為社會常規，人人遵守，使人與人之間，和睦共處，所以提出「非禮勿視，非禮勿聽，非禮勿言，非禮勿動」《論語·為政》的具體實踐，以落實具體的規範。

蘇轍〈禮論〉：「夫古之人，知禮而行之不勞也？當此之時，天下之人惟其習慣而無疑，衣服、器皿、冠冕、佩玉，皆其所常用也，是以其人人於其間，其耳目聰明而手足無所忤，其身安於禮之曲折，而其心不亂，以能深思禮樂之意，故其廉恥退讓之心，盎然見於其面，而坌然發於其躬。夫是以能使天下觀其行事，而忘其暴戾鄙野之氣。」[19]蘇轍藉由觀察禮樂於日常生活的作用，在於習慣使然也，且因禮樂而生廉恥之心，四維之德兼備矣。

蘇轍〈上高縣學記〉：「凡禮樂之事，皆可以為政，而教民而

---

19 《欒城應詔集卷四》，頁 1268。

不犯者也。」[20]奉持儒家治國兩大法寶,「禮樂」並行,教育人民,規範人民,使人民的行為不違法亂紀,禮是外現行為的約束,樂是內心情緒的陶冶,禮樂並施,內外兼治,使人心純正行為合宜,天子的政權獲得永固。蘇轍說:

> 「政者,君子之所以藏身。蓋古之君子,正顏色,動容貌,出詞氣,從容禮樂之間。未嘗以力加其民。民觀而化之,以不逆其上,其所以藏身之固如此。至於後世不然,廢禮而任法,以鞭扑、刀鋸力勝其下,有一不慎,常以身較之。民於是始悍然不服,而上之人親受其病,而古之藏身之術亡矣。」(同註20)所以禮造就君子的成德,禮行而民恭,則義行如意。義行則民服,勞苦而不怨。信行而民用情,則上下相知,而教化易行。天子完成「禮、義、信」三種德性,則民可使蹈白刃而不怨,願以身殉而保社稷,上下和睦,王業不替。何稼圃為也?

(一) 禮以養人為本

蘇轍《應詔集卷十一》曾明確指出禮的起源,與荀子觀點相同:「養人為本」,在〈禮以養人為本論〉:

> 凡此數者(冠、喪、祭、昏等禮),皆待禮而後可以生,今皆廢而不立,是以天下之人,皇皇然無所折衷,求其所從而不得,則不能不出其私意,以自斷其禮。私意既行,故天下之弊起。[21]

私意就是人的「貪慾」,貪慾既起,奢侈者無所不用其奢,因以傷生;節儉者無所不用其儉,奢侈節儉不得其當,貪慾不得滿足,財用不足而饑寒興起,饑寒興起而盜賊橫行,而人所恃養

---

20 《欒城集卷二十三》,頁 397。
21 《欒城應詔集卷十一》,頁 1344。

者皆不可得，妻離子散，家破人亡，政府大力救濟，人民依然不得其養。因此，古代聖人治理天下，「立禮於天下，而匹夫匹婦莫不自得於閭閻之中，而無所匱乏，此所謂知本者也。」（同註21）本立而道生，禮成而民富。禮，是鞏固天子地位最大的利器，其來有自。

（二）聲音之道與政通

儒家治國的第二要件就是樂，樂比禮更為抽象難知，難測，難明，難見，儒家卻格外的重視，認為與禮並行不悖，可以收到平治天下的效果。荀子〈第十四卷樂論篇〉：「夫樂者，樂也，人情之所必不免也。故人不能無樂，樂則必發於聲音，形於動靜；而人之道，聲音動靜，性術之變盡是矣。故人不能不樂，樂則不能無形，形而不為道，則不能無亂。」荀子認為人情與音樂互通，息息相關，是以人人不能不樂，樂則不能無形，形而不能無導，無導則人情自亂也。「先王惡其亂也，故制雅頌之聲以道之，使其聲足以樂而不流，使其文足以辨而不諰，使其曲直繁省廉肉節奏足以感動人之善心，使夫邪汙之氣無由得接焉；是先王立樂之方也。」（荀子樂論）荀子以為各種音樂，不論其節奏的快慢、長短，只要不是淫亂靡靡之樂，皆足以啟發人的善性，使天下平治安樂，此為聖王立樂的道理。太史公曰：

> 凡音者，生人心者也，情動於中，故形於聲，聲成文謂之音，是故治世之音，安以樂，其政和；亂世之音，怨以怒，其政乖；亡國之音，哀以思，其民困，聲音之道，與政通矣。《史記卷廿四樂書》

樂音與政情互通消息，是施政「和」、「乖」、「怨」、「哀」的具體表現，因為樂音可以陶冶人性，激發人情，也可以擾亂人性，

傷害人情。太史公有具體的敘述，樂音和政情的緊密相接：「是故
哀心感者，其聲噍（聲促而小）以殺，其樂心感者，其聲嘽（意
緩）以緩，其喜心感者，其聲發以散；其怒心感者，其聲麤以厲；
其敬心感者，其聲直以廉；其愛心感者，其聲和以柔。」《史記卷
廿四樂書》

　　在樂音的表現中，藉由各種不同的樂音，展現政情的優劣，
是人民發自內心的吶喊，所以「樂可以善民心，其感人深，其移
風易俗」。《禮記樂記》

　　蘇轍〈舟中聽琴〉：「江流浩浩群動息，琴聲琅琅中夜鳴。水
深天闊音響遠，仰視牛斗皆縱橫。終年見怪心自感，海水震掉魚
龍驚。翻回蕩潏有遺韻，琴意忽忽從此生。師來迎笑問所得，撫
手無言心已明。世人囂囂好絲竹，撞鐘擊鼓浪謂榮。安知江琴韻
超絕，擺耳大笑不肯聽。」[22]「中夜鳴」敘述人民心中痛苦，藉
著琴音表達內心的哀戚；而且藉著琴音的傳播，幽遠哀絕，人民
痛苦的吶喊，當政者知否？知否！

（三）古之治者，必曰禮樂

　　以禮樂治天下，是以柔御天下；以力加諸民，是以暴治天下。
「懷柔」符合人性，必得人民的喜悅，得人民的擁護，得人民的
效死，天子的基業得以長保永固。「暴力不合人情」，必失人心，
人民怨積，鋌而走險，揭竿而起，群起而鬥，天子的基業，豈得
永固長保？所以，「古之治者，必曰禮樂，禮樂之於人，譬如飲食，
未有一日而不相從者，故士之閑居，無故不去；琴瑟行，則有佩
玉之音。登革有和鸞之節，身蹈於禮而耳屬於樂。如此，而後邪

22　《欒城集卷一》，頁 3。

辟不至。」〈私試進士策問〉[23]

　　禮樂之於人，如衣食之於生活，必不可須臾離也。是以「三代之治，以禮樂爲本，刑政爲末。」〈河南府進士策問〉太史公曰：「禮以導其志，樂以和其聲，政以一其行，刑以防其姦，禮樂刑政，其極一也。所以同民心而出治道也。」《史記·卷二十四》蘇轍將「禮樂刑政」的效用加以細分，認爲「禮者，禁於將然之前，而法行於已然之後。」禮是積極主動約束在事發之前，其力量源自於自己，約束力量最大，最有成效。而刑罰但於事後的禁止，是消極被動的懲戒，雖有懲戒警告作用，但由於人性使然，投機者伺機而動，形成「上有政策，下有對策」的敷衍態度，「法令滋章，盜賊多有」，如此，「立法設禁而無刑以待之，則令而不行；有刑以待之，則彼亦何罪？」[24]

　　蘇轍以史實說明「禮樂信」的效用，認爲：「周衰，凡所以教民之具既廢，而戰攻侵伐之役，交橫於天下，民去其本而爭奪於末。當時之君子，思求其弊而求之太迫，導之無術。故樊遲請學爲稼，又欲爲圃，而孔子從而之譏之曰：小人哉！樊須也。」孔子以堅定的口吻說：「上好禮，則民莫敢不肅；上好義，則民莫敢不服；上好信，則民莫敢不用情。夫如是，四方之民，強負其子而至矣。焉用稼？」[25]然而禮義之美人人皆知，何以實踐不易？蘇轍以爲天子當然主事者：「夫天下之人，不能盡知禮義之美，而亦不能奮不自顧以陷於死傷之地。其所以能至於此者，其上之人實使之然也。」[26]禮義之實踐興否？繫於在上位的領導人。蘇轍

23　《欒城集卷二十》，頁 361。

24　《欒城集卷二十》〈河南進士策問〉，頁 355。

25　《欒城應詔集卷十一》〈禮義信足以成德論〉，頁 1341。

26　《欒城應詔集卷九》〈民政上第二道〉，頁 1318。

詳細的分析：禮義與信，足以成德，又安用稼？仁人君子的言論，其始常苦迂闊而不可行；其終，則率以常道而無弊害，這是千古不易的真理。

二、使之有方，驅之有術

　　蘇轍〈君術第一道〉曰：「臣聞善治天下者，必明於天下之情，而後得御天下之術。術者，所謂道也，得其道，而以智加焉，是故謂之術。古之聖人，惟其知天下之情，而以術制之也。」[27]聖人之治天下，必以人性的需要爲優先，知民所苦而去之，知民所樂而與之，此謂明於治術，嫻於治道也。

　　人類與生具有的天賦，聖賢才智平庸愚劣各自不等的資質，天子治理國事，當然希求屬下群臣皆爲俊傑人才，但難能羅致，參差不齊，蘇轍認爲：「天下有無窮之才，不叩則不鳴，不觸則不發。」[28]貴爲天子，只要「使之有方，驅之有術」，各盡所能，各盡其智，俾使團隊精神凝聚發揮，形成一股朝氣蓬勃的氣象，蘇轍的見解：

　　　聖人之於人，不恃其必然，而恃吾有以使之；不恃其皆賢，而恃吾有以驅之。夫使天下之人，皆有忠信正直之心，則爲天下安俟乎？聖人惟其不然，是以使之有方，驅之有術，不可一日而去也[29]

　　蘇轍舉漢武帝、唐太宗爲證：「蓋古者英雄之君，惟能叩天下之才而存之，是以所求而必從，所欲而必得。漢武帝、唐太宗

27　《欒城應詔集卷六》，頁 1284。
28　《欒城應詔集卷七》〈臣事上第三道〉，頁 1297。
29　《欒城應詔集卷八》〈臣事下第二道〉，頁 1306。

國富而兵強，所欲如意，而天下之才，用之不見其盡。」[30]由此觀之，天下固有無窮之才，而只患天子的不叩不觸，而使人才神弛而不張也。

天下小臣，因朝見而勞苦，天子藉叮嚀訪問以開導小臣心志。而且時時注意特別勞苦者，多予賞賜，使其與天子不疏不離，心中充滿無窮希望。依官職層級依次賞賜，「上之大吏時召而賜之，閑燕（宴）與之講論政事，而勉之於功名，相邀於後世不朽之際，與夫子孫皆享其福之利。」[31]既有獎勵，則有督導責求以防其怠惰廢弛，若有怠惰廢弛者，因有愧於天子的恩惠而不敢為，此為天子役使人臣奔走天下的上策。

蘇轍〈上昭文富丞相書〉提出現代企業管理「分權」、「授權」的理念，認為「古之帝王，豈必多才而自為之，為之有要，居之有道」[32]治理天下的君主，不必事事躬親，代下司職，以漢初皇帝為例，「是故以漢事皇帝之恢廓慢易，而足以吞項氏之強。漢文皇帝之寬厚長者，而足以服天下之姦詐，何者？」（同註32）以小吃大，以柔克剛，關鍵在於「任人而為人之用也。」是以漢高祖，漢文帝做到「不勞而功成」而有「黃老治世」的美譽。「至於漢武帝材力有餘。聰明睿智過於高、文，然而施之天下，時有所折而不逮，何者？」（同註32）追根究底，是漢武帝自逞其能，不做分權、授權的管理，「不委之人而自為用也。」由此觀之，統治國家貴為天子的大任，在於「用人」而已。

（一）權臣與重臣

30　《欒城應詔集卷七》〈臣事上第三道〉，頁1298。
31　《欒城應詔集卷八》〈臣事下第一道〉，頁1306。
32　《欒城集卷二十二》，頁382。

　　至於權臣與重臣，二者相近而難明。「天下之人知惡夫權臣之專，而世之重臣亦遂不容於其間。夫權臣者，天下不可一日而有，而重臣者，天下不可一日而無也。」[33]

　　世人所謂權臣者，其作爲：內悅君心，委曲聽順，而無所違戾，以安君心；外竊生殺予奪的大權，黜陟天下，以展現自己的掌權，而隱沒天子的君權。使得公卿大夫。百官庶吏無所不聽命，而爭爲之腹心。上愛下順，合而爲一，然後權臣的威勢已就，無人抗衡。

　　世人所謂重臣者，天子所爲，不可以必爭；爭之不能，而其事有所必不可聽，則專行而不顧。等待成敗跡象顯著，天子將明白必爭的道理，而自然釋懷。所以在朝廷中，天子爲之踧然而有所畏懼，士大夫不敢安肆怠惰，議論爵祿，不私惠爲由，刀鋸斧鉞，也不求爲己私勢。要使天子有所不可必爲，而郡下有所震懼，但不爲己爭利。因此，蘇轍曰：「爲天下安可一日而無重臣也？」朝廷若無重臣，則朝廷之事惟賴天子之可否，天子雖能納明諫、聽忠言之壞，而人臣有畏懼戰慄之懼，誰願觸忌諱、冒罪戾，而爲天下言者？小事尚有顧忌，大事更遑論矣。此爲天子治事之大患也。

　　由此觀之，權臣的作爲，重臣爲之切齒；而重臣之所取者，權臣所不爲。蘇轍觀察當代朝政群臣生態，有感而發。且以重臣自任也。

　　「徒見天下之權臣，出入唯唯，以其有禮，而不知此乃所以潛潰其國；徒見天下之重臣，剛毅果敢，喜遂其意，則以爲不遜，而不知其有社稷之慮。二者淆亂於心而不能辨其邪正，是以喪亂

33　《欒城應詔集卷七》〈臣事上第一道〉，頁1293。

相仍而不悟，何足傷也！」（同註 33）

其實權臣與重臣的區分，在於邪正，在於小人與君子的差異，蘇轍寄望宋神宗能夠聽順重臣的諤諤，遠棄小人的諂媚，使朝政回歸正道。

（二）吏多與吏雜

蘇轍觀察當代的吏治，明察秋毫，一針見血的指出其弊端，〈御試制策〉指出：

> 方今用人之弊有二：吏多也，吏雜也。
>
> 吏多之弊輕，吏雜之弊重。吏多而不雜，則賢不肖猶有所辨也，多而不免於雜，既費廩祿，又不得賢也。費廩祿則國貧，不得賢則事不舉，均之二弊，事不舉者，所當先治也。[34]

吏多而雜，不辨賢愚，且浪費府庫公帑，猶不得吏以治事，二者弊害，蘇轍認為政事廢敗，是著手改進的第一要務。

宋朝有鑑於唐五代的藩鎮之亂，為割斷官吏在地方形成合縱連衡的勢力，進而坐大背叛，因此，官吏生於南方，必派任在北方；生於東方，必派任在西方；嶺南吳越的人，必使冒苦寒，踐霜雪以治燕趙之事；秦隴蜀漢的人，必使涉江湖，沖霧露以守揚越之地。熙寧元年（1068）蘇轍三十歲時，兄弟離開眉州返京仕宦以後，迄至過世，兄弟不曾任職四川故里，即為鐵證。由於生活習俗差異，起居飲食不合，造成諸多不便，皆有怏怏不快之心，為求五斗米而折腰，遷徙流離，心中苦楚，豈常人所能體味了解？蘇轍〈次韻張耒見寄〉：

---

34 《欒城應詔集卷十二》〈御試制策〉，頁 1354。

> 我家初無負郭田，茅蘆半破蜀江邊。生計長隨五斗米，飄
> 搖不定風中煙。
> 茹蔬飯糗不願餘，茫茫海內無安居。此身長似伏轅馬，何
> 日還為縱壑魚。[35]

　　蘇轍貶雷州，不習慣當地生活，吃不慣薰鼠、蝙蝠等腥膻之
物，僅十天，就消瘦得「帽寬帶落驚僮僕。」蘇軾勸說要入鄉隨
俗，適應當地生活，因為「人言天下無正味，蚊蛆未遽賢麋鹿」。
習慣就好，蘇轍還告訴蘇軾，自己會妥善安排生活，迎合習慣，
淡泊生活，「海夷旋覺似齊魯，山蔌仍堪嘗菽粟。」[36]

　　蘇轍認為天子宜拱手而為，無為而治。役使人臣縱馳而為，
各盡其能，各展其才，如水的就下而不止，因勢利導，不為潰決
而蕩然。〈君術第五道〉：

> 「夫天下之人，馳而縱之，拱手而視其所為，則其勢無所不
> 至，其狀如長江大河，日夜渾渾，趨於下而不能止。……故善治
> 水者，因其所入而導之，則其勢不至於激怒坌湧而不可收。既激
> 矣，又能徐徐而洩之，則其勢不至於破決蕩溢而不可止。」[37]天
> 子對於人臣的掌控役使，是用人的藝術，恩威並重，收放並行，
> 使人臣分勞分憂，盡忠職守，如此，則天子不必勞神苦思，代下
> 司職，役聰明的耳目，卻可享受「治大國，若烹小鮮」的帝王生
> 活，是天子治理天下的至道，豈可廢棄不用！

三、天子之柄，賞罰予奪

　　蘇轍有言：「蓋天下之事，任人不若任勢，而變吏不如變法。

35　《欒城集卷九》，頁 166。
36　《欒城後集卷二》〈次韻子瞻聞瘦以詩見寄次韻〉，頁 898。
37　《欒城應詔集卷六》，頁 1291。

法行而勢立，則天下之吏，雖其非賢，而皆欲勉強以求成功，故天子可以不勞而得忠良之臣。今世之弊，任弊法而用不便之勢，勞苦於求賢，而不知爲法之弊。是以天下幸而得賢，則可以僥倖於治安；不幸而無賢焉，則遂靡靡而不振。」[38]

自古以來，中國的歷代王朝專斷獨行，法令即朕，朕即法令，法既立於上，則官吏行於下，而賞罰施於人民。蘇轍〈臣事上第二道〉：

「天下者，天子之天下也，賞罰之柄，予奪之事，其出於天子。」[39]而立法的目的，在求人民行爲舉動有法令可循，以法令做爲當罰的標準，〈刑賞忠厚之至論〉，論及立法的動機有三，述之如下：

（一）刑罰從事，以待歸正

「古之君子立於天下，非有求勝於斯民也，爲刑以待天下之罪戾，而唯恐民之入於其中以不能自出也；爲賞以待天下之賢才，而唯恐天下之無賢而其賞之無以加之也。……罪疑者從輕，功疑者從重，皆順天下之所欲從。」[40]

天子訂定刑賞的法令，並非顯現天子的威權，以取勝於人民，而是防範人民違法而不知自止，是以「刑罰」從事，以待其歸正。至於賢才的獎賞，其立法在避免錯誤的獎賞。因此，刑罰宜從輕，獎賞宜從重。對於天下罪惡突顯的人，「別白而不可解，不得已而用其刑」；知吾人之用刑，不是好殺人。對「朝廷無弱，鄉黨無義，不得已而受其賞」，然後知吾之不賞，而不是不欲人得富貴。

38　《欒城應詔集卷八》〈臣事下第二道〉，頁 1307。
39　《欒城應詔集卷七》〈臣事上第二道〉，頁 1295。
40　《欒城應詔集卷十一》，頁 1347。

（二）今日之弊，弊在於法太密

當時的法令頗有缺失，尤其是施政規範，大臣不敢冒然有所作爲。蘇轍指出：「今世之弊，弊在於法太密，一舉足不如律令，法吏且以爲言，而不問其意之所屬。是以雖天子之大臣，亦安敢有所爲於法律之外以安天下之大事，故爲天子之計，莫若少寬其法，使大臣得有所守，而不爲法之所奪。」[41]「意之所屬」即今日所謂「犯罪的動機」，犯罪之前的意念以及犯罪之後的態度，確是判刑量刑的重要依據。是以蘇轍主張「法令寬簡，故其功易成；今法嚴於恤民，一切仰給於官，官不能盡辦，郡縣欲有所建，其功比舊實難。」[42]應對老子的「法令滋章，盜賊多有」的立論，法令過密，對人民吝於體恤，對官吏不能盡辦，反而不易發揮其應有的功能。戴建國《宋代刑法史研究第四章》宋代主要罪名：十惡、違制罪、貪贓罪、強盜罪、竊盜罪、侵犯人身罪、故燒舍宅財物罪、奸淫罪、民事罪等九大罪名。立法細密，名目繁多；執法嚴苛，斬殺囚流。酷吏極盡網羅之能事，人民被迫笞打之枉法。

總之，做到「刑而無刑」，是儒家仁德的極致；做到可賞而賞，是誠信的實踐，使民樂爲善，而天子非忍人，才是「憲令著於官府，賞罰必於民心」的本意。蘇轍〈刑賞忠厚之至論〉：

> 「聖人不然，以為天下之人，不幸而有罪，可以刑，可以無刑，刑之而傷於仁。幸而有功，可以賞，可以無賞，無賞而害於信。與其不屈吾法。孰若使民全其肌膚，保其首領，而無憾於其上；與其名器之不僭，孰若使民樂得為善

41　《欒城應詔集卷七》〈臣事上第一道〉，頁1294。
42　《欒城集卷二十三》〈齊州源石橋記〉，頁398。

之利，而無望望不足之意。嗚呼！知其有可以與之道而不與，是亦志於殘民而已矣。」（同註40）

（三）域中有三權：天、君、史官

為使賞罰做到公正公平的正義原則，蘇轍以為「域中有三權：曰天，曰君，曰史官。聖人以此三權者制天下之是非，而使更相助。」[43]俗話說：「人在做，天在看」，天是有意志而又秉持公正無私的施行刑賞，因而有「替天行道」的說辭。而史官的執行賞罰，就是將史實忠信無欺的記錄，使「亂臣賊子懼」的嚇阻作用，予後人有戒惕昭炯的自省，其影響久遠鉅大，勝於「天」、「君」的刑賞。蘇轍肯定史官的賞罰：

> 「盜拓、莊蹻橫行於天下，食人之肝以為糧，而老死於牖下，不見兵革之禍。如此，則是天之權有時而有所不及也。故人君用其賞罰之權於天道所不及之間，以助天為治。然而賞罰者，又豈能盡天下之是非！然而賞罰之於一時，猶懼其不能明著暴見於萬世之下，故君舉而屬之於其臣，而名之曰史官。」（同註43）

因此，蘇轍提出天子治理天下之道，「可以理得，而不可以名推。」因為治理天下，不取其形，但取其意。其道可以為善，亦可以為不善。何者？道不是常道，因不是常道，不善從中產生。所以君臣之間，要求和而不同：「上有寬厚之君，則下有守法之臣，上有急切之君，則下有推恩之臣。凡以交濟其所不足而彌縫其間。」[44]質言之，君臣在施政的推行，政務的處理，應該是互補而和諧，相濟而相成，這是最好的搭檔，完美無缺。

43　《欒城應詔集卷十一》〈史官助賞罰論〉，頁1346。
44　《欒城應詔集卷十一》〈君術第三道〉，頁1288。

四、親近君子，斥遠小人

　　蘇轍認爲「冗吏」是宋朝財政困窮的重要因素之一，在神宗熙寧二年（1069）三月，曾有〈上神宗皇帝書〉：「近世以來，取人不由其官，士之來者無窮，而官有極限。於是兼守判知之法生，而官法始壞，浸淫分散，不復其舊，是以吏多於上，而士多於下，上下相窒。」[45]由於官法既敗，官吏士人蜂擁到來，官職有限，奪權佔位者比比皆是。如此情況，蘇轍的比喻：「譬如決水於不流之澤，前者未盡，來者已至，填咽充滿，一陷於其中而不能出。」在僧多粥少的升遷中，不得不動作頻頻，「布衣之士多方以求官，已仕之吏多方以求進，下慕其上，後慕其前」，因此，「不愧作爲，不恥爭奪，禮義消亡，風俗敗壞，勢之窮極，遂至於此」。風俗敗壞，鮮能知恥，正是機變巧妙者，無所用恥焉，以至於無所不取，無所不爲，大臣若此，則天下豈有不亂，國家豈有不亡？

　　因此，蘇轍認爲「帝王之治，必先正風俗，風俗既正，中人以下皆自勉以爲善，風俗一敗，中人以上皆自棄而爲惡。」[46]如此，「則臣下朋黨蕃殖，易以爲非」，而社會風氣「邪正盛衰」的源頭，於此開展。

　　欲導正社會風氣，必分別君子和小人，親近君子，斥遠小人，則國家富有，人民安樂，蘇轍〈再論分別邪正劄子〉：

> 若使邪正並進，皆得與聞國事，此治亂之幾，而朝廷所以安危者也。……臣而不言，誰當救其失者，謹復稽之古今，考之聖賢之格言，莫不謂親近君子，斥遠小人，則人主尊榮，國家安樂；疏外君子，進任小人，則人主憂辱，國家

45　《欒城欒卷二十一》，頁 370。
46　《欒城欒卷三十六》〈論台諫封事留中不行狀〉，頁 623。

危殆。此理之必然，而非一人之私言也。[47]

「誰當求其失者」，乃指天子而言，天子一人繫國家安危，社會治亂，人民貧富的關鍵。「若陛下不察其實，大臣惑其邪說，遂使忠邪雜進於朝，以示廣大無所不容之意，則冰炭同處，必至交爭，薰蕕共器，久當遺臭，朝廷之患，自此始矣。」[48]君子與小人，既是「冰炭同處」，「必至交爭」，交爭的勝負，君子必退，小人必勝，「朝廷之患，自此始矣」，如水之就下，自然的道理。蘇轍再以易經做補充說明：「若聖人作易，內陽外陰，內君子外小人，則謂之泰；內陰外陽，內小人外君子，則謂之否。」（同註48）易經的「否」「泰」二卦，說明於天子斥遠小人，親近君子，乃是自古以來治國的正道。因此，「小人雖才不可任以腹心」，若使「小人牧守四方，奔走安事，各隨所長」，位居不重要的雜務，遠離天子，免惑君心，這是朝廷用人的「至計」。

蘇轍再舉「孔子為邦，則曰放鄭聲，遠佞人。子夏論舜之德，則曰舉皋陶則不仁者遠；論湯之德，則曰舉伊尹則不仁者遠。」（同上）至於三國時代諸葛亮的〈出師表〉，更是斬釘截鐵的道出天子以「親賢臣，遠小人，此先漢之所以興隆也；親小人，遠賢臣，此後漢之所以傾頹也。」鮮明的史實，昭戒天子的意圖極為明顯，可惜「忠言逆耳」，天子依然固我，使得朝政頹廢不振，每況愈下。

在天子分別邪正，親君子，遠小人以後，見其初而求其終，聞其聲而推其形。「蓋惟能察人於無故之中，故天下莫能欺。何者？無故者，必有其故也。古者明王在上，天下之小人伏而不見。夫小人者，豈其能無意於天下也？舉而見其情，發而中其病，是以愧恥退縮而不敢進。臣欲天子明知君子之情，以養當世之賢公名

47　《欒城欒卷四十三》，頁 760。
48　《欒城集卷四十三》〈乞分別邪正劄子〉，頁 757。

卿，而深察小人之病，以絕其自進之漸，此亦天下之至明也。」[49]

第三節 聖人（天子）之治天下，
常使人孜孜不已

就歷史的觀察，歷代王朝的興替更迭，可以得知天子治天下之理。唐魏徵說：「以史爲鏡，可以明興替。」如堯舜時代，「洚水橫流，民不粒食，事變繁多，災害並興，而堯舜至於垂拱而無爲。」[50]何以若是？蓋天下之人，各爲之用力而不辭也。至於末世，海內晏安，四方無虞，人民無憂，進而荒怠逸樂，不求創作，不求更新天下漸以衰憊而不振。如詩曰：「周雖舊邦，其命維新。」「國之所以至於亡者，惟其舊而無以新之歟？天下舊而不復新，則其事業有所斷而不復續，當此之時，而不知與之相期於長久不已之道，而時作怠惰之氣，則天下之事幾乎息矣。」（同註50）

一、天子修身善，則行之善；修身不善，則行之不善

中國歷代統治天下的天子，都擁有無限的權利，天子使用權利做到役使得法，役使得當。就必須以儒家的「誠正修齊治平」爲圭臬，要求天子先修其身，而後治人。如孔子對季康子說：「子帥以正，孰敢不正？」《論語·顏淵》因此，「知所以修身，則知所以治人。知所以治人，則知所以治天下。」天子是天下全民的共主，動見瞻觀。若是己身不正，雖令不從。若是不能正其身，

---

49 《欒城應詔集卷六》〈君術第二道〉，頁 1278。
50 《欒城應詔集卷八》〈臣事下 第一道〉，頁 1304。

如正人何？蘇轍〈御試制策〉引書曰：「與治同道，罔不興；與亂同事，罔不亡。」[51]天子權利的應用，由於天子執天下之權，擅四海之利，無限的權利供其左抽右旋，使「謀臣猛將將爲之盡力，有死而無二，社稷之臣，可使死宗廟；郡縣之臣，可使死封疆；文吏，可使死其職；武吏，可使死其兵。天下之人，其存心積慮，皆以爲當然。」[52]天子若能得全民的愛戴，人人願忠於朝廷，忠於天子，忠於社稷，「是以寇至而不懼，難生而無變。」蘇轍就事論事，當時宋朝常常受到夷狄的入侵，而天下之人莫肯死者，是民心渙散，不畏權利。因此，君王捨正己無由以得民心。正己就是修身，修身而後可以安百姓，可以得到風行草偃的教化。而有「文、武興，則民好善；幽、厲興，則民好暴。」這是史實的見證。

　　蘇轍〈新論下〉認爲：「夫子平居朝夕孜孜以教人者，惟所以自修其身。」[53]修身爲先，修政爲後，修政者爲何？曰：「謹權量，審法度，修廢官，興滅國，繼絕世，舉逸民，所重民食、喪、祭。是九者，凡可以爲政而未足也。」（同註53）上述九大要項是治國的具體措施，要實現這九大政事要項，必賴於天子的修身。修身善，則行之善；修身不善，則行之不善。「壹是皆以修身爲本。」蘇轍又主張：「寬則得衆，信則人任焉，敏則有功，公則說（悅）。是四者，所以成之耳。」（同註53）得自孔子的施政理念：寬、信、敏之外，蘇轍再加上「公」，使天子統治天下的施政，更加完備無缺。

　　天子是人，凡人必有其大慾，人的大慾爲何？曰：「富、尊、

51　《欒城應詔集卷十二》〈御試制策〉，頁1350　六帝王者：夏之衰也，有太康；商之微也，有祖甲；周之敗也，？有穆王；漢之卑也，有成帝；唐之亂也，有穆宗、恭帝。此六帝者，皆以天下之治安，朝夕不戒。

52　《欒城應詔集卷》〈臣事下第三道〉，頁1309。

53　《欒城集卷十九》，頁353。

佚、欲」，是人人的大慾，更是天子的大慾。天子欲享受其無窮之
美，永保無疆之休，必先修身。蘇轍〈御試制策〉提出應有的作
為：「聖人欲有其富，則保之以儉；欲久其尊，則守之以謙；欲安
其佚，則行之以勞；欲得其欲，則濟之以無欲。此四者，聖人之
所以盡天下之利，而人不以為貪，極天下之樂，而不為人所厭者
也。」（同註 51）反之，若天子不能以勤致富，不能以謙守尊，
不能以勞行佚，不能以無欲濟有欲，則造成「欲樂其富，而用之
以奢者，其富必亡；欲大其尊，而用之以倨者，其尊必替；欲享
其佚，而用之以惰者，其欲必窮；欲獲其欲，而用之以肆者，其
欲必窮」（同註 51）是以天子能夠「處眾人之所惡，而使天下無
異辭，然後全享天下之利而無所失。」（同註 51）才是德配天地
流惠下民的好天子。

二、天子為治之地 ── 治國目標

蘇轍對於當代政治生態的觀察，「當今之世，無惑乎天下之
不躋於大治而亦不陷於大亂」，因為其時有祖法而不行百姓的事
情，略備不至於完全不備，賢人君子卻不知自己的過失。因此，
這是處在「治亂之間」，徘徊徬徨在「治亂之間」，但是天下大患
必先防患未然，防患未然，必先立其地。

必先立其地者為何？在〈新論上〉對「地」有不同的內涵詳
加說明：

「古之聖人將治天下，常先為其所無有而補其所不足，使天
下凡可以無患而後徜徉翱翔，惟其所欲為而無所不可，此所謂為
治之地也。」[54]「地」的內涵乃指順民心，從民意，民之所好而

---

54 《欒城集卷十九》〈新論（上）〉，頁 347。

好之，民之所惡而惡之，做到與民好惡相同。

「天下之人，生有以養，死有以葬，歡樂有以相愛，哀感有以相弔。……凡今世之所謂長幼之節，生養之道者，是古之為治之地也。」（同註54）「地」的內涵乃指人民生活富足，生活歡樂，做到養生送死無憾的民生樂利境界。

民生問題是蘇轍最為重視，其家庭生活貧苦，入不敷出的窘態，蘇轍從四川入京，嘉祐四年（1059）經四川忠縣有〈竹枝歌〉：

> 可憐楚人足悲訴，歲樂年豐爾何苦！釣魚長江江水深，耕田種麥畏狼虎。……
>
> 雙鬢垂項髮已白，負水採薪長苦艱。上山採薪多荊棘，負水入溪波浪黑。
>
> 天寒斫木手如龜，木重還家足無力。山深瘴暖霜露乾，夜長無衣猶苦寒。
>
> 平生有似麋與鹿，一旦白髮已百年。[55]

蘇轍目睹忠縣人民生活艱苦的哭訴，遇到豐年仍是釣魚釣不著，砍柴砍得手裂傷痕累累，因不得食物進食，有柴拖不動，只好夜宿山間。年復一年，日復一日，忽然與萬物遷化，生活難熬，比麋鹿不如。所以蘇轍又說：

「夫家卒乘車馬之數，冠昏喪祭之節，歲時交會之禮，養生除害之術，所以利安其人者，凡皆已定，而後施其聖人之德。是故施之而無所齟齬。……皆其所以為治之地。」（同註54）以上皆是蘇轍「為治之地」的詮釋。接著又有「三不立」施政弊端，蘇轍〈新論中〉：「當今天下有三不立，由三不立，故百患並起而百善並廢，何者？天下之吏，媮墮苟且，不治其事，事日已敗而

55　《欒城集卷一》，頁5。

上不知使，是一不立也；天下之兵，驕脆無用，召募日廣，而臨事不獲其力，是二不立也；天下之財出之有限而用之無極，爲國百年而不能以富，是三不立也。」[56]

「三不立」是吏治腐敗，政事廢弛；以有限之財養無用之兵；浪費公帑，財用以蹙。如何矯治三不立？「居之以強力，發之以果敢，而成之以無私。」（同註 56）因爲只有無私的人，才能果敢；果敢的人才能強力。具有強力的人，其患在於多疑，多疑必敗。是以天下之人，若能做到強力、果敢、無私，「則足以排天下之堅強，而納之於柔懦，擾天下之怨怒，而投之於不敢。」（同註 56）是故強力、果敢、無私是救治「三不立」的藥方。

既然已有爲治之地，但施行策略不同，其結果自然不同：「施之以仁義，動之以禮樂，安而受之而爲王；齊之以刑罰，作之以信義，安而受之而爲霸；督之以勤儉，厲之以勇力，安而受之而爲強國。」（同註 54）這是孟子王霸區分的詮釋，因此，「王霸之略，富強之利」（同註 54）只是爲治之具，不是爲治之地，它是治國的手段策略，不是治國的根本目標。

三、爲治天下者，必明於天下之情

蘇轍說：「昔生民之初，生而有饑寒牝牡之患，飲食男女之際，天下之所同欲也。而聖人不求絕其情，又從而爲之節文，教之炮燔烹飪、嫁娶生養之道，使皆得其志，是以天下安其法而不怨。」[57]

蘇轍認爲天子治理天下，必先明白天下人民的情性，也就是民心，再用術（技巧）用智慧來治理，國事就能步上正軌。《欒城

56　《欒城集卷十九》，頁 351。
57　《欒城應詔集卷八》〈臣事下　第四道〉，頁 1311。

應詔集臣事下》：「聖人之爲天下，不務逆人之心。人心之所向，因而順之；人心之所去，因而廢之。」（同註 57）民心的好惡，做爲施政取捨的原則，完全以民意施政爲依歸。蘇轍以馬做比喻，必須了解馬性的不同，施用不同的治術，才能得心應手，如王良、造父的治馬，使馬強壯日盛，已經到達收放自如的境界。蘇轍以治馬爲喻：「且治天下何異於治馬也？馬之性剛狠而難制，急之則敝而不勝，緩之則惰而不趨，王良、造父爲之先後而制其遲速，驅之有方而掣之有時，則終日驟驟而不知止，此術之至也。」[58]

天子治理國事，必須以民意爲依歸，必得君子仁人而用之，用之必得其情，御之必中其病。蘇轍說：「古之聖人驅天下之人而盡用之，仁者使效其仁，勇者使效其勇，智者使效其智，力者使效其力。」（同註 58）蘇轍認爲智仁勇三達德猶有不足，因其奮厲之氣不夠，再加「力者」，促其剛健有力以實踐落實，不是徒託空言畫餅止飢而已。

第四節　聖人（天子）之德，莫如至誠

古代聖人，修德以來天下，天下之所爲去就，莫不在我；我能視天下爲敝屣，所以存心舒緩，舒緩所以心寬，心寬所以無憂。是故「吾之於人，已求而得之，則不若使之求我而後從之，已守而固之，則不若使之不忍去我而後與之。」[59]有爲者亦若是，惟至誠者能爲之。

蘇轍以爲「聖人（天子）之德，莫如至誠，至誠之功，存於

58　《欒城應詔集卷六》〈君術第一道〉，頁 1284。
59　《欒城應詔集卷二》〈隋論〉，頁 1256。

不息；有能推至誠之心，而加以不息之久，則天地可動，金石可移，況於斯人，誰則不服？……苟存至誠不息之志，自是太平可久之功，此實社稷之福，天下之幸也。」〈三論分別邪正劄子〉[60]

　　天子治理國事，對待臣下不必防禦太深，也不必督責嚴厲，只須用「至誠」、「至威」、「至寬」、「至易」以相待，《應詔集卷六》：「聖人推之以至誠，而御之以至威，容之以至寬，而待之以至易。以君子長者之心，待天下之士，而不防其偽詐，談笑議論，無所不及，以開其歡心。」〈君術第四道〉[61]天子不以小人之心度君子之腹，孟子：「君之視臣如手足，則臣視君如腹心。」使臣下必不忍詐欺，蒙騙其上，願為君用，如此，上下誠心共事，事必成，國必治，天下必平和。蘇轍說：「故天下士大夫皆欣然而入於其中，有所愧恥而不忍為欺詐之行，力行果斷而無憂懼不敢之意。其所任用，雖其兄弟朋友之親，而不顧徇私之名；其所誅戮，雖其仇怨睚眦之人，而不恤報怨之嫌，何者？君臣相信之篤，此所謂至嚴而有所寬容者也。」（同註 61）寬猛並濟，不急不徐，君臣相信，雖死無怨，此為天子治國務實的態度，不循私，不偏袒，至公至正，事理昭彰，治國以「長者之心，待天下之士」而已。

一、古之聖人（天子），制為君臣之分

　　勞心和勞力的階級劃分，只是由社會進入國家的雛形，人口愈多，事務愈雜，就不是天子一人所能管理，於是協助天子處於事務的人臣，應需要而產生。蘇轍《應詔集漢論》：「古之聖人，制為君臣之分。天子以其一身，立乎天下之上，安受天下之奉己

60　《欒城集卷四十三》，頁 768。
61　《欒城應詔集卷六》〈君術第四道〉，頁 1290。

而不辭。」[62]天子就是「治人者食於人」的統治階級者，而「天下之人，奇才壯士，爭出其力，自盡於天子之下，而無所逃遁。」天下人傑，何以爭先自盡於天子之下，無所逃避，君臣二者何爲如此？蘇轍看法：

「蓋古之人君，收天下之英雄，而不失其心，故天下皆爭歸之；而英雄之士，因其君之資，以用力於天下，功成求得，而不敢爲背叛之操，故上下相守，而可以至於無窮。」（同註 62）天子收英雄之道，使其心爭先歸之；且英雄之士得天子之資，而不背叛。君臣彼此相互需要，遂各得其位，各差其事，共同管理國家事務，俾使國家長治久安，做爲人民的依靠。但是天子的享國久遠或失國短促，究其原因：

「至其享國長久，如秦始皇帝，漢武帝，梁武帝，隋文帝，唐玄宗，皆以臨御久遠，循致大亂，或以失國，或僅能免其身。」[63]其故何也？蘇轍的觀察以爲「人君之富，其倍于人者千萬也。膳服之厚，聲色之靡，所以賊其躬者多矣。朝夕於其間而無以御之，至於夭死者，勢也；幸而壽考，用物多而害民久，矜己自聖，輕蔑臣下，至於失國，宜也。」（同註63）

蘇轍將失國的原因，歸諸於人君的奢侈浪費，沈緬聲色而不自制，進而人君不禮敬臣下，謂己爲賢，剛愎自用。失國，是必然之勢。

人君當起於憂患困厄之際，知賢人可用於排難，常是因時需要而勉強從之，予以高官厚祿；等到禍難弭平，國家無事，則人

62　《欒城應詔集卷二》〈漢論〉，頁 1250。
63　《欒城後集卷七》〈三宗〉頁 959：秦始皇西元前 247 立位 220 崩、漢武帝西元前 140-104、梁武帝 502-548、隋文帝 589-604 唐玄宗 713-755。

君安於佚樂，悅於諛佞，所以禍難的發生，不旋踵而至。《吳越春秋勾踐伐吳外傳十》：「范蠡自齊遣書文種曰：『蠡雖不才，明知進退；高鳥已散，良弓將藏；狡兔已盡，良犬就烹。』」道盡人君用臣的詭譎多端，猶今日常用的「秋後算帳」、「過河拆橋」，君臣之間的關係，在於「利害」而已。

二、不可恃爵位之利，以為可以必致

蘇轍肯定「術」的效用：「夫以爵祿而勸天下，爵祿已極，則人之怠心生，以術使天下，則天下之人，終身奔走而不止。」[64]以漢朝官制爲例：自縣令而刺史，自郡守而九卿，自九卿而三公，由下而上，至位極人臣者，有四而已。方今朝廷郡縣之卿，列級分等，不可勝數，從下而上，三歲一遷，至於終身，可以無倦。是以吏久於官而不知屢矣。

宋初承五代之亂，天下學者凋喪，仕者益寡，雖有美才良士。猶溺於耕田養生之樂，不肯致力於官事。在仕人短缺時，至調富民爲官，實是用人一大弊病。等到天下平定，仕人漸顯尊容，勤勞勸誘，朝廷有官額溢滿之患，於是立定官額，裁減進士人數，並「繩以苛法，抑以細過，使之久而不調，然後官吏歲以漸減。」[65]從此數十歲以後，復將有缺乏仕人的禍害。因此，蘇轍認爲「能於其未然而預防之，故無後憂。」（同註 64）過多過少，都是用人不當，天下要有「不絜不屑之士，不可恃爵祿之利，以爲可以必致也。」（同註 64）要做到官吏的安置，進不爲冗員，退不爲乏人，這才是聖人治天下的深憂。而用人立法，不以緣故，要以「員闕相當」，不可藉無闕添人以爲擢才，量闕選才，才是合理。

---

64 《欒城應詔集卷八》〈臣事下第一道〉，頁 1305。
65 《欒城集卷二》〈私試進士策問二十八首〉，頁 356。

天子如何選得良才美士以為御用？蘇轍嘗舉齊桓公遊於郭，問郭公所以亡為例：

「其父老對曰：善善而惡惡。桓公曰：善善而惡惡，此賢君也，而何故亡？父老曰：善善而不能用，惡惡而不能去，此其所以亡也。」蘇轍有感而發，「今陛下以臣言為是而不用，以大臣為非而必聽，臣竊惑之。」所以，蘇轍認為「居其位而不任其事，任其事而不斷其是非者，古今未嘗有也。」天子治理國家，豈能是非不辨？以是為非，以非為是，好壞不分，國事豈能平治？

朝廷若是「兼容是非，以不事事為安靜，以不別黑白為寬大」，恰似以寬治民，然姦臣猾吏乘機以虐細民，造成「名雖近寬而其實則虐」的苛政，蘇轍觀察當時施政情況：

> 「臣伏見二年以來，民氣未和，天意未順，災沴薦至，非水即旱，淮南饑饉，人至相食。河北流移，道路不絕。京東困弊，盜賊群起。」[66]

其時政治腐敗，天災人禍，人且相食，遷徙流離，盜賊多有，蘇轍以為天子應承擔其責任，因天子居宮幃之中，「所與朝夕謀議者，上止於執政大臣，下止於諫官御史，不過數十人耳，其餘侍從近民，雖大官之長，皆不得進見，而況其遠者乎？」（同註66）天子視聽壅塞，不知民間疾苦，原因是：「人主生於深宮，其聞天下事至為鮮矣，知其一不達其二，見其利不睹其害。」[67]人臣蒙上欺下，苛虐人民，行事不正，是以好利之臣，探其情而逢其意。因此，天子「須兼聽廣覽，然後能盡物情，而得事實。」（同註66）欲改善進言廣大之路，只有「明降詔書，許百官面奏公事，上以盡群情之異同，下以閱人才之賢否。人心不壅，天道必從，

66　《欒城集卷四十一》〈因旱乞許群臣面對言事劄子〉，頁719。
67　《欒城後集卷八》〈漢武帝〉，頁968。

則久旱之災；庶幾可息。」（同註 66）如蘇轍建言以行，就可實
踐天視自我民視，天聽自我民聽的全民爲我，天子視聽既廣，則
「天下利害，不難知也。士大夫心平而氣定，高不爲名所眩，下
不爲利所怵者，類能知之」（同註 67）天子明利害之實，人臣體
公忠爲國，天地回應，災禍不行。人民豐衣足食，生活安樂，此
爲天子施政的最好績效。

三、君臣之間，相信如父子，相愛如兄弟

君臣之間，因有階級不同，貴賤之分，權利殊異的君上臣下
的制度中，而有才學不等，賢愚不一的情況下，其間的關係，自
然是對待而不是犬馬，是親愛而不是仇恨。蘇轍〈君術第四道〉：

「古者君臣之間，相信如父子，相愛如兄弟。朝廷之中，悠
遊悅懌，歡然相得而無間。知無所不言，言無所不盡；開心平意，
表裡洞達，終身而不見其隙。」[68]古者係指明君賢臣相得益彰，
濟濟一朝，才有君臣和煦共事，如父子兄弟般和睦相處。至於後
世，就不是如此，「皆有猜防之憂，君不敢以其誠心致諸其臣，而
臣亦不敢直己以行事。」（同註 68）君臣之間，各懷異志，設防
猜疑，「二者相與齟齬而不相信，上下相顧，鰓鰓然而不能自安。」
（同註 68）君臣彼此相互勾心鬥角，互不相通，「而尙何暇及於
天下之利害？」導致「天下之事，每每擾敗而無所成就。……以
爲其弊在於防禁之太深而督責之太急。」（同註 68）

事實如此，「人君之於天下，本非有情愛相屬如父子兄弟之
親也。上以其勢臨下，則下以其勢奉上，二者相持而行，不相悅

---

68 《欒城應詔集卷六》，頁 1289。

則解，不相合則叛。」[69]蘇轍以草木喻臣，以大地喻君王，草木依大地而生，確是相屬依賴的關係，「譬如草木之於地也，託之而生，判然二物也。有根則綢繆之，交橫相入，而至於不可拔。及其不相入也，木槁於上，而根不下屬，地確於下，而氣不上接，一夫之力，可拔而取也。飄風暴雨可披而離也。」（同註 69）由此觀之，君臣之間的依存關係，極為脆弱，維繫不易，稍有事故，立刻生變。

為使君臣如水乳交融，相互共事，關鍵在於天子，「惟當任正道，求忠良，不可事事曲設疑防，慮方來之患也。若以智猜物，雖親見疑，至於疏遠，亦安能自保乎？人懷危懼，非為安之理，此最國家之深患也。」[70]猜忌曲設，既是君臣之間的最大障礙，為除去障礙，君王就必須做到：「推之以至誠，而御之以至威，容之以至寬，而待之以至易。」（同註 61）從容中道，唯聖人能為之。當天子以至誠待人臣，對人臣仍然有所管理監督，規範其行為，責求其做事，蘇轍說：「古之聖人，至嚴而有所至寬，至易而有所至險，使天下有所易信而有所不可測，用之各當其處而不失節，是以天下畏其嚴而樂其寬。」（同註 61）

寬嚴適中，唯才是用，用而得當，因人「材性不一，用其所長，事無不舉，強其所短，勢必不逮。」[71]最理想的君臣搭配，是相輔相成，截長補短。〈君術第三道〉：

「古者君臣之間，和而不同。上有寬厚之君，則下有守法之臣；上有急切之君，則下有推恩之臣。」[72]實現「立濟其所不足

69　《欒城應詔集卷十二》〈御試制策〉，頁 1352。

70　《欒城後集卷九》〈晉武帝〉，頁 982。

71　《欒城後集卷二十三》〈歐陽文忠公神道碑〉，頁 1132。

72　《欒城應詔集卷六》，頁 1288。

而彌縫其間」。反之，「君臣之風，上下如一而無相濟，是以天下苦於寬緩怠惰，而不能自振。此豈左右之大臣，務以順從上意為悅，而豈亦天子自欲以為好仁之美，而不喜臣下之有所矯拂哉！」（同註72）

君臣沆瀣一氣，曲陳臣意，乃天子不欲臣下的進盡忠言，君臣和睦的假象，此乃大臣未盡到輔君為善而補君不足的大過。以至於「朝廷以不親細務為高，以不察姦吏為賢，……不按有罪，郡縣靡然承風，懦者頹弛，權歸於吏，貪者縱恣，毒加於民，四方嗷嗷，幾於無告。」[73]此為無道之君的作為，亦為朝政腐敗的肇端。

蘇轍於熙寧九年（1076）〈自齊州回論時事書〉，對於當今的神宗皇帝有批評有建言，但神宗卻吝於改過，蘇轍說：

「陛下獨遲遲而不決，意者已為之而已廢之，恐天下有以窺其深淺耶。」[74]於是蘇轍引《論語·子張篇》：「君子之過，如日月之蝕焉，過也，人皆見之；更也，人皆仰之。」規勸神宗做到「上惡如棄塵垢，遷善如救饑渴。」蘇轍是針對當時雷厲風行的新法發表諍言。

四、愚君脅君是天子之所不忍

人君不能皆賢，君有不能而屬之大臣，是朝廷施政的正道，政事出於正道則成多敗少；若不出於正道，則成少敗多。不可不慎。況為人臣，其為臣之道，在於「因天下之治，以安其成功；因天下之亂，以濟其所不足。不誣治以為亂，不援亂以為治。援亂以為治，是愚其君也；誣治以為亂，是脅其君也。愚君脅君，

---

73 《欒城集卷四十一》〈轉對狀〉，頁728。
74 《欒城集卷三十五》，頁617。

是君子之所不忍而世俗之所徼幸也。」[75]是以人主之德在於知人，知人而善用，若己之有能，可以做到如堯舜的平治天下，若是自恃多才而自用，雖有賢臣無所復施，就僅能自立而已。

因此，人君治理天下，應培養重臣的威勢，使天下百官有所畏忌，而在國事緩急之間，能有所堅忍持重而不可奪取。如果畏忌大臣而使他人乘其隙，不在外戚，必在宦官，外戚宦官更相屠滅，至於外兵繼而內侵，國事危殆。

是以人君治理天下，必須注意「天下之變，常伏於其所偏重而不舉之處，故內重則為內憂，外重則為外患。」[76]蘇轍更進而說明內憂外患的原因：

「古者聚兵京師，外無強臣，天下之事，皆制於內。當此之時，謂之內重。」（同註 76）至於外患，則是「古者諸侯大國，或數百里，兵足以戰，食足以守，而其權足以生殺，然後能使四夷、盜賊之患不至於內，天子之大臣有所畏忌，而內患不作。當此之時，謂之外重。」（同註 76）是時諸侯割據，王命不行，甚而舉兵叛變，國且不保。是以內重的弊害在於「奸臣內擅而外無所忌，匹夫橫行於四海而莫之能禁，其亂不起於左右之大臣，則生於山林小民之英雄。故夫天下之重，不可使專在內也。」（同註 76）而外重的弊害在於「諸侯擁兵，而內無以制。」由此得到治理天下的結論：「則天下之重，固不可使在內，而亦不可使在外也。」（同註 76）

「內重」、「外重」容易有「內憂」、「外患」的弊害，為除去內憂外患的弊害，蘇轍的除害辦法，主張：「古之君子，專一而無侈心」，官吏在職，從一而終，避免五日京兆，遷調職務，援引古事以為證：「益治鳥獸，棄治稼穡，夔治鐘磬，羲和治曆，皆以聰

---

75 《欒城欒卷十九》〈新論上〉，頁 347。
76 《應詔集卷三》〈唐論〉，頁 1258。

明睿智之才而盡力於一物,終其身而不去。」[77]接著指出當代的政事廢弛情況:「當此之時,天下之事無不畢舉。今者四方既平,非有勤勞難治之政,而當世之務,每每廢墜而不理。蓋鐘律之不和,河之不循道,此一二事者,百有餘年而莫有能辦之者,是豈非務於速進而恥於一物自盡之過歟?」(同註 77)朝廷官吏「老於小官,終身而不厭」,則能認真負責,做好自己的工作,心無旁鶩,而能百廢俱興,朝廷施政必無遺策,提高推行政策的績效。然就事實論之,蘇轍主張「一官定終身」,利弊有待商榷。

　　其次,蘇轍對於特使制度,亦不贊同,〈制置三司條例司論事狀〉:「國家養材如林,治民之官棋布海內,興利除害,豈待他人?」[78],既然栽培諸多人材,官吏人數眾多,以此處理事務已經足夠,不須另派特遣使,徒增地方官吏困擾「今始有事,輒特遣使,使者一出,人人不安,能者嫌使者之侵其官,不能者畏使者之議其短。客主相忌,情有不通;利害相加,事多失實。」(同註 78)而於特使自身,心態亦有可議:「使者既知朝廷方欲造事,必謂功效可以立成,人懷此心,誰肯徒返?為國生事,漸不可知。」(同註 78)如此,特使並不能發揮特使功能,達成任務,而「徒使官有送迎供饋之煩,民受更張勞擾之弊,得不補失。」(同註 78)所以解決之道,蘇轍認為勢有所便,眾有所安。莫若責求職司治民,雖有賢不肖的顧慮,稍加選擇,足以有為,「是以古之賢君,聞選用職司以責成功,未聞遣使以代職司治事者也。」(同註 78)

　　縱觀歷代朝廷官員員額,建國以來,由於朝廷官制疊牀架屋,迭有增加,宋代亦不例外,雖偶有所創新,推行裁減;旋即快迅增加,造成「冗員」、「冗費」的財政重大負擔。且因官員人

---

77 《欒城欒城集卷二十》〈私試進士策問二十八〉首,頁 359。
78 《欒城集卷三十五》,頁 608。

數眾多[79]而品質參差不齊，為「汰蕪存菁」、「提高行政績效」，監察制度的建構及監察人員的拔擢，亦為宋代天子迫不及待的朝政，可以振興起弊節約公帑的不二法門。賈玉英著〈宋代監察制度〉有言：「從宋真宗天禧二年（1017 年）二月起，諫官可論奏「官營涉私」，彈劾百官。宋哲宗朝王覿上疏說：「諫官職事，凡執政過與，政刑差謬，皆得彈奏。」[80]諫官可以彈奏宰執，且擴及天子，以為政權長治久安的重要施政之一。

　　至於台諫一職，蘇轍兄弟識見一致，非常重視，蘇轍在〈論台諫封事留中不行狀〉，指出台諫的用事及其功能：「台諫者不過二事，言當則行，不當則黜。其所上封事，除事干機密，人所當獨聞，須至留中外，並須降出行遣。上所以正朝廷之紀綱，使無廢職業；下所以全人臣之名節，使無負公議。若當而不行，不當而不黜，則上下苟且，廉恥道廢，風俗衰陋，國將從之。」[81]台諫猶今日我國憲政體制中監察院的監察委員，對於政府官員行為涉及違法亂紀者，有糾正彈劾薦舉貶降的權力，振朝綱，厲風氣，揚名節，除邪惡，功能既彰，則國家政治清明，享國久遠；功能不彰，則國家政治敗壞，享國日淺。對於國家命脈，至關重要。

　　《蘇軾文集卷二十五　上神宗皇帝書》述及宋太祖建隆以來，對於台諫的優渥與尊重：

　　　「觀其委任台諫之一端，則是聖人過防之至計。……而自建隆以來，未嘗罪一言者，縱有薄責，旋即超升，許以風聞，而無官長，風采所繫，不聞尊卑，言及乘輿，則天子

79　《宋代監察制度》賈玉英著　頁 26：北宋真宗景德年間官一萬餘員，仁宗皇祐年間達二萬餘員，英宗治平年間官總數增至二萬四千餘員。河南大學人民出版社 2006 年 3 月第 2 次印刷。
80　同註 79，頁 27。
81　《欒城集卷三十六》，頁 624。

改容；事關郎廟，則宰相待罪。故仁宗之世，議者譏宰相，
但奉行台諫風旨而已。」台諫的糾彈，天子丞相均為聳動，
大義凜然，令人敬畏，此乃「聖人深意，流俗豈知？蓋擢
用台諫居不能皆賢，所言亦未必皆是，然須養其銳氣，借
其重權者，豈徒然哉！將折姦臣之萌而救內重之弊也。」

總而言之，台諫官員的特徵，歸納有三：其一舉劾論奏的主
要對象是人，而不是事。其二台諫官員為達到罷免大臣的目的，
先反覆上章彈奏，稍不如意，則「家居待罪，以辭職相要挾，直
至從之乃已。」如英宗治平的濮議之爭。[82]其三台諫官員在論奏時，
動輒採取聯合一致的行動，一旦有目標，則群起攻之，不達目的
決不罷休 —— 病態的政治性格，為北宋黨爭創造適宜的氣候。[83]

蘇轍曾於哲宗元祐元年（1086）由大臣呂公著、司馬光等推
薦，除右司諫。期間共上論時事狀七十四篇[84]元祐五年任御史中
丞，共上劄子近五十篇。[85]

御史中丞的任用途徑有二：由皇帝親自拔擢或由大臣舉薦，

---

82 英宗即位，原以仁宗無子，乃以從兄濮安懿王允讓之子趙曙入承大統。
當廷議追崇所生時；侍御史范純仁議稱皇伯，呂誨和其議。歐陽修即主
張必稱是考，乃引〈喪服大記〉云：「以為為後人者，為其父母降服，而
不設父母之名」。有韓琦等和其議，帝卒從其議。呂、范因而罷黜，朝
臣水火，黨爭乃烈。此所謂「濮議案」。《長篇仁宗嘉祐八年卷一九九》
83 同註 79，頁 41-68 宋代御史台的職能，約略歸納：（一）監察百官，彈
劾糾察違犯封建統治秩序的行為（二）規諫皇帝，參議朝政（三）維護
朝會和朝廷宴會秩序（四）參預司法工作，監察司法部門（五）參預文
武百官的管理工作（六）參預薦舉官員（七）兼任侍講。
84 《蘇轍評傳》曾棗莊著《附錄 蘇轍年表》，頁 415 見《欒城集卷三六至
四十》蘇轍力註嚴懲新黨建言造事之人，而對小臣「一切不問」；反對
司馬光驟變新法、科舉；要求免放民間積欠，賑救淮南饑民等。
85 同註 84，頁 422 蘇轍任御史中丞期間共上劄子近五十篇，佔其今存奏
議的三分之一，數量之多僅次於元祐年間任右司諫時。主要內容有三：
分別邪正、熙河邊事、渠陽夷事。

皇帝御點而定。至於台諫官員的擢用，其經歷之規定，須實歷通判一年。[86]由於得才不易，蘇轍提議宜放寬任用資格，以免員額久闕不補，造成閒置而功能不彰。〈再論舉台官劄子〉：

「諫官御史並用實歷通判一年，則無分別。近來人才難得之際，若台官獨拘苟法，必至闕官。況自立法以來，前後本台及兩制官，並不曾舉到實歷通判可用一人。[87]……足見此法難以久

---

86 同註 79，頁 86 元祐更化時，高太后等人又重新制定了御史資格、資序法。元祐三年（1088 年）六月，哲宗下詔「殿中侍御史、監察御史升朝官通判資序實歷一年以上人充。（見長篇卷 412，元祐三年六月癸未）
87 同註 79 頁 80 表 1 北宋後期至南宋御史中丞資序考察表

朝代	目次	後史中丞姓　名	文化修養	材料來源
英宗朝 4 人	1	王　疇	中進士第	《宋史》卷 291《王博文傳附》
	2	唐　介	擢第	《宋史》卷 316《唐介傳》
	3	賈　黯	擢進士第一	《宋史》卷 302《賈黯傳》
	4	彭思永	第進士	《宋史》卷 320《彭思永傳》
神宗朝 16 人	1	彭思永	第進士	《宋史》卷 320《彭思永傳》
	2	王　陶	第進士	《宋史》卷 329《王陶傳》
	3	司馬光	中進士甲科	《宋史》卷 336《司馬光傳》
	4	滕　甫	中進士	《宋史》卷 332《滕元發傳》
	5	呂　海	進士登第	《宋史》卷 321《呂海傳》
	6	呂公著	登進士第	《宋史》卷 336《呂公著傳》
	7	韓　維	進士	《宋史》卷 315《韓維傳》
	8	馮　京	舉進士	《宋史》卷 317《馮京傳》
	9	楊　繪	進士上第	《宋史》卷 322《楊繪傳》
	10	鄧　綰	舉進士	《宋史》卷 329《鄧綰傳》
	11	鄧潤甫	第進士	《宋史》卷 343《鄧潤甫傳》
	12	蔡　確	第進士	《宋史》卷 471《蔡確傳》
	13	李　定	登進士	《宋史》卷 329《李定傳》
	14	徐　禧	博覽周游以求古今之事變、風俗利疚，不事科舉	《宋史》卷 334《徐禧傳》
	15	舒　亶	試禮部第一	《宋史》卷 329《舒亶傳》
	16	黃　覆	舉進士	《宋史》卷 328《黃履傳》

行。……免致言事之官久闕不補，於體不便。」[88]高太后對蘇轍的建言，置若罔聞，不予理會。

第五節　天子宜強練明達，嫻熟地方庶務

一、徭役差役及保甲法

　　天子治理國事，有朝廷事務，有地方事務。地方事務比朝廷事務更爲複雜瑣細，確是天子日理萬機，鞭長不及之處。是以委諸地方官長代天子行使職權，由於事務繁重，千頭萬緒，細如秋毫，掌管不易。然地方事務爲朝廷施政基礎，基礎不堪，則國本動搖，敗亡無日。蘇轍嘗從事地方事務，對於地方事務甚是嫻熟，

宋哲宗朝12人	1	黃　履	舉進士	《宋史》卷328《黃履傳》
	2	劉　摯	擢甲科	《宋史》卷340《劉摯傳》
	3	傅堯俞	不滿二十歲中進士	《宋史》卷341《傅堯俞》
	4	胡宗愈	舉進士甲科	《宋史》卷318《胡宿傳附》
	5	孫　覺	登進士第	《宋史》卷344《孫覺傳》
	6	李　常	擢第	《宋史》卷344《李常傳》
	7	梁　燾	舉進士中第	《宋史》卷342《梁燾傳》
	8	蘇　轍	年十九，與兄軾同登進士	《宋史》卷399《蘇轍傳》
	9	趙君錫	登進士第	《宋史》卷287《趙安仁傳附》
	10	鄭　雍	進士甲科	《宋史》卷342《鄭雍傳》
	11	李之純	登進士第	《宋史》卷344《李之純傳》
	12	邢　恕	登進士第	《宋史》卷471《邢恕傳》

　　從上表可以看出，英宗朝御史中丞四人，全部爲進士出身；神宗朝御史中丞十六人，其中十五人出身科第（進士十四人，諸科一人）；哲宗朝御史中丞十二人，全部爲進士出身。此三朝充任御史中丞者共三十四人，其中進士出身者三十三名，占總人數的百分之九十七；諸科一名，占總人數的百分之三。

88　《欒城集卷四十三》，頁766。

尤其是徭役、免役、差役等地方治安組織與民力運用，有其慧眼識見，詳述如後：

徭役，古代力役之征，議論多方，莫衷一是，蘇轍指出不當：

「徭役之事，議者甚多：或欲使鄉戶助錢而官自雇人；或欲使城郭等第之民與鄉戶均役；或欲使品官之家與齊民並事。此三者皆見其利不見其害者也。」（同註78）

役人不可不用鄉戶，而鄉戶不可不用：因鄉戶有田以爲生，故無逃亡之憂；朴魯而少詐，故無欺謾之患。現在捨此不用，而用浮浪不根之人，蘇轍憂心「掌財者必有盜用之姦，捕盜者必有竄逸之弊。」如此掌財者中飽私囊，不守官箴；而捕盜者逃竄偷惰，不盡職責。流弊之大，不可不明。

況且雇人捕盜，其弊立見，「盜賊縱橫，必自此始」，因雇人捕盜，雇人相繼逃亡，鄉戶猶能扛起責任。若另立庸錢，以備官雇，鄉戶舊法革去無餘，雇人責任，官所自任。」（同註78）蘇轍提出解決徭役困難方法，「其時天下郡縣上戶則便，下戶實難，顛倒失宜，未見其可。」（同註78）「蓋見今諸路，每年所以坊場、河渡錢，共計四百二十餘萬貫，而每歲所費衙前支酬及召募押綱錢，共計一百五十餘萬貫，所費止用所入三分之一。縱使坊場、河渡價錢，別行裁減，不過比見今三分減一，則是所費亦不過所入之半，而免卻民間衙前最重之役，其爲利民，不言可見。」〈乞令戶部役法所會議狀〉[89]

當時人民納錢免役，以爲終身免役，不必擔任徭役。所謂免役，就是免除徭役。「宋真宗治平年間以舊役法病民，詔制置條例司講立役法，凡常役者，得依役之輕重，民之貧富，分別等第，

89　《欒城集卷三十八》〈乞戶部役法所會議狀〉，頁665。

出錢入官，雇役自代，己身即得免役，其所出錢名免役。」《宋史卷一七九食貨志》雖納錢免役，但是捕盜則為耆長、壯丁，催稅則為戶長、里正，巡防則為巡兵、弓手一人而服三役，人民的痛苦，將何以堪？而使地方治安更加惡化，因為「巡兵弓手也，一保甲之中，丁壯既出，老弱守舍，盜賊乘間如入無人之境，而其上番之期，又不過旬日，坐作進退，未能知也。代者既至，相率而反，往來道路，勞弊何益？至使盜賊縱橫，官吏蒙責，嘯眾群黨，攻剽州縣，未必不由此也。」[90]「丁壯既出，老弱守分」，盜賊橫行，家園不守。此乃罷免役，行差役之弊。

　　至於充役的市井小人，家力既不富厚。生長習見官司，官吏雖欲侵漁，無所措手。但耕稼農民，性如麞鹿，一見官吏，已自害怕，且家有田業，官吏若不廉潔，誰不動心？而民被差役之苦，如遭寇虜。為解決上述弊端，蘇轍提出方法：「應係自前約束官吏侵擾役人條貫……令一切如舊，出榜州縣，使民知之，仍常加督察，有犯不赦。」[91]監司長吏應負大責，「有犯不覺察，致因事發露者，重其坐。庶幾民被差役之利，而無差役之害。」（同註91）

　　差役，宋代課役之法。「據唐宣宗大中九年，詔以州縣差役不均，自今每縣據人貧富及役輕重，作差科簿。國初循舊制，衙前以主管、里正（里長）、戶長、鄉書手以課督賦稅，耆長、弓手（善射箭之官，役捕盜）、壯丁以逐捕盜賊，承符人力、手力、散從官以奔走驅使。太宗太平興國三年（978），京西轉運使程能上言，諸州戶供官役，素無等第，望品定為九等著於籍以上四等，量輕重給役，餘五等免之，後有貧富隨所升降，望人之本路施行，俟稍便宜，即領於天下，詔令轉運使躬裁定之。」《文獻通考 職

90　《欒城集卷三十五》〈自齊州回論時事書 附畫一狀〉，頁620。
91　《欒城集卷三十八》〈再言役法劄子〉，頁678。

役考》

　　差役既然行之久遠，在當時卻出現諸多弊端，蘇轍〈三論差役事狀〉：

　　「近日諸縣曹吏，有因差役致富，小民被差充役，初參上下費錢有至一二十千者。州縣官吏亦有以舊雇役人慣熟，多方凌虐所差之人，必令出錢，作情願雇募。又有以新差役人拙野，退換別差，必得慣熟如意而後止者。」[92]而官吏貪婪者眾，是以民被其害，如遭湯火。就觀察得知：改雇役為差役，實得當今除弊之要，若差役之弊不除，其害人未必減於免役。蘇轍有見於此，對於推行差役舊法而騷擾百姓，敗壞良法，其人可誅，遂有〈乞罷蔡京開封府狀〉、〈乞罷章惇知樞密院事狀〉等，認為蔡京、蔡朦、章惇等人破壞差役法，害於聖政，予以罷除。

　　蘇轍〈論差役五事〉中，指出熙寧之前，差役的勞苦，最為人詬病者，有科犯、科配，是按戶口田畝或區域，責令人民攤派臨時稅捐，有散從弓手、手力等役人接送的勞苦。而為免除衙前之害，遂創立免役法，「勾收坊場，官自出賣，以免役錢雇投名人，以坊場錢為重難酬獎，及召募官員軍員押綱，自是天下不復知有衙門之患。」[93]坊場，政府所設立市場，「元祐元年，侍御史劉懿言：「今天下坊場，官收而官賣之，歲可緡錢，無慮數百萬。」《宋史食貨志》，坊場是商稅酒稅所出之處，陸游〈村居書喜詩〉：「坊場酒賊貧猶醉，原野泥深老亦耕。」然其時有苦於免役法者，乃是莊農之家，歲出役錢不易及出賣坊場，許人添價爭購，至送納不前的缺失。為紓困免役法之缺失，蘇轍以為「官自出賣坊場一事，自可了卻衙前色役有餘。其餘役人且依舊法，則天下之利較

92　《欒城集卷三十九》〈三論差役事狀〉，頁683。
93　《欒城集卷三十七》，頁643。

然無疑。」（同註 93）

　　宋朝保甲的設置，始於仁宗，其時在河北、河東初置義勇，至英宗時，及推行其法漸及陝西，以上諸地皆因接近胡羌，有守御防備的需要。每歲冬教一月，民雖以為勞苦，而邊防之計有不得已。熙寧中，更置保甲，使京畿三路之民，日夜教習。其弊叢生，〈民賦敘〉有言：「民始嫁母贅子，斷壞支體，以求免丁。及其既成，子弟挾縣官之勢以邀其父兄，擅弓劍之技以暴其鄉黨，至今河朔、京東之盜，皆保甲之餘。」[94]後來神宗、哲宗臨朝，知其不便，率皆罷去，民得歸秉耒耜，盜賊因此衰息。

　　蘇轍對於保甲員額的招訓，自有見解：「臣願取三十萬貫，為招軍例物，選文武臣僚有才幹者一、二人，分往河北，逐路於保甲中招其強勇精悍者為禁軍，隨其人才以定軍分，本州無闕，則自近及遠，或押上京，不過一、二萬人，則河北豪傑略盡矣。」[95]至於武藝絕倫的人，以前用來補班，押赴朝廷試驗得實，就用以補內六班之闕，或補本貫及鄰近闕額軍官。同時，嚴賜指揮，候了日常遣人覆接，有不如法，重坐官吏，蘇轍主張保甲法可用，前提是寓兵於農，漸漸減少禁軍員額，以節省公帑。

二、整治黃河水患

　　蘇轍任職右司諫時，對於水利、人民、國家三者相互的關聯性，在〈制置三司條例司論事狀〉中，有精闢的闡釋，目睹「天下水利，雖有未興，然而民之勞佚不同，國之貧富不等。因民之佚而用國之富以興水利，則其利可待。」[96]反之，如果「因民之

94　《欒城後集卷十五》〈民賦敘〉。頁 1054。
95　《欒城集卷三十六》〈乞招河北保甲充軍以消盜賊狀〉，頁 641。
96　同註 78。

勞而乘國之貧以興水利，則其害先見。」因此，確實明白「生民之勞役與國用之貧富。」則水利的廢興，就不言而喻。

其時，特派使者以求知水利情況，蘇轍認為難得真象，作法荒繆，理由為「事起無漸，人不素講，未知水利之所在」（同註78）使者乃臨時差遣，缺乏對水利的認知與經驗，是以「使者所至，必將求之官吏，官吏有不知者，有知而不告者，有實而無可告者。不得於官吏，必求於民；不得於民，其事將求於中野。」（同註78）使者因「不在其位，不謀其政」的前提下，對於水利是毫無所悉，是以主張乞罷河司之議。

黃河是中國的母親，是中原文化的發源地。自古以來，水患頻仍，重創人民，傷害至深。〈送轉運判官李公恕還朝〉：

> 「黃河東注竭崑崙，鉅野橫流入州縣。民事蕭條委濁流，
> 扁舟出入隨奔電。（略）」[97]

蘇轍有〈論黃河東流劄子〉，以歷史的史實來驗證：「大河行流，自來東西移徙皆有常理。蓋河水重濁，所至輒淤，淤墊既高，必就下而決。」[98]水患的原因，說得透徹。又以「往事驗之：（黃河）皆東行至太山之麓，則決而西，西行至西山之麓，則決而東。向者天禧之中，河至太山，決而西行，於今僅八十年矣。自是以來，避高就下，至今屢決；始決天台，次決龍門，次決王楚，次決橫隴，次決商胡。」（同註98）黃河潰決次數之多，令人憂心，而每次河決，朝廷態度又是如何？「及元豐之中，決於大吳。每其始決，朝廷多議閉塞，令復行故道。故道既高，復行不久，輒又衝決。要之水性潤下，導之下流，河乃得安。」（同註 98）治河的根本道理，在於疏導，不在於故道閉塞。何以河行故道不可？

97　《欒城集卷七》，頁 137。
98　《欒城集卷四十六》，頁 816。

原因是「故道一帶堤內,直高一丈上下,而堤外直高二丈有餘,架水行空,最為危事。……自來河決,必先因下流淤高,上流不快,然後乃決。」(同註 98)河床高過堤岸,架水行空,水患自然到來。蘇轍詩曰:「我昔去彭城,明日洪流至。不見五斗泥,但見三竿水。驚風鬱飄怒,跳沫高睥睨。激灩三月餘,浮沉一朝事。」[99]水患禍害至深,「農畝分沉埋,城門遭板築。」災民則「空便西楚氓,欲語先垂淚。」(同註 99)

　　朝廷不能坐視水患不治,治水方案,應時而起,「惟有黃河西流議復故道,事之經歲,役兵二萬人,蓄聚梢樁等物三千餘萬,方河朔災傷困弊之餘,而興必不可成之功,使民竊嘆,勞苦已甚。」〈論開孫村河札子〉[100]真是勞民傷財,於事無補。又有議者,「固執開河分水之策,雖權罷大役,而兵工小役竟未肯休。如此,則河北來年之憂,亦與今年何異?今者小吳決口,入地已深,而孫村所開,丈尺有限,不獨不能回河,亦不能分水。」(同註 100)蘇轍對於黃河水性,有過人的見解,「急則通流,緩則淤淀,既無東西皆急之勢,安有兩河並行之理?」(同註 100)主張分水之策者,有三種理由:(一)御河堙滅,失饋遠之利。(二)恩冀以北,漲水為害,公私損稅。(三)河徙無常,萬一自北界入海,邊防失備。蘇轍以為萬萬行不得,因為河決西流,勢如建瓴;引之復東,勢如登屋。所以上述三項議論,皆未必然。並有具體詳細的駁辯:(一)御河堙滅已一、二百里,無由復見,御河之說不足聽。(二)河水在西,遠為堤防,不與之爭。比之故道歲省,兵夫稍芟,其數其廣,故道已退之地,桑麻千里,稅完得利,不貲安用?逆天地之性,移西流之憂,為東流之患,此恩冀以此漲水為害之說,

<hr>

99　《欒城集卷九》〈和子瞻自徐州移湖將過宋都途中五首〉其二,頁 161。
100　《欒城集卷四十二》,頁 733。

不足聽。（三）虜中諸河，自北南注，以入於海。地形是北高，河流沒有遷徙的道理，而海口深浚，勢無徙移，則知河入虜界，邊防失備之說，不足聽。蘇轍提出解決水患的對策：

「急命有司，且徐觀水勢所向，依累年漲水舊例，因其東溢，引入故道，以舒北京朝夕之憂。其故道堤防壞缺之處，略加修完，免其決溢而已。」[101]強調必須以經驗原則為基礎，累年觀察漲水情況，再順水流東溢，引進故道。同時堤防缺處修完，水患可除，而北京之憂可去。「至於開河進約等事，一切不得興功，仍不許奏辟官吏，調發夫役。候河勢稍定，然後議之。」（同註101）如此，不過一月之後，漲水自落，而西流之勢決無移理，「不與水爭」，確為古今治水不變的道理。是以各種議河的論見，不攻自破。

治河之策，除水患之患外，還有行政缺失，人謀不臧的弊端，原本河夫差役，改為雇夫，改變原因為「曹村非常之例」遂為「諸路永久之法」，此為一大錯誤的決策，而都水使者吳安持等因緣朝旨，造成弊政。民間付雇夫納錢，負擔過重，苦不堪言。蘇轍〈論雇河夫不便劄子〉對雇夫有詳細的記敘：「五百里以上不滿七百里，每夫日納錢二百五十文者，七百里至一千里以上，每夫日納錢三百文省，團頭倍之，甲頭火長之類，增三分之一。仍限一月，過限倍納。是歲東京一路，差夫一萬六千餘人，為錢二十五萬六千餘貫。由此民間現錢幾至一空，差人搬運累歲不絕。推之他路，概可見矣。」[102]百姓膏血，豈可奢用？

京東轉運使范鍔，支持蘇轍的識見，論雇河夫的不便，乃針對吳安持等方略變法，於是罷團頭，火長倍出雇夫錢。又得到工部的支持，罰錢立限至六月以前，稍減苦虐。蘇轍建議，民間出

101　《欒城集卷四十二》〈論黃河必非東決劄子〉，頁743。
102　欒城集卷四十六，頁812。

雇夫錢，不論遠近，一例只出二百三十文者，如此，可解民間倒懸之苦。

　　至於吳安持、李偉都水監差役，因其欺罔之罪，蘇轍〈乞罷修河司劄子〉主張皆同罷去。同時，乞求「特選骨鯁臣僚及左右親信，往河北計會，逐處安撫轉運提刑州縣及北外監承司官，同共踏行，詳具圖錄，開述利害。」（同註 98）蘇轍講求腳踏實地的做法，先決條件是重用人才，落實記錄。其終極目標：「所貴河朔及鄰路兵民，早獲休息，國家財賦，不至枉費，有豐足之漸，則天下幸甚，天下幸甚！」（同註 98）

第六節　蘇轍政治理論餘論

　　蘇轍的人格特質，在政治層面的表現，雖是所師所學，得自家傳，但由於個性與父洵接近，木訥剛毅，寡言謹慎，雖然「出處昔同，與兄軾坦率灑脫，卻截然不同。而三蘇的人格共同特質：為人耿介，鯁亮切直。試觀三蘇與王安石之間的送往迎來，其共同特質，表露得十分鮮明。

一、三蘇的人格共同特質：為人耿介，鯁亮切直

　　張方平〈文安先生墓誌銘〉：「嘉祐初，王安石名始盛，黨友傾一時……歐陽修亦喜之，勸先生與之遊，而王安石亦願交於先生。先生曰：吾知其人也，是不近人情者，鮮不為天下患。」[103] 而

---

103 張方平《樂全集卷三十九》（文安先生墓志銘）
　　葉夢得《避暑後錄》：「蘇明允本好言兵，見元昊反，西方久事無功，天下事有待改作。因挾其著書，嘉祐初來京師，一時推其文章。王荊

有〈辨姦論〉之作（宋仁宗嘉祐八年），以爲「誤天下蒼生者，必此人也。」適逢王安石母喪，士大夫皆弔，獨蘇洵不往。蘇軾、蘇轍應制科試文章，仁宗讚歎謂「爲子孫得兩宰相」《宋史蘇軾傳》然而王安石對兩兄弟的文章極度輕蔑，以爲「飛箝捭闔」。其後王安石任知制誥，起草制詞，對蘇軾表現不滿，諸多鄙陋嗤之。而蘇軾任商州軍事推官，王安石不肯撰詞。宋神宗熙寧變法，王安石主政，蘇軾則自請外調杭州通判，蘇轍初爲制置三司條例檢詳文字，後因議事不合，張方平辟爲陳州教授。

二、蘇轍從政的人格特質

（一）善處乎福禍之間

「輪輻蓋軫皆有職乎車，而軾獨若無所爲者，雖然去軾，則吾未見其完車也。軾乎吾懼汝之不外飾也。天下之車莫不由轍，而言車之功者，轍不與焉，雖然車仆馬斃而患不及轍，是轍者善處乎福禍之間也。」[104]

姓名乃個人名稱符號，與其人格個性何有關聯？但從古至今，猶樂於此道而不疲，因此姓名之學與陰陽五行同流，迄不衰謝。「軾」因「不外飾」，形成子瞻認爲天下無一是壞人，而誠懇待人，從不虛僞，於政治舞台上，表現得乾淨俐落，其才氣縱橫，學識富贍，竟不得爲朝庭重臣，屢遭貶謫爲地方小吏，雖然八典名郡，政績顯著，卻不能大有作爲。於〈賈誼論〉言：「古之人有高世之才，必有遺俗之累。是故非聰明睿智不惑之主，則不能全

公爲知制誥（陳雄勳謂王安石時任群牧判官）方謀經術，獨不喜之，屢詆於衆，以故明允惡荊公，甚於讎敵。」
104 《蘇洵嘉祐集第十九卷》〈名二子說〉。

其用。豈其然乎！豈其然乎！」

「轍者善處乎福禍之間」凡人所做所為必留下痕跡，即為「轍」，「轍」既不參與論功行賞，也就不必惹禍喪身，因此善處於禍福之間，而無禍福之害。蘇軾、蘇轍於進京科舉考試之前，曾面見守成都的張方平，張方平在測試之後，曾對蘇軾兄弟許以國士，又品評兄弟人格，略謂：「二子皆天才，長者明敏尤可愛，然少者謹重，成就或過之。」[105]張方平但藉測試答題行為觀之，對蘇軾、轍兄弟的識人之明，一言中的。「成就或過之」乃指仕宦生涯而言，蘇軾於政治上的表現，由於「不外飾」，遭受他人嫉妒，構詞陷害，尤其是「烏台詩案」，牢獄之災，九死一生。而後宦途困蹇，遠謫儋州，更是古今鮮有。而蘇轍因牽連受累，謫居嶺南，然因其謹重，王安石變法之初，納入集團。且在哲宗元祐年間位躋戶部門下侍郎，其政治地位高過兄軾，為政豈在多言？於徽宗崇寧三年（1100）六十二歲，還居穎昌，到政和二年（1112）卒，〈遊西湖〉「閉門不出十年久，湖上重遊一夢回。行過閭閻爭問訊，忽逢魚鳥亦驚猜。可憐舉目非吾黨，誰與開樽共一杯？歸去無言掩屏臥，古人時向夢中來。」[106]蘇轍的避害計慮周詳，才能免去朝廷當政者的追捕，而轉危為安，其行事謹重，才能安好晚年。蘇軾曾對人說：「子由之文實勝僕，而世俗不知，乃以為不如，其為人深，不願為人知之。」《郎曄經進東坡文集事略四十五 張文潛書》

---

105 同註 16，頁 360 引無名氏《瑞桂堂暇錄》：「老泉攜東坡、穎濱謁張文定公。次日，文定見老泉云：皆天才，長者明敏尤可愛。然少者謹重，成就或過之。所以二公皆愛文定，而穎濱感之尤深。」
106 《欒城三集卷三》，頁 1197。

（二）直言極諫

仁宗乍起草萊，而鯁亮切直之聲，固已震耀天下〈蘇文公諡議〉嘉祐六年（1061）蘇轍增加秘閣試後，即進行御試，由宋仁宗親臨崇政殿，策試所舉賢良方正、直言極諫之士，蘇轍進策〈御試制策〉，直言仁宗施政之不是，沈溺聲色、苛捐雜稅、濫用民財等，諸大臣以為蘇轍答非所問，不予入選，司馬光以為直言切直，仁宗以為直言取士，若直言棄之，其謂我何？於是轍入四等。

王安石提「青苗法」予蘇轍，欲其「熟議」時，謂「有不便，以告勿疑。」轍直言青苗法之不便、不利於民，「出納之際，吏緣為奸，雖有法不能禁。」王安石表示「君言誠有理，當徐思之。」又於哲宗元祐年間，位居朝廷高位，對朝政諸多建言，但問是非，不避權貴，《宋史蘇轍傳》詳曰：「元祐秉政，力斥章、蔡，及議回河，雇役，與文彥博、司馬光異同，西邊之謀，又與呂大防、劉摯不合，君子不黨，於轍見之。」[107]

《欒城集》跋語：「見公入朝之始，揆事中達，如漢之賈誼分別君子小人之黨，反復利害，深入骨髓，竊比陸宣公。」

賈誼，洛陽年青人，十八歲能誦詩屬書聞於郡中，河南守吳廷尉召置門下，孝文帝初立，吳廷尉推薦賈生，以為頗通諸子百家之書，每詔書下，諸老先生不能言，賈生盡為之對。一歲中，超遷大中大夫，於是改正朔法制度，定官名、興禮樂，悉更秦朝舊法，降灌等進讒，遂外放為長沙王太傅。《班固漢書第十八　賈誼傳》

---

107 南宋何萬在〈蘇文定公諡議〉：（元祐）九年之間，朝廷尊，公路闢，忠賢相望，貴倖斂跡，邊陲緩靖，百姓休息，君子謂公之力，居多焉。呂公著讚歎道：只謂蘇子由儒學，不知吏事精詳如此。〈欒城遺言〉

陸贄，唐嘉興人，字敬輿。德宗至東宮時，素知贄名，召為翰林學士。德宗立，甚為親信，參議可否，時號「內相」。蘇軾〈乞校正陸贄奏議進御劄子〉：「唐宰相陸贄，才本王佐，學為帝師，論深切於事情，言不離於道德，智如子房而文則過，辯如賈誼而術不疏。上以格君心之非，下以通天下之志。」蘇轍集賈誼、陸贄兩人的長處，於元祐期間，戮力國事，政績卓著。《歐陽脩新唐書列傳第八十二　陸贄傳》

　　蘇轍於元祐元年（1086）二月至十一月，位居右司諫期間，上奏計七十四篇，皆涉及政治問題，多被採納施行，起重大作用，如「罷導洛、廢市場、捐青苗、止助役、寬保甲、免買馬，放修城池之役，復茶鹽鐵之舊，……命令所至，細民鼓舞相賀。」而對於朝中小人，力請責降或不予任用，曾八次上書要求責降右僕射韓縝，三次乞求誅竄呂惠卿，並一論章惇，再論安燾，五論蔡京，章惇因反對差役的施行，又知樞密院對邊防緩急用心不力，延誤軍機，遂黜貶汝州。蔡京則狡邪壞法，依附司馬光復差役法之便，得司馬光之信任，然蘇轍識其「故意擾民，以壞成法」，其人「忠信有餘，而才智不足」，即日降職，黜為知軍。其後蔡京雖欲報復，轍略施小計，京遂中止。

（三）謹重沈靜

　　蘇軾的「不外飾」，蘇轍的「謹重」，不同的人格，決定不同的仕宦生涯、不同的命運。程頤言：「人有三不幸：年少登科，一不幸；襲父兄之勢為美官，二不幸；有高才能文章，三不幸也。」《二程集・外書卷十二》「二不幸」是真不幸，因才智不稱，未能勝任，必敗。而「一、三不幸」，令人持疑，何以故？年少登科，少年得志，是常人慾望，可喜可賀，蘇軾（22）蘇轍（19）皆如

是焉。而科舉應試「如拾芥」，因其兄弟文章冠天下，名動京師，士人儒子，舉世同欽，治平二年（1065）宋英宗欲召蘇軾為翰林學士，韓琦勸阻：「軾之才，遠大器也，他日自當為天下用。」韓琦基於愛軾而言，以為軾需多習吏事，以熟官僚文化。元祐初（1086）盛傳蘇軾將拜相，司馬光又力阻：「公力言蘇軾為翰林學士，其任已極，不可復加。」推究韓琦、司馬光的勸阻原因：蘇軾的「不外飾」、「才高能文章」是過人之處，也是官僚文化所切忌，因此，蘇軾的一生，多磨多難，應歸諸於其人格特質。

蘇軾的「不外飾」，造成多磨多難的人生，而蘇轍的「謹重」，又如何？兄弟的出處相同，關鍵在於文化背景、家教的氣節過人。《朱子語類卷一百三十》品評二人的差異：「東坡雖然疏闊，卻無毒，子由不做聲，卻險。」「險」說明蘇轍的「謹重」、「城府」較深，其實是對官僚文化，行政經驗諸多體驗、更多磨練。因此，蘇轍因兄弟情誼，牽累掛鉤，勢所難免，如「烏台詩案」的貶謫筠州，其餘仕途較為平穩。而張方平的多方提攜，頗有助益，元祐初期，居高權重，政治主張以柔性治理天下，改革以溫和方式進行，均得自歷史的經驗。因此，政敵寡而得眾，處事得理而順遂。又因沈靜而得道家養生之深，晚年歸隱潁昌十年，如陶潛躬耕田園生活，享年七十四，此皆蘇軾所不及。

三、蘇轍的為政態度

（一）舉止安徐

郎曄《經進東坡文集事略》：「為政亦然，見得未破，不要下手，俟了了而後行，無有錯也」，〈刑賞忠厚之至論注〉蘇轍以此言甚是。嘉祐五年蘇轍在京參加應制科試，呈交楊畋〈進論〉、〈進

策〉各二十五篇，上兩制書：「今年春，天子將求直言之士，而轍適來調官京師。舍人楊公不知其不肖，取其鄙野之文五十篇而薦之，俾與明詔之末。」二十五篇〈進論〉，分為三大部分，上自三王而下至五代的歷代論十二篇，多借古諷今之作，具有強烈的現實對照性；論周公、五經和老聃的文章共八篇，是針對儒道兩家觀點論述，對中國文化影響深遠；五篇論蜀、北狄、西戎、西南夷、燕趙的文章，是研究民風和民族問題的資料。而二十五篇〈進策〉亦分為三大部分；君術策五篇，研究君王如何才能「明於天下之情而後得御天下之術；　臣事策十篇，探討君王如何進用文臣武將，各盡其才；　民政策十篇，探討宋代科舉，兵制、田制、勞役等與民政有關的議論。

　　蘇轍提出〈進論〉、〈進策〉計五十篇，探討問題深入，觀點純正，雖直斥仁宗施政的偏頗，自以為鄙直樸拙之人，但仁宗仍許為直言之士，並不擯棄。施政理論，對元祐朝政，多被接納實施，影響很大。在〈上曾（公亮）參政書〉：「轍，西蜀之匹夫，往年偶以進士得一命之爵，今將為吏崤澠之間，閑居無事，聞天子舉直言之士，而世之君子以其山林樸野之人，不知朝廷之忌諱，其中無所隱蔽，故以應詔。」蘇轍在政治上的成就，過於蘇軾，是做到「見得未破，不要下手，俟了了而後行」的嘉言懿行，斑斑可考。

　　熙寧二年（1069）二月〈上神宗皇帝書〉論治國有先後秩序，又主張去「三冗」，[108]神宗批付中書：「詳觀疏意，知轍潛心當世之務，頗得其要。鬱鬱下僚，使無所伸，誠亦可惜。」〈孫汝聽潁

---

108 《欒城集卷二十一》〈上神宗皇帝書〉曰：「使事之害財者盡去，雖不求豐財，然而求財之不豐，亦不可得也。故臣謹為陛下言事之害財者三：一曰冗吏，二曰冗兵，三曰冗費。頁369

濱年表〉神宗雖有「誠亦可惜」，但終神宗之朝，仍是「鬱鬱下僚，使無所伸。」

《欒城集跋語》：「見公入朝之始，揆事中達，如漢賈誼，議河流邊事茶役法，分別君子小人之黨，反復利害，深入骨髓，竊比之陸宣公贄。」[109]對蘇轍稱許有加。以爲兼具賈誼陸贄的長處，洵非溢美之辭，張耒說：「其平生見人多矣，惟見蘇循州不曾忙。……雖事變紛紜至前，而舉止安徐，若有處置。」《明道雜誌》

（二）蘇轍與兄軾進退出處無不相同

「轍與兄進退出處無不相同」《宋史・蘇轍傳》，這句評語就論蘇轍兄弟的政治仕宦生涯，是爲的論：在仁宗朝，兄弟同科進士及第，同應制試科入等。但蘇轍因直言不遜，而入四等。在神宗朝，同因反對王安石新法，先後離開朝廷，蘇軾歷任密州、徐州、湖州地方長官，蘇轍只擔任幕僚，並無政績可言。因「烏台詩案」同遭貶謫。元祐年間，同被起用而青雲直上，哲宗親政後同被遠謫嶺南。然而，兄弟之間在性格上，蘇軾的豪放不羈，鋒芒畢露，蘇轍的沖和淡泊，老成持重，從小就已大異其趣，在政績上的造就也就各自不同。

從應制科試始，蘇轍的政治主張遠比蘇軾尖銳激烈，但是遭受政亂的迫害反比蘇軾少。王安石以蘇轍寡言鮮欲，素有敬心，任制置三司條例司檢詳文字。且在元祐之政，蘇轍比蘇軾爵位高，官至門下侍郎，爲六執政之一，位同副相。蘇軾則位至知制誥兼侍讀，元祐六年（1091）六月到京，八月即出知潁州。貶謫時蘇轍僅貶至雷州，蘇軾遠謫海南島。徽宗朝，元祐黨人多被外徙，

---

109 《三蘇全集》〈欒城集跋語〉，頁 1575。

蘇轍獨免。去世得贈大中大夫,並與三子恩澤,奸佞蔡京「以子由長厚,故恤典獨厚。」朱弁《曲洧舊聞》

　　蘇轍在地方政績幾無可言,主要政績表現在元祐年間朝廷任職,南宋何萬在〈蘇文定諡議〉:「(元祐)九年之間,朝廷尊,公路闢,忠賢相望,貴倖歛跡,邊陲綏靖,百姓休息,君子謂公之力居多。」對元祐之政雖有過多美化,但對蘇轍在元祐任職的表現,卻是十分肯定。蘇轍政治才幹在元祐時得到適度空間的發揮,呂公著讚歎道:「只謂蘇子由儒學,不知吏事精詳如此!」〈欒城遺言〉總之,就政治仕宦生涯表現,蘇轍是優於蘇軾,此乃「性沈靜簡潔,為文汪洋澹泊,似其為人,高處殆與軾軋。」豈其然乎!豈其然乎!

第二章　蘇轍軍事理論

第一節　北宋中央集權的軍事制度

經過五代十國的動亂之後，在西元 960，宋太祖趙匡胤統一中國，到欽宗靖康二年（西元 1127）靖康之難，金兵直驅汴京，徽宗（趙佶）在倉皇中下詔罪己，讓位於欽宗（趙桓），金兵渡河圍攻汴京，俘虜宋徽宗、欽宗以及宮廷中的后妃、宗室、貴戚等約三千人，還軍北方。宮中庫藏金銀、絹帛、珍玩、寶器、圖籍、天文儀器、儀仗等，幾乎被劫一空。

縱觀中國歷代王朝，版圖最小，國勢最弱當屬宋朝，尤其是北宋在北遼西夏強虜環伺之下，屢戰屢敗，割地賠款，屈辱以求存，乞和以求活。究其原因，北宋軍事中央集權的政策，宋太祖「杯酒釋兵權」，埋下禍端。

一、唐五代之季，其亂何在也

宋太祖的取得權位，是經由親信趙普、石守信等人的策劃，發動「陳橋兵變」。為鞏固皇權，防止類似「陳橋兵變」的重演，在建隆二年（961）主導「杯酒釋兵權」。趙普更提出三大措施：收奪節度使在地方上的政治權力，沒收地方財權，收回兵權。同時，宋太祖改派文官管理各州郡的政治和軍事，以文臣代替武將。

而且文官都由皇帝指派，地方軍事必須聽命於朝廷。天子軍事集權更加鞏固，而地方軍事權力日漸式微。且宋朝在中央設立樞密院掌理全國軍事，樞密院直接對口向皇帝負責，其他官員不得過問。然樞密院職掌僅限於發兵權，沒有統率軍隊權，形成發兵權與統率權的分離。蘇轍指陳：「昔唐季五代之亂，其亂果何在也？海內之兵，各隸其將，大者數十萬人，而小者不下數萬，撫循鞠養，美衣豐食，同其甘苦而順其好惡，甚者養以爲子，而授之以其姓。故當是時，軍旅之士，各知其將，而不識天子之惠。君所有令而不從，而聽其將。而將之所爲，雖有大奸不義，而無所違拒。故其亂也，奸臣擅命，擁兵而不可制。」〈臣事上第四道〉[1]蘇轍認爲宋朝爲記取唐五代的歷史教訓，爲鞏固皇權，採用將帥發兵御兵的分離策略，削弱將帥權利，增加政府對軍人的干預，對軍事的控制。任何一種制度的設置，就如一把利刃，有利必有弊。宋朝的軍事策略有矯杆過正、對武人防之過甚的現象，以文人領政，造成國力積弱不振、夷狄入侵，喪亡無日矣。

二、北宋兵制的改革

北宋的兵制分爲四類，最具實力精銳的是禁軍，禁軍的重要任務：其挑選全國最精壯的人充任；是國王的人馬，貼身警衛，除駐守京師以外，並輪番屯戍地方，俾集精銳於內，兵不爲將有。禁軍爲北宋作戰力最強大的兵力，也是北宋唯一能夠抗敵的部隊。其次廂兵，廂兵爲地方（州）兵，是禁軍挑選剩餘的老弱殘兵，僅能維護地方治安，不堪擔當作戰任務。其次鄉兵，選自民

1　《欒城應詔集卷七》，頁1300。

籍，爲民兵性質，猶民防部隊。其次番兵，是塞下內附的部族兵。[2]

　　宋太祖時期，全國兵額大約三十八萬。其中禁軍占一半有餘。趙匡胤以十萬禁軍駐紮汴京，另十萬在外郡守衛。宋太宗時期，全國兵額大約六十六萬，其中禁軍也占一半有餘。[3]凡是派駐外地的禁軍，規定定期換防。有兩年一換，有三年一換，個別地區有半年一換。輪換的目的：使士兵「習勤苦，均勞逸」；更重要的是禁軍不長駐紮一地，可防止與地方勢力結合而反抗中央朝廷。況且禁軍的家屬妻子住在汴京，事實上是不敢也不能反抗。而且爲防止統帥擁兵自重，防止個人勢力擴張，其部署強幹弱枝，安內虛外，以徹底杜絕唐朝藩鎮擁兵自重的割據與朝廷對抗。禁軍的統帥由天子任命，經常調動，造成「兵常無帥，帥常無師」，禁軍的調防、權力也在於皇帝的掌控。蘇轍察其弊端，在〈臣事上第四道〉：「兵安其將，而樂爲用命」（同註1）若是兵將離心離德，不能成爲向心力凝聚的團隊，蘇轍認爲「然今世之人，遂以其亂爲戒，而不收其功，舉天下之兵數百萬人，而不立素將」，造成「將兵者無腹心親愛之兵，而士卒亦無附著而欲爲之效命者」。（同註1）「故命將之日，士卒不知其何人？皆莫敢仰視其面，夫莫敢仰視，是禍之本也。」（同註1）如此，上下疏離，不知姓名，

---

2 淮建利著《宋朝廂軍研究》，頁8 丁度作〈慶曆兵錄〉，宋祁爲之〈序〉曰：凡軍有四：一曰禁兵，殿前、馬、步三司隸焉，卒之銳而剽者充之。或挽強，或蹶張，或戈船突騎，或投石擊刺，或處則衛鎮，出則更戍。二曰廂兵，諸州隸焉，卒之力而悍者募之。天下已定，不甚特兵，惟邊蠻夷者，時時與禁兵參屯。三曰役兵，郡有司隸焉，人之游而惰者入之。若牧置、若漕挽、若管庫、若工技，業壹事專，故處而無更。凡軍有額，居有營，有常廩，有橫賜。四曰民兵，農之健而材者籍之。視鄉縣大小而爲之數，有部曲，無營壁，闕者輒補，歲一閱焉，非軍興不得擅行出缶此。國家制軍大抵如此。《宋祁 散文集卷四 慶曆兵錄序》

3 同註2，頁41至42。

何來敵愾同仇？遑言同心同德？上下不同欲，每戰必敗，潰不成軍，所以北宋鮮有內亂，卻外患頻仍，導致亡國。蘇轍〈楊樂道龍圖哀辭并敘〉：「其為將，能與士卒均勞苦，飲食比其最下者，而軍行當處其先，以此得死力。」[4]蘇轍認為將領與士卒同甘共苦，士卒為之效死，了無遲疑。於〈乞禁軍日一教狀〉再次強調「古之名將，如李牧、王翦，將用人之死力，必椎牛釃酒，聽其佚樂，養而不試，士兵皆投石超距，踴躍思奮，而後用之，故所向無敵。」[5]

蘇轍對於國家兵源的主張：兵民合一，並不贊同募兵制度。〈私試進士策問〉：

「五家為比，比有比長；五比為閭，閭有閭胥，四閭為族，族有族帥；五族為黨，黨有黨正；五黨為州，州有州長；五州為鄉，鄉有一正卿。」[6]此為平時地方鄉里組織，層層節制。等到戰時，就利用原有組織，而成為實質的戰鬥團體。「及有軍旅之事，則以比長為伍長，閭胥為兩司馬，族帥為卒長，黨正為旅師，州長為師帥，鄉為將軍。」（同註 6）而兵力來源，「起軍之法，自五口以上，家以一人為兵，一人為役。」（同註6）至於兵力宜出於民，兵戰於車，車馬介胄都是民力，是故民之於兵非常勞苦，三時務農，一時講武；以鋤耰錢鎛的人，驅之以干戈戰事，戰技生疏，每戰必敗。蘇轍〈兵民〉認為「使民出其賦以養兵，兵盡力於衛民。民有耕耨之勤，而兵有征戌之勢，更相為用，而不以相德，此固分兵、民之本意也。」[7]然寓兵於農的古制，卻使人民安定，四夷賓服。反觀近代兵民分離，實施募兵制度，募得士兵，

4　《欒城集卷十八》，頁 339。
5　《欒城集卷三十八》，頁 668。
6　《欒城集卷二十》，頁 357。
7　《欒城後集卷十一》，頁 1012。

兵器皆由官出，且暮教戰，四時不擇，可謂既逸且習，但是欲安萬民而威四夷，卻不如古制。古制適用，何以不用？隱兵於農，是爲上策。

三、三蘇〈六國論〉的軍事思想

北宋王朝自建國以來，在北遼西夏的環伺侵擾之中，割地賠款、喪權辱國，爲全國百姓痛心疾首、食不甘味的腹心之疾。因此，北宋知識分子的潛在意識中，「驅逐夷狄、收復中原」，是讀書人立志的願望。三蘇的傲岸個性，更是激昂慷慨。

曾鞏〈蘇明允哀詞〉：「明允爲人，聰明智慧過人，氣和而色溫，而好爲策謀，務一出己見，不肯躡故跡。頗喜言兵，慨然有志於功者也。」《南豐類稿卷四十一》

蘇洵著《權書十篇》，分獻當道者觀閱，除暢言敵我的形勢優劣外，對於行軍用兵之法，攻守致勝之道，莫不深切言明。其軍事思想取源於《孫子兵法》，以北宋的外患頻仍，可見蘇洵的別具用心，乃宋朝重用文人，文人執掌軍權使然耳。

且觀三蘇〈六國論〉，其抒論要旨各自不同：老蘇論「弊」，大蘇論「士」，小蘇論「勢」。蘇洵在《權書》中論「六國」，認爲「六國破滅，非兵不利，戰不善，弊在賂秦。」暗喻北宋的夷狄外交，在於割地賠款。而蘇軾在《志林》中論「六國」，敘述六國之所以速亡，秦國之所以久存，其因皆出於養士，暗諷北宋中後期，罔顧文化，漠視知識份子的風氣。蘇轍論「六國」則掌握天下之勢，分析當代戰略形勢，藉六國的不團結擯秦，以至於滅亡的史實，暗諷北宋朝廷的享樂宴飲，不知力圖振作的可悲，哀其步六國之後塵，而亡無日也。其實三蘇論六國，就是論北宋朝廷，不能明說，只有暗諷，目的在於喚醒朝廷奮發圖強，富國強兵，

上下一心，以爲抗敵，免蹈六國覆轍。蘇轍進論〈北狄〉結論：「今
奉夷狄無知之人，交歡納幣，以爲兄弟之國，奉之如驕子，不敢
一觸其意，此適足以壞天下義士之氣，而長夷狄豪橫之勢耳。今
誠養威而自重，卓然特立，不聽夷狄之妄求，以爲民望，而全吾
中國之氣。如此數十年之間，天下摧折之志復壯，而北敵之勇，
非吾之所當畏也。」[8]與三蘇「六國論」不謀而合。

　　蘇氏父子三人論六國，老蘇論「賄賂之弊」，大蘇論「天下
之士」，小蘇論「天下之勢」，論六國滅亡，觀點不同，但父子軍
事思想，一脈相傳，取諸《孫子兵法》。

　　蓋謂之亡，皆亡於不知謀攻之方[9]

第二節　以天下之治安、冗官，
薄天下之武官、武舉

　　宋太祖取得政權，乃經由親信趙普、石守信等人的策劃，發
動「陳橋兵變」而奪得帝位；爲鞏固皇權，防止類似「陳橋兵變」
的重演，在建隆二年（961 年）主導「杯酒釋兵權」。趙普遂提出
三大措施：（一）收奪節度使在地方上的政治權力，（二）沒收地
方財政權，（三）收回兵權，加強朝廷集權管控。且改派文官掌理
全國州郡的政治和軍事，以文臣替代武將。全國文官皆由朝廷派

8　《欒城應詔集卷五》，頁 1278。
9　《新編諸子集成（八）孫子十家注　謀攻篇第三》：「上兵伐謀，其次伐交，
　　其次伐兵，其下攻城。攻城之法，爲不得已。」世界書局　六十一年十月
　　新一版。

任，歷代皆然；而地方軍事亦由聽命於朝廷，應為首創。宋朝在中央設立樞密院統籌全國軍事，樞密院直接向皇帝負責，其他官員不得過問。然樞密院僅止於發兵權，沒有統率軍事權，形成調兵權與發兵權的分離。是以皇帝執掌軍事指揮大權，卻不明前方作戰實況，不得下達確切旨令；而前方將領未得皇帝指令，不得調派兵士。宋朝軍事屢屢挫敗，此為重要原因之一。

　　蘇轍〈臣事上第三策〉結論大聲疾呼：「今天下有弊二：以天下之治安，而簿天下之武臣；以天下之冗官，而廢天下之武舉。」[10]蘇轍盱衡時勢，道出宋朝的弊端，在於「重文輕武」、「冗官冗費」的兩大弊病。廢武舉，輕視武官的政策，是一大錯誤，將使國家不得平治，而且武官後代子孫往往轉而進士，長久以後，朝廷何來良將？國必積弱不振，因為「將者，國之輔也，輔周則國必強，輔隙則國必弱。」《孫子·謀攻卷三》因此，蘇轍主張恢復武舉，重視武官，而且「天子時亦親試之以騎射，以觀其能否而為之賞罰。……要以使之知上意之所悅，有以自至而爭盡其力，則夫將帥之士，可以漸多矣。」（同註10）

　　蘇轍乃一介文臣，而以國家平治為導向，對於「簿武官、廢武舉」認為是矯枉過正的錯誤，其由來是蘇轍觀察史實，具有前瞻性的看法，強調武官制度的重要，應興應革，提醒天子參與武舉的考校，提高將帥武力，培養尚武的風氣，蘇轍耿耿忠心，誠誠悃悃，令人敬佩。

一、天下之事莫難於用兵

　　蘇轍〈臣事上第三道〉「臣竊觀當今之人，治文章，習議論，

10　《欒城應詔集卷七》，頁 1299。

明會計，聽獄訟，所以爲治者，其類莫不備有。而天下之所以少者，獨將帥武力之臣。」[11]

（一）奇才良將以領兵

蘇轍認爲朝廷文臣人才濟濟，將帥武臣則不備，深究其原因：先世老將凋謝，而西寇作難，欲得奇才良將以領兵，不可得也。其後西邊良將亦略盡矣，天子茫然四顧，未知誰可以爲將？故曰：「天下之事，莫難於用兵。」[12]當今之世，爲將最難，責之以難事，強之以所畏，而不作其氣，此又是將帥不可得之故也。且宋朝「重文輕武」的政策，上之所好，下者趨之，此人之常情也。是以武臣子孫之家往往轉而從進士，後繼無人。將帥如何可得？蘇轍曾以漢武帝、唐太宗國富而兵強，所欲加意，而天下奇才，用之不見其盡。由此觀之，「則天下固有無窮之才，而獨患乎上之不叩不觸，而使其神弛而不張也。」（同註 12）而爲將的充要條件之一，則爲善於用兵。

（二）善用兵者在養氣

「善用兵者，雖匹夫之賤，亦莫不養其氣，而後求其用。方其未戰也，使之投石超距以致其勇，故其後遇敵而不懼，見難而

11　《欒城集卷二十一》〈上皇帝書〉：「臣（蘇轍）聞太祖用李漢、馬仁瑀、韓令坤、賀惟忠、何繼筠等五人使備契丹，用郭進、武守琪、李謙溥、李繼勳等四人使備河東，用趙贊、姚內斌、黃邊誨、王彥升、馮繼業等五人使備西羌，皆厚之以關市之征，饒之以金帛之賜，故此十四人者皆富厚有餘，其視棄財如棄糞土，購人之急如恐不及。是以死力之士，食其金錢，捐軀命，冒患難，深入敵國，刺其陰奸而效之。」頁 374。

12　《欒城後集卷七》〈臣事上第三道〉，頁 1298。

效死。何者？氣盛故也。」[13]蘇轍又說：「天下之勇士，可使用兵，而不可使主兵；天下之智士，可使主兵，而不可使養兵。養兵者，君子之事也。故用兵之難，而養兵尤難也。何者？士氣之難伏也。…氣之所在，毒之所向也。」[14]「氣」之爲用大矣哉？舉兵而行，三軍之士，其心在號令，而其氣在戰。息兵而爲營，其心在壘壁，而其氣在禦。陳兵而遇敵，其心在白刃，而其氣在勝。因此，兵在外，士氣在敵，而不在其上。是故撫之而易悅，行之而易足，誅之而易定，動之而易使。當此之際，用兵如神。〈論渠陽蠻事劄子〉：「古今命將，必因已試之效，內爲兵民所信，外爲蠻夷所畏，威名已著，故功效可期。」[15]況且在戰勝戰敗之間，士兵的勇氣相對的提升或索盡，厥爲重要。〈北狄論〉：「夫戰勝之民，勇氣百倍；敗兵之卒，後世不復。蓋所以戰者，氣也；所以不戰者，氣之蓄也；戰而後守者，氣之餘也。古之不戰者，養其氣而不傷。今之士不戰，而氣已盡矣。此天下之所以大憂者也。」[16]養氣是軍中的靈魂，氣盛則將士勇壯威武，敵人望之生畏；氣索，則將士疲弱畏縮，敵人反而意志昂揚。曹劌論戰勝負在於氣：「夫戰，勇氣也。一鼓作氣，再而衰，三而竭。彼竭我盈，故克之。」可爲作戰上上之策。蘇轍提出具體可行的方案：欲復武舉，重武臣，天子時而觀其騎射，以爲賞罰。蓋使武將得知天子之喜悅，俾以自重而自發，雖未能網羅天下奇才；行之久遠，將帥之士自可漸見，何患乎無才也？孟子說：「夫志，氣之帥也；氣，體之充也。夫志至焉，氣次焉，故曰：持其志，無暴其氣。」（公孫丑上）。

13　《孟子公孫丑（上）》：「夫志，氣之帥也；氣，體流也。夫志至焉，氣次焉，故曰：持其志，無暴其氣。」

14　《欒城後集卷七》〈臣事上第五道〉，頁1301。

15　《欒城集卷四十四》，頁781。

16　同註8。

氣盛則將士勇壯威武，敵人望之生畏；氣盡，則將士疲弱畏縮，敵人反而意志昂揚。是以孫子曰：「故三軍可奪氣，將軍可奪心。是故朝氣銳，晝氣惰，暮氣歸。故善用兵者，避其銳氣，擊其惰歸，此治氣者也。」《孫子兵法卷七　軍爭篇》蘇轍論治氣深得孫子之道，是治兵上上之策。

二、方今之患，生於太怯，而成於牽俗

（一）施政大破大立，勇於變革

　　蘇轍「嘗以為，方今之患，生於太怯，而成於牽俗。太怯，則見利而不敢為，牽俗，則自顧而愛其身。夫是以天下之事，舉皆不成，而何獨在此？」[17]施政不敢大破大立，但得墨守成規，不知更弦易轍，奮勉之氣，蕩然無存。司馬光於哲宗即位之初，上疏〈乞罷保甲法〉，認為「若使之捕盜賊衛鄉里，則何必如此之多（民兵）？使之戍邊境事征伐，則彼戎狄之民，以騎射為業，以攻戰為俗，自幼及長，更無他務，中國之民，生長太平，服由力穡，雖復授以兵械，教之擊刺，在教場之中，坐作進退，有似嚴整，必若使之與戎狄相遇，闐然鼓之，鳴鏑始交，其奔北潰散，可以前料，決無疑也。」[18]司馬光的未戰先敗陳義迂腐的言論，蓋謂中國之民，雖教之以武事，亦無力以抗拒戎狄之兵。宰執大臣如此畏戰，亦復何言？明代陳汝錡論曰：「宋武衰而積弱之國也，將權釋於杯酒，而藩方之兵弱；天子之禁軍以戍邊備征討，陷朔代，圍太原，下燕薊，直擣汴京，有南朝無人之歎，而太后

17　《應詔集卷十》〈民政下第三道〉，頁 1333。
18　《司馬文正公集卷四十六》，頁 358。

手詔，亦有人不知兵之恨。」[19]善乎陳伯容之長言也，肯綮中的，有宋之兵，因皇權的擴張與集中，將帥發兵與帶兵的分權，指揮不一，軍權分散，而四方夷狄的鯨吞蠶食，割地賠款，無可奈何，兵制使然也。

（二）內郡之兵守內，戍邊之兵守邊

蘇轍又指出「今世之兵，皆天下之所廩食，以終其身。」[20]軍人享有終身廩食，在秦則廩於秦，在趙則廩於趙，不可一日而闕，而無休罷更代的期日。蘇轍認為「守此區區既往之陳跡，豈不惑哉？」（同註 20）且用中原之士屯聚守邊，平時雖無死傷戰鬥的禍患，而其心態常自以為「出征行役」，苦寒冒露，為國劬勞。享受國家俸給的豐衣美食，想當然耳。「故士卒百萬，端坐而食，實不知行陣之勞，不見鋒刃之危，而皆以已自負，以為有勞於國，其勢不可有所復使。」（同註 20）兵士坐享優渥而不知為誰而戰？為何而戰？更不知如何而戰？此其弊在於用兵不當使然耳。蘇轍的解決流弊，必革除舊習。以為「方今之計，內郡之兵，常常在內，而不以戍邊。戍邊之兵，常常戍邊，而不待內郡之戍卒。募內郡之卒，其樂徙邊者，而稍厚之。不足，則募民之樂為邊兵者以足之。」（同註 20）

使內外有定額不遷士兵，減少內郡之眾，平常無事，以此備邊；一旦欲有攻奪掩襲，則調撥內郡之卒，使內外兵士都能致其勇力以報效國家。如此，「屯兵歷年，而士無所怨其勞；出兵千里，而士無所憾其遠。兵入，則出者得以休息，而無乘塞之苦；兵出，

---

19 《四庫提要　一百二十五。》陳汝錡，明高安人，字伯容。學問廣博，嘉靖中，由貢生官建陽訓導，在官一年而卒。著有《甘露園長短書》。
20 《欒城集卷十》〈民政下第五道〉，頁 1336。

則守者閒暇，而無行役之困。交相爲用，如循環之無端。而此真今世之法，竭天下以養兵。守亦使此，戰亦使此。」（同註 20）如蘇轍所言，內外兵士減少遷徙之勞、征途之費、緩不濟及之害，一舉而數得，勇於突破牽俗，自然有爲。

三、兵以衛農，農以資兵

北宋王朝的中央集權，富國強兵爲統治者目標，實行軍事制度的指揮控制亦不例外，以文人帶兵，以募兵制招募兵士，素質不佳，遷調頻仍，遂造成將不識兵，兵不識將的疏離，上下不能同心，而諸將又貪功爭權，不與支援，形成一盤散沙，各自爲政。對於北遼、西夏屢戰屢敗，割地賠款厚賜，以求苟延殘喘而已。所以是中國歷史上國力最弱、版圖最小的王朝。蘇轍（民政上第四道）批評指出：「臣聞管子治齊，…國中之士爲兵，鄙野之民爲農。農不知戰而士不知稼，各治其事而食其力。兵以衛農，農以資兵。發兵征行，暴露戰鬥，而農夫不知其勤，深耕疾耨，露體塗足，而士卒不知其勞。」[21]自管仲死，其遺謀舊策，後世無復能用，而獨其分兵與民之法，遂至於今不廢。何者？其事誠有以便天下也。

蘇轍嚮往古代「寓兵於農的古制」，出而爲兵，入而爲農。無事則耕，有事則戰。安平之世，無廩給之費；征伐之際，得勤力之士。既解決兵士來源，又祛除冗費，是有其軍事財經策略的考量。如此，養兵不再是國家的經濟負擔。而用兵則首在尊崇良將，拔擢良將，以《孫子兵法》的「知己知彼，百戰不殆」，「不戰而屈人之兵」等謀略爲用兵原則[22]，而戍邊之兵與內郡之兵，宜各有職守，不得輪替調動，以免往返費時費力，不合軍事財經

21　《欒城應詔集卷九》頁 1322。
22　同註 9《孫子兵法 謀攻篇第三》。

的效益。蘇轍兵力運用亦以人情為原則，〈民政上第四道〉：「今夫使農夫竭力以闢天下之地，釀其所得以衣食天下之武士，而免其死亡戰鬥之患。此人之情，誰不可者。」（同註 21）所以以兵屯田，招募時告知因屯田而募，本來無田而願耕者，從其願也，則雖勞而不怨。苟屯田之兵既多而可用，有人不耕而食者，因死亡而不補，以待其自衰；久之，屯田之制可復也。

四、庸以養力役之兵，調以養武備之士

〈民政下第一道〉：『民之所以供上之令者三：曰「租」曰「調」曰「庸」。租者，地之所當出：調者，兵之所當費；庸者，歲之所當役也。故使之納粟於官，以為田之租。人人布帛以為兵之調。歲役其力，不役，則出其力之所直，以為役之庸。此三者農夫皆兼為之，而游惰末作之民，亦不免於庸調。』[23]此隋、唐所用「租、庸、調」者也。後代不守，乃始變法而為「兩稅」，以至於今。導致「募冗兵以供力役之急，不知舉刺戰陳之法，而坐食天子，既不勞作，又不服役。而奉養之具，皆出於農。而四海之游民，無尺寸之庸調，皆農民之所出。故兵役之弊，莫過於此。

蘇轍認為「天子平日無事而養兵不息，此其事出於不得已。」乃國家發生干戈兵亂之際，至於力役之際，天下人民必須承當而不得辭，而士兵的廩食，不必政府負擔。因此，「今可使盡為近世之法，皆出庸調之賦，庸以養力役之兵，而調以助農夫養武備之士。而力役之兵，可因其老疾死亡，遂勿復補。而使游民之丁，代任其役，如期而止，以除其庸之所當入。而其不役者，則亦收其庸，不使一日而闕。」（同註 23）蘇轍在天子與人民的分際，

---

23 《欒城應詔集卷十》，頁 1327。

了然於胸，析論建議，言之有據，說之有理。

　　既然農人負責庸調，以為養民之奉獻，但使游民無勞苦嗟嘆之聲，而常使農民獨任其困，遂使天下之人皆知為農之不便，則相率而事於末，末眾而農衰，則天子之獨任愈少而不足於用。國傾而民害，為德不卒，莫大於甚。蘇轍又為農人請命，「欲收游民之庸調，使天下無僥倖苟免之人，而且以舒農夫之困。」（同註23）若使天下游民不得不任庸調之勞，其勢不得不耕，則趨之農作，農民日眾，則工高日少。如此，則兩稅可去，而租庸調可復也。

第三節　好戰與畏戰

　　〈民政下第四道〉蘇轍謂：「臣聞天下有二病：好戰則財竭而民貧，畏戰則多辱而無威。欲民之無貧，則無疾夫無威；欲君之無辱，則無望夫財之不竭。此二患者，天下未嘗有兼也。」[24]以漢朝為例，文景之世，天下治安，民至老死不知征役之勞，府庫盈溢，其賦於民者，三十而取一，可謂盛矣。[25]當此之時，天子無威而至辱，文景不以為意，以求其全民。至於漢武帝不忍數世之辱，盡天下之銳而攻匈奴，闢地千里，斬馘百萬，匈奴之民，死者太半。武帝洗滌先帝之宿恥，而夸大中國之氣，得志滿意，

24　《欒城應詔集卷十》，頁 1333。

25　《漢書補注》後漢班固著　唐顏師古注　清王先謙補注（一）〈第五卷 景帝紀第五　贊曰〉：「孔子稱斯民三代之所以直道而行也，信哉周秦之敝，罔密文峻而姦軌不勝。漢興掃除煩苛與民休息，至于孝文加之以恭儉，孝景遵業五六十載之間，至於移風易俗黎民醇厚。周云成康，漢言文景，美矣。」（史稱文景之治）

無以復加矣。[26]而國內疲憊，財源枯竭。天子威震匈奴，國庫匱乏，人民貧困。此二者，孰是孰非，發人深省。

一、凡欲用兵，先論曲直

　　蘇轍任職右司諫時，對西戎的用兵，上疏〈論蘭州等地狀〉曾論及朝廷對敵作戰的三個原則：論時之可否，理之曲直，算之多寡。蘇轍說：「先朝必欲弔伐，但誅其罪人，存立孤弱，則雖犬羊之群猶將伏以聽命。今乃割其土地，作爲城池，以自封殖。雖吾中國之人猶知其爲利而不知其義也。曲直之辨，不言可見。蓋古之論兵者，以直爲壯，以曲爲老。」[27]舉例爲證，仁祖之世，元昊叛命，連年入寇，四方之民，裹糧奔命，雖捐骨中野，不以爲怨。何者？知曲在元昊，而用兵之禍，朝廷之所不得已也。頃自出師西討，雖一勝一負，損失不多，然而邊人憤怨，天下咨嗟，土崩之憂，企足可待。何者？知曲在朝廷，非不得已之兵也。

　　蘇轍主張用兵以義爲準繩，合於義而有戰力，則出兵；〈賈誼下〉蘇轍說：「用兵之難，有怵於外而動者矣，力之所及，而義不可，君子不爲也。」[28]若是合於義而戰力不足，則不出兵，「義之所可，而力不及，君子不強也。」（同註 28）義者，宜也；正其宜而不謀其利，明其道而不計其功。不謀其利、不計其功，無

---

26 同註 25〈第六卷　武帝紀第六　贊曰〉：「漢承百王之弊，高祖撥亂反正，文景務在養民。至于稽古禮文之事，猶多闕焉。孝武初立，卓然罷黜百家，逐疇咨海內，舉其俊茂，與之立功。興太學，修郊祀，改正朔，定曆數，協音律，作詩樂，建封禪，禮百神，紹周後，號令文章，煥焉可述，後嗣得遵洪業，而有三代之風。如武帝之雄材大略，不改文景之恭儉，以濟斯民。雖詩書所稱，何有加焉。」漢武帝治績彪炳，拓疆闢土，文治武功，留名青史。

27 《欒城集卷三十九》，頁 685。

28 《欒城後集卷九》，頁 979。

私也。人而如此則無憂，君而如此則得樂，蘇轍說：「惟無私者能
以剛服天下，此其勢然也。…人君之樂，非樂乎有天下，而樂得
與天下去惡而獎善以快吾志。今使天下有不義之臣，誅之不獲，
而又從而尊之。尊之不足以爲悅，而又從而黜其所怨，以慰其盛
怒。此二事者，夫豈爲君之樂哉？」[29]若乎如徐敬業「是用氣憤
風雲，志安社稷，因天下之失望，順宇內之推心，爰舉義旗，以
清妖孽。以此制敵，何敵不摧？以此圖功，何功不克？」（爲徐敬
業討武曌檄）

二、兵莫重於「間」

　　綜觀歷代有爲的天子，莫不以富國強兵爲職志。北宋以中央
集權的專制統轄，在軍事採行募兵制廢，其缺失時時顯現。蘇轍
〈上神宗皇帝書〉：「方今宿遷之兵，分隸堡障，戰兵統於將帥者
其實無幾，每一見賊，賊兵常多，我兵常少，眾寡不敵，每戰輒
敗。往者將帥失利，未有不以此自解者」[30]以往將帥作戰不利，
常以寡不敵眾做爲藉口。因此，蘇轍駁斥將帥藉口的不當，「祖宗
之兵至少，而常若有餘。今世之兵至多，而常患於不足。」（同註
30）此二者的差別不可不察，推究其原因，歸諸於「三軍之事，
莫親於問賞，莫重於間，間者三軍之司命也。」（同註 30）此爲
今昔兵多兵少的真正關鍵。蘇轍提出因應對策，希望天子能夠擇
任將帥而厚之以財，重賞之下必有勇夫，「武吏爲之攈金披革、習
其戰陣攻鬥之事，而使天下不敢犯。勞苦其筋力，而竭其思慮，
甚者捐首領、暴骨肉於原野而不知避。何者？食其祿也。」[31]反

29　《欒城應詔集卷七》〈臣事上第二道〉，頁 1296。
30　《欒城集卷二十一》，頁 373。
31　《欒城後集卷七》，頁 1313。

之，不以利誘，將帥不盡力，但便宜行事，以至於敵之至情，不得其真；故多屯兵百萬以備不意之患，亦常不足以用也。故謀之士知彼滲透的要件，蘇轍「願陛下復修其成法，擇任將帥，而厚之以財，使多養諜之士，以爲耳目。耳目既明，雖有強敵而不敢輒近。則雖雍熙之兵，可以足用於今世。」（同註 30）蘇轍頗有計籌策於帷幄之內，致勝於千里之外的神機妙算的軍事謀略家。用兵之妙貴在得其死力，得其死力，則能以少勝多，以一當十。

　　蘇轍〈上神宗皇帝書〉：（李漢超、馬仁瑀）等十四人者，皆富厚有餘，「視棄財如棄糞土，賙人之急如恐不及」是以死力之士，貪其金錢，捐軀命，冒患難，深入敵國，刺其陰計而效之。是故「每有入寇，輒先知之故」，所備者少，而兵力不分，「敵之至者舉皆無得而有喪」此乃不恃敵之不來，而恃吾有以待之。其時備邊之人，「兵多者不過萬人，少者五六千人，以天下之大，而三十萬兵爲之用。」（同註 30）若能以少勝多，以寡擊眾，皆在於「爲間」的大用。

　　反觀今日（宋朝）爲間者，皆不足恃，「聽傳聞之言，採疑似之事；其行不過於出境，所間不過於熟戶，苟有藉口以欺其將帥則止矣。」（同註 30）由於爲間者不知敵之至情，但以欺瞞掩飾；敵情不知，則再多眾兵以備其患，猶是不足，乃爲間者欺瞞將帥之誤也。孫子曰：「先知者必取於人知敵之情者也。故用間有五：有因間、有內間、有反間、有死間、有生間。五間俱起，莫知其道，是爲神紀人君之寶也。」《孫子兵法卷十三　用間篇》

　　是故「用兵之道，先勝後戰，量敵論將，故舉無遺策。」（同註 27）蘇轍以爲「王者之兵，不貴詐謀奇計」，但是不打沒有把握的仗，因此「敵國相圖，必審於彼己，將強敵弱，則利於進取；

將弱敵強，則利於自守」〈祖逖〉[32]，在在顯示良將乃勝負關鍵，〈郭綸詩〉：蘇轍自注：綸本河西弓箭手，居戰有功不賞，自聚州都監官滿貪不能，歸權嘉州監稅。

「郭綸本蕃種，騎鬥雄西戎。……自言將家子，少小學彎弓。長遇西鄙亂，走馬救邊烽。」[33]敘述郭綸的身世，專長，而立功西戎。郭氏擅用丈八長矛，是一民兵，由於身手矯捷，與大寇苦戰，取其首級，提升士氣，迅速的打敗敵人。然戰勝後的論功行賞，卻因其為「蕃種」，就不信郭氏忠勇，歷盡九死一生的脫困歸來。又因南蠻的叛變，立即徵召前往，苦戰有功，卻「元帥多異同，有功不見賞。」言之令人氣憤，「予不識郭綸，聞此為歔欷。一夫何足言，竊恐悲群雄。此非介子推，安肯不計功？郭綸未嘗敗，用之可前鋒。」（同註 33）蘇轍激賞郭綸的忠勇，而將帥的偏頗私心，對待屢建奇功的郭綸，刻薄寡恩，如此優秀將才，卻不曾得到封賜獎掖，違背「罪疑者從輕，功疑者從重」的賞罰原則，如此賞罰不公的偏頗，令人氣餒，是北宋軍人士氣低落的主因，而素質良莠不齊的將帥是元兇。

蘇轍說：「天子在位，以仁御兵，士不知戰而狃於賞，令之稍急，則瞋目攘臂而言不遜，此甚可惡也。」〈臣事上第五道〉[34]

若是「良將勁兵遍於天下，其所摧敗破滅，足以上快天子鬱鬱之心，而外抗敵國竊發之難。何者？兵安其將，而樂為用命也。」[35]

將帥心術端正，可以帶兵，更要懂得作戰策略，《欒城集卷

---

32 《欒城後集卷十》，頁 989。
33 《欒城集卷一》，頁 1。
34 《欒城應詔集卷七》，頁 1302。
35 《欒城應詔集卷七》，頁 1300。

二十私試武學策問》：

　　「古之善戰者，必以兩擊一，既爲之正，又爲之奇。故我之受敵者一，而敵之受敵者二，我一而敵二，則我佚而敵勞，以佚擊勞，故曰三軍之眾，可以使之必受敵而無敗。……今世用兵之將，置陣而不知奇正。」[36]將帥置陣奇正相生相成，而又以佚待勞，則戰無不勝攻無不克，此乃爲將之道。孫子曰：「善用兵者，譬如率然（相應之容易）。率然者，常山之蛇也，擊其首則尾至，擊其尾則首至，擊其中首尾俱至。」[37]

三、冗兵、冗費與銷兵

（一）冗兵

　　蘇轍爲精打細算的財經專家，在財經政策又大力主張節流。因此，對北宋的冗兵冗費看得清清楚楚，依蘇轍觀察：「今世之彊（強）兵，莫如沿邊之土人。而今世之惰兵，莫如內郡之禁旅。其名愈高，其廩愈厚。其廩愈厚，其材愈薄。」（同註 30 頁 375）正是以億萬之財，養無用之兵，在西邊用兵時，禁軍不堪役使，當羌人出兵，聞多禁軍，則舉手相賀；聞多士兵，輒相戒不敢輕犯。就實際比較禁軍與士兵，士兵一人，其材力足以當禁軍三人；而禁軍一人，其廩足以贍士兵三人。使禁軍萬人守邊，其用不能當三千人，而常耗三萬人之蓄。是以蘇轍建議：士兵可益而禁軍可損，且禁軍在內郡可免。軍費在朝廷歲出總額中一般占半數以

36　《欒城集卷二十》，頁 366。
37　同註 9 孫子兵法卷十一　九地篇》：「善用兵，譬如率然。率然者，常山之蛇也。擊其首則尾至，擊其尾則首至，擊其中則首尾俱至。敢問兵可使如率然乎？曰可。」

上，戰爭期間高達十之六七，甚至更多。[38]

（二）冗　費

北宋實行募兵制，為籠絡招來的「失職獷悍之徒」，物質待遇頗為優渥：中等禁軍每人約料錢五百，月糧兩石五斗，准例六折；春冬衣綢絹六匹，綿十二兩，隨旅錢三千。以陝西為例，宋仁宗時駐軍約三十萬人，宋英宗時為四十五萬餘人（不包括義務鄉兵）[39]〈長編卷二○八治平三年五月乙丑〉按四十萬人計，（廂軍俸錢低些，但士兵俸錢比禁軍高，平均以禁軍計），則每年需料錢二百四十五萬貫，糧食七百二十萬石，綢絹二百四十萬匹，綿四百八十萬兩，隨衣錢一百二十萬貫，三年一次郊賞共六百萬貫。還有戰馬約五萬匹，需草一千餘萬束，料一百餘萬石，加上器物費（製造維修），陝西每年約需二千萬貫左右，整個北方軍需，成倍數增加。

所指時期	議論者	有關言論	根據文獻
寶元二年前	富　弼	自來天下財貨所入，十七八九贍軍	《長編》卷一二四
嘉祐、治平時	蔡　襄	一歲所用，養兵之費常居六七	《蔡忠惠公集》卷一八《論兵十事疏》
		天下六分之物，五分養兵	同上書同卷《國論要目・強兵》
治平二年	陳　襄	六分之財，兵占其五	《古靈先生集》卷一八《論冗兵札子》、《歷代名臣奏議》卷二二○
仁宗至神宗時	張　載	養兵之費，在天下十居七八	《張子全書》卷一三《邊議》
皇祐以後（北宋）	王　銍	一歲所入……耗于兵者常什八	《揮塵余話》及《通考・兵》引《樞庭備檢》

---

38 北宋於軍費及養兵支費在財政支出中所占比例簡表（汪聖鐸兩宋財政史頁771）。

39 《續資治通鑑長編卷二○八》〈宋英宗治平三年五月〉。

（三）銷　兵

由於軍費的負擔不貲，導致國家財政的困窘，遂有銷兵之說，蘇轍認為不當，但見兵多之累，未見兵少之患，此乃不作久治長安的短視，不宜採行。〈民政下第一道〉：「蓋古者兵出於農，而役出於民，有農則不憂無兵，而有民則不憂無役。五口之家，常有一人之兵，而二十之男子，歲有三日之役。故其兵強而費不增，役起而人素具，雖有大兵大役，而不憂事之不集。至於兵罷役休，而無日夜不息之費。」[40]

此為夏商周三代實施井田制度的成果，無兵役之憂。陵夷至今，井田制度破壞不存，則「天下之民不食天子之田，是故獨責其稅，而不任之以死傷戰鬥之患。天子有養兵之憂，而天下無攻守劬勞之民，以為大憂，故調其財以為養兵之用。而天下之役，凡其所以轉輪漕運、營建興築之事，又皆出於民。」（同註 40）是故冗兵冗費與日俱增，人民捐稅苦役與日俱多，上下交征，無有寧日。若夫天下之兵，各居其鄉，安其水土而習其險易；擇良將以用兵，兵不求其多，而求其樂戰，庶乎天下可得平治矣。

第四節　北宋與遼夏的和戰

富國強兵，是歷代天子治世的目標管理，若是「患國之不富，而侵奪細民，患兵之不強，而凌虐鄰國」，則富強之利終不可得。

蘇轍治國理念，仍是以信義為主軸，對於夷狄的蠻陌之邦，

40　《欒城應詔集卷十》，頁 1327。

亦不改其初衷。〈論西邊商量地界劄子〉:「善爲國者,貴義而不尙功,敦信而不求利。非不欲功利也,以爲棄義與信,雖一快於目前,而歲月之後,其害將不可勝言者矣。」[41]「功利」是治國追求的目標,需以「信義」爲基礎,若不守信義,則功利可棄。若不守信義,而獲致「功利」,只是短暫當前的快意而已,以晉文公攻原三日佐證。[42]信義是治國的要件,更是放諸四海而皆準的道理。是以「利人土地貨實者,謂之貪兵,貪兵者破」,顚撲不破的治國真理,更是國家長治久安的不二法則。

一、宋遼和戰

宋太祖開國,著重保境安民,不欲生事,宋遼間二十年並無嚴重衝突。至太宗太平興國四年(979)消滅北漢,全國統一,欲乘勝收復燕雲十六州失地,乃對遼發動戰爭,較重要的戰役有二:

高梁河(京兆宛平縣西)之役:太平興國四年(979),太宗御駕北征。遼景宗乾亨元年,派兵接戰,在高梁河打敗宋軍,太宗爲流矢所傷,僅以身免。次年再戰,北宋有楊業及夫人折氏率領精兵助陣禦敵,勇敢善戰,氣勢洶洶,在雁門關大敗遼軍。後因統帥潘美等爲爭功而有嫌隙,楊業(老令公)終於在浴血苦戰中,受傷被俘,堅貞不屈,絕食三天,壯烈身亡。[43]

岐溝關(河北易縣)之役:遼景宗去世,幼主聖宗繼位,由蕭太后臨朝親政。太宗雍熙三年(986),宋以遼女主當政,有隙可乘,於是兵分三路:東路曹彬出雄州,朱信走西北路,田重進定州路,直攻幽州挫敗,敗於涿州(河北涿縣)西南的岐溝關,

---

41　《欒城集卷四十六》,頁 814。
42　《左傳,僖公二十五年》〈晉文公攻原(河南濟原縣西北)〉。
43　同註 39〈卷二十 宋真宗太平興國四年(979 年)〉。

死傷慘重。從此，宋爲遼人所輕，不敢北伐。[44]

其後遼在蕭太后主政下，選賢任能，勤課農桑，頗得漢人擁戴，國勢達於鼎盛，於是謀宋益急。宋真宗景德元年（1004）遼兵大舉南侵，直抵澶淵（河北濮陽西南），距首都汴京僅三百里，朝野震驚，紛議遷都求和，惟宰相寇準力主親征，真宗一到前線，宋軍士氣大振，擊潰遼軍前鋒。雙方均有和平意願，乃遣使議和，訂立「澶淵之盟」。宋歲輸銀十萬銀，絹二十萬匹，約爲兄（宋）弟（遼）之國，兩國以白溝河（河北拒馬河）爲界。是中國拋開傳統的大中華意識，與周邊部族國家建立對等關係的開始。而後一百多年，雙方沒有重大軍事衝突，彼此貿易迅速發展，得到莫大助益。[45]

二、蘇轍出使契丹的觀察與諍言

宋神宗熙寧九年（1077）派蘇頌出使遼國，親眼看見遼國人民放牧的情況，「契丹馬群，動以千數，每群牧者僅二、三人而已。」而且牧羊以千百爲群，縱其自就水草，無復欄柵，且生息快速。亦可見遼國畜牧發達，國力強盛。

宋哲宗元祐四年（1089）八月十六日，蘇轍被命爲賀遼生辰使，出使契丹，子蘇遲隨行。於十二月十日南歸，在遼停留十日，觀察敏銳的蘇轍，提出心得，建議哲宗，以供施政資材。〈二論北朝政事大略〉[46]析論如下：

（一）政經概況：遼道宗已是六十高齡老人，卻「舉止輕健，飲啗不衰」，身體硬朗，健康良好。「在位既久，頗知利害。」由

---

44 同註 39 卷二七。
45 同註 39 卷五八
46 《欒城集卷四十二》，頁 747。

於宋遼和好多年,「蕃漢入戶,休養生息,人人安居,不樂戰鬥。」
此乃漢胡文化交流,疏離泯滅,和平共處,厭惡戰爭。況且「其
孫燕王幼弱,頃年契丹大臣誅殺其父,常有求報之心」,而萌生依
附漢人,託附本朝,爲自圖之計。而蘇轍觀看燕王骨氣凡弱,瞻
視不正,雖是心似向漢,「未知得志之後,能彈壓蕃鎮,保其祿位
否耳。」

　　契丹人每冬月南下避寒燕地,收放住坐都在荒地之上,不敢
侵犯,田稅兼賦役極輕,漢人供應容易。只是每有「急速調發之
政」,就派遣使者帶銀牌於漢戶,「須索縣吏,動遭鞭箠,富家多
被強取,玉帛子女不敢愛惜。」燕人最苦,而法令不明,受賕鬻
獄,習以爲常,此爲夷狄之人的習慣,其實朝廷郡縣也有法令,
尚能維護秩序,不致於彼此結成仇隙。

　　(二)文化交流:〈一論北朝所見於朝廷不便事〉(同註 46)
宋朝印刷術頗爲發達,文字傳播超越前代,蘇轍使遼,看到宋朝
印本文字,多已在遼境流傳,尤其是「臣僚章疏及士子策論,言
朝廷得失,軍國利害,蓋不爲少。而小民愚陋,惟利是視,利之
所在,印行戲褻之語,無所不至」。可能造成負面影響:可能洩漏
國家機密;而且取笑夷狄,都是不便。

　　因爲圖書文字,「財入虜中,其利十倍。人情嗜利,雖重爲
賞罰,亦不能禁。」爲杜絕文字流傳夷界的禍害,只禁絕人民不
擅開印行文字,令民間每欲開板,「先具本申所屬州,爲選有文學
官二員,據文字多少立限看詳定奪,不犯上件事節,方得開行。」
若已開板,而犯上述不法情節,並令破板毀棄。蘇轍對於出版業
的嗜利印行,遺害國家情事者,予以嚴屬管制,觀察入微,洞見
分明。

　　(三)交易活絡:蘇轍〈論北朝所見於朝廷不便事〉:目睹

北朝別無錢幣，公私交易，甚是活絡，「本朝銅錢沿邊禁錢條法，雖極深重，而利之所在，勢無由止。」銅錢走私貿易，宋朝每年鑄錢百萬計，而常有不足，散入夷狄之勢猖獗，不可不遏止。

（四）佛教傳播：北朝皇帝愛好佛法，並能親自講述佛經，每年夏季，在京師召集僧徒及群臣，皇帝擔任講師（宣揚佛理。各寺院度僧甚眾，因此，「僧徒縱恣放債營利，侵奪小民，民甚苦之。」佛教對於契丹人的心靈改革，產生極大的作用，誦經唸佛，殺心稍悛。就北朝而言是巨蠹，卻是北宋的利多。

蘇轍為北遼賀使，不辱君命，在〈神水館寄子瞻兄〉：「誰將家集過幽都（幽州），逢見胡人問大蘇。」[47]可見宋遼之間文字傳播快速，而大蘇的詩文是遼國人民最喜愛，大蘇已名滿北遼。而蘇轍「服茯苓賦」亦流行北界。對於北遼蘇轍提出「至誠」相待，「異類猶應服至誠」〈贈石蕃趙侍郎〉，而以和為貴，「圖霸先和戎」〈虜帳〉，至於燕雲十六州的收復，必須「從來帝王師，要在侮亡亂。攻堅甚攻玉，乘瑕易冰泮。中原但常治，故勢要自變。會當挽天河，從此生齒萬。」〈燕山〉

蘇轍對於北遼的風俗民情，政經大計等概況，在〈出山〉詩中，有著詳細的描敘：

> 燕疆不過古北關，連山漸少多平田。奚人自作草屋住，契丹駢車依水泉。橐駝羊馬散川谷，草枯水盡時一遷。漢人何年被流徙，衣服漸變存語言。力耕分種世為客，賦役希少聊偷安。漢奚單弱契丹橫，目視漢使心淒然。石塘竊位不傳子，遺患燕薊逾百年。仰頭呼天問何罪？自恨遠祖從祿山。

---

47 《欒城集卷十六》〈奉使契丹二十八首〉頁 319-321。

　　蘇轍看到遼國生活豐富，又看到滿坑滿谷的橐駝羊馬，財富雄厚。但是漢人形單勢孤，寄人籬下的苦楚，使蘇轍於心不忍，感到憂心。種下苦難的元凶禍首，就是後晉（936-946）的石敬塘，將燕雲十六州割給契丹，稱臣「兒皇帝」，禍及子孫，令人慨歎。

三、宋夏和戰

　　宋夏交兵的爭端，由來已久。當西夏政權強大之時，宋朝企圖以經濟牽制，採取禁止物質交流，割斷雙方邊界貿易。更甚者，宋朝一度下令關閉陝西和河東地區的貿易場所，取消保安軍的榷場。陝西官兵和漢人，不能自由和黨項人民進行交易，於是加深當地的民族對立，引起黨項人的不滿和怨恨。

　　西夏統治者為滿足自身的無窮物質慾望，利用黨項人民對宋朝的怨恨，煽動人民，擴大矛盾，藉此發動武裝掠奪，宋夏的衝突自然產生。

　　況且宋遼雙方早已訂立「澶淵之盟」，宋朝在軍事呈現軟弱無能，暴露無遺。而遼夏之間彼此和好，相互奧援，西夏可以有恃無恐的大舉入寇，如遼國的獲利。因此，在宋仁宗康定年間以後，屢次發動大規模的襲擊，蹂躪漢族農業地區，擄掠漢人做為農奴，造成邊隙糾紛不斷，宋朝君臣憂心不已。幸賴范仲淹「以和好為權宜，以戰守為實事」的策略，與韓琦力守，防禦始固。惟元昊雖是多次戰勝，掠奪物質和人口，但兵員死傷已達半數，人力和物力均感缺乏。而在宋夏戰爭中，邊境貿易中斷，西夏人得不到茶葉、絲綢、糧食等生活必須品，痛恨戰爭，厭惡戰爭。元昊被迫於宋仁宗慶曆三年（1043）派遣使臣，與宋朝和好。就宋朝而言，戰爭加劇內部的困難與矛盾，強迫徵調民兵和馬匹，調集到西北區的軍隊有二十多萬人，諸多民兵離鄉背井，妻離子

散，戰爭是場大災難，是一場令人恐懼驚慌的夢魘。

　　北宋和西夏雖是在慶曆三年（1043）以後，雙方因長年戰爭，對國力的損害慘烈，不得不言歸於好，並不是從此不再有爭執，只是不再發動大規模的軍事衝突，但是邊境紛爭一直是時斷時續，鮮少安寧。當時是蘇轍童年時期，待到蘇轍任職御史中丞時，關於西夏邊境的情況，再三提出解決彼此和平共存共榮的方案，如四論熙河邊事，三論渠陽邊事，論蘭州等地狀，論西邊高量地界，乞罷熙河修質孤勝如等寨札子，對朝廷進盡諍言。

四、蘇轍對西夏的因應策略

　　蘇轍於元祐二年（1087）八月上奏〈論西事狀〉：「惟當今之務，以爲必先知致寇之端，由審行事之得失，然後料虜之所在，定制敵之長算。誠使四者畢陳於前，羌戎小醜，勢亦無能爲矣。」[48]蘇轍對於西夏的攻守進退軍事策略，就此四個要件，抒論於後：

　　（一）先知致寇之端由：蘇轍在〈新論中〉認爲夷狄之患，是中國的一病。欲和欲拒，各有對策，「拒之，則有拒之之具，和之，則有和之之費」，然而和拒之間，宜採速戰速決的定奪，以免天下共被其患。探究朝廷束手無策，乃因「三事」之不立。三事爲何？「天下之吏，偸墮苟且，不治其事，事日已敗而上下不知使，是一不立也；天下之兵，驕脆無用，召募日廣，而臨事不獲其力，是二不立也；天下之財，出之有限而用之無極，爲國百年而不能以富，是三不立也。」[49]「三不立」是北宋朝廷的內憂，吏事不張，兵力驕脆，財源窘困。蘇轍以爲「三事立」，先安內而後攘外，「賂之則爲漢文帝，不賂，則爲唐太宗」，攻守操之在我，

48　《欒城集卷四十一》，頁 721。
49　《欒城集卷十九》〈新論中〉，頁 351。

致寇之端無由。

　　蘇轍自謂儒生，不習軍旅，妄以人情揆度，以為熙河創於是非守把之地。修築城寨，「理既不直，必生邊患」。言未絕口，而夏國軍隊，已破城而歸。為何？因熙河諸將，欲奪良田，收稼穡之利，以守蘭州。於是不論夏國爭占的害處，「計其所得，不補所亡」。不待說明，事已驗證。

　　蘇轍指出北宋的禦敵無方，事在守將 —— 范育、种誼、种朴等三人，此三人皆輕敵自恃，貪功無謀，妄起事端，造成的關陝邊境的憂患。惟另擇良將，以綏靖邊境，可免致寇之端由。

　　范育，字異之。第進士，為洛陽令，屢次升遷，為監察御史裡行。主張以大學誠意正心治天下。西夏入環慶，詔旨行邊，還言邊事，皆從之。後詔往郁延議界。元祐初，遷光祿卿，終戶部侍郎《宋史卷三百三》。

　　种誼，种諤之弟，字壽翁，以戰功累官西京使。元祐中，知岷州，一戰擒鬼章，徙知鄂州。時夏人犯延安，聞誼至皆潰去。《宋史卷三百三十五》

　　种朴，种諤之子，知河州時，至州僅二日，蕃部叛，師使出討，遇伏兵力戰死。《宋史卷三百三十五》

　　「知己知彼，百戰不殆」的作戰原則，對於夷狄的習俗，亦須有透徹的認識，蘇轍〈西戎論〉：「戎狄之俗，畏服大種，而輕中國。戎強則臣狄，狄強則臣戎；戎狄皆弱，而後中國可得而臣。」[50]由此得知：戎狄一強一弱，是中國的憂患。因為弱者不敢獨戰，爭附強國的餘威，而後無所懼。強者並率領弱者之兵，蕩然南下，而無反顧之憂，然後乃敢專力於中國而不去。這種強弱二者以勢

50　《欒城應詔集卷五》，頁 1280。

相從而不可離間，是以中國的兵士，常不得解甲休息。

「故北狄強，中國不得厚西戎之君。而西戎之君，亦將自托於中國。」「厚西戎之君」，避其依附北狄而入寇中國，是分化敵人合縱的策略。只有西戎國大而好勇，君欲區區自立為王，而不畏北狄之眾，中國才可得而用之。

戎狄之人，其種族愚陋而多怨，故可與之共憂。又因其強狠而好戰，是故可以激而壯。使之自相攻擊，而不能分出高下，其勢必走於中國，中國因而收之，而不服者，乃可圖也。

（二）**審行事的得失**：蘇轍曾對西夏民族有著深入的觀察，在〈乞罷熙河修質孤，勝如等寨劄子〉：「西夏輕狡，屢臣屢叛，為患莫測。」[51]由此可見宋夏之間的爭端，宋是被動以守，而西夏是主動以攻；時機不利則臣，有利則攻，「為患莫測」，北宋朝廷棘手無策。在兩國外交亦伴隨和戰，斷斷續續，藕斷絲連。因地界彼此爭執不定之際，以為不可復議，「今者天誘其衷，使者（坤成）既已及境，而地界復議如故，方其未遽告絕，招懷之計猶可復施，此實中國之利也」。（同註51）究其事實，宋修質孤、勝如等寨，是侵奪夏人御莊良田，因而使夏人猜貳，不受約束，怨毒邊吏，不信朝廷。失信的中國，豈能責怪夷狄？

蘇轍主張「朝廷當權利害之輕重，有所取捨。況蘭州頃自邊患稍息，物價漸平，比之用兵之時，何止三分之一？」（同註51）蘇轍的立場是緩修，不是不修，「若能忍此勞費，磨以歲月，徐觀間隙，俟夏人微弱，決不敢事，乃議修築。如此施行，以為得策。」（同註51）但是朝廷並不採納蘇轍建言，認為曠日持久，夏人必叛，用兵以後，不免招來「勞恥」。如此，「敵人強梁則畏之，敵

51　《欒城集卷四十三》，頁754。

人柔伏則陵之」。不是泱泱中國應有的作為。況且若貪圖蘭州小
利，不以夏人逆順利害為思考，因而喪失國家大計，實在得不償
失。

至於西夏坤成來使，蘇轍以為天賜契機，應予厚禮，不該徒
手而歸，關閉北宋西夏和平的一線曙光。但是「議者不深究本末，
妄立堅守之議（蘭州），苟避棄地之名，不度民力，不為國計，其
意止欲利己自便，非社稷之利。」〈再論蘭州等地狀〉[52]蘇轍力主
蘭州之守，因為「執政欲棄者，理直而禍緩；欲守者理曲而禍速。」
（同註 52）因為「曲在中國」，兵家論戰：以直為壯，以曲為老。
曲直遲速，孰為利害，是需要審事得失而後謀定，以免禍害天下
蒸黎。[53]

蘇轍更積極謀求北宋西夏的戰爭平息，若朝廷以天地的大
量，赦西夏的罪過；歸.還侵占西夏的土地，厚其賞賜，通其和市，
如此，「雖豺狼野心，能不愧恥。」縱然酋豪內懷不順，而國恩深
厚，也不會激怒西夏人民。若啟邊隙，是「西戎背恩，彼曲我直，
人懷此心，勇氣自倍，以攻則取，以守則固。天地且猶順之，而
況於人乎？」〈論蘭州等地狀〉[54]蘇轍曾說：「聖人將有以奪之，
必有以予之；將有以正之，必有以柔之。納之以正，而無傷其心；
去其邪僻，而無絕其不忍之意。有所矯拂天下，大變其俗，而天
下不知其為變也。釋然而順，油然而化，無所齟齬，而天下遂至

---

52 《欒城集卷三十九》，頁 688。
53 《欒城後集卷十二》〈穎濱遺老傳（下）〉記載：「元祐六年（1091）」六
　　月，夏人十萬壓境，三日而退，不守誠信。蘇轍對呂大防說：「今欲議
　　此事，當先議：欲用兵耶？不用兵耶？」呂大防：「如合用兵，亦不得
　　不用」。蘇轍：「凡欲用兵，先論理之曲直。我若不直，則兵絕不可用。」
　　建議：「以二十里為界，十里為堡鋪，十里為草地。」
54 《欒城集卷三十九》，頁 687。

於大正矣。」[55]此論乃得於老子思想[56]自損強大而示衰弱之狀，使彼安然無所顧忌，而益怠惰。數年之後，彼之無備，吾日益充實；彼怠我奮，彼驕我怒。此所謂無逆其心且陰墮其志，敗中求勝而弱中之強者也。

　　蘇轍綜觀古今歷史遞遞，對於治國天子，常患有好戰畏戰的缺失，不論其好戰或畏戰，都有過猶不及之弊。因此，蘇轍以謀略為上策，以迴避好戰畏戰的缺點，「當今之計，禮之當加恭，待之當加厚，使者之往，無求以言勝之；而其使之來者，亦無求以言犯之，凡皆務以無逆之心，而陰墮其志，使之深樂於吾之賄略，而意不在我；而吾亦自治於內……以外見至弱之形，而內收至強之實。」[57]中國古代兵法，十分強調「以柔制剛」。懷柔之計是謀略的形式之一，它是一種軍事外交上的攻心之術，是最經濟最廉價的取勝之道。「示弱用詐」是中國古代軍事領域中的熱門兵法，也是古戰場上最令人眼花撩亂的鬥智角逐。尤其是「伐謀」、「伐交」的相輔相成，「伐謀」的實現離不開「伐交」，而「伐交」的成功往往取決於「伐謀」。虛則實之，實則虛之：虛而虛之，實而實之。用而示之不用，能而示之不能等兵法原則，蘇轍雖無藻詞，而取自老子的「將欲取之，必固予之」的體現，亦是活用古人智慧的讀書人。唯有「智能攻之，以洗天下之大慚；不能攻之，則驕之而圖其後。未有不能攻之，又不能驕之，拱手以望其成功者。」（註同57）謀略非必奇而後可用，而在乎當否則已。蘇轍在謀略的膽識，不僅登堂，已得入室。

55　《欒城應詔集卷九》〈民政上第三道〉，頁1319。
56　《老子道德經（上篇）三十六章》：「將欲歙之，必固張之。將欲弱之，必固強之。將欲廢之，必固興之。將欲奪之，必固與之。是謂微明。柔弱勝剛強，魚不脫於淵。國之利器，不可以示人。」
57　《欒城應詔集卷十》〈民政下第四道〉，頁1335。

　　（三）**料敵之所在**：北宋與西夏的戍邊，惟賴熙河一城。待李憲守邊，乃違命而創蘭州，因言若無蘭州，熙河決不可守。取得蘭州又經過十多年，現在又要修築質孤，勝如二寨，因而侵害夏國良田，遂言無質孤，勝如，則蘭州亦不可守，輾轉生事，類皆浮言。本來邊防無事，將吏安閑，若不妄說事端，無以邀求爵賞。應乎軍人的生命在戰場，有戰爭才有希望，私慾作祟，好大喜功，杜甫的「一將功成萬骨枯」，道盡軍人的驕氣與好戰，戰爭的慘烈，歷歷在目。

　　李憲，宋祥符人，字子範。皇祐中補入內黃門。神宗時數論邊事令旨。哲宗時歷官永興軍路副都總管，憲以中人為將，雖能拓地降敵，而罔上害民，終貽中國之患。《宋史卷四百六十七》

　　蘭州的棄守，誠為對西夏攻守的焦點，蘇轍在〈論蘭州等地狀〉有明確的剖析。其時蘇轍由績溪令返京，於元祐元年（1086）除右司諫時，「先帝（神宗）因夏國內亂，用兵攻討於熙河路，增置蘭州於鄜延路，增置安疆米脂等五寨。」（同註 54）眾議紛紜，不知所措，講求利害，久而不決。議論歸納兩大要點：其一蘭州五寨，所在險遠，饋運不棄，危而後棄，不如當今無事（動亂），舉而與之，猶足以示國家恩惠。其二此地皆西邊要害，朝廷用兵費財，僅而得之，聚兵積粟，為金湯之固，蘭州下臨黃河，當西戎咽喉之地，土多衍沃，略置堡郛，可以招募弓箭手為耕戰的準備。若舉而棄之，熙河必有晝閉之警，所謂藉寇兵資盜糧，其勢必為後患。蘇轍提出棄守三大要點，作為衡量準則，其一時之可否？其二理之曲直，其三算之多寡。若是三者得失皆見於前，棄守之議，可一言而決。

　　其一時之可否：若固守不與西戎，必至於爭，甲兵一起，呼吸生變。況陝西河東路，比遭用兵之厄，民力困匱瘡痍，兵事屢

敗，外患不解，內變必相因而起，所以蘭州可棄而不可守。

　　其二理之曲直：令若固守侵地，惜而不與，負不直之謗，而使關右子弟，肝腦塗地，邊人自此有怨叛之志，所以蘭州於理可棄而不可守。

　　其三算之多寡：守之雖幸，但兵難一交，仇怨不解，屯兵饋糧，沒有休日。令守而不戰，歲費已三百餘萬貫，戰爭不止，戍兵必信，糧草衣賜，隨時增加。民力不支，則土崩之禍，或不可測。棄之而守秦鳳（甘肅天水），易守民熟，難易十倍，但有守邊之勞，而無腹心之患，蘭州可棄而不可守。

　　若朝廷決計棄蘭州，然後慎擇良將以守熙河，厚養屬國，多置弓箭手，往還要道，屯兵二三千人，以堵塞西夏入寇路徑。而在秦鳳以來，多置番休之兵，做為熙河緩急救應的準備，明令繕完守備，可以無患。

　　（四）定制敵之長算：蘇轍〈民政下第五道〉，對於戍邊之兵與內郡之兵，兵源的由來及其用兵之道，有卓越的見解，試闡述如後：

　　「御戎有二道，屯兵以待其來，出兵以乘其虛。」[58]北宋的外患，來自西夏北遼，邊釁時起，不得不屯兵以待。至於時人眾議認為北宋沒有出兵的理由，蘇轍則就北宋與夷狄雙方對恃的形勢分析，認為雙方邊界一定會發生戰爭，因為「歛天下之財以奉夷狄，彼求之無厭，則吾應之將有所不稱其意。大抵不過數十年之間，用兵之釁，不發於彼之不悅，則發於吾之不忍。此亦其勢之不可逃者也。」（同註 58）北宋奉之有限，而夷狄貪得無厭，戰爭的發生是必然來到，北宋豈能不出兵？

58　《欒城應詔集卷十》，頁 1335。

　　至於北宋平常無事必做的二件事：其一屯兵於邊，其二利用契機，以出兵攻擊夷狄。但是當前每年「發郡縣之兵以戍邊，此其未戰之謀」，並非「爲戰之術」。

　　夏商周三代古制，未有戍邊之役，戰國時代的燕趙最被邊患，只是「所以備胡者，安得戍卒用之？」但用「沿邊之民自爲卒伍，以制其侵略而已。」至於秦漢，乃有戍邊之謀，郡縣之兵，皆出於民役，其辦法爲「月爲更卒，已復爲正。一歲屯戍，一歲力役，以次相承，而迭相更代。」（同註 58）邊鄙之民不可使常爲兵，是以不得已而驅中原之民以戍邊，以捍寇虜。故戍邊之兵，歲初而來，歲終而去。如此，遂有諸多缺失，如「寒暑不相安，陰陽不相習，勇怯不相程，志氣不相企。上無顧於墳墓，而下無愛於妻子。」（同註 58）平居憂愁無聊，無樂國土的愛心，而緩急苟免，無死戰的情意，根本派不上戰場。是以晁錯、陸贄等都有一針見血的議論。[59]

　　宋朝實施募兵制，朝廷供給廩食，以養其身。由駐地供給，並無休罷更代的期限。而且多用中原之士而屯戍守邊，「雖無死傷戰鬥之患，而其心常自以爲出征行役，苦寒冒露，爲國勞苦，凡國家之所以美衣豐食以養我者，止爲此等事也。」（同註 58）所

---

59 晁錯論守邊備塞書：「今使胡人數處轉牧，行獵於塞下，或當燕代，或當上郡北地隴西，以候備塞之卒。卒少則入，入不救，則邊民絕望，而有降敵之心；救之，少發，則不足；多發，遠縣纔至，則胡又已去。聚而不罷，爲費甚大；罷之，則胡復入，如此連年，則中國貧苦，而民不安矣。」陸宣公《翰苑集注卷十二》論遷幸之由狀：「自胡羯稱亂，遺患未除，朝廷因循久務容養，事多僭越，禮闕會朝。陛下神武統天，將壹區宇，乃命將帥，四征不庭，兵連禍結，行及三年，徵師四方，無遺不暨。父子訣別，夫妻分離，一人征行，十室資奉，居者有餽送之苦，行者有鋒刃之憂，去留騷然，而閭里不寧矣。聚兵日眾，供費日多，常賦不充，乃命促限，促限才畢，復命加徵，加徵既殫，又使別配，別配不足，於是催科設，率貸之法興。禁法滋章，條目纖碎，吏不堪命，人無聊生。」

以士卒百萬，端坐而食，實不知行陣的勞苦，不見鋒刃的危險，但已自負，以為有功於國，不必再為國家擔當捍國保民的任務。此為用兵不得其道，而士卒皆已自負不可大用的弊病。況且士卒的可貴，在於有求報上的忠心，若無求報上的忠心，就不願「犯大難而涉大勞」。而銳氣不存，銳氣不存，豈能剋敵制勝？

　　蘇轍堅決主張：「內郡之兵，常常在內，而不以戍邊。戍邊之兵，常常戍邊，而不待內郡之戍卒。募內郡之兵。其樂徙邊者，而稍厚之。不足，則邊民之樂為邊兵者以足之。」[60]用兵的策略：平居無事則備邊；一旦出擊則獨發內郡之卒，使戍邊與內郡之卒各致勇力以報其上，用其銳氣，墮其驕氣，「屯兵歷年，而士無所怨其勞；出兵千里，而士無所憾其遠。兵入，則出者得以休息，而無乘塞之苦，兵出，則守著閑暇，而無行役之困。」（同註 60）內外之兵，交相為用，如環之無端而不竭。如此，與現在竭天下之財以養兵，戍邊某士兵，戰鬥亦某士兵，未戰而士兵都已疲憊不堪。蘇轍的建言，應是改善使用兵力的良策。

五、蘇轍推動國際外交，以誠信為原則

　　蘇轍在國際外交的策略，固守信義是最高原則，曾任北遼賀使，對於北遼的風土人情，觀察入微，十分熟悉，詩文籍籍。而大蘇詩文藉著北宋印刷術的發達，在北遼王國是家喻戶曉的知名人物，最值得蘇轍感到滿足與得意。至於北宋與西夏的和戰，蘇轍提出棄守的得失，說理圓熟，識見過人。論戰則以「理直」為出師之名，論守則以「誠信」為後盾，主張厚待，其時稱為「賄賂」，今日稱為「金錢外交」，殊無二致。

60　《欒城後集卷十》〈民政下第五道〉，頁 1337。

第五節　蘇轍軍事理論餘論

── 北宋滅亡原因之探討

一、徽宗昏庸無能朝政大敗

　　宋徽宗繼位於建中靖國元年（1101）經崇寧、大觀、政、重和至定和七年（1125）共計二十五年，是北宋歷史上最黑暗最腐敗的時期。在政法圈面無任何建樹，徽宗除嫻熟繪畫、書法和鑑賞古董玩物，熱衷於鬥雞、走狗、蹴鞠玩耍，又沈湎於酒色外，對朝政一無所知，一竅不通。建中靖國元年三月，曾詔令大開建言之路，[61]有利則賞，無利則罰，頗有銳意圖治的決心。但事後驗證，只是「空言」而已。且重用蔡京，驅逐元豐、元祐等正人君如韓忠彥者。立「元祐黨人碑」，將司馬光、蘇軾、蘇轍等人羅織入罪，全力迫害追殺。朝廷盡是奸邪小人，朝政大壞。當金人大舉入侵，徽宗讓位欽宗，仍然難逃覆國敗亡命運。終於汴京被擄掠一空，金人大獲全勝。

二、戰爭頻仍，冗兵冗費

　　宋朝歷代，君立的積弱不振，自宋太祖建國伊始。重視文人，藉文人以壓制武將，藉文人以領朝政，藉文人以統領，然文人對於行軍作戰的經驗，並不熟悉。況且宋太祖定都汴京（河南開封）

61　呂祖謙編《宋文鑑》卷三〈元符日食求言詔〉建中靖國元（1101）三月，徽宗命翰林學士曾肇草詔：「勝方正之路，清壅蔽之風，其於鯁論嘉謀，惟恐不聞；聞而行之，惟恐不及。其言不用，勝則有賞；言而失中，勝不加罪。勝言惟信，非是空文。」

四一大敗筆，無天險山河以為屏障，遼金等敵人長驅直入，都城震撼，君臣驚恐。宋太祖曾有遷都長安之計，未能實現。其後大遼（契丹）崛起大舉寇邊，宋真宗太平興國四年（979）遂有高梁河之役、歧溝關之役，一歲之中，血創宋朝，侵擾不已，宋朝惟派重兵防守。又有西夏的叛變，出沒無常。宋軍雖主動出擊，因諸將不得同心協力，士氣渙散，終不能破敵。蘇轍雖提出建言未能奏效。[62]宋真宗景德四年（1004）契丹再起戰事，宋軍雖佔勢被迫訂立「澶淵之盟」。而後宋朝與遼、夏雖無重大戰爭，邊境不安、重兵防守，不得不也。

　　北宋在戰爭頻仍狀況下採用募兵制，對於兵力需求迫切需要。軍人員額急速遽增[63]軍費節節水漲船高，軍費支出佔全國總支出一半以上，形成財政上最大負擔。[64]南宋羅大經有言：「本朝

---

62 見本書頁 187 蘇轍對西夏的因應策略。

63 汪經鐸《兩宋財政史》，頁 771。

所指時期	議論者	有關言論	根據文獻
寶元二年前 仁宗	富　弼	自來天下財貨所入，十中八九贍軍	《長編》卷一二四
嘉祐、治平時 仁宗　英宗	蔡　襄	一歲所用，養兵之費常居六七	《蔡忠惠公集》卷一八《論兵十事疏》
		天下六分之物，五分養兵	同上書同卷《國論要目·強兵》
治平二年 英　宗	陳　襄	六分之財，兵占其五	《古靈先生集》卷一八《論冗兵札子》、《歷代名臣奏議》卷二二〇
仁宗至神宗時	張　載	養兵之費，在天下十居七八	《張子全書》卷一三《邊議》
皇祐以後（北宋） 仁　宗	王　銍	一歲所入……耗于兵者常什八	《揮塵余話》及《通考·兵》引《樞庭備檢》

64 同註 63，頁 778。

兵費最多，兵力最弱，皆緣官自養兵。」[65]一言道出募兵制之害
也。而有國事阽危，則竭天下之力以養的慨歎。

　　北宋兵費何以花費不訾原因：（一）兵費列入財政的經常門（二）
常服兵役年資階級逐年累積而俸祿調升，且需養家活口（三）軍械
修護、軍服，養馬等軍備支出。是故兵費確是北宋國力衰弱的病竈。

年　代	官員數	簡單說明	根據文獻
真宗時	9785	宗室吏員受祿者總數	《太平治迹統類》卷九、《長編》卷一六七《宋史》卷一七九《食貨志・計》
景德年中	10000		《長編》卷三一〇載元豐年中勾當三班院曾恐語
慶歷年中	12700	京朝官與流內銓選人之合	《建炎以來朝野雜記》甲集卷一二《天聖至嘉泰四選人數》
皇祐年中	20000		《長編》卷三一〇載曾恐語
至和二年	15443	宗室吏員受祿者總數	《太平治迹統類》卷九、《宋史・食貨志》
治平年中	24000	幕職州縣官 3300 員在內按《宋史・食貨志》謂："視皇祐無慮增十之三"。	《長編》卷三一〇載曾恐語
元豐初年	24549	文武現任官	方勻《泊宅編》卷一〇
元祐三年	34000	按：《長編》卷四一九載"一倍皇祐，四倍景德"。	《長編》卷四一七
大觀年中		《宋史・食貨志》載："今官較之元祐已多十倍"。	
政和二年	43000		《長編紀事本》卷一二五《官制》
宣和元年	48377	選人、小使臣以上	韓淲《澗泉日記》卷上、洪邁《官齋續筆》卷四《宣和冗官》
宣和年中	35000	文武官總數	《長編紀事本末》入一三二《講義司》

65　南宋羅大經《鶴林玉露要甲編卷一〈民兵〉》。

三、文人主兵，多次決策錯誤

　　大宋自太祖建國以來，即確立重文輕武的國策。文人主政，文人主兵，而樞密使僅有發兵權，調度指揮權歸屬於皇室。是以欽宗宣和年間，金人南侵汴京，何以不能固守？其故安在？高宗曾問李綱，綱曰：「金人初來，未知中國虛實。雖渡河而粘罕兵失期不至，再來則兩路並進。初時勤王之師，數日皆集；再來圍城，始召天下兵遂不及事……又淵聖即位之初，將士用命；其後刑賞失常，人心解體，城中無責任之人，敵至，造橋渡濠，全不加恤，敵遂登城。」[66]李綱就金人圍城之實務分析，論其失敗關鍵，言之切中事理。欽宗系繼位之初，遂有「六賊」[67]的賜死或流放，後有「三鎮」[68]割讓金人的爭論，當斡離不北還時，言於金主：「若不先伐宋，恐爲後患。」君臣已契合而有吞宋的野心。爲宋計者，宜爲速謀。李綱備邊之計，种師道防秋之言，上下相慶，以爲無虞。曾不數月金兵再度南侵，朝廷大臣莫衷一是。主戰者不決於戰，主和者不決於和：一人言之以爲是而行，一人言之以爲非而止。因而議定延時誤事，主事者遲疑不決，乃文人憂柔寡斷舉棋不定的褊急性格使然耳。

66　《長編　卷九八》，建炎元年六月。
67　何忠體　中國政治史　浙江大學出版社　2007 年 6 月！第 1 版　頁 272　欽宗下詔對蔡京、蔡攸、王黼、童貫、梁師成、李彥、朱勔等人進行嚴厲懲處，分別被流放至死，或直接賜死。「六賊」至此徹底覆沒。
68　同註 67 頁 270　欽宗靖康元年（1126）正月十日，宋金和議。具體條款（二）割太原、中山（河北定州）河間（今屬河北）三鎮及轄下屬縣與金，以此爲兩國疆界。李綱激烈反對曰：「三鎮，割之何以立國？」

四、宋金和戰

（一）金的興起

　　金為女真族所建。於遼國全盛時分為二部 —— 屬於松花江以南，曾被遼國收編入籍，遼化頗深，稱熟女真。另有分散居於松花江以北，不隸於遼，遼化不深，稱生女真。

　　生女真部落散立，以完顏部最強。宋徽宗時，完顏阿骨打統一女真各部，勢力逐強，因不堪久被遼國貪縱勒索，乃藉遼天祚帝昏庸荒淫之際，乘機叛變。宋徽宗政和五年（1115），阿骨打稱帝（1068-1123）建國號金，以會寧（松花江城南）為都，是為金太祖。[69]

宋金對峙圖

---

69 國立編譯館 高級中學歷史（第二冊） 84 年 1 日 11 版 頁 67 宋金對峙圖。

（二）宋金海上聯盟

宋徽宗政和元年（1111），童貫以遼為可圖，遂與鄭允中使遼，以窺探虛實，而有結好女真相約攻遼之議。政和七年（1117），適登州守王師史上奏，有遼人船二艘，載高藥師等二百餘人，因避女真侵暴而漂流。重和元年（1118），遣馬政與高藥師等泛海通市。其後，宋與女真交好。議舉兵閒應，夾攻滅遼，宋遼友好關係，自此變動。其時高麗主曾言：「聞天子將與女真圖契丹，苟存契丹，猶足為中國捍暴。女真虎狼，不可交也，宜早為之備。」而安堯臣亦上言：「宦寺（童貫）交結權臣（蔡京），共倡北伐。燕雲之役興，則邊釁遂開……狼子（金人）蓄銳伺隙，以逞其欲，此臣所以日夜寒心。」宣和二年（1120）二月宋金約定：金兵自松亭關趨古北口，宋兵從雄州逕取白溝（河北白溝河），兩路夾攻，不得違約，亦不得與遼單獨講和。事成後，宋以輸遼之歲幣輸金，金則以燕雲十六州還宋。四年九月，朝散郎宋昭上書，極言遼不可攻，金不可鄰。異時金必敗盟，為中國患。參議官宇文虛中識見亦同。宋之軍事既不能配合外交，迨金人入燕，而輕中國之無能，對盟約之履行，反覆多端而以實力相向。

（三）靖康之變，北宋覆亡

宣和七年（1125）十月，金太宗下詔分東西兩路侵宋：西路軍由粘罕率領，自雲中起兵，目標是太原；東路軍由斡離不領軍，從平州進攻燕京。計劃在兩軍得勝後，再合力攻打燕京。時童貫駐守太原，聞金兵至，不知所措，潛逃汴京。而東路軍越過長城，十二月駐守燕山府郭藥師率常勝軍降金，且為金兵前導，避開宋軍的重兵防線，經邢（河北邢台）相（河南安陽）進逼開封。西

路軍亦在同時攻下朔、忻（山西省），但進逼太原。因張孝純率領軍民并力英勇抗金，金兵受挫。

其時敵軍兵臨城下，徽宗下詔，稱病傳位趙桓，是爲欽宗。徽宗臨陣脫逃，夜出開封。欽宗臨危受命，李綱爲尙書右丞，全面負責開封防務；拜李邦彥爲左相，張邦昌爲右相。李、張力勸欽宗割地賠款以求和，在李綱堅決反對下，士氣大振，金兵受到重大殺傷。斡離不在兵力短缺，前後失據，深懼退路被宋軍截斷。遂遣使議和，重要條件：其一輸金黃金五百萬兩，銀五千萬兩，錦緞及絹各一百萬匹，馬、騾各一萬頭，駱駝一千頭。其二割太原中山（河北定州）河間三鎮及轄下屬縣與金。二月初九，斡離不在滿足議和修件後，率軍北返，李綱奏請欽宗下詔追擊，三省卻下令護送金人出境。政令、軍令之混亂，國事又將如何？此爲金人第一次南侵。

靖康元年（1126）八月，唐恪以爲金人於冬天必然再次南侵，力勸欽宗預作避敵防範建議遷都洛陽。何㮚反對曰：「譬如不肖子盡挈父祖田宅而鬻之。」欽宗聽之，遂有「當死守社稷」意。使欽宗落失一次避免被金人俘慮機會。

此年冬天，斡離不東路軍自燕京南下，北宋在河北未設邊防，金軍長驅直入。西路軍大破李綱宋軍，直逼太原，歷經九個月的圍城，內無糧草，外無援兵，人相食且盡。九月三日城破，張孝純降金，韓總等三十六人被害。李綱以「專主戰議，喪師費財」貶職至寧江。金兵已到開封城下，斡離不屯兵劉家寺。而西路軍粘罕渡過黃河，於十一月三十日抵開封城下。其時北宋君臣猶是意見紛歧，李若南等主張割三鎮與金人以退兵，何㮚反對，謂：「三鎮國之根本，奈何一旦棄之？況敵情變詐百出，安可保其必信。割之亦來，不割亦來。」割與不割，爭論不休。欽宗在求

自保情況下。同意割讓，卻遭金人拒絕。靖康二年（1127）三月
二十七日和四月初一日，金兵分批撤退，擄徽、欽二帝及后妃、宗
親等三千餘人北返，汴京文物爲之一空，北宋王朝宣告滅亡，享國
一百六十八年（960-1127）。史稱「靖康之變」或「靖康之難」。[70]

70　《宋史》卷二三〈欽宗記〉三月二十七日和四月一日分兩批撤兵，擄徽、
　　欽兩帝，皇后，妃嬪、諸王、公主、宗室駙馬一大臣何㮚、孫傅、張叔
　　夜、秦檜、司馬樸等人北歸。非法駕、鹵簿、皇后以下車輅、鹵簿、冠
　　服、禮器、法物、大樂教坊樂器、祭器、八寶、九鼎、圭璧、渾天儀、
　　銅人、刻漏、古器、景靈宮供器、大清樓秘圖。三館書天下州府圖及官
　　吏、內人、內侍、技藝、工匠、娼優、府庫蓄積爲之一空。至此，北宋
　　王朝宣告滅亡。

第三章　蘇轍財經理論

第一節　財者爲國之命，而萬事之本

　　宋神宗繼位（1068）年號熙寧，年富力強，銳意改革，王安石提出變法，應運而生，君臣所見略同，全力推動新政，欲挽狂瀾，力去沈痾。蘇轍也主張變革，主張財政中央集權，在求新求變的政治措施，理念一致。

一、方今之計，莫如豐財

　　熙寧二年（1069）三月蘇轍〈上神宗皇帝書〉，批評神宗施政失序，提出革新朝政的主張：「善爲國者必有先後之序，自其所當先者爲之，則其後必舉。自其當後者爲之，則先後並廢。」[1]如此，何者爲先？何者當後？蘇轍認爲理財爲先，其他當後。接著又說：「財之不足，是爲國之先務也。……今者陛下懲前事之失，出秘府之財，徙內郡之租賦，督轉漕之吏使，備沿邊三歲之畜。臣以此疑陛下之有意乎財矣。」（同註 1）財是萬物之所賴，但取之有道，用之有方，神宗取祕府之財不當，徙內郡穀賦而民困，亦不當。蘇轍以爲「常使財勝其事而事不勝財，然後財不可盡而

---

1 《欒城集卷二十一》，頁 367。

事無不濟。」如此，財不可勝用，而事無不成。蘇轍以此作比喻：「財者車馬也，事者其所載物也。載物者常使馬輕其車，事輕其物，馬有餘力，車有餘量。然後可以涉塗泥而事不償，登坂險而馬不躓。」（同註1）這比喻巧妙而恰當，蘇轍文章中比喻作法，屢見不鮮。若是理財不當，處事無方，就「譬如敝車羸馬，而引丘山之載，幸而無虞，猶恐不能勝；不幸而有陰雨之變，陵谷之險，其患必有不可知者。」（同註1）

神宗覽後，批付中書曰：「詳觀書意，知轍潛心當世之務，頗得其要。」即日召對延和殿。任三司條例司檢詳文字，蓋因神宗認同蘇轍對財政為當今之先務，蘇轍說：「今世之患，莫急於無財而已。財者為國之命，而萬事之本。國之所以存亡，事之所以成敗，常必由之。」（同註1，頁368）俗話常說：「有錢不是樣樣皆能，無錢則是樣樣不能。」是顛撲不破的真理。

至於人民生活艱困，哲宗元祐初年，蘇轍除右司諫〈乞以發運司米救淮南飢民狀〉有詳盡的敘述：

「淮南旱災，民食踴貴，朝廷令截留上供米三十萬石，以濟其急。不意今來旱勢益甚，夏麥無望，而秋收之期遠在百日之外。……恐未能遍及飢民。」[2]淮南旱災，民間乏實，流徙道路，發常平倉及截留上供米，以濟其急，但飢民哀鴻遍野，難以一一救助，死傷失所，一片慘絕人寰的困境，朝廷亦無能為力，可見朝廷財政的拮据，而有棄人民於不顧的情況發生。

北宋朝政的積弱不振，由來已久，冰凍三尺，非一日之寒，〈因旱乞群臣面對言事劄子〉：

（哲宗元祐）二年以來，民氣未和，天意未順，災沴荐至，

2　《欒城集卷三十八》〈乞以發運司米救淮南飢民狀〉，頁669。

> 非水即旱。淮南飢饉，人至相食。河北流移，道路不絕。
> 京東困弊，盜賊群起。……民力已困，國用已竭，而旱勢
> 未止。…盜賊群起，勢有必至。」[3]

　　人民在水災旱災的交相迫害之下，破家蕩產，父子流離，衣食不繼，有死而不可得者，甚而「人且相食」的野蠻世界，文明高度發達的北宋，人民生活乏實，令人髮指，蘇轍有感而發。遂有「人飢己飢、人溺己溺」的愛民懷抱。

二、害財者三：冗吏、冗兵、冗費

　　蘇轍的任職三司條例是因對財政「為國之本」的認知，與宋神宗，王安石理念雷同。不到半年即去職，是因豐財理念的歧異不同，尤其是青苗法實施以後，蘇轍大肆撻伐，勢同水火。王安石主張「求財而益之」，即開拓財源，擴大稅基，此乃個性積極力求績效的策略；而蘇轍個性積極卻內斂沈穩，較為保守，又顧及人民的負擔，其豐財的策略是：「故臣深思極慮，以為方今之計，莫如豐財。然臣所謂豐財者，非求財而益之也，去事之所以害財者而已矣。夫使事之害財者未去，雖求財而益之，財愈不足。使事之害財者盡去，雖不求豐財，然而求財之不豐，亦不得也。故臣謹為陛下言事之害財者三：「一曰冗吏，二曰冗兵，三曰冗費。」（同註1）

　　蘇轍主張節流以豐財，採取溫和漸進的策略，其時反對新政者皆作如是觀。精減人事費、軍費及雜費，成效不一定立刻顯著，但一定無害，不會造成苛稅擾民的不安，不會急遽增加人民的痛苦指數。由此觀之，蘇轍的理財觀念，與王安石是背道而弛，而

3　《欒城集卷四十一》，頁718。

接近司馬光。

　　熙寧元年（1068）八月，王安石與司馬光有過激烈爭論。當時河朔旱災，國用不足，司馬光主張救災節用當從貴近始，要求郊禮勿賜金帛。王安石主張財用之所以不足，是因為「未得善理財之人」，司馬光譏刺道：善理財的人，不過是「頭會箕斂，以盡民財」的人。

　　財之事，包括冗吏、冗兵、冗費的「三冗」。上有官吏之俸（冗吏），下有士卒之廩（冗兵），外有夷狄之賂（冗費）。（宋儒微言緒論）盧國龍說：「輕度用權又妨害了政府自身的清理整頓，以至官僚隊伍不斷膨脹，而行政效率日益萎縮。宋太祖遺令繼位君主都必須發誓遵守的「勒石三戒」，即保全後周柴氏子孫，不殺士大夫子孫，不加農田之賦。」（王夫之宋論卷一）獎為「以忠厚養前代之子孫，以寬大養士人之正氣。」（宋文鑒卷四十二應詔言事）王禹偁則直指「冗兵耗於上，冗吏耗於下，此所以盡取山澤之利而不能足也。」確是構成有宋財政困難的弊端，再加上外患頻仍，邊隙輕啓，戰敗賠款，浩費不貲。北宋朝廷財政的日益惡化，苛捐雜稅，百姓日以貧困，衣不蓋體，民不聊生，人民生活的痛苦指數，一再攀昇。

　　況且宋朝皇室的龐大支出費用，浪費國家公帑，形成國家財政的重大負擔。蘇轍〈元祐會計錄序〉曾有敘述：「（宋真宗）封泰山，祀汾陽，禮亳社，屬車所至，費以鉅萬。而上清、昭應、崇禧、景靈之宮相繼而起，累世之積，糜耗多矣。」[4]祭拜天地的鉅萬金錢，皇室的大興土木，建造宮殿，國庫淘空，竟然不知節制。

4　《欒城後集卷十五》〈元祐會計錄序〉，頁1049。

　　蘇轍在〈元祐會計錄序〉曾詳細記載宋仁宗臨朝時，財政上已出現捉襟見肘、拮据不敷的情況：

　　　（仁宗）「清心省事，以幸天下，然而民物蕃庶，未復其舊，而夏賊竊發，邊久無備，遂命益兵以應敵，急征以養兵，雖間出內藏之積，以求紓民，而四方騷然，民不安其居矣。其後西戎既平，而已益之兵，遂不復汰，加以宗子蕃衍，充牣官邸，官吏冗積，員溢於位，財之不贍，為日久矣。」（同註4）

三、量民置官，量官求吏

（一）冗食之吏，累積迅速

　　北宋自趙匡胤「陳橋兵變」、「黃袍加身」以來，殷鑒不遠，彌自戒惕，遂有矯枉過正的趨勢，為鞏固朝廷的總攬大權，削弱地方的反抗或犯上的力量，施政實行中央集權，路、州、縣的地方三級制度，各級長官均由朝臣兼任而非差遣。而政治、軍事、財政三權分立，卻重用文人，實行文人領政，大量開科取士，增加官員人數，累積快速，以幾何級數量算，根據蘇轍〈收支敘〉所作統計，宗室任節度、觀察等使的人數，仁宗皇祐使三人，今為九人；哲宗元祐時增至七十四人，各種官吏在景祐年間為一千一百三十六人，元祐時增至六千七百零五人。[5] 有人滿為患的冗吏，就有入不敷出的冗費，蘇轍在〈乞裁損浮費劄子〉提出官吏增加而稅收不增加的忠言：「古者制國之用，必量入為出。……今者文武百官、宗室之蕃，一倍皇祐，四倍景德，班行（同列）選

---

5 《欒城後集卷十五》〈收支敘〉，頁1051。

人（侯選官吏）、胥吏之眾，率皆廣增。而兩稅、征商、榷酒、山澤之利，比舊無以大相過也。」[6]胥吏人數比仁宗朝增加四倍，但收入、稅收並未增加。所以蘇轍有「昔祖宗（仁宗）之世，所入既廣，所出既微，則用度饒衍，理當然爾。」（同註6）肯定仁宗的財政措施，而對神宗的財政有所不滿。若「今時異事變，而奉行舊例有加無損。今日天下已困弊矣。」（同註6）展望未來國家財政賣官鬻爵，其收入不敷支出。平時已是如此困窘，「若更數年，加之以饑饉，因之以師旅，其為憂患必有不可勝言者！」（同註6）為了減少朝廷負擔，減少冗費的支付，蘇轍提出解決辦法〈轉對狀〉：「明詔有司，減去寺、監不急之官，以寬不貲之費。」[7]

（二）冗食之吏，用人不由其道

蘇轍對於官吏的任用，認為「置吏之意，有是民也，而後有是官，有是官也，而後有是吏，量民而置官，量官而求吏，其本凡以為民而已。」〈上神宗皇帝書〉（同註1）官吏因人民需要而設置，「為人設官，而非為官擇人」。因此，進用官吏，以官取人，遞補職缺的管道採行「郡縣之職缺而取之於民，府寺之屬缺而取之於郡縣。出以為守令，入以為卿相；出入相受，中外相貢，一人去之，一人補之，其勢不容有冗食之吏。」（同註1）官吏的陞遷調職，有一定的管道；朝廷和地方聯成一氣，一個蘿蔔一個坑，卡位很緊，既杜絕「空降」「濫用」的管道，且依序升遷，重視官場的倫理文化，范仲淹〈十事疏〉力詆「文資三年一遷，武職五年一遷」的「磨堪」，非常不當。如此，「冗食之吏」，自然消弭，冗費減少，豐財可期。

6　《欒城集卷四十二》〈乞裁損浮費劄子〉，頁739。
7　《欒城集卷四十一》，頁729。

蘇轍對當時官吏任用管道，頗不以為然，「近世以來，取人不由其官，士之來者無窮，而官有限極。於是兼守判知之法生，而官法始壞，浸淫分散，不復其舊，是以吏多於上，而士多於下，上下相窒。」（同註1，頁370）由於「取人不由其官」的緣故，造成任用官吏的法度破壞，因不法管道而用人者多，遂有「僧多粥少」的弊端，職缺有限，而進用官吏源源不絕，形成官吏員額大量的膨脹，朝廷無法消化過多員額，冗吏多而冗費高，人事管道阻塞不通，人事費用是重大的負荷。蘇轍感慨：「譬如決水於不流之澤，前者未盡，來者已至，填咽充滿，一陷於其中而不能出。故布衣之士多方以求官，已仕之吏多方以求進，下慕其上，後慕其前；不愧詐偽，不恥爭奮，禮義消亡，風俗敗壞。勢之窮極，遂至於此。」[8]

（三）貪刻之吏，吏政頹廢

管仲〈牧民篇〉：「國有四維」，四維即禮義廉恥，四維既張，國乃復興；四維不張，國乃覆亡。」四維是立國根本，是安身立命的要件。而宋朝歐陽修目睹五代的朝綱不振，社會風氣頹廢，為激勵官吏士氣，拯救人心，乃作〈五代史一行傳敘〉：「搢紳之士，安其祿而立其朝，充然無復廉恥之色者皆是也。」明末清初的顧炎武認為不廉不恥，則無所不取，無所不為，人若如此，禍敗亂亡，不日踵至，若身為人臣如此，則國家必亂必亡，以此警示當時媚外漢人。所以君子仁人應保有「松柏後凋於歲寒，雞鳴

---

8 《長編卷一七六包拯集卷一論冗官財用等》：仁宗時包拯，神宗時曾鞏曾分別對入品官員數量作過統計：景德、祥符中，文武官總九千七百八十五員，今（皇祐元年）內外官屬總一萬七千三百餘員，其未授差遣京官，使臣及守選人不在數內，較之先朝，才四十餘年，已逾一倍多矣。

不已於風雨」的操守，才是有爲有守的人臣。蘇轍當時官場文化如何？「近年貪刻之吏皆以成風；上有絲髮之意，則下有丘山之取，上有滂沛之澤，則下有涓滴之施。」奉上欺下，吏政頹敗，以億萬之財，養無用且有害之人，國之不治，莫大於此。

四、士兵可益，禁軍可損

北宋依兵立國，採募兵制，依慶曆五年（1045），丁度作《慶曆兵錄》宋祁爲之〈序〉曰：凡軍有四：一曰禁兵，殿前、馬、步三司隸焉，卒之銳而剽者充之。二曰廂兵諸州隸焉，卒之力而悍者募之。三曰役兵，郡有司隸焉，人之游而惰者入之。四曰民兵，農之健而材者籍之。」兵力未能施以嚴格訓練，以致缺乏戰鬥能力。而遼、夏寇邊頻仍，邊事吃重，又亟須武力，只好再增兵額，結果：竭天下之財，養無用之兵，兵愈多而國勢愈弱，財政愈困乏。《淮建利宋朝廂軍研究　頁八》

蘇轍〈上皇帝書〉中有益士兵，損禁軍的建議，藉此節省公帑而增強兵力。建議：

「今世之強兵，莫如沿邊之士人。而今世之惰兵，莫如內郡之禁旅。其名愈高，其廩愈厚，其廩愈厚；其材愈薄。……士兵一人，其材力足以當禁軍三人。禁軍一人，其廩給足以贍士兵三人。使禁軍萬人在邊，其用不能當三千人，而常耗三萬人之蓄。……以此權之，則士兵可益，而禁軍可損。」

北宋廂、禁軍兵籍數量變化對照表

時　　間	廂軍兵籍數額	禁軍兵籍數額
太祖開寶年間	185000	193000
太宗至道年間	308000	358000
真宗天禧年間	480000	432000
仁宗景祐中	438000	

仁宗慶歷年間	433000	826000
英宗治平年間	499000	663000
神宗熙寧初	500000	
神宗熙寧四年	227627	
哲宗元祐七年	200000	550000

在英宗治平初年任三司使的蔡襄，曾進行詳細計算當時軍隊開支和財政歲入歲出的比例關係，大體如下表：

歲出入項目	錢（貫）		匹帛絹紬（元）	
歲出入數	入	出	入	出
	三六八二〇五四一	三三一七〇六三一	八七四五五三五	七二三五六四一
軍隊開支	九九四一〇四七 （南郊賞給不計在內）		七四二二七六八	
軍隊開支在歲出中所占比例	十分中　　　三分有餘		十分有餘	
歲出入項目	糧（石）		草（束）	
歲出入數	入	出	入	出
	二六九四三五七五	三〇四七二七〇八	二九三九六一一三	二九五二〇四六九
軍隊開支	二三一七〇二二三		二四九八〇四六四	
軍隊開支在歲出中所占比例	八分		八分	

蔡襄由此得到結論：一歲所用養兵之費常居六七，國用無幾矣。《蔡忠襄公文集卷一八論兵十事疏》又蔡襄（國論、要目、強兵）：一歲總計，天下之入不過緡錢六千餘萬，而養兵之費約及五千，是天下六分之物，五分養兵，一分給郊廟之奉，國家之費，國何得不窮，民何得不困？[9]

---

9 王夫之著　王嘉川譯注　《宋論　卷二太宗》，頁 14〈論宋朝衰弱之因〉源自宋朝的募兵養兵制度：「把大批無以為生的飢民招募為兵，由國家養起來，從而把原來敵對的反抗力量，轉化為鎮壓為反抗的支持力量。這一制度被後繼者們作為立國家法，傳承下來，使宋朝軍隊的數量與日俱增。太祖末年時 37、8 萬人，到太宗末年達 66、6 萬，真宗時 91、2 萬，仁宗時達 140 萬，以致全國財政的十分之六七，都用於軍費開支。」

這是蔡襄概括的敘述，未必十分精確，但可見軍費開支，確是國家支出的重大花費。[10]

其他尚有不入品的小吏，其人數比入品的官員更多，據《長編卷四九》記：咸平四年三司統計，由於真宗即位後，遣使減省天下冗吏，結果諸路計省十九萬五千八百零二人，可見其人數確實不是少數。

其他宋朝在開支，尚有守邊將士、郊祀及供給皇室等費用，亦是冗費的重要支付。

五、富國有道，無所不恤者，富之端

針對上述財政冗費的支付，蘇轍從節流的觀點，提出去冗費的具體可行策略，

其　一

〈上神宗皇帝書〉：

「故為國者，苟失其道，雖胡越之人皆得謀之。苟無其釁，雖無宗室誰敢覬者？惟陛下蕩然與之無疑，彼得以次居外，如漢、唐之故。此亦去冗費之一端也。」（同註 1 頁 376）

宋朝與北遼、西夏的攻防，自立國以來是高度的軍事重鎮，以河北、河東、陝西為前線，經常保有幾十萬大軍駐守，據景祐元年（1034）三司使程琳奏：「河北歲費急糧千二十萬，其賦入支十之三；陝西歲費千五百萬，其賦入支十之五，自餘悉仰京師。」《長編卷一一四》河北守邊軍需十分之七，陝西守邊十分之五，皆仰賴朝廷供給，是增加朝廷財政重大的支付。因此，蘇轍認為治國者依其正道，則守邊大軍或未必全撤，但軍隊人數一定可以

---

10 《汪聖鐸兩宋財稅史》，頁 26。

減少，朝廷財政可以減少支付，減輕負擔，是重要去冗費的策略之一。

其　二

宋朝建國以來，以唐重兵分於四方爲鏡，於是歛重兵而聚之京師。(上皇帝書)：「然而轉漕之費遂倍於古。凡今東南之米，每歲溯汴而上，以石計者，至五六百萬。山林之木大於舟楫，州郡之卒斃於道路，月廩歲給之奉不可勝計。」(同註 1，頁 377)由於往返數千里，運米每每被侵盜，雜以他物，至京師率非完物。運費支付巨額，運米率非完物，得不償失。蘇轍認爲新法不良，採用舊法以補缺漏：「募六道之富人，用其船漕運，免其過運商稅，完物運到京師，予以獎金。」官自置場，於京師購買，駐守京師的士兵，得其完物，免付運費。此又去冗費之一端。

其　三

〈上皇帝書〉：

「富國有道，无所不恤者，富之端也。不足恤者，貧之源也。從其可恤而收之，无所不收，則其所存者廣矣。從其无足恤而棄之，无所不棄，則其所亡者多矣。」(同註 1，頁 377)

蘇轍本著一貫主張從節流立論，對於開支，要做到「无所不憂者」，是誰該如此？世人以爲區區之用，應是有司的職責，蘇轍不以爲然，認爲應是天子的職責。而探究國家開支增多的原因：自嘉祐以來，冗官之累，治平京師的大水，河溯的大震，百役並作，郊祀之費有增不減，宗室喪葬費用，厚葬不貲。蘇轍提出建言：「可恤而收之，无益之費就可漸減。此又去冗費之一端。」

三冗既去以後，天下之財曰生而无害，百姓充足，府庫盈溢，則天子所爲无不成，所欲无不如意。

第二節　中央集權的財政制度

一、善為國者，藏富於民

　　北宋王朝為削弱地方勢力，鞏固中央政權，當太祖統一天下以後，於乾德二年（964）接受丞相趙普的建議：「收其（地方）錢穀」，詔令諸州自今每歲受民租及管榷之課，除度支給用外，凡緡帛之類，悉輦車送京師。」《長編卷五》。朝廷對財權的控制，其來有自。以唐為戒，唐自天寶亂後，地方收入悉歸蕃鎮，名曰「留州」或「留使」，上供甚少，以致國庫空虛。太祖乃命諸州除度支經費外，凡金帛悉送汴京，無得佔留。凡藩鎮出缺時，即令文臣取知所在場務。一路財貨，置轉運使掌理，其他各使皆不得簽書錢穀之籍，故地方財權，乃歸中央。因此，北宋政治、財經的中央集權，是國家既定的政策，在專制政治的體制下，人臣豈敢有異議？蘇轍對於中央集權的財政制度是贊同，但是有不同的見解。〈潁濱遺老傳上〉：

　　「財賦之原，出於四方，而委於中都。故善為國者，藏之於民，其次藏之州郡。州郡有餘，則轉運司常足；轉運司既足，則戶部不困。」[11]

　　蘇轍並不排斥財政的中央集權，但朝廷的集權有先決條件，就是藏富於民，此為儒家理財的重要主張，《論語顏淵篇》記載有若回應魯哀公的稅率問題，對百姓的賦稅十分之一勝於十分之二，哀公不以為然，有若說：「百姓足，君孰（怎麼）與不足？百

11　《欒城後集卷四十二》，頁 1022。

姓不足，君孰與足？」

　　蘇轍眉山的老家，是小康家庭。而後赴京參加科舉應士，得到歐陽修的青睞，曾任陳州、筠州等地方官職，是來自基層，從事地方基層工作的人，對於人民艱困的生活，頗為深刻而同情，〈次韻子瞻吳中田婦嘆〉：「久雨得晴唯恐遲，既晴求雨來何時？今年舟楫委平地，去年簑笠為裳衣。……東鄰十日營一炊，西鄰誰使救汝飢？海邊唯有鹽不旱，賣鹽連坐收嬰兒。（略）」[12]嚴重的乾旱，使得舟楫委地，因生活貧困無著，將簑笠暫作裳衣，十天作飯一頓。如此乾旱的天災，蘇轍在詩中表現民胞物與的襟抱。

二、事權分，則財利散，雖欲求富，其道無由

　　蘇轍於熙寧及元祐年間，任職三司條例檢詳文字及戶部侍郎（財政副主管），對於北宋財經情況，必然十分清楚。

　　對於三司的建立，蘇轍深表贊同，以為是「參酌古今之道」而建立，也就是淵源有據，捨短取長的好制度，所以「領天下事幾至大半」，權任吃重，非他可比。

　　由於三司是財政機構的核心，為達到中央集權的重要機制，若「事權分，則財利散，雖欲求富，其道無由。」[13]政務事項由三司統核，事務事項由轉運司襄助，使三司減少業務工作量，又能集中財權。蘇轍用比喻說明分工合作的情形：國家的財政，如人飲食一般，飲食的道理：嘴管食物的出納而胃稱量的多少，消化吸收以後，分布氣血，以養百骸，耳目賴之以為明，手足賴之以為力。如果不專任口腹，而使手足耳目得分別治理，雖然想求一飽，不可得；欲求安身長壽，更不可得。蘇轍是以朝廷的戶部

12　《欒城集卷五》，頁 81。
13　《欒城集卷四十一》〈請戶部復三司諸案劄子〉，頁 731。

比喻口腹，其他各司就像身體各部，而以口腹總司其職。

若「權利一分，則財無益」，因其他各司以辦事為效，則不恤財之有無。戶部理財，不管事務工作，各司其職，其勢不復相知，雖使戶部得才智之臣，亦無益於財政的預算核銷。因此，必施於早救，以免後患無窮。

宋朝皇帝為參與各項重要的制度，親自主持重要會議，過問財計的盈虧虛實，太宗淳化三年（993）特下詔規定：

「自今三司，每年具見管金銀錢帛軍儲等簿一本以聞。」真宗、仁宗、英宗三朝進一步命三司使主持編定「會計錄」，詳錄有關財計的重要數計，俾使皇帝全面了解財政運作情況。

三、案牘積而吏多，則欺之者衆

北宋由於政治、軍事的高度中央集權，財經亦實施中央集權，在外患頻仍、動蕩不安的局勢，三司取代戶部四司，反映禁權的收入，在朝政中有不可或缺的地位，三司地位水漲船高。地位高與責任大是成正比，三司的業務範圍擴大，吃力繁重，國家財計之事無所不從，又管理省財計，干預地方財計，不但管理，並負有監督出納，除財計事務外，還要負責土木建築，軍器製造、水利工程及民政事務。原本三司的理財是以一體化、一統化的特色，如此龐雜繁重的業務，已不是一體化，一統化的三司所能完成的一貫作業，弊病叢生，或許是權力容易使人腐化的應驗。

對於三司掌控吃重的業務，發出憂心指正的聲音，應有不同的管道：

至道年中，太宗曾批評三司：「今三司但欲增置關防以塞奸幸，不知綱目既衆，簿書愈多，奸幸彌作。」《長編卷四〇》

太宗對於「奸幸彌作」，來自於「綱目眾」、「簿書多」的三

司，而三司之所以如此，不能完成應有的責任，是來自宋朝中央集權制度。是制度不當，不是三司不好。其時三司官長陳恕說明真象：「封域浸廣，財谷繁多，三司之中，簿牒塡委。朝廷設法，督責尤嚴，官員吏人，救過不暇。」（長編卷四○）陳恕指正當時三司處境的艱困，管轄過大，案件過多，極端忙碌，仍然不免苛責，三司的官吏，苦不堪言。因此，積習累積，官吏偷惰，案件不曾處理，在仁宗嘉祐年間，達二百一十二萬件，真是駭人聽聞。蘇轍在神宗即位初曾上疏批評財計權力過分集中〈上皇帝書〉：

> 「請言其尤甚者，莫如三司。三司之吏，世以為多而不可損，何也？國計重而簿書眾也。臣以為不然。主大計者，必執簡以御繁，以簡自處，而以繁寄人。……今則不然，舉四海之大，而一毫之用必會於三司，故三司者案牘之委也。案牘既積，則吏不得不多。案牘積而吏多，則欺之者眾，雖有大利害，不能察也。夫天下之財，下至郡縣而至於轉運。轉相鉤較，足以為不失矣。然世常以為轉運使為不可獨信，故必至於三司而後已。」（同註 1，頁 371）

「案牘」、「吏多」、「欺眾」是三司的缺失，是三司運作吃力不討好的任務，其禍害仍是中央集權的遺毒。以管理角度而言，以簡馭繁，經濟人力，節省公帑，才是優質的行政管理。

《宋史卷一七九食貨志・會計》有言：

> 「凡貨財不領於有司者，則有內藏庫，蓋天子之別藏也。」

說明內藏庫是不領於有司而直接受皇帝控制的貯財所，也是宋朝皇帝為加強親自御財的能力，而內藏庫遂成為皇帝的私財。但是私財的方便使用，並非只用在皇帝的自身，乃「待於邦國非常之用」，《長編卷六》曾記載宋太祖創設封樁庫，其目的在於「軍旅飢饉，當於為之備，不可臨事厚斂於民。」「軍旅」之費乃指庫財

將移作收復幽燕等十六州的軍費，而不加重人民的負擔。蘇轍云：
「創景福內庫以畜金幣，爲殄虜之策。」至於突發水旱災的變化，
三司乏財急撥使用，內庫財的支援，就是現在的「動用預備金」。

　　呂祖謙《類編皇朝大事記‧卷一一仁宗、省財費》：司馬光
上書仁宗：「祖宗置內藏庫以備饑饉兵革非常之費，非以供陛下奉
養賜予之具也。」以此要求仁宗節用皇宮浮費。內藏庫的設立，
其動機目的約可歸納下列三點：（一）強制性儲存財款。（二）直
接掌控左右財計的權力。（三）有利於掩蓋皇室費財的真象。[14]其
實內藏庫的財源，本來是「歲計餘積」，事實上固定名目輸送，並
不核算歲計的盈虧，如果真是「歲計餘積」，三司何來向內藏庫借
貨。「仁宗明道二年至景祐三年，才四年，借貨錢帛凡九百七十萬
二千有餘」，《長編卷一二○》。

　　在康定、慶歷時，西夏多次對宋進行大規模的軍事侵犯，加
上契丹的威脅，更大大地加重了宋廷的財政負擔。其間，內庫曾
拿出了巨額的財物予以支持。僅據《長編》一書的記載，已有如
下表：《李偉國宋代財政和文獻考論頁27》

日　　期	數　　目	用　　途	資料來源
康定元年二月壬辰	特出內藏緡錢十萬	賜戍邊禁兵之家	卷一二六
辛　　丑	出內藏緡錢八十萬	付陝西市糴軍儲	卷一二六
四月戊申	出內藏庫緡錢十萬	下陝西給軍須	卷一二七
十月庚子	出內藏庫絹一百萬	下三司助邊費	卷一二九
十二月癸未	出內藏庫絹一百萬	下三司助邊費	卷一二九
慶歷元年四月乙巳	出內藏錢三十萬緡	賜陝西邊民被寇抄者	卷一三一
正月甲子	出內藏庫緡錢一百萬	賜陝西邊民被寇抄者	卷一三二
二年六月	出內藏庫銀一百萬兩、綢	下三司以給邊費	卷一三七

---

14 同註 10，頁 602。

甲戌	絹各一百萬匹		
三年八月己亥	出內藏庫綢絹三百萬	下三司以給經費	卷一四二
四年二月壬申	遣內侍賫奉宸庫銀三萬兩	下陝西博糴谷表	卷一四六

四、上供不闕，無所取利

宋初加強中央集權，州軍直達朝廷，全國約有二三百州軍，事事直達朝廷，朝廷的工作量過大而不勝負荷，於是應乎客觀的需要，在朝廷與州軍之間設一組織，以代朝廷處理州軍不能或不便處理的事務，於是轉運使應運而生，既是分權或授權的管理良法，以減輕朝廷的工作量，增進工作效率，確有必要。

蘇轍〈轉對狀〉曾對轉運司的承上啓下做好溝通的橋樑，有高度的肯定，「上供之數……每有緩急，王命一出，舟車相銜，大事以濟。」（同註 7）所以庫藏之計，極爲豐厚：《李偉國宋代財政和文獻考論頁 212》

時期	內藏歲入	資料來源	總入	資料來源
至道	錢百餘萬緡、銀十餘萬兩	《玉海》卷一八三	二千二百二十四萬三千八百（緡）	《宋史》卷一七九《食貨志》
皇祐	二百六十五萬七千一十一（緡）	《宋史》卷一七九《食貨志》	三千九百萬	《宋史》卷三五五《虞策傳》
治平	一百九十三萬三千五百五十四（緡）	同上	二千三百六十六萬八千三百五十九	宋林駒《古今決科源流至論》後集卷三

而且做到「斂散及時，縱捨由己」，至於不知本末之狀的人臣，欲求富國，卻先困轉運司，轉運司被困，則庫藏不得宣洩，上供不繼，戶部亦憊。若是，則庫藏雖「積如山丘，而要爲朽壞，無益於算。」由此可知：轉運司的功能，使朝廷與地方的財經，

相互周濟，居功厥偉；若無轉運司的運作，則朝廷與地方的財經阻隔而不能流暢，雖財利豐富，亦不足濟事。其實宋初轉運使的設置，乃基於軍需供應的需要，是臨時性差遣，其後宋與夏、金、交趾等交戰頻仍，遂為常設，戰爭停止即罷職。自「太平興國二年（977）以後，將防邊、盜賊、刑訟、金谷、按廉之任皆委轉運司，自是轉運司擴權確定。而皇帝有割據的顧慮，於是另設訊察漕司，處理公務，又以提點刑獄負責法紀與訴訟（憲司），轉運司權限遂被削減；僅改催科征賦，出納金谷、應辦上供、漕輦綱運等事。《長編卷一六六》記載在宋仁宗皇祐年間，葉清臣上疏以五個條件來考核轉運使：戶口之登耗，土田之荒僻，鹽茶酒稅統比增虧遞年租額，上供和糴與實物不虧年額拋數，報應朝省文字及帳案齊足。由此可知，轉運司係三司的子司，三司欲求有效履行朝廷財政政策，則有賴於轉運司的配合與支持。葉清臣又指出：三司總天下錢穀，贍軍國大計，必藉十七路轉運司公共應付。因此，轉運司仍以財政為任務主軸，其餘職權只是附帶而已。蘇轍〈上皇帝書〉中，有更明確的看法：

「故臣以為天下之財，其詳可分於轉運使，而使三司歲攬其綱目，既使之得優遊於治財貨之源，又可頗損其吏，以絕亂法之弊。」（同註 1，頁 372）

於是事務性工作減少，只是監督責成，而優遊治理財貨之源，轉運司的運作及發揮，是財政機構的承軸。地方州郡的財務報表盡匯於轉運司，亦可行使地方財政的監督權。綜合前述轉運使不但要負責調濟管內各州軍之間的餘缺，催督綱運，其自身也直接掌管一部分財賦的入出。時稱「漕計」。且對於宋朝西北的軍需多由東南諸路供應的情況，以東南諸路有餘以供上京及西北的不足，諸多項目都是轉運司的事務性重點工作，蘇轍〈論發運司

以糴糴米代諸路上供狀〉主張：「今後諸道轉運司[15]出限不到米，依舊以發運司所糴米代發上京，而不得於諸道責取米價。俟諸道搬到米，依數撥還，據違限欠數，取勘轉運司官吏，要使上供不闕，而無所取利。」[16]

五、州郡財經組織與支付

宋朝州郡財經的主管有三種官員：知州、通判、戶曹參軍。其職掌知州總攬財經大權，通判為財政的執行者，凡兵民、錢谷、戶口、賦役……之事，皆由通判裁決可否，而戶曹參軍又稱「司戶」，掌理戶籍、賦稅、倉庫受納等事務。由此得知：州郡財經最主要負責人是知州，通判為副手，協助知州執行而具有些微監督作用。蘇轍〈論戶部乞收諸路帳狀〉：「司馬光原奏，自改官制以來，舊日三司所掌事務，散在六曹及諸寺院，戶部不得總天下財賦，帳籍不盡申戶部，戶部不能盡天下錢穀之數。」[17]戶部不盡全國財賦，則事權分，財利散，雖欲求富，其道無由。所以主張「令戶部尚書兼領左右曹，其舊三司所管錢穀財用，事有散……卷舒之柄，一歸戶部，而戶部周知其數而已。」（同註 17）戶部即今日行政院的財政部。

州郡是宋朝地方財經最重要的單位，不但要承擔州郡的官吏

---

15 宋人吳曾《能改齋漫錄卷二》，三司：蓋發運使本唐時之場子院留後，以鹽鐵特運副使充任。廣明時，高駢奏改為發運使，而鹽鐵轉運使變置曰：三司使而江淮沿唐置發運使。以總鹽漕茶務，實轉運之職也。

清王夫之撰　王嘉川譯注《宋論卷四仁宗》〈論宋仁宗推行紙幣之失〉頁三八注 1：轉運使為官職名稱。宋初設隨軍轉運使、水陸計度轉運使，供辦軍需。宋太宗以後，轉運使漸漸成為各路長官，經營一路全部或部分財賦，監察各州官吏，並把官吏違法、民生疾苦情況上報朝廷。

16 《欒城集卷四十》，頁 706。

17 《欒城集卷四十》，頁 706。

軍兵支費，而且路級官吏軍兵費也得支付。財政的收入，分配支付，其先後次序，上供留州送使。則爲宋朝地方州郡財政處理的一貫原則。

至於州郡的收入，主要是食鹽，食茶等所得少數利息，後來增加有榷酒、商稅、頭子錢、牙契等收入，但又有分隸制度的設立，收入部分歸於上司，另立帳簿，本州郡只有代管義務，沒有支配的權力。

《長編卷一一四》記載：景祐元年就有詔令將存留地方的財賦輦運京師。地方除經費外，其餘財賦全部輸送京師的規定，以加強中央集權的控制。而在景祐四年（1038）修訂增加數額爲每年六百萬石，而後不斷的增加。爲減少輾轉運輸的損耗及不便，乃有紙鈔的發行，核算後再輸入京師。[18]

縣邑是宋朝財政制度最基層的單位，其主要責任包括三方面：（一）征收田賦、雜稅、商稅及官田租入，代理有關禁榷收入（二）依照規定窠名或定額向朝廷輸送財賦（三）支發當地或鄰近官吏、軍兵薪餉，並向上級官府輸送一定數量的財賦。

縣邑財計的主要收入：商稅、榷酒、苗米加耗及地方性雜稅、雜收入等。雜稅、雜收入包括酒稅、牛驗、醋息、及茶、麥、牙契、免丁、房質，自可隨宜拘催，另有官吏有過而科罰者，人戶論訴理曲，合與斷罪，乃以修造爲名，各罰錢若干入官。

縣邑財政主管者是縣令（包括知縣）、縣丞和主簿，其中縣令是爲決算人，縣丞有監督作用，主簿負責收支帳簿。

---

18 同註 15《宋論》，頁 39 注 6「鈔」：「最早由金發行紙幣，金海陵王完顏亮時，設置交鈔庫，發行交鈔，分大小鈔各五等。以十年爲一界，期滿後，以舊換新。五界以後，改爲無限期流通，使紙幣的地位愈加鞏固。此後，元、明、清都曾發行此類紙幣。」

第三節　稅法與貨幣

一、兩稅法 — 戶稅與地稅

唐初訂兩稅法制，將賦稅分爲兩類：居人之稅，即戶稅，徵稅數及人戶土客定等錢數多少，爲夏秋兩稅，以錢爲額。田畝之稅，即地稅，應料解斗，以粟米爲主額。

宋初兩稅制仍沿唐制，戶稅只以錢、米兩項爲主額。真宗初年，稅錢部分多折科絹帛而併入夏稅輸納。至於地稅，多以田畝數量、質量等爲基礎，北宋《李昌齡說郛卷八九引樂善錄》：「宋初兩稅立額，畝稅一斗，天下之通法。」《張方平樂全集卷一四食貨論》：「大率中田畝收一石，輸官一斗。」當時田稅是農地生產量的十分之一。

治平元財政主要項目收支及兩稅、軍費情況表據（《蔡忠惠公文集》卷一八《論兵十事疏》制）：《汪聖鐸兩宋財政史頁 691》

品類	總收	二稅收入	二稅所占百分比	總支	管軍及軍班兵士支費	二稅所占百分比	備註
錢	36820541貫	4932991貫	13.4%	33170631貫	9941047貫	29.9%	總支數不包括南郊賞費。原文謂管軍及軍班兵士所費在總支中「十分中三分有餘」
絹紬	8745535匹	3763592匹	43%	7235641匹	7422768匹	102%	總支數不包括南郊賞給支費及綾錦綺數。原文謂管軍、兵士等支費與總支數比十分有餘，應已含南郊賞

糧	26943575 石	18073094 石	67%	30472708 石	23172023 石	76%	原文謂管軍、兵士等支費占總支數十分中之「八分」
草	29396113 束			29520469 束	24980464 束	84%	原文謂管軍、兵士等支費占總支數十分中之「八分。又未載二稅數

　　蘇轍〈民政下第一道〉：「民之所以供上之令者三：曰租，曰調，曰庸。租者，地之所當出；調者，兵之所當費；庸者，歲之所當役也。」[19]「租、庸、調」法，乃唐朝稅制：每丁歲納粟二石，是爲租；每丁歲服役二十日，是爲庸，每戶歲納綾、絹、絁（音ㄕ）各二丈，綿三兩，是爲調。安史之亂後，兼併益盛，戶籍散亂，田地的授還成爲具文，「租庸調」的制度遂遭破壞。德宗時，宰相楊炎創立「兩稅法」，規定政府量出爲入，依民戶的貧富等級課稅，每年分夏秋兩季徵輸，概以錢計，省其徭役。由於合乎簡單、公平的原則，宋朝乃因循兩稅法，蘇轍則欲恢復唐朝的「租庸調法」，其主張理由：「欲收游民之庸調，使天下無僥倖苟免之人，而且以紓農夫之困。苟天下之游民自知不免於庸調之勞，其勢不耕則無以供億其上，此又可驅而歸之於南畝。」（同註19）蘇轍欲藉納稅的負擔，逼使游惰的人回到農地耕作，興盛農業工商衰息。而達到「使天下舉皆從租庸調之制，而去夫所謂兩稅者，而兵役之憂，可以稍紓矣。」最終目的是「寓兵於農」的實現，不再實施募兵制，省去「冗兵」的沈重財政負荷。如此，則社會人人有業，農產豐收，兵員無缺，節省冗費，蘇轍欲將社會、兵源、富國的三大任務，畢功於「租庸調」法於一役。

19　《欒城應詔集卷十》，頁1328。

其實兩稅的稅額，是田租、戶調、身庸合併起來，故兩稅的稅額和租庸調的額數相同，但租庸調是以田屬丁，以丁屬戶，以戶爲派徵單位的稅法，課稅的物件雖分別在丁在戶在田，而最終的稅本是土地。三者合併於兩稅之後，課稅的物件不再是丁與田，而是資產。所以，人民的納稅負擔更重。蘇轍的悲天憫人襟抱，仍是大聲疾呼，「但歌生民病，願得天子知」，以喚醒施政者的良知，減經人民的負擔。

二、附加稅、度牒及工商稅制

蘇轍因〈久旱乞放民間積欠狀〉：「臣竊見去年赦書，蠲免積欠止於殘零兩稅，至於官本債負，出限役錢皆不得除放。民有破蕩家庭、父子流離，衣食不繼，有死而不可得者。買撲酒坊，先因實封投狀，爭氣務勝，競設高價，既得之後，利入微細，不能出辦。違限不納，加以罰錢，至於籍沒家產，杻械生蟣虱而不得脫者。」[20]此乃官府高稅徵收，涓滴不棄；人民鬻妻賣子，賤售田產，以至於家破人亡，殘存苟活者，幾希矣。蘇轍接著說：「臣願陛下降哀痛之書，應今日以前，民間官本債負，出限役錢及酒坊原額罰錢，見今資產耗竭實不能出者，令州縣監司保明除放，使民得再生，以養父母妻子。」（同註 20）蘇轍爲人民請命，免除人民流離失所，妻離子散的痛苦；又爲朝廷棄捐必不可得之債以收民心，自損以厚下，民被其澤。蘇轍乃先憂後樂的君子。

宋朝的兩稅尚有附加稅：雜稅，是由「雜變」「沿納」轉化而來。主要項目有曲錢、鹽錢、牛皮錢、鞋錢、廢錢、腳錢等。正稅與附加稅中以錢爲額的部分，實際徵收時大部分不徵現錢而

20　《欒城集卷三十六》，頁 625。

折徵實物，稱爲「折科」。稅錢的折科與一般折變不同。其入有常物，而一時所須則變而取之，使其值輕重相當，謂之「折變」。

「折變」，原本是爲滿足官府多方面臨時需要，避免所收非所需，復行變換貿易所造成的麻煩而設置的變通辦法。然收支狀況惡化，政治腐敗，「折變」就成爲變相增加稅額的手段。通常是高估本物低估折變物，從而增加實際稅收額量。

北宋尚有一種特殊的稅制，就是賣官鬻牒。度牒是官府發給想出家爲僧，爲道者的一種許可證。仁宗後期，財政困難，於嘉祐年間開始出賣度牒。神宗熙寧以後，出賣度牒逐漸正常化、制度化。有定額，價有定格，其收入占朝廷全年收入總額百分之一，是一筆可觀的稅收。至於賣官鬻爵，其收入不如度牒，用於籌措軍費和賑災。

宋真宗時入粟補官爵價表：（河北陝西沿邊地區。據《長編》卷五九《宋會要・職官》五五之三二制作）《汪聖鐸兩宋財政史頁 740》

所得官爵＼入粟地點	本州助教、文學	（進士）出身	簿尉借職	奉職	寺監主簿	校書正字	太祝、奉禮郎	大理評事殿直	諸寺監丞、侍禁	大理寺丞、供奉官
河北定州，廣信、安肅軍；陝西環、渭、涇、原、慶州、鎮戎、保安軍	1000 石	2000 石	3000 石	4000 石	5000 石	6000 石	7000 石	8000 石	9000 石	10000 石
河北真定府，洛、邢、趙、貝、冀、博、瀛、莫、雄、霸州，乾寧、順安、信安、永定、永靜軍；陝西儀、邠、鄜、秦、隴、鳳州等	1100 石	2400 石	3600 石	4800 石	6000 石	7200 石	8400 石	9600 石	10800 石	12000 石
河北大西府，懷、磁、衛、相、澶州、通利軍；陝西鳳翔、河中府，陝、同、解、乾、耀、丹、坊、虢、成、階州等	1500 石	3000 石	4500 石	6000 石	7500 石	9000 石	10500 石	12000 石	13500 石	15000 石

宋朝出賣度牒情況表《江聖鐸兩宋財政史頁741》

時　　間	出賣度牒道　　數	折計錢數（貫）	根據文獻及備注
嘉祐至治平共十三年	78000餘	不詳	《長編》卷二六八、《長編拾補》卷三、《古今源流至論》續集卷五
熙寧元年至八年九月	89000餘	11570000	同上（折價參考價格表，下同）
元豐元年	9360	1216800	《長編》卷三〇一、《宋會要‧職官》一三之二一
元豐二年	10942+	1422460+	同上
元豐三年	6396	831480	《長編》卷三三五
元豐四年	4196	545480	同上
元豐五年	9897	1286610	同上
元豐六年	10127+	1316510+	《長編》卷三四一
元豐八年至元祐二年	住賣三年		《燕翼詒謀錄》卷五

另有工商稅，馬端臨《文獻通考卷一徵榷徵商》：

關市之稅，凡布帛、什器、香藥、羊豕，民間典索莊田、店宅、馬牛、驢騾、橐駝及商人販茶鹽皆算。有敢藏匿物貨爲官司所捕獲，沒其三分之一，以其半畀捕者。販鬻不由官路者罪之。有官須者十取其一，謂之抽稅。……行者賫貨，謂之「過稅」，每千錢算二十；居市者鬻，謂之住稅，每千錢算三十，大約如此，然無定制，其名物各從地宜而不一焉。

抽稅的物品，有動產、不動產，以及布帛什器等，無所不包。規定嚴厲：敢藏匿者沒收三分之一，爲鼓勵捕者，從三分之一中取半做爲獎勵；販賣不經由官路繞道不繳稅者，施以刑罰，以防止走私或私自交易，防止逃漏稅。

所謂過稅，就是商人長途販運過程中沿途各稅務、場所徵的稅收。官府於交通要道，各樞紐的地方都設有稅務、稅場，商人

在販運中往往要通過幾處稅務場，因而須繳納幾次或多次過稅。過稅規定徵收千分之二十，乃是一次的稅額，若經過多處稅務、場，則所徵稅額就要依次加倍。沿途稅務、場徵稅後，發給商人文引（又稱公引、關引）以資證明。

　　所謂住稅，就是交易稅，不僅包括坐賈居市出鬻徵稅，也包括生產經營者（農民、手工業者、地主等），出賣產品徵稅和行商將取販來貨出賣給坐賈時的徵稅，總之，凡屬商品交易，都要交易地納住稅。

　　「有官須者」，主要是竹，木。《祥符編敕》中明文規定：「每木十條抽一條汔（接近），任販貨賣不收商稅。商人納稅有嚴格期限，逾期欠稅，加倍補納，稱爲加倍稅。」[21]

　　其他如方勝錢（徵商船載重量稅），事例錢（手續費）、河渡錢（渡口商旅稅）等等，不一足。

　　蘇轍〈乞令戶部役法所會議狀〉，對於坊場，河渡錢的收支，有很好的建議：「蓋見今諸路，每年收入坊場、河渡錢，共計四百二十餘萬貫，而每歲所費衙前支酬及召募押綱錢，共計一百五十餘萬貫，所費只用所入三分之一。縱使坊場，河渡價錢，別行裁減，不過比見今三分減一，則是所費亦不過所入之半，而免卻民間衙前最重之役，其爲利民，不言可見。」[22]

　　蘇轍認爲朝廷宜使民休息，不宜再加重專差衙前以困民力，也不因邊費的需要，而挪用坊場錢。

　　宋代之歲入扣除地方收入之後爲“在京歲入”，而在京歲入之爲三司、戶部所支配的部分，依可尋的資料，大致如下表：

21　《祥符編敕》《宋史卷二〇四　志第一五七　藝文三》。
22　《欒城集卷三十八》，頁 665。

《宋代財政和文獻考論》頁 40

時　期	項目名稱	每月數（緡）	每年數（緡）	資料來源
元　豐	左藏月支	三十六萬	四百三十二萬	《九朝編年》卷二九宣和六年六月
元　祐	戶部一月出入見錢	五十餘萬	六百餘萬	《長編》卷四一〇元祐三年五月丙午
元　符	戶部計中都經費	五十萬	六百萬	《宋史》卷三五五《虞策傳》
政　和	戶部每年支用	七十餘萬	八百二十萬餘	《會要》食貨五一之三八
宣　和	左藏月支	一百二十萬	一千四百四十萬	同第一樣
淳熙初	戶部歲入	一百萬	一千二百萬	《中興聖政》卷五四淳熙二年四月壬子

三、錢幣，國之所為

貨幣的製作與功能，自古有之，蘇轍認為：

「自古經制國用之術以為：穀帛，民之所生也，故欲而藏之於官；錢幣，國之所為也，故發而散之於民。其意常以所有易其所無，有無相交，而國用足焉。」[23]

如果多徵貨幣而過量超額，不但不能促進商品經濟，反而引起反作用而傷害農業生產，造成商業危機。因為根據貨幣數量原理（The quanity theory of Money）貨幣數量與貨幣價值成反比，而貨幣數量與商品價格成正比。貨幣的供給額必須管制，以免造成「物重錢輕」的通貨膨脹現象。總而言之，就宋朝的地方經濟的概況，東南的富庶與西北的貧困，其利害是殊塗同歸，對商業的發展都是不利。

由前述得知：北宋的經濟是因政治、軍事的需要而發展，由東南物質運輸到北方的京師與西北的陝西邊區一帶，都是單向的

23　《欒城集卷三十八》〈乞借常平錢買上供及諸州軍糧狀〉，頁 670。

流通。其實北宋的財政收入，大約六分之五是用於國防軍事開支，也是最大的經濟活動，其面積佔全國總面積百分之三十五，人口佔全國總戶數百分之三十四的北方地區，這是南財北運或西北的北宋特有的經濟活動。

　　蘇轍認為穀帛係農民力作生產，朝廷為平衡市場需求，收購餘糧存於常平，以待不時之需。而收購時以錢幣，錢幣乃朝廷製作，如此使得農民的生產與朝廷的貨幣，有無交通，國用富足，即為先民對貨幣的功能作初步的詮釋，因此，蘇轍是經濟學家。而且蘇轍對於貨幣供給額與貨品的流通，是非常的重視，在〈私試進士策問二十八首〉中提問：

> 「古者為貨泉以權物之輕重。今所在鑄錢，數日益多，制日益少，可謂錢輕矣。然而金帛米粟，賈日益賤，而錢之行於市者日益少，有錢重之弊。夫當重者反輕，而當輕者反重。」[24]

　　當錢幣供給額日益增加，「制日益小」，就是錢幣貶值；反之，錢幣流通滯礙，市場機能缺乏調節，產生供需不平衡，都是市場失序而經濟衰退的現象。蘇轍已經注意到國家總體經濟問題。

四、貨幣的種類及使用

　　在中國貨幣發展史上，宋代是一個劃時代的階段。其特徵歸納如下：區域貨幣行使。京東、京西十三路行使銅錢，成都等四路使用鐵錢，陝西、河東是銅鐵錢並用。北宋錢荒，銅幣比重愈小，雜貨愈多，形成惡幣充市，物價高漲。四川通行鐵幣，因笨重攜帶不便，而紙幣萌芽，發行交子。銀由通貨進而為法貨。因官府徵收，民間遂以銀為量價比值。確立年號錢制。太宗太平年

24　《欒城集卷二十》，頁356。

鑄太平通寶起，宋仁宗天聖元年（1023）朝廷於四川設立交子務機構，確立世界上最早紙幣的地位。[25]隨後歷代元、明、清皆以年號鑄錢完成紙幣發行。東南用會子，四川用交子、錢引、湖廣用湖會，河池用銀會。確立貨幣經濟時代。貨幣已成爲經濟社會交易的重要媒介，但有區域限制，不得全國通行。由此得知：宋代的貨幣有兩種：硬幣（銅、鐵幣），紙幣（交子、錢引等）。

宋代的貨幣，因對外貿易發達，貨幣無遠弗屆。馬觀《瀛涯勝覽、爪哇條》：「買賣交易，行使中國歷代銅錢。宋錢爲主。」《宋史卷百八十》記載：「錢本中國寶貨，今乃與四夷共用。」

而「交子」猶今日歐美紙幣的嚆矢所自，法國學者萊麥塞（Able Remusat）著（Memoire Fromch Academy. Vil 428-419）書中有詳細說明：

鈔幣亦爲中國人之發明，由蒙古人而輸入波斯者。公元 1450年時（明景泰帝元年），義大利遊歷家巴巴羅（Josaphat Barbaro）在阿佐甫（AZOF）得遇阿拉伯人某，其人嘗奉使中國，告訴巴巴羅說：「中國每年印刷鈔票甚多。」宋朝的紙幣發行，有交子、錢引、關子等，因地域不同使用也不同，並沒有如今日的國家統一貨幣。分別敘述如後：

交子：發行在太宗淳化、至道年間，四川李順作亂，因戰亂民間錢少，私下以交子爲交易籌碼。設有交子務禁民私造。

錢引：徽宗崇寧四年（1105），改交子爲錢引，印刷精美。後因不蓄本錢，增進無已，信用破產，遂成不兌現的紙幣。

關子：南宋高宗紹興元年（1131），因屯兵交通不便而創設，

25　《宋論卷四仁宗》頁 36 清王夫之著　王嘉川譯註「交子對當時的商品經濟的發展起到很大的推動作用，但後來也產生了通貨膨震等經濟問題。王夫之認爲，宋仁宗殘害百姓的大弊政，就是由政府推行紙幣 "交子"。

即今日的匯票。

會子：北宋東諸路流行，後收權入宮。

宋代是貨幣經濟確立的時代，貨幣已成為社會交易不可或缺的一環。以往日因物確立以後，宋代因錢權之以物，使官方大量印制，造成通貨膨脹。

蘇轍〈乞借常平錢買上供及諸州軍糧狀〉：敘述當時朝廷是「官庫之錢，貫朽而不可較，民間官錢，搜索殆盡，市井所用，多私鑄小錢，有無不交，田夫蠶婦力作而無所售。」（同註 23）由於朝廷錢庫存積，卻救不了百姓的飢饉，所以百姓鋌而走險，私鑄小錢，這是貨幣流通不暢，上下雍塞，「錢積於官，無宣泄之道；民無現錢，百物益賤」，人民的損失慘重，蘇轍以為「譬如飢人，雖已得食而無所取飲，久渴不治，亦能致死。」（同註 23）

蘇轍主張貨幣流通，針對常平現錢，有具體可行的辦法，欲使官庫貨幣能夠暢通，就宋朝財政系統應有的管道：指揮東南諸路轉運使，向各本路常平借錢，年豐則預買谷帛價錢三年上供米及本路諸軍三年衣糧，「限三年節次收糴，重立禁約，不得別作支用」。且在五年內，「收簇錢物，撥還常平倉司。」其次每年多天，原借錢及所糴物及該還錢數，提刑司保明，申戶部點檢有無違法。若有違法，由提刑司覺察上奏。其目的是紙幣通行，鼓舞田民，流通百貨，倉廩充食，又可贍養軍隊，抗禦水旱。因而「上下皆足，公私蒙利」。

第四節　農業與土地政策

一、立法明等，以平風俗

北宋的商業蓬勃發展，超越歷代，富商與官吏因勢利導，成

為資本蓄積的分子，於是富商、官吏遂憑藉其雄厚的資本，投資土地的買賣，土地的買賣風氣一開，就無法遏止，而兼併的交易自然發生。富者以告身免稅的特權而益富，貧者以繳重稅及商業資本的侵蝕而益貧，結果，土地買賣額數迅速增加，土地私有制重復確立。

土地兼併所造成的弊害，對社會風氣的傷害，蘇轍〈民政上第五道〉有睿智的看法：

「天下之人，兼併而有餘，則思以為驕奢。驕奢之風行於天下，則富者至於破其資畜；而貧者恥於不若，以爭為盜而不知厭。民皆有為盜之心，則為之上者甚危而難安，故為之法曰：立制而明等，使多者不得過，而少者無所慕也，以平風俗。」[26]

貧富差距不斷的擴大，來自於驕奢的追求，居官者貪得無厭，必納賄賂；貧民因追求財富而無恥，居鄉必盜。社會風氣的頹靡，自此濫行，不可遏止。蘇轍認為立法明等，俾使貧富差距不再擴大，以遏止「無恥」的社會風氣。

為抑止土地兼併日益激烈的現象，造成貧富差距愈形尖銳，貧者無立錐之地，富者阡陌縱橫，貧者淪為佃農，勞苦力作，食不溫飽，衣不蔽體；富者成為地主，遊手好閒，食必珍奇，穿必錦繡。宋仁宗曾頒限田之詔，公卿以下，毋過三十頃，衙前將吏應復役者，毋過十五頃。卻因積重難返，未幾即廢。按宋制，入官者皆有職田，以官莊及遠軍逃亡之田充之。馴至勢官富姓，占田無限，兼併昌僞，以成俗。

宋徽宗政和年間，再度下詔，設限一品百頃，二品以次遞減至九品為十畝，官愈高，田愈多。凡在限內之田，均免差科（賦

---

26 《欒城應詔集卷九》，頁 1324。

役），限田之外，則須納稅。所以北宋中葉，凡賦稅不及之田，十居其七，強宗重臣，阡陌相望，皆爲特殊階級的莊田。如何改善農民生活的痛苦，蘇轍在〈民政下第二道〉提出很好的解決之道。主張「可使郡縣盡貸，而任之以其土著之民，以防其逋逃竄伏之姦，而一夫之貸，無過若干。春貸以斂繒帛，夏代以收秋實，薄收其息而優之，使之償之無難，而又時免其息之所當入，以收其心。使民得脫於奴隸之中，而獲自屬於天子。」[27]若能藉諸以行，假以時日，或數十百年之後，則天下農夫大皆天子之農，而貸急民者，則可朝行而夕獲其利，乃當今之急務也。

二、知農之可樂，不勸而自勵

人民的經濟生活，在物價的反應極爲顯著，僅就本價的高低貴賤，以檢視農民生活的富裕或貧困，當作物歉收產量不多時，物價必高，人民的經濟生活自然不好；豐收產量增多時，物價必低，人民的經濟生活自然美好。

北宋米價略表，摘自[28]《劉伯驥著宋代政教史頁 528》

帝　號	年　代	物品	重　量	價　錢	地　區
宋太宗	太平興國　年	米	一斗	一〇餘錢	河東
宋太宗	咸平景德年	米	一斗	一〇餘錢	淮洛
宋真宗	大中祥符元年	米	一斗	七餘錢	量價最低
宋真宗	大中祥符二年	米	一斗	三〇貫	京師
宋仁宗		米	一斗	六〇〇一貫	江浙
宋神宗	熙寧四年	米	一斗	一〇〇錢	
宋神宗	元豐	米	一斗	一〇〇〇錢	陝曰八〇錢
宋哲宗	元符二年	米	一斗	五二〇錢	延安

27　《欒城應詔集卷十》，頁 1329。
28　劉伯驥著　宋代政教史　第六章經濟生活　頁 528。

由上表得知宋初米價偏低，宋真宗時米價最低，宋神宗元豐年間米價最高，雖然各地區米價未必相同，有產量、運輸、市場等因素而異，而可窺見北宋人民的經濟生活，米價過高傷民，米價過低則傷農，傷民則宜平價出售，傷農則朝廷必予補助。以免傷民或傷農，才是有為天子的經濟政策。

宋朝對於農民生活有抒困因應方法：如

宋仁宗嘉祐年間，曾鞏任越州通判，值歲大饑，農民生活困苦，乃出粟五萬石貸民為種糧，使隨歲賦入官，農民賴以不乏。若是，可以做到「備養生送死工具，導之有方，而取之有法，則其民豐樂饒足，老死而無憾。」（民政下第三道）[29]

宋英宗治平中，河北人民流入京師，詔以糴使司陳粟貸民，每戶二石。時劉渙知澶州（河北濮陽縣），因河北地震，農民乏粟，多賤賣耕牛，渙令發公錢收購耕牛。次年，民無耕牛，價值十倍，渙復出所市牛，以原價售與農民，農民得以復耕，公帑無虧。

宋神宗元豐間，趙抃知越州（浙江紹興），採行救荒法，農民欠借貸無力償還利息，告富人寬限至稻穀收成後，官府做為擔保人，責農民償還利息。

以上敘述曾鞏、劉渙、趙抃都是有守有為的太守，蘇轍認為為政「生於太怯，而成於牽俗，太怯，則見利而不敢為，牽俗，則自顧而愛其身，夫是以天下之事，舉皆不成。」（同註 29）曾鞏等太守都能適時救急，抒解農困，是不怯且不牽於俗的官吏。

蘇轍對於農民的經濟生活，並無實際協助農民的具體可行方案，但是整體的農業政策，也有明確的指標，在「制置三司條例司論事狀」：主張「勸課農桑，墾闢田野，人存則舉，非有成法。

---

29 《欒城應詔集卷十》，頁 1332。

誠使職司得人，守令各舉其事，罷非時無益之役，去猝暴不急之賦，不奪其力，不傷其財，使人知農之可樂，則將不勸而自勵。」[30]

　　蘇轍提出農業最高指導原則：包括開墾荒地，增加耕種面積。因時因事因地而制宜的可行方案，不墨守成規。使民以時，以不害民而利於耕。減少農賦，使民富足。諸多指導原則，欲達到「知農之可樂，則將不勸而自勵」，如此，人人導於農事，農民富足而享富裕生活，養生送死無憾，是仁政的最佳典範。

三、常平法與義倉法

　　為解決農民生活問題，在饑荒連年時最為棘手，所以平時的儲積糧食，調濟盈虛，成為救濟民食的第一要政。宋朝有鑒於漢朝、隋唐以來的平倉、義倉兩制，是利民良法，沿襲實施，以為增進農民經濟生活的良方。蘇轍有識於漢朝均輸法不利於民，且官吏寅緣為奸，與商人爭利，必遭謗議詬病。於是力倡常平法，（制置三司條例司論事狀）：「常平條敕纖悉具存，患在不行，非法之弊。必欲修明舊制，不過以時歛之以利農，以時散之以利末。歛散既得，物價自平，貴賤之間，官亦有利。」（同註 30）

　　「常平法」乃常平穀價，調節穀價，以免過貴或過賤，貴則傷民，賤則傷農，維持平糴，以安定民食。

　　太宗淳化元年（西元 990）京師貴糴，開廩賤糴，以惠恤人民。三年，京畿地區豐穰，物價賤甚，分遣使臣在四門廣場，增價收購，貯之於倉庫，曰常平，命常參官主事，在凶荒時減價糴與貧民。宋真宗景德年間連年豐收，於是在京東、京西、河北、河東、江南、兩浙、陝西、淮南等各路普徧設置，制度確立。

30　《欒城集卷三十五》〈制置三司條例司論事狀〉頁 608。

常平制度是以縣戶為單位，每一萬戶，一年收購一萬石稻穀儲存。萬戶以上的縣，以五萬石為限度。三年以上舊穀出售時，則換新穀。每年夏秋，視市價加三五錢收糴，遇貴財減價三五錢出糴，但減價不得低於成本。收糴資金依縣內戶口的多寡，提供上供錢以外，剩餘皆歸司農寺管理，三司不得干涉，因此，常平制度由國家公款辦理，列歸行政系統。

「義倉法」宋承五代亂餘，義倉時復時廢。宋仁宗景祐年間，集賢校理王琪奏請復置義倉，辦法是五等以上戶，在夏秋納稅時，每二斗另納一升（水旱減稅時免納），各州縣擇便利之地置義倉儲存，領於轉運使，凶年出存，以賑恤飢民。以民間穀物，儲備以為救荒之用。而後曾下詔於全國各地設置義倉。尋廢，嘉祐二年（1057）依樞密使韓琦奏請，全國各地設置廣惠倉，仍屬義倉性質，但領於提點刑獄。其後辦法時有更措，嘉祐四年（1059）政隸司農寺，每州選幕職曹官各一人專監，主理出納。每歲十月，別差官吏調查受米者，凡老弱疾病，不能自給的人，籍定姓名，自十一月一日開始，施米一升，幼者半升，每三日一次，至明年二月止。若有餘米，則依縣大小而平均施給，其後名稱雖有更改，其義倉屬性仍然不變。

蘇轍〈乞賑救淮南飢民狀〉：

「竊見頃立義倉，至今已將十年，所聚糧斛數目甚多，每遇災傷，未嘗支散一粒，民情深所不悅。臣竊乞指揮淮南官司，先將所管義倉米數，隨處支與闕食人戶，兼將常平米減價出賣，及取問監司州縣，因何並不曾申請擘劃。」[31]

此為蘇轍在哲宗元祐元年（1081）二月北返京師，除右司諫

---

31 《欒城集卷三十七》，頁 651。

時提出呼籲，以爲義倉，常平等均未發揮賑災救民的功能，要求
監司州縣必著手擘劃，以期實現立義倉，常平等實際效用。

四、蘇轍嚮往三代井田制度

（一）設置農師

宋代重視民食，宋太宗鼓勵耕稼，勤勉督導，太平興國七年
（982）詔令：

「兩京諸路，許民共推練土地之宜，明樹藝之法者一人，縣
補爲農師。令相視田畝肥瘠及五種所宜，其家有田不種，其戶有
丁男，其人有耕牛，即同鄉三老里胥，召集餘夫，分割曠土，勤
令種蒔，候歲熟共取其利。爲農師者，蠲稅免役，民有飲博，怠
於農務者，農師謹察之，由州縣論罪，以儆游惰。所墾田，即爲
永業，官不收其租。」《宋史卷一七三第一二六食貨上一農田》

農師，就如農復會的指導委員，負責指導農民的耕種、施肥、
除草、除蟲、運輸、行銷等有關農業產銷問題。

宋朝的農師是官派農業官吏，不僅指導農業技術，田界介
定，並負有監督農民勤惰的考核權，監督考核是其工作重心。此
爲創舉，可惜實施不到二年，即告停止。

（二）田制等級

宋初以吏緣爲姦，稅不平均，由是人民失業，田多荒蕪，爲
激勵人民開墾農田，增加耕作面積，乃詔許民闢土，州縣不得檢
括，但只以現佃（代耕者）爲額，結果收效甚微。迄淳化五年（994）
再詔，再予人民利多，凡州縣曠土，許民請佃爲永業，免稅三年，
四年以後令納三分之一。官吏勸民墾田，然耕地遲遲未有增加。

墾田可分爲營田與屯田，皆屬官田。營田者，即開墾田土，修蓋屋舍，製造農具，招人耕作，皆置人以管理。屯田者，因長屯而得名，故可戰可耕。營田者用民爲兵，然亦有雜用軍兵者，兩者大同小異，無嚴格區分。

官田的主要來源：爲當代遺留的官有土地，原無人耕種的天荒地和公用地，沒收入官的土地，戶絕地及買捕坊場，催貸市易等錢無力償還的抵當土地，後數者又是官田增加的途徑。

北宋屯田總面積，現存天禧末年登錄的四千二百餘頃；相當於全宋總墾田面積五百二十四萬餘頃的不足千分之一，此數是否含營田已無可考，即使另有與屯田一樣多的營田，其在全宋耕地面積中所占比重，也是微不足道。至於探究營田、屯田績效不彰的原因：或以侵佔民田爲擾，或以差借耕夫爲擾，歲入不償其費。於是不得不罷止，主要原因：入不償費，擾民。軍不習耕，造成殘民。

（三）三代以田養民，民足以自養

蘇轍對於宋代各種農田政策頒布實施，多不予認同，以爲弊多於利，在〈私試進士策問二十八首〉有言：

> 「三代以田養民，而取之以什一，其民盡力於耕，則足以自養。上之人以時平其政令，而民受其賜既已厚矣。自戰國之禍，田制既壞，賦法隨弊，天下之民，仰困於租稅，而俯困於兼併，其害不可言矣。」[32]

蘇轍對於夏商周的井田制度，認爲是最好的田制，其後壞井田，開阡陌，農民生活頓失依所，租稅付不出，農田被兼併，俯

---

32 同註 24，頁 364。

仰不足以蓄妻子，養父母，在在顯示對於宋代田制的傷民，尤其
宋神宗時，為防止土地兼併的慘烈，採用王安石的方田法《宋史
卷三二七王安石傳》：

「方田之法，以東西南北各千步，為一方。一方合十一頃，
六十六畝，一百六十步，（古者百步一方為百畝之田，千步一方為
萬畝之田），歲以九月令左分地計量，驗土地肥瘠，定其色號，分
為五等，以地之等均定稅數。」

此即以定稅為主要的農田制度，至哲宗時司馬光罷廢。徽宗
時蔡京又蹈襲方田制。蘇轍對方田制度一直持反對意見，（制置三
司條例司論事狀）：

「嘉祐以來，方田之令，何異於經界，行之歷年，未聞有益，
此農田之說，所以未論也。」（同註 30）

蘇轍的「未論」，乃指北宋實施方田政策，何以故？因「方
田之策」與「經界」類似，對於農業提振，農民利益，並未獲得
良好績效，而以為「民擾而不安」，蘇轍〈民賦敘〉主張「三代之
君，開井田，畫溝洫，謹步畝，嚴版圖，因口之眾寡以授田，因
田之厚薄以制賦，經界既定，仁政自成。」[33]井田之制，才是最
好的農田政策，「授田」、「制服」則人口眾寡，田之厚薄以定，三
代的仁政自成，而蘇轍的嚮往儒家聖人之治，亟求在宋代再次呈
現。況且不是空談，有落實井田之制的具體可行方案，蘇轍〈私
試進士策問二十八首〉稱：

「公邑為井田而鄉遂為溝洫。此二者，一夫而受田百畝，五
口而一夫為役，百畝而稅之十一，舉無以異也。然而井田自一井
而上，至於一同，而方百里，其所以過水之利者，溝洫澮三。溝

33　《欒城後集卷十五》，頁 1054。

洫之制，至於萬夫，爲地三十三里有半。其所以通水之利者，遂溝洫澮川五。夫利害同而法制異，爲地少而用力博，此其所以未知者一也。五家爲比，比有比長；五比爲閭，閭有閭胥；四閭爲族，族有族帥；五族爲黨，黨有黨正；五黨爲州，州有州長；五州爲鄉，鄉有一正卿。及有軍旅之事，則以比長爲伍長，閭胥爲兩司馬，族帥爲卒長，黨正爲旅師，州長爲師帥，卿爲將軍，故凡官之在鄉者，軍一起而皆在軍矣。」（同註 24）蘇轍對農業政策，堅持恢復三代的井田之制，認爲井田制度不但解決農民的農業問題，賦稅徵收問題，可以「收太平之稅」，免除「耕者窮餓，而不耕者得食以爲不便。」藉此井田制度的落實，亦可解除「民事大敗」，「兼倂之民眾，而貪民失職，貧者無立錐之地，而富者連阡陌以勢相從」，剷平社會貧富差距懸殊不公的現象，而做到「限民以田，貴者無過若干，而貧者足以自養」，人民得生養的契機。

　　況且井田制度，是寓兵於農的田制，人民平時務於農事，戰時則編組成爲組織嚴密的軍系兵團，有伍長、司馬、卒長、旅師、師帥、將軍等單位，在北宋的外患頻仍，北遼、西夏屢寇邊境的情勢中，壯大兵力，是朝廷要務，豈可輕忽！所以蘇轍的大聲疾呼，願天子得聞，但並未如願。宋神宗在位，卻接納王安石的青苗法，使蘇轍大爲不滿，不得不全力以赴的大肆抨擊，爲理想的實現而奮鬥。

　　王安石知道「衣食所以養人」，因此，既主張富國強兵，而富國強兵的根本，來自稅源，青苗法的實施，兼具增加稅源、拯救農民的青黃不接，在實行之後，卻由社會政策轉爲財政政策。況且青苗法方案並不周密，青苗錢「散與人戶，令出息二分，春散秋斂」，二分利息本已嚴重，韓琦有言：

　　　　今放青苗錢，凡春貸十千，半年之內，便令納利二千。秋

> 再放十千，至歲終又令納利二千。則是貸萬錢者，不問遠
> 近，歲令出息四千。《宋史卷一百七十六食貨志上四常平
> 義倉》

　　蘇轍〈詩病五事〉批評王安石，以為「王介甫小丈夫也，不
忍貧民而深疾富民，志欲破富民以惠貧民，不知其不可也。……
及其得志，專以此為事。」[34]王安石欲使社會貧富差距縮小，財
產重新分配，本意雖好，實行青苗法，卻適得其反，而導致「青
苗行，而農無餘財」，聚散取息，流毒天下，民不聊生。蘇轍〈陳
州為張安道論時事書〉：

> 「言事者論其不可，非一人也。百姓毀壞肢體，燻灼耳目，
> 嫁母分居，賤賣田宅以自脫免，非一家也。……加之以水
> 旱，繼之以饑饉，積憾之民奮為群盜，侵淫蔓延，滅而復
> 起，英雄乘間而作，振臂一呼，而千人之眾可得而聚也。
> 如此而勝，廣之形成，此所謂土崩之勢也。」[35]

　　蘇轍論及青苗法帶給人民的痛苦，盜賊四起，如水益深，如
火益熱，並非誇大說辭。青苗法的實行，「願取則與之，不願不強
也」，但是官吏務以多散為功，不分貧富，強迫人民借用，且又使
貧富相保，貧者散亡，富者破產。（畫一狀）有言：「議者皆謂富
民假貸貧民，坐收倍稱之息，是以富者日富；貧者日貧。今官散
青苗，取息二分。……今官貸青苗，責以現錢，催隨二稅，鄰里相
保，結狀請錢，一家不至，九家坐待，奔赴城市，糜費百端，一有
逋竄，均及同保。貧富相迫，要以皆斃而後已。」[36]甚至城市之內
沒有青苗，官吏為求多放，亦強與之。至此，青苗法已不是救民，

34　《欒城三集卷八》，頁1228。
35　《欒城集卷三十五》，頁615。
36　《欒城集卷三十五》〈自齊州回論時事書　畫一狀附〉，頁618。

而是以放債取息爲目的。人民因欠青苗，只有賣田宅，鬻妻子，投水自縊者，不可勝數。農桑之利完全破壞，富國強兵因之落空。

（四）實施青苗，與民爭利

哲宗元祐元年（1086）八月范純仁以國用不足，主張繼續實行青苗法。司馬光以爲「先朝散青苗，本爲利民，並取情願。後提擧官速要見功，務求多散。今禁抑配，則無害也。」司馬光贊同青苗法，只要「禁抑配」即可。《長編卷三百八十三》蘇轍堅決以爲不可，〈三乞罷青苗狀〉：

> 「自古爲國，止於食租依稅，縱有不足，不過以茶鹽酒稅之征，未聞復用青苗放債取利，與民爭錐刀之末，以富國強兵也。」[37]

由此得知，青苗法的害人，不是只有「抑配之罪」而已，雖是「州縣奉行詔令，斷除抑配，其爲害人固亦不少。」蘇轍〈申三省乞罷青苗狀〉又強調：「近日朝廷責降呂惠卿，告命之出，首以青苗爲罪，天下傳誦，人人稱慶。奈何詔墨未乾，復蹈其故轍乎？」[38]呂惠卿的責降爲青苗法政策錯誤而責降，天下人民競相奔走相告，以爲青苗害人可去，豈能再行？其實青苗法在宋神宗時代實施，並非全國通令而行，常因地而異，如四川地區，僅於成都路，其他三路初試即罷。《長編卷二一四熙寧三年八月》：

> 川峽四路與內地不同，力耕火種，民食常不足，至種芋充飢……蜀民輕侈，不知積蓄，萬一歲儉，不能償官，適陷民於死地。

因此，免去梓、利、夔三路的青苗法。

37　《欒城集卷四十》，頁 698。
38　《欒城集卷四十》，頁 700。

　　蘇轍對青苗法的抨擊與攻伐，最為激烈，任右司諫職責之所在，有〈論青苗狀〉、〈再論青苗狀〉、〈三罷青苗狀〉、〈申三省請罷青苗狀〉認為「實行青苗，與民爭利」的前提下，有著「立法不善」的瑕疵，〈論青苗狀〉：「向者，朝廷申明青法之法，使請者必以情願，而官無定額，議者以為善矣。」[39]但是付之實行，由於現實社會的條件未能充分配合，官貪民愚，造成「無知之民，急於得錢而忘後患，則雖情願之法有不能止也。侵魚之吏，利在給納而惡無事，則雖無定額有不能禁也。」（同註 39）如此，無知之民，其後患在於繳息二分；而官貪在於行政績效，強行借貸。「小民呻吟」，而「朝廷依舊放債取利」，青苗法的禍害，屠毒蒼生，蘇轍〈申三省請罷青苗狀〉以為其害有四：「及至納官，賤賣米粟，浸及田宅，以至破家。」一害也。「子弟縱恣，欺謾父兄，鄰里無賴，妄托名目，歲終催督，患及本戶。」二害也。「逋欠未納，請新蓋舊，州縣欲以免責，縱而不問。」三害也。「常平吏人，日行重法，給納之賂，初不能止。今重法既罷，賄賂公行，民間所得無幾。」四害也。蘇轍對青苗法的禍患言之鑿鑿，對上有損仁宗、神宗二聖的仁聲仁政，其中官吏的貪贓枉法，農民的家破人亡，百無一利，傷國害民。其時「上自韓琦、富弼，中至司馬光、呂誨、范鎮，下至臣等輩人，未有一人以為便者。」（同註37）惟王安石、呂惠卿等人，積極厲行青苗法，因此，也引起對王安石等新黨新政有著嚴厲的批判。

　　《諸臣奏議卷四六》〈陳襄上神宗論大臣皆以利進〉：「陛下始用王安石參預大政，首為興利之謀，先與知樞密院事，陳升之同領制置三司條例司。未幾，升之用事遷為丞相，而絳又領之，

39　《欒城集卷三十九》，頁 681。

曾不數日，今又以（韓）絳參預政事。則是中書選任大臣，皆以利進，自古至治之期，未有此事也。」

　　陳襄指陳神宗用王安石、陳升之、韓絳等人，都是以「利」為著眼點，並不是國家長治久安之計。

　　張方平有言：

> 「抵新法行已六年，事之利害，非一二可悉。今習俗奔競，偷弊成風，交黨相傾，勢利相軋，攻訐起於廟堂，辯訟興於台閣，非所以昭聖化也。」《長編卷二六九熙寧八年十月》

　　呂公著更是不留情面的嚴厲指責：

> 〈上神宗論王安石姦詐行事〉「大姦似忠，大詐似信，外示樸野，中藏巧詐，驕蹇慢上，陰賊害物。臣究王安石之跡，固無遠略，惟矜必作，立異於人，徒文言而飾非，將罔上而欺下，臣竊憂之，誤天下倉生，必斯人也。」

　　呂公著批評王安石人既一無是處，十分「鄉愿」的小人作為，用字用詞，至為嚴厲。

　　王安石的主政期間，時局多難，令蘇轍有「感時花濺淚，恨別鳥驚心」的悸動，在〈初發彭城有感寄子瞻〉詩：

> 秋晴卷流潦，古汴日向乾。扁舟久不解，畏此行路難。
>
> 此行亦不遠，世故方如山。我持一寸刃，巉絕何由刊！（略）[40]

　　對於時局的憂心，卻是「一寸刃」，何能刊削「巉絕」？書生咄咄，徒呼奈何！

40　《欒城集卷七》，頁130。

第五節　公賣制度

一、「榷」的源流考

漢武帝實行酒的國家專賣，是在天漢三年（西元前 98 年）二月，《漢書卷六武帝本記》有「初榷酒酤」的記載。「榷酒酤」也簡稱「榷酤」。漢昭帝時，賢良文學之士主張廢止鹽鐵和酒的專賣，是很有見地的思想。因此，在桓寬《鹽鐵論》，屢次提到「酒榷」、「榷酤」等名詞。至於漢武帝實施酒的專賣，何以稱「榷」，《漢書武帝紀榷酒酤》注中有：

> 如淳曰：「榷音較。」應劭曰：「縣官自酤榷賣酒，小民不復得酤也。」韋昭曰：「以木渡水曰榷，謂禁民酤釀，獨官開置，如道路設木為榷獨取利也。」師古曰：「榷者步渡橋，《爾雅》謂之石杠，今之略彴（音酌）是也。禁閉其事，總利入官，而下無由此後，有若渡水之榷，因立名焉。」

韋昭，師古皆以「榷」義為獨木橋，蓋取其只有一人可渡，不得兩人並行，這和禁止人民製酒販賣，由官方獨賣雷同。

如淳，三國魏馮翊人，官陳郡丞，曾注《漢書》。

應劭，東漢汝南人，字仲遠。博學多聞，靈帝時拜太山太守，拒黃巾有功。獻帝立，拜為袁紹軍謀校尉，時始遷都於許，典章湮沒，劭乃著《漢官禮儀故事》、朝廷制度，多取則焉。又撰《風俗通》、《中漢集序》等書。《見後漢書卷七十八》

韋昭，字弘嗣，三國吳雲陽（江蘇丹陽縣）人。生於東漢獻帝九年（西元 204）卒於晉武帝泰始九年（西元 273）年七十。史

為晉改曜。少好學，能屬文，歷遷太子中庶子，承令為〈博奕論〉，為時所稱。孫皓立，為侍中，領國史，以持正，不肯替皓文和作本紀，被誣下獄處死，著有《孝經論語注》、《洞記》、《官職訓》、《辯釋名》等書。《見三國志卷六十五吳書二十》

　　宋朝的禁榷收入與兩稅收入數量接近，二者構成財政歲入的主要財源。而禁榷又是歲入中貨幣的主要來源，在財政中占有獨特地位。

　　禁榷有廣狹分類：狹義禁榷是指官府對某些商品實行的專賣。廣義禁榷是除包括專賣外，還包括由專賣衍生出來的官商合營分利形式，及對某些商品，在嚴峻法令和嚴密措施保證下征收高額產銷稅的制度。後二者的收入與專賣的專利收入相當。

二、榷茶的起源及經濟效益

　　蘇轍〈論蜀茶五害狀〉提出申論主旨：「朝廷近罷市易事，不與商賈爭利，四民各得其業，欣戴聖德無有窮已。唯有益、利、秦、鳳、熙河等路茶場司以買賣茶虐害四路生靈，又以茶法影蔽市易，販賣百物。州縣監司不敢何問，為害不細，而朝廷未加禁止」[41]蘇轍為蜀茶鳴不利之冤。（同註 41）[42]其次論及「五代之際，孟氏竊據蜀土，國用褊狹，始有榷茶立法。」（同註 41）而李燾則以為榷茶始於唐，《長編卷五乾德二年八月辛酉條》：自唐武宗始禁民私賣茶，自十斤至三百斤，定納錢決杖之法。於是令民茶折稅外，悉官賣。民敢藏匿而不送官及私販鬻者沒入之，計其直，百錢以上者杖七十，八貫加役流。主吏以官茶貿易者，計其值，

41　《欒城集卷三十六》，頁 627。
42　同註 41，頁 629　蜀茶五害：（一）不准私賣（二）川茶茶法已陋（三）官自買茶，交子價賤（四）遞鋪之害（五）陝西之害。

五百錢流二千里，一貫五百。及持仗販易私茶，爲官司擒捕者皆
死。」

　　茶爲官方專賣，禁止私販，始於唐武宗，立法嚴峻，嚴刑重
罰，專制蠻橫，無以復加。宋承大唐，茶葉已成爲人民生活的必
需品，《李覯集卷一六富國策》：「茶，君子小人靡不嗜也，富貴貧
賤靡不用也。……杯不可一日無也，一日無之則病矣。」食茶已
是全國人民不分富貴貧賤，人人皆嗜，不可一日或缺。

　　榷茶的淨利，一般只有二至四倍。太宗時大臣張洎曾在上奏
中說道：

> 「訪聞湖南山色，每斤宮中榷買用本錢二百二十文，輦遠
> 支費約破錢一百文，宮中於地買出賣，計收錢九百六十
> 文，除算出本錢并纏裏錢共三百二十文外，合收淨利錢六
> 百四十文。其淮南、兩浙、江南等道茶貨，雖出賣價例小
> 有不同，其所收淨榷茶貨利大約不逾於此。」《國朝諸臣
> 奏議卷一○八上太宗乞罷榷山行放法》

　　由此得知：淨利爲本錢兩倍，賣價爲買價四倍。張洎對榷茶
賣價有高估現象，因品類地區買賣價錢各自不同，如淮西上號買
價每斤二十六文四分，真州賣價每斤五十六文；中號買價十九文
八分，賣價四十五文五分；下號買價十五文四分，賣價三十七文
一分。依此類推，買賣價錢相比，約爲一比三較爲接近。北宋仁
宗嘉祐通商以前數年，是榷茶收入最少時期，《續資治通鑑長編卷
一八九》記載：「嘉祐二年茶課才及一百二十八萬緡，又募人入錢，
皆有虛數，實爲八十六萬，而三十九萬有奇，是爲本錢，才得子
錢四十六萬九千而已。其輦之費、喪失與官吏兵夫廩給雜費又不
與焉。如此，朝廷忙亂一場，所得無幾。」

三、榷鹽產區及經濟效益

宋代鹽產大致可分為三個地區：北方顆鹽、四川井鹽、東南一帶末鹽。其中以淮浙產量最高，北方次之，四川最少。朝廷榷鹽的收入，依此類推。

北方顆鹽以山西解鹽為代表。解州（今山西運城一帶）二池，《趙彥衛雲麓漫抄卷二》：「蓋河勢屈曲回抱，而中有鹽泉。水性至曲而折，鹽性至折而聚。……積千里之潤，去海既遠，是以伏脈地中，聚而作鹹。此鹽水之所自由也。」池東西五十里，南北七十里，條件得天獨厚，引水曬鹽。曬鹽不戾日光，而是「鹽南風」。《太平寰宇記卷四六》記載：「每風出，吹沙飛石，樹木皆摧，俗謂之鹽南風。」風力資源使製鹽降低成本，減少煮鹽燃料費用的支出，官方徵調本州及鄰州三〇八戶為畦戶，每戶出二人，就有七六〇人為鹽工，形成一個很大的官營鹽場。《宋史卷一八一食貨下三》且鹽質居全國之冠，除供應陝西之外，東京、京東、京西等北方廣大地區，皆食用解鹽。

川西四路，皆產井鹽，以梓州路最盛，利州路最弱。川鹽的特色是味淡價高，因價高，有利可圖，歸正忠義之人與逃亡惡少之徒，乘邊備不嚴，多自金人盜販解鹽私入川界，侵射鹽利。因此，嚴厲規範，以解鹽自售及相互餽贈，不論斤量多少，必當重寘典憲，無赦。

宋初四川總共有六三二井。官方在井地設監，監則官賞，井則民作，經營方式：國營和民營並行，但限制川鹽不得出陝。《宋史卷一八三食貨下五》：「鹽井最深，鬻鹽極苦，樵薪益貴，輦之甚艱，加之風水之虞，或至漂喪。」井鹽的成本高，運輸難，地下水脈多變等，都是井鹽發展的不利條件。而民營者多至一、二

十井，工人四、五十人，若業主與工人不合，常群起鬧事，猶今日的罷工抗爭事件，勞資糾紛層出不窮。

淮浙鹽在宋代產量最高，行銷區最廣，也是榷鹽收入的主要來源。《文獻通考卷一六征榷鹽鐵》，呂祖謙說：

> 宋朝就鹽論之，惟是淮鹽最資國用。方國初鈔鹽未行，是時建安軍置鹽倉，乃今真州，發建在真州，是時李沆發運使（宋史本傳不載，李沆為發運使事），運米轉入其倉，空船回皆載鹽散於江浙湖廣。諸路各得資船運，而民力寬。此南方之鹽，其利廣，而鹽榷最資國用。

北宋時，淮浙鹽以官搬官賣為主，利益歸於朝廷和地方。但官營弊端頗多：如質次價高，盜食盜賣、摻入雜物、克扣勒索等，更甚者在銷路不暢時，抑配於民，坑害百姓。所以，鹽法嚴酷，令人慘不忍聞，蘇轍（次韻子瞻吳中田婦歎）詩：「海邊唯有鹽不旱，賣鹽連坐收嬰兒。」[43]道盡鹽戶生活的痛苦。

蘇轍《龍川略志卷三》有與王安石一段對話：

> 轍說：「利之所在，欲絕私販，恐理難也。」
>
> 王安石：「不然，但法不峻耳。」
>
> 轍說：「今私鹽，法至死，非不峻也；而終不可止，將何法以加之？」
>
> 王安石：「一村百家俱販私鹽，而敗者止一二……，所以販不止也；若二十家至三十家敗，則不敢販矣！」
>
> 轍說：「如此，誠不販矣。但恐二三十家坐鹽而敗，則起為他變矣！」〈與王介甫論青苗鹽法鑄鐵利害〉

從此得知：王安石以為嚴刑峻法，可以禁制私販的弊病。蘇

---

43 《欒城集卷五》，頁83。

轍則以爲「利之所在，欲絕私販，恐理難矣」，就人性貪婪謀利而言，識見更爲正確，只可惜不見其替代方案。

總之，榷鹽乃是一種變相的人口稅，只不過以買賣爲形式，易於掩人耳目。爲多取權利，官府往往採取變換鹽法，提高鹽價及拖欠，克扣鹽民鹽本錢等爲法，從食鹽者、生產者及商人三方面刮取錢財。有時有維持官銷售價，甚至採取強迫停產等措施，對於鹽業的生產，人民的消費，以及商品的經濟正常發展，都有嚴重的破壞作用。

四、榷酒生產、酒法及經濟效益

（一）北宋釀酒業概述：

釀酒與鹽業相比，因受地理自然環境的限制較少，各地都可釀酒。《宋史卷一八五食貨下七》：「凡醞用秔（粳）、糯、粟、黍、麥等及四法、酒式，皆從水土所宜。」釀酒的質量優劣多寡，決定條件在於原料氣候水土等相關因素。

宋代釀酒業的重心，首推京師開封。京師釀酒產量多質量優。官方有兩個釀酒機構：法酒庫造酒以待供進及祭祀，給賜；內酒坊造酒，以待餘用。兩者量產都是官方使用，尤其是法酒庫採用陝西河中府的酒法，《侯鯖錄卷四》記載蘇軾以爲「他處縱有嘉者，殆難得其彷彿。」而蘇轍貶筠州時，曾爲筠州監酒稅。作〈雨中宿酒務〉：「微官終日守糟缸，風雨淒涼夜渡江。早歲謬知儒術貴，安眠近喜壯心降。夜深喞喞醅鳴甕，睡起蕭蕭葉打窗。阮籍作官都爲酒，不須分別恨南邦。」[44]其餘北方各地的名酒有

河東葡萄酒，品質佳，可久藏（一年）。陸游認為「滑州冰堂酒為天下第一」《老學庵筆記卷二》，讓州宜城縣以出產「宜城美酒」而頗有名氣。《太平寰宇記卷一四五襄州》。司馬光有詩云：「酒飲宜城美，歌聞白雪高。」《溫國文正公司馬公集卷一四》〈答張伯常之郢州涂中見寄〉，產量大，質量高，以「陽春白雪」作比。至於陝西名酒：雍都有酒海之稱，鳳州名酒元豐年間曾為上貢。蘇轍〈以蜜酒送柳真公〉：「床頭釀酒一年餘，氣味全非卓氏壚。送與幽人試嘗看，不應知是百花鬚。」[45]

南方地區以福建、廣西等地釀酒頗為普偏，即私人自釀自約，買賣者少。其時家家釀酒，窮苦人家多如是，無力購買，形成社會風氣。蘇轍七十歲時，曾抒〈釀重陽酒〉：「家人欲釀重陽酒，香麴甘泉家自有。黃花抱蕊有佳思，金火未調無好手。老奴但欲致村酤，小婢爭言試三斗。我年七十似童兒，逢節歡欣事從厚。（略）」[46]為迎接重陽佳節到來，釀酒原料自家就有，不必外取。而全家人一齊參與，老奴小婢，自己都滿懷心喜的努力工作。貧困的蘇轍，沒有米糧，只吃豆；沒有牛羊，只吃魚。而招待客人就是鄰居老翁，並無達官貴人，隱居潁州的蘇轍，酒興極高，「閉門一醉莫問渠，巷爭不用纓冠救。」（同註46）暢快淋漓，有「我醉欲眠卿可去」的灑脫襟懷。

（二）賣酒禁約嘉祐法與熙寧法

北宋對於私自賣酒有嚴苛的規章，蘇轍在元祐五年（1090）任職御史中丞時，有〈論禁宮酒劄子〉，在京師酒戶因「虧失元額」，遂改定宗室外戚的「賣酒禁約」，大抵採用嘉祐重法，限制「親事

45　《欒城集卷十二》，頁220。

46　《欒城三集卷一》，頁1156。

官等賣酒四瓶以上，並從違制斷遣，刺配五百里外本城，其餘以次定罪」[47]而皇親臨時奉皇帝命令，就准許提兩瓶以上，賞錢十貫。只為賣酒四瓶以上，居然丟官離城，刺死五百以外的貶謫，嘉祐舊法確實嚴苛。

後來採用熙寧法，限制每賣一斗，杖八十。一斗加一等，罪只杖一百。以酷刑替代遠謫，而且鼓勵告密逮捕：一斗賞錢十貫，最多可領到百貫，真是無所不用其極。

元祐四年（1089），規定刑賞與熙寧同，而有告無捕。元祐五年十月六日及十二月十八日皇帝頒令：刑從嘉祐，而賞從熙寧，既「兼用兩重」，及「並行告捕」，乃准許入沽販之家，而「取旨之法，兼及本位尊長」，因此，此法一行，人情驚擾。

蘇轍認為何以立法如此嚴苛，執行浮濫，只為酒戶經營虧損而已。因為「宗室之間，有疏遠外住之人」，生活貧苦，無以自存，只好賣酒自給，而有告捕的規定，小人無知，以捕酒為名，恣行凌辱，何所不至。況且逐位尊長，位高年老，連累宗子，卑幼酒犯，情何以堪？

（三）榷酒收入

北宋的全國總收款，榷酒的收入，次於兩稅，榷鹽居第三位。包括酒曲，《宋史卷一八五‧食貨志‧酒》：

對私造酒，曲者，要處以刑，而且官售酒，曲亦畫疆界，或相侵越，犯皆有法。

宋朝的榷酒大致有三種來源：（1）城鎮官造賣（2）十城鎮及鄉村百姓買舖酒坊（3）四京等處所行官賣由民用。官造酒，在

---

47 《欒城集卷四十六》，頁 809。

行銷的規定：有萬中法和不禁榷區，並不純粹自由貿易，只不過
將榷利由百姓承擔而已。萬中酒法，是將榷酒課利分攤於百姓承
擔，而允許民間自造酒出售的一種酒法。而官造酒、曲除官酒庫
務自己出售外，還批發給腳店與拍戶等沽賣。尤其是小城鎮鄉村
的酒坊場買舖在榷酒的收入中占有重要地位。坊場，馬端臨《文
獻通考》認為：酒坊與稅場的合稱，就記載而言，宋人所言坊場
多洵酒坊場。至於買舖，是宋朝廣泛流行的制度，買舖酒坊場的
辦法，大抵：官府將某一地區造酒賣酒的專利給予某人，由專利
人接官府規定的數額，按時繳納買名錢和深利錢。買舖者除事先
納買名錢外，還須以一部分財產作抵押，並找保人立據投狀，自
宋太祖開寶九年（986）冬詔：「承買以三年為限。」

　　就實務觀察，買舖法優點：（1）糴買製造，因時制宜，里社
通融，為費已約。（2）執役者非其子弟，即其僕廝，無佣資之費。
（3）家人婦子，更相檢察，無耗蠹之奸。（4）工業業熟，釀造得
法，省錢而味美。（5）洞達人情，諳知風俗，發售容易。而且可
以避免官商勾結的種種弊病。至於「實封投狀」者，則利害參半，
並非一貫政策。[48]

宋朝榷酒歲入表，摘自《江聖鐸 兩財稅史 頁 705-706》

時　　間	榷酒歲入錢財數		根據文獻
至道年中	325.9 萬貫	榷酒銅錢 121.4 萬貫 榷酒鐵錢 156.5 萬貫 賣曲錢 48 萬貫	《長編》卷九十 《太平治跡統類》卷二九 《宋史》卷一八五《食貨志·酒》
景德年中	428 萬貫		《樂全集》卷二四《論國計事》

---

48 實封投狀，買舖者者於狀內報願納淨利錢數，實封投送官府，官府將眾
　買舖者狀開封後，擇錢數量多者交其承辦。買舖者互相競爭認納課利錢
　數成信增加。初行，榷利增加，然而年景不常，還有水旱災，即有欺闕
　之弊，往往逋欠，身陷刑禁，家族流散，榷利銳減。實封投狀，始於真
　宗大中祥符元年，盛於神宗熙豐年中，而後明狀並行。

天禧末年	1158.6 萬貫	榷酒銅錢 779.6 萬貫 榷酒鐵錢 291.9 萬貫 賣曲錢 87.1 萬貫	同至道年中欄
慶歷年中	1710 萬貫		《樂全集》卷二四《論國計事》
皇祐年中	1502.6 萬貫 石匹等	錢 1498.6 萬貫 金帛絲行芻粟等 40 760 匹兩等	《通考》卷一七《征榷·榷酤》
治平年中	1489.4 萬貫 石匹等	錢 1286.2 萬貫 金帛絲行芻粟等 2 032 735 匹兩等	同上
熙寧十年	1296.2 萬貫 石匹等	錢 1293.2 萬貫 金銀帛粟鐵等 29 899 石匹兩等	據《宋會要·食貨》一九計出
紹興末年	1400 萬貫	行在 130 萬貫 四川 690 萬貫 東南諸路 500 餘萬貫	《朝野雜記》甲集卷一四《景祐慶歷紹興鹽酒稅絹數》、《東南酒課》、《四川酒課》。

　　總之，茶鹽酒的禁榷制度，都有地區分別。如茶鹽分禁榷區與通商區，禁榷區中又劃分不同的銷售區，其政策的優惠之處，多行於四川、兩廣、福建。趙鼎：「朝廷於川廣福建之民，尤加優恤。以其疾苦赴訴去朝廷特遠，而變亂竊發遽難校正，故凡鹽、酒之利，與民共之，而不之榷。」《忠正德文集卷一論福建西川鹽法奏》即說明四川不禁鹽，兩廣不榷酒、四川、福建的一些州郡也不禁酒。

第六節　北宋的國際貿易

一、和則通商，戰則罷市

　　宋代的商業政策，朝廷以抽稅，增加國庫收入為政策。由於水陸交通發達，對外貿易有來自陸地，有來自海上。陸地設官營

的榷場封鎖貿易抽稅，即邊境上的貿易。對於遼、金、夏等敵騎壓境時，市場關閉；敵騎退出，市場開放，也就是「和則通商，戰則罷市」的敵國間貿易，因爲彼此在民生物質上都有迫切供應的需求，走私猖獗，多半是半公開合法的進行方式。朝廷爲「裕實國庫」的榷稅設官設使，嚴加管制。

蘇轍〈論西事狀〉：

「夏國頃自亮祚喪亡，先帝舉兵弔伐。既絕歲賜，復禁和市；羌中窮困，一絹之値，至十餘千。」[49]述「戰則罷市」的窘困，不只厚賜不予，並關閉市場，夏國物質缺乏，需求孔亟，商人哄抬物價，價高驚人。又說：「遂敕諸道帥臣，禁止侵掠。自是近塞之田，始復耕墾。既通和市，復許入貢。使者一至，賜予不貲；販易而歸，獲利無算。」（同註 49）此爲「和則通商」的寫照，不只重賞使者，貿易暢旺，獲利而歸。遂有「傳聞羌中得此厚利，父子兄弟始有生理。……故遣使出疆，授以禮命。金錢幣帛，相屬於道。」（同註 49）宋朝的民生物質豐饒，夏國短絀，彼有求於中國。其實彼此貿易通商，是互利互補，各取所需。

北宋陸路對外貿易的開拓，分爲兩方面敘述：即北遼與西夏。

二、宋遼貿易

中國自古以來即分爲兩個自然經濟和文化習俗不同的實體，而長城是其分水嶺，長城以北是游牧社會，以南是農業社會，蘇轍有〈古北口道中呈同事二首〉：「日暖山蹊多未雪，寒生胡月夜無雲。明朝對飲思鄉嶺，夷漢封疆自此分。（略）」[50]由於游牧

49　《欒城集卷四十一》，頁 723。
50　《欒城集卷十六　奉使契丹二十八首》〈古北口道中呈同事二首　二副使〉，頁 318。

社會的生活不安定，少作物，蘇轍〈虜帳〉詩：「虜帳多住沙陀中，索羊織葦稱行宮。從官星散依家阜，氊廬窟室欺霜風。春梁煮雪安得飽，擊兔射鹿誇強雄。（略）」[51]描敘游牧民族起居作息的生活內容，生動豐富，蘇轍於元祐四年（1089）八月十六日，時年五十一，奉命為賀遼生辰使，「千里使胡須百日」，實地觀察北遼人民生活情況的心得。至於長城以來的農業社會，生活富裕，作物眾多，與北遼國境的荒涼，草木不生的情況迥異。蘇轍〈木葉山〉：

> 「君看齊魯間，桑柘皆沃若（茂盛貌）。麥秋載萬箱，蠶老簇千箔。餘粱及狗彘，衣被遍城郭。（略）」[52]

宋遼貿易，太祖統一天下時，遼人已於邊城各地要求互市。至太平興國二年（977）：鎮、易、雄、霸、滄等州，已開始置有「榷務」，以茶、香藥、犀、象等與遼貿易。嗣後時斷時續，商品交易堪稱熱絡。迄王安石厲行變法，且神宗有「收復燕雲之志」，以致貿易中絕。熙寧九年（1076）詔曰：「禁止與化外人私行貿易，違者治罪。」後來蘇轍〈北使還論邊事劄子五道〉，一論北朝所見於朝廷不便事，向哲宗提出報告：

> 「竊見北界別無錢幣，公私交易，並使本朝銅錢。沿邊禁錢條法雖極深重，而利之所在，勢無由止。本朝每歲鑄錢以百萬計，而所在常患錢少，蓋散入四夷，勢當爾也。」[53]

蘇轍認為朝廷每年鑄錢數以百萬計，但常使用不足，乃走私使然，雖有嚴刑峻法，而利之所在，勢無由止。

---

51 註同 50，頁 322。
52 註同 50，頁 321。
53 《欒城集卷四十二》，頁 747。

三、宋夏貿易

真宗景德四年（1007）始於保安軍（今四川汶川縣地）置榷場與西夏貿易。天聖中，又置榷場於陝西。及西夏元昊反，詔陝西河東絕其互市。廢保安榷場，禁陝西及沿邊主官屬羌交易。慶曆六年（1046），因元昊稱臣，復置榷場於保安、鎮武（今甘肅慶陽縣東北）二軍。嘉祐初，因西夏侵耕掘野河地，乃禁貿易。治平四年（1067），夏人上表謝罪，復許互市。其後時禁時放，都以夏人的降叛而定。

元祐五年（1090）蘇轍任御史中丞，有〈乞罷熙河修質孤勝如等寨子〉：

> 「熙河近日修質孤、勝如二堡，侵奪夏人御莊良田，又於蘭州以北過河二十里，議築堡寨，以廣斥侯。夏人因此猜貳，不受拘束，其怨毒邊吏，不信朝廷，不言可見矣。」[54]

蘇轍認為宋夏因邊界的爭奪，而宋朝的積極擴建堡寨，以防夏人入寇，遂引發夏人的疑慮，「怨毒邊吏，不信朝廷」，宋夏處於敵對狀況，貿易自然中斷。如果「邊患稍息，物價漸平，比之用兵之時，何止三分之一？」（同註 54）宋夏和平共處，貿易總額大增，因此，蘇轍以為「徒以歲賜至厚，和市至優，是以勉修臣節，其實非德我也。使之稍有便利，豈肯帖然不作過哉！」（同註 54）宋朝對夏人的態度，蘇轍認為應做到「惟仁者為能以大事小……樂天者也。」足以「保天下」《孟子梁惠王下》以免「敵人強梁則畏之，敵人柔服則陵之」，實在不是大國應有的態度。

蘇轍有一首戎州詩：

54　《欒城集卷四十三》，頁 754。

漢虜更成市，羅紈靳不遠。投氈揀精密，換馬瘦屍顏。

兀兀頭垂髻，團團耳帶鐶。夷聲不可會，爭利苦間難。（略）[55]

戎州，今四川宜賓。是漢人與少數民族雜居的地方，常常發生衝突，而衝突停止，各民族之間的貿易就興盛起來。這首五古，從第五句引用，首先敘述漢人與夷人相互雜居的情況，彼此頗為和樂。次則敘述彼此交易品類，各取所需。再次是描敘夷狄的裝扮模樣，髮飾、耳鐶樣樣俱全。最後因語言不通，討價還價難免有爭執。

宋與西夏的貿易，以布、繒、帛、羅、綺等衣料，交易駱駝、馬、牛、玉、氈毯、甘草等。又以香藥、瓷、漆器、薑、桂等物，交易蜜蠟、麝臍、毛褐、羱羚角、砌砂、柴胡、紅花翎等高貴藥材。

宋與夷狄的貿易，夷狄獲利多而致富，改善生活品質，所以「盡死爭占而不已」。蘇轍〈論渠陽蠻事剳子〉：「兵民屯聚，商賈出入，金錢鹽幣，貿易不絕，夷人由此致富。一朝廢罷，此利都失，此其所以盡死爭占而不已者也。」[56]邊境貿易不只是商品交換、獲取利潤而已，文化交流，習俗互動，語言交會等，都是促成民族之間相互融和的契機，此利潤倍數不能錙銖計較。

至於位於中國東北的高麗，與北宋有著密切的文化交流。蘇轍有詩：「東夷從古慕中華，萬里梯航今一家。夜靜雙星生渡海，風高八月自還槎。魚龍定亦知忠信，象亦何勞較齒牙。屈指歸來應自笑，手持玉帛賜天涯。」[57]〈送林子中，安厚卿二學士奉使高麗二首〉北宋與高麗和平相處，並無爭端，自古以來，受到中

55　《欒城集卷一》，頁 3。
56　《欒城集卷四十四》，頁 782。
57　《欒城集卷八》，頁 140。

華文化「忠信」思想的薰陶，所以出使高麗，只是封賜，宣揚大宋國威而已。

四、海上貿易及海港管理

北宋海外貿易，以東南沿海爲最盛。始於太祖開寶四年（971），已於廣州置市舶司。並以知州兼使、通判兼判官，專司海外諸蕃來華貿易情事。

大食人自海道東來，始於唐武宗以後，多由波斯彎經印度洋繞馬來半島，以抵廣州。而越南交州、福建泉州、江浙揚州，亦爲大食人通商的要港。其他尚有波斯、錫蘭，中國商船亦經常來往於其間。迄北宋之時，航行南洋一帶的中國商船，已相當進步，殊非昔日可比。據北宋朱彧著《萍州可談》、及徽宗宣和五年（1123），由海邊前往高麗的使節徐兢著《高麗圖經》見《知不足齋叢書》，以及南宋吳自牧著《夢梁錄卷十二江海船艦記事》等著，對於中國商船的結構製造及航海技術，皆有具體的說明。

宋太宗時，貨榷置於京師，詔海外諸蕃，凡運輸貨物至廣州、交趾、兩浙、泉州者，必須稅給官庫。真宗時，杭州與明州（浙江鄞縣）亦各置市舶司。哲宗時，泉州對外貿易亦極興盛。自元祐二年（1094）置市舶司以還，對外貿易上所佔地位，日益重要，後且凌駕廣州之上。

宋徽宗時，廣州、泉州、杭州及明州各置「提舉市舶司」的事實。市舶司猶今日的「海關」。這是對外海上貿易發展神速，乃有此需要。《宋史卷一百六十三職官志》：「掌器貨海舶徵榷貿易之事，以來遠人，通遠物。」提舉之職，既如上述，故商賈由海道出入者，須具報貨物名數及出產地名，不准攜帶武器，或可造兵器的違禁物品，由官給券以證明其合法程序。而擅自乘船出境者，

治以罪刑。此與近代海關制度相似，惟於明代始臻完備。

　　至於海上貿易的物品，計有金、銀、緡、錢、鉛、布帛、瓷器等輸出品。香料、犀象、珊瑚、珠琲、鑌鐵、磚瑁、瑪瑙、車渠、水晶、貓眼、番布、烏楠木、蘇木等爲主要輸入。而往來貿易國家地區有日本、高麗。南洋有闍婆（爪哇）、三佛齊（蘇門答臘）。西洋有大食（阿拉伯）等國，交易於各司所轄的港區，熙來攘往，特爲繁盛。

　　而廣州、泉州等地以外商齊集，乃有「蕃坊」的設立，類似後日的租借地，也是海港都市管理的雛型。

第七節　蘇轍財經理論餘論

一、三冗為國家財政病竈

　　宋朝實行中央財政集權管控，俾使皇帝對於財計之事有更多的干預。不但親自參與各項財計劃制度的訂定，更親自參與各項重要財計會議，並過問財計的盈虧虛實。太宗於淳義化三年（992）下詔規定：自今三司每年具見管金銀、錢帛、軍備等一本以聞。真宗、仁宗、英宗三朝更要求三司主持編定「會計錄」，詳載有關財計的重要數據，以增加皇帝對財政的了解。

　　宋朝皇帝擁有財政管控大權，訂定管控制度，但「三冗」使國家陷入財政危機。其時蘇轍於（新論上）對朝政有猛烈的抨擊：「治而不至于安，亂而不至于危，綱紀粗立而不舉，無急變而有緩病。」但反對以「安」爲由而「無所復爲」，以「亂」爲由的「更制」。採取保守循序漸進的方式，以達成「富國強兵」的目標。

二、青苗行而農無餘財

　　蘇轍對於王安石的「熙寧變法」，多持反對意見。尤其財經措施中的「青苗法」與「免役法」。於「自齊州回論時事書」指出：「青苗行而農無餘財，保甲行而農無餘力，免役行而公私並宋，市易行而商賈皆病。」蘇轍以「直言」被仁宗皇帝肯定而入仕。天性「寡言鮮欲，論事精確，修辭簡嚴。」《宋史‧蘇轍傳》於哲宗元祐年間，曾任戶部侍郎。對於「青苗法」的弊病指陳歷歷：「以錢貸民，出息二分。本以救民，非為利也。」然官吏在實下借貸中敲詐勒索，且人民不能按時繳息，則以刑法威逼。將升高朝廷與人民的對立，甚至造成官逼民反的怨懟。遂使傲岸的王安石以為，言誠有理，當徐思之。」而後月餘不談「青苗法」。蘇轍批王妄不是「不忍窮民而深疾富民的小丈夫」。蘇轍在不安的情勢中，自請外調。謙稱：「雖欲自效，其勢無言。」（修例司乞外任奏狀）

三、免役行而公私並困

　　蘇轍重視人情，以人情問政。〈策問〉頁 1213「人之所同好者，生也；所同貴者，位也；所同欲者，財也。天下之大，悄盡於是矣。」《欒城三集卷六》生者，人的根本；無財，則無以養生；無位則無以養生而理財。財者，生之本也。是以人人重視。「財者為國之命而萬事之本也」厥為國力衰弱而財政窘困的北宋王朝思想主流，神宗、王安石、蘇轍等人所見略同。所以蘇轍對於王安石白的新法，並不全然反對；反對是實施新法的流弊。宋朝兵制改為募兵，而夷狄寇邊頻仍，兵力而求孔急，「冗費」節節高升，必須徵重稅，加重農民負擔；波及品官人家，蘇轍對於波及品官人家之事，深惡痛絕。

四、反對排富條款

蘇轍最突出的經濟思想是「反對排富條款」，反對排擠富人的利益。富人包括大地主、壟斷商人、高利貸獲益者等人。蘇轍為自己的立論說：「聖人之御天下，非無大邦也，使大邦畏其力，小邦懷其德而已。非無巨室也，不得罪於巨室。……大邦、巨室，非為國之患，患無以安之耳。」[58]（詩病五事）大邦、巨富乃國家之支柱，是國家必然存在的個體。如各州、縣之間，必有大」、小的富民，此為自然現象，所謂：物之不齊，物之情也。「然州縣賴之以為強，國家恃之以為固，非所當憂，亦非所當去也。」（同註 58）當今富商、企業家及各大財團負責人，平時照顧窮人，創造就業機會。使人民生活和樂，社會安定。且依法繳納稅金，充實國庫。對國家貢獻居功厥偉。治天下者若能做到「使富民安其富而不橫，貧民安其貧而不匱。貧富相恃，以為長久，而天下定矣。」（同註 58）

---

58 《欒城三集卷八》，1229。

第三篇　蘇轍文論

第一章　蘇轍文藝理論概述

第一節　三蘇性格不同，文風迥異

一、三蘇崛起西蜀

中國自秦統一天下以後，歷代皆以關中爲都邑，以長安、洛陽爲政治中心，人文薈萃，蓬勃發展。西蜀於歷代局勢中，遂侷促一隅，遠離中原政治文化之融和。趙宋建都汴京，政治文化中心東移，西蜀自然成爲西鄙之地。蘇轍〈上韓太尉書〉曾慨言：「轍生十九年矣，其居家所與遊者，不過其鄰里鄉黨之人，所見不過數百里之間，無高山大野可登覽以自廣，百氏之書雖無所不讀，然皆古人之陳跡，不足以激發其志氣。」[1]蘇轍道述交遊鮮少、遊歷不足，深感不曾與賢人請益，志氣汩沒，已有鵬鳥不飛則已，一飛千里；不鳴則已，一鳴驚人，蓄勢待發，躊躇滿志。

三蘇異軍崛起於眉山，蘇洵自稱少喜學，後從君子遊。成都張方平〈樂全集卷三十九〉以爲「有左丘明、國語、司馬遷善敘

1　《欒城集卷二十二》，頁381。

事，賈誼之明王道兼而有之。」推薦於禮部歐陽修，歐公目爲「孫卿子」。在〈薦布衣蘇洵狀〉中稱「議論精於物理而善識推變，文章不爲空言而期於用」[2]一語道破蘇洵精於議論善於說理，而有「今見君之文，予意足矣。」（同註 2）推崇備至，並與諸君子遊，於是聲名大噪，諸君子皆願與之遊。惟著〈辨姦論〉訾王安石集王衍、盧杞合而爲一，爲害天下必此人，而悍然拒絕。至於蘇軾、蘇轍兄弟則經張方平測試之後，譽爲「明敏可愛，謹重過人」，許爲「國士」，函薦與歐陽修。隨父洵抵京，於仁宗嘉祐六年（1061）參加應制舉中式，以「刑賞忠厚之至論」之對策，名列高第。宋朝科舉考試制式遂丕變，棄世代詩賦而取策論，士子諸多不滿，怨謗在道，導致軒然大波，歷經時日，漸漸平息。歐陽發等〈歐陽修事蹟〉載「二蘇出於西川，人無知者，一旦拔在高等，榜出，士人紛紛驚怒怨謗。」[3]蘇軾〈謝梅龍圖書〉自言：「軾長於草野，不學時文，詞語甚樸，無所藻飾。意者執事（歐陽修）欲抑浮剽之文，故寧取此以矯其弊。人之幸遇，有如此哉。」（蘇軾文集卷四十九）軾自謂幸運之人，乃得自歐公的拔擢。而蘇轍〈上兩制諸公書〉「今年春，天子將求直言之士，而轍適來調官京師，舍人楊公不知其不肖，取其鄙野之文五十篇而薦之，俾與明詔之末。」[4]楊公乃楊樂道時值天章閣待制調銓。曾對蘇轍說：「聞子求舉直言，若必無人，攽願得備數。」[5]既而轍至其家，一見坐語，如舊

---

2 《歐陽文忠公全集卷一百十》〈薦布衣蘇洵狀〉。

3 歐陽發等《先公事跡》《歐陽文忠公全集》附錄。

4 《欒城集卷二十二》頁 389。

5 《欒城集卷十八》〈楊樂道龍圖哀辭〉，頁 339 嘉祐五年（1060）三月，轍始以選人至流內詮。是時，楊公樂道以天章閣待制調詮之官吏，見予於稠人中，曰：「聞子求直言，若必無人，攽願得備數。」轍曰：「唯。」既而至其家，一見坐語如舊相識。

相識。按時值嘉祐五年（西元 1060）三月，蘇轍以選人至流內銓，授河南澠池縣主簿，因楊畋薦舉制策，未赴任。

二、父子三人共讀《使北語錄》

蘇轍從小讀書開始，兄軾進退出處，無不相同。所以在學堂有「無人共吃饅頭」的聯句[6]。當蘇洵遊歷天下，程氏則果敢負起「家累」，課讀教子，讀書不僅「以書自名」，「以名節自勵」，期勉兄弟二人，「汝能為（范）滂，吾顧不能為滂母耶？」公亦奮厲有當世志，太夫人喜曰：「吾有子矣！」〈亡兄子瞻端明墓誌銘〉

而蘇洵在「振鞭入京師，累歲不得官」的屢試不第，只好帶著沉重失望的心情，返回故里。於是「歸來顧妻子，壯抱難留連」，愛護妻子，教育轍軾，希望二子「能明吾學」，又「談是書，內以治身，外以治人，是矣！」蘇轍〈藏書室記〉做到「獨善其身，兼善天下」[7]進退合宜的君子。因此，〈歷代論〉以：「士生於世，治氣養心，無惡於身。推是以施之人，不為苟生也；不幸不用，猶當以其所知書之翰墨，使人有聞焉。」[8]要求蘇轍兄弟能夠不苟幸生，得志，施以人；不得志；著諸翰墨，俯仰無愧，文質彬彬。所以當父子三人研究「古今成敗得失」，共讀富弼《使北語錄》時，讚歎富弼「其言明白，切中事機」周煇《清波雜誌卷一》。於此三蘇寫作文章，以合於時用、合於世用的經世文學。

---

6 蘇轍在眉山老儒劉巨學堂與程建用等作六言詩聯句，程建用說：「庭松偃仰如醉」楊堯咨說：「夏雨淒涼似秋」蘇軾說：「有客高吟擁鼻」蘇轍說：「無人共吃饅頭」，眾人大樂歡笑。

7 《欒城三集卷十》，頁 1238。

8 《欒城後集卷七》，頁 958。

三、蘇轍兄弟與歐陽修論道詮文

　　蘇軾在〈虔州崇慶禪院新經藏記〉承襲莊子對「道」的見解，咸認爲道的特性有二：（一）道無大小的分別，（二）道無所不在。蘇軾說：

> 論道之大小，雖至於大菩薩，其視如來，猶若天淵然。及其無所得故而得，則承蜩意鉤履狶畫墁，未有不與如來同者也。……以是爲技，則技凝神，以是爲道，則道凝聖。故古之人與人皆學，而獲至於是，其必有道矣。[9]

　　蘇軾的道既是無所不在，不離於物，每下愈況，如此，遂與韓歐之道截然不同。在〈韓愈論〉中，對於韓愈的「道」，以爲狹隘而有嚴厲的批判。子瞻說：

> 聖人之道，有趨其名而好之者，有安其實而樂之者。……韓愈之於聖人之道，蓋亦知好其名矣，而未能樂其實。何者？其爲論甚高，其待孔子、孟軻甚尊，而拒揚、墨、佛、老甚嚴，此其用力亦不可不至矣。然其論至於理而不知。[10]韓愈，知好其名，而未能樂其實。

　　〈原道〉：

> 博愛之謂仁，行而宜之之謂義。由是而之焉之謂道，足乎己無待於外之謂德。仁與義爲定名，道與德爲虛位。

　　韓愈陳義甚高，不易實踐，且排斥老子，以爲「見者小」，摒絕佛學，揚棄楊墨，以爲是異端邪說，荒誕不經。故蘇軾的批判，並不誣人。

　　蘇軾在〈日喻〉文中，論及道莫之求而自致：

9　《蘇軾文集第十二卷》〈虔州崇慶禪院新經藏記〉，頁390。
10　《蘇軾文集第四卷》〈韓愈論〉，頁113。

　　蘇子曰：「道可致而不可求，何謂致？孫武曰：善戰者致人，不致於人。子夏曰：百工居肆，以成其事，君子學以致其道。莫之求而自致，斯以爲致也歟！」[11]蘇軾論道是經過學習與修養以後，自然獲得。如果沒有誠心，無論如何努力，也無法勉強求得。舉孫武善戰者爲例，善戰者使敵人的行動完全落入自己的預期中，操之於我；不善作戰者，反而處處被敵人所操縱。又如百工在工場中勤奮工作，累積時日，器物始能完成；同理，君子潛心向學，久而久之，自然獲得對「道」的理解。「道」的到來，不須刻意追求，自然到來，如此，才真正獲得知「道」。因此，凡不學而務求道，皆北方人之學沒者也。當然不得致道。至於當代科舉考試的弊端，在於「雜學而不知道」，或「求道而不學道」，皆求道的錯誤。

　　歐陽修〈送徐無黨南歸序〉：

　　「予竊悲其人，文章麗矣，言語工矣，無異於草木榮華之飄風，鳥獸好音之過耳也。」草木榮華易於凋謝飄零，鳥獸好音過耳即逝，是以「勤一世以盡心於文字間者，皆可悲也。」若無道以支撐，則文章具有優美的敷辭，聲韻的講求，終究不得久傳。爲使文章得以久傳，所以歐陽修在〈答祖擇之書〉，出因應之道。且說：「學者當師經，師經必先求其意，意得則心定，心定則道純，道純則充於中者實，中充實則發爲文者輝光。」充實者，是學者用心學習的苦工夫，就是使文章言之有物，且不隨俗浮沈，而持有卓識見解，是義法並茂的古文學家。因此，君子的學習，言以載事，文以飾言，事信言文，乃能表現於後世，歐陽修劍及履及，毫不含糊。蘇軾在《六一居士集敘》，推崇歐陽修直達孔門，並非

11　《蘇軾文集第六十四卷》〈日喩〉，頁1980。

溢美之辭:「愈之後三百有餘年,而後得歐陽子,其學推韓愈、孟子以達孔氏,著禮樂仁義之實以合於大道。」[12]朱熹〈本論〉曾評歐陽修:「而後歐陽修出。其文久妙,蓋已不愧於韓氏。」朱熹此論在於推崇韓愈,就道統觀點論之,歐陽修是緊隨韓愈之後;就文統觀點論之,則歐陽修眼界寬闊,勝於韓愈的崇儒,有創新、有立意,對於韓愈的「原道」,頗有微詞。姚姬傳〈復魯絜非書〉:「宋朝歐陽曾公之文,其才偏於陰柔之美者也。」

　　宋朝理學家對於「道」的執著,無以復加,且爲文均有害於「道」。程頤云:「有人問:作文害道否?曰:害也。凡爲文不專意則不工,若專意則志局於此,又安能與天地同其大也?書云:『玩物喪志』,爲文亦玩物也。是爲倒學」。[13]

　　蘇軾有言:「務奇者怪僻而不可讀。餘風未殄,新弊復作,奢鏤之金石以傳久遠,小者轉相摹寫,號稱古文。」[14]

　　北宋初年,在駢儷文風洪流滔天,遂形成一股反動勢力,矯枉過正,遂有奇險苦澀的文風出現,號稱「古文」,蘇軾認爲又是作文的新弊端,〈子思論〉云:「夫子之道不幸而有老聃、莊周、楊朱……韓非之徒,各持其私說以攻乎其外,天下方將惑之,而未知所適從。奈何其弟子門人,又內自相攻而不決。千載之後,學者益眾,而夫子之道益晦而不明者,由此之故歟?」[15]由於各家各持己是,非其所非,異端紛擾,莫衷一是,於是夫子之道,隱晦不明。其實,「夫子之道,可由而不可知,可知而不可識,此

12　《蘇軾文集第十卷》〈六一居士集敘〉,頁315。
13　《重編宋元學案(一)》程頤說:「學者好語高,正如貪子說金,說黃色堅軟,道他不是又不可,只是好笑,不曾見富人說金如此。」陳叔諒、李心莊編　正中書局　五十九年　四版。
14　《蘇軾文集第四十九卷》〈謝歐陽內翰啓〉,頁1424。
15　《蘇軾文集第三卷》〈子思論〉,頁94。

其不爭為區區之論，不聞是非之端，是以獨得不廢，以與天下後世為仁義禮樂之主。」（同註 15）

　　蘇轍〈上兩制諸公書〉，與兄軾的論見相同：「轍讀書至於諸子百家紛紜同異之辯，後世工巧組織鑽研離析之學，蓋嘗喟然太息，以為聖人之道，譬如山海藪澤之奧，人之入於其中者，莫不皆得其所欲，充足飽滿，各自以為有餘，而無慕乎其外。」[16]蘇轍以「山海藪澤之奧」喻「聖人之道」，言「聖人之道」既深且廣，浩瀚不可拘握。各自飽足，自以為是。「至於後世不明其意，患乎異說之多，而學者難明也。於是舉聖人之微言而折之以一人之私意，而傳疏之學，橫放於天下。由是學者愈怠，而聖人之說益以不明。」（同註 16）由於後代學者的縱觀博覽，而辨其是非，論其可否，推其精微，因此，講之益深，而守之益密。蘇轍自述悟道的經過，在晚年讀《孟子》後，偏觀百家而不亂，而自附於孟子，而後縱觀天下異說，三代以來興亡治亂之跡，廓然大公，孟子之不可誣也。

　　蘇軾兄弟對於「道」的認知，以為後代的眾說紛紜，頗有責備的口吻，但是蘇洵則從正面肯定「道」的存在必然性，必要性。老蘇說：「夫《易》、《禮》、《樂》、《詩》、《書》，言聖人之道與法詳矣。然弗驗之行事，仲尼懼後世以是為聖人之私言，故因赴告策書以修《春秋》，旌善而懲惡，此經之道也。」[17]蘇洵在〈史論上〉論道的內涵，與蘇轍兄弟完全一致。

四、從心理學探究三蘇人格氣質與文章風格

　　從心理學解析個性：「個人全部特質（traies）組成的綜合體。」

16　《欒城集卷二十二》〈上兩制諸公書〉，頁 386。
17　《蘇洵嘉祐集第十卷》〈史論上〉，頁 64。

包括外現的行為特徵、內在的心理傾向以及身體的生理特徵等等，如健康、能力、語言、思想、情緒以及行動等都包括在個性的範圍之內，集合各個屬性即形成一個人的個性組織。由此得知：個性的心理結構，是包含人的天性，人的習性，也就是一種歷時結構。所以個性與時遷移，從不同的情境中解放出來，新陳代謝，不曾終止。

由於每個人的個性都有其特質，遂形成不同的個人氣質，人以氣為本，以氣體為自己的基質，同化、整合外界的刺激。從古代醫學對於氣質的研究分析，中國在春秋戰國時代的醫學典籍《內經》，根據陰陽五行學說，把人的某些心理上的個別差異與生理解剖特點聯繫起來研究，分為太陰之人、少陰之人、火陽之人、少陽之人以及陰陽和平之人，其分類說明較為籠統[18]。而西方將氣質解析，有體液、思維類型（巴甫洛夫）（Pavlov 1849-1936）、性慾（弗洛依德 S. Frend, 1856-1939），兼醫生蓋倫（Galenus, 131-200）將氣質作廣泛分類，而以某種體液佔優勢的結果。有機體體液的混合以血氣為主導的稱為多血質，其特點為熱忱、活潑、好動、敏捷、興趣廣泛，情感豐富且外向，蘇軾或稍近之。

蘇軾幼承庭訓，論事之言，有乃父之風，個性豪邁，口直心快，不畏權勢。然終因「不外飾」，以詩文譏諷朝政，貶謫下獄，自述官場九死一生：「九死南荒吾不恨，茲游奇絕冠平生」〈六月

---

18 劉長林《內經的哲學和中醫學的方法》〈通天篇〉：太陰之人，貪而不仁，下齊湛湛，好內而惡出，心和而不發，見人有榮，乃反慍怒，心疾而無思。太陽之人，居處於於，好言大事，無能而虛說，志發於四野，舉措不顧是非，為事如常自用，事雖敗，而常無悔。少陽之人，諟諦好自貴，有小小官，則高自宜，好為外交而不內附。陰陽和平之人，居住安靜，無為懼懼，無為欣欣，婉然從物，或與不爭，與時變化，尊則謙謙，譚而不治，是謂自治。

二十日夜渡海〉，在儋州三年奉詔北返，過金山寺訪老友參寥主持，時參寥得訊東坡已故，是以神龕上懸掛李龍眠早年東坡畫像，栩栩如生。東坡感觸深刻，於〈自題金山畫像〉詩：「心似已灰之木，身如不繫之舟。問汝平生功業？黃州、惠州、儋州。」《蘇詩彙評卷四十八》蘇軾屢瀕於死，而能化險為夷，其於黃州以前得自莊子真傳，登堂入室，而瀟灑自適。於黃州後得自釋佛禪性，推衍萬物死生存亡的道理，因而融合成為高尚卓絕、挺立不屈的人生觀。林語堂先生《蘇東坡傳》，形容蘇東坡：「鮮明的個性永遠是一個謎。世上有一個蘇東坡，卻不可能有第二個。蘇東坡是一個不可救藥的樂天派，一個偉大的人道主義者，一個陌生的朋友，一個大文豪，大書法家，創新的畫家，造酒試驗家，一個工程師，一個憎恨清教徒主義的人，一位瑜珈修行者，佛教徒，巨儒政治家，一個皇帝的秘書，酒仙，厚道的法官，一位在政治上專唱反調的人，一個自夜徘徊者，一個詩人，一個小丑。但是還不足以道出蘇東坡的全部。一提到蘇東坡，中國人總是親切而溫暖地會心一笑，這個結論也許最能表現他的特質。」[19]

　　以黏液佔優勢的則為黏液質，其特點為沈靜穩重，遲緩、寡言，能忍耐，情感不輕易外露。蘇轍稍近之，轍身材細長，蘇軾〈戲子由〉：「宛丘先生長如丘，宛丘學舍小如舟，常時低頭誦經史，忽然欠伸屋打頭。」個性內向，思想活躍卻沈默寡言，類父親蘇洵的人。張方平〈文安先生墓表〉：「以節義自重，蜀人貴之。」東坡於潁州初別子由二首：「念子似先君，本訥剛且靜。寡辭真吉人，介石乃機警。」綜觀蘇轍平生，概括其氣質特性：蘇轍是個堅忍內斂情操高尚的道德家，是詩文白描的文學家，就事論事不

---

19 《蘇東坡傳》林語堂著　宋碧雲譯　遠景出版社　六十六年五月。

輕易妥協的政治家，不辱使命的外交家，養生煉丹的修道者，國家總體經濟的財政家，整治黃河的水利工程師，攘夷的謀略家。由於轍性內歛，才智似不如兄軾，以至於聲名不如乃兄風靡，不如乃兄為後人頂禮膜拜，但仍是有為有守的唐宋八大家之一。

　　蘇洵也是較接近黏液質的人，以散文大家名震京師，其策論博辯宏偉，讀者悚然想見其人，士子爭先傳誦其文，歐陽修目為荀卿，韓琦以為可以媲美賈誼。及先生歿，韓琦頗自咎恨，以詩哭之：「知賢而不早用，愧莫先生於余者也。」蘇洵是策論的名政論家，軍事理論家，史學家，不苟且、不隨便的道德家，教導有方的教育家，更是姓名學名家，禮學名家等。蘇洵在仁宗慶曆八年（1048）四十歲時，曾作〈憶山送人〉：「少年喜奇跡，落拓鞍馬間。縱目視天下，愛此宇宙觀。山川看不厭，浩然遂忘還。」[20]早年的蘇洵，豪情萬丈，不受拘束。亦在歐公面前，直陳王安石異時必亂天下。[21]嘉祐三年（1058）蘇洵五十歲，有〈答二任〉詩：

　　　嗟我何足道，窮居出無車。昨者入京洛，文章被人誇。

　　　故舊未肯信，聞之笑呀呀。獨有兩任子，知我有足嘉。

　　　遠游苦相念，長篇寄芬葩。（同註20）

　　另有混合中以黃膽汁佔優勢的稱為膽汁質，其特點為精力旺盛、動作敏捷、易於衝動、情緒強烈迅速地表現在言語、面部表情及姿態上，常常性急，有時暴躁，甚至有狂暴情緒暴發的傾向。至於在體液混合中以黑膽汁佔優勢的稱為抑鬱質，其特點為孤

20　《蘇洵嘉祐集第二十卷》〈憶山送人〉。

21　歐公在翰苑時，嘗飯客。客去獨老蘇少留，謂公曰：適坐有囚首喪面者何人？公曰：介甫也。文行之士，子不聞之乎？洵曰：以某觀之，此人異時必亂天下，使其得志立朝，雖聰明之主，亦將為欺惑，內翰何為與游乎？

僻、落寞、行動遲緩、情緒體驗不活躍，但體驗深刻有力且持久，感情內向，善於覺察別人不覺察的細微事物。

有創造性的作家都有自己的個性，有自己獨特的氣質，創作特質是一個動態的概念，常常受到本身個性結構動態，以及環境變動的影響。三蘇早期的寫作表現與中、晚期的寫作風格截然不同，所以上述三蘇氣質特性的分類，僅是類似而已，不能生硬的套牢在某人身上。蘇洵早期的寫作為科舉考試而作，聲律記問之學，不喜而為，而在「舉茂材異等」不中之後，遂絕意功名，自托學術。導致二十七歲以後的閉門苦讀，經七、八年，胸中豁然開朗，而不能自制，大器晚成，以策論名家。

第二章　蘇轍論詩及其詩作特色

第一節　蘇轍論詩

一、東西俱畏人

　　蘇轍一生努力詩歌寫作近一千七百餘首，因性情謹慎將事，善處於福禍之間，其詩歌創作，以文爲詩者眾，而題材取自生話瑣細，以爲避害之計。因北宋中晚期，王綱不振，政治生態丕變，變法既起，黨爭傾軋，政治風暴，雲湧莫測，〈將歸〉「風波隨處有，何幸免驚奔。」《欒城後集卷三》尤其在高太后垂簾聽政的八年，大批新黨官員被流放嶺南或更遠的蠻荒之地。高太后臨死之前，已有潛在危機意識，一再告誡舊黨官員及早辭官，以保身家性命。及哲宗新政後，因年來受到高太后種種壓迫，對於舊黨的痛恨勝過新黨官員，於是以牙還牙，當初得勢的舊黨人士逐出朝廷。亦發配到嶺南或更遠的蠻荒，縱有大赦也不赦免。由此觀之，新舊黨爭，只是意氣用事而已。甚至已死的司馬光、呂公著墳墓，哲宗都有意挖掘，經大臣極諫才停止，其後代全部被貶。徽宗時，宰相蔡京與徽宗爲實現專制腐化，將當時尙存新舊兩黨首腦人物一網打盡，黨爭遂以兩黨共亡而告終。蘇轍痛恨徽宗朝的政治迫害，無所不在。〈還潁川〉：「昔賢士不遇，避世游金馬。嗟我獨何

爲？不容在田野。欻區寄汝南，落泊反長社。東西俱畏人，何適
可安者？略」[1]蘇轍在宋徽宗元符三年（1100）還居潁昌以後，已
過耳順之年的蘇轍，但求安身立命，天下之大，竟無容身之處！
欒城三集中敘事詩，多寫日常生活居多，如卷一〈苦雨〉〈釀重陽
酒〉〈種花二首〉卷二〈移花〉〈喜雨〉〈庭中種花〉等等，不勝枚
舉，不談政治，不涉政治，只有退居潁川居家生活，以免賈禍。

二、詩言是事也

　　就蘇轍豐富的詩作，相對詩作品評論述鮮少，《詩集傳》係
蘇轍於《詩經》論述的專書。依其孫籀《欒城遺言》;「公年十六，
爲夏、商、周論，今見於古史。年二十作詩傳。」[2]然蘇轍〈潁濱
遺老傳〉有云;「凡居筠、雷、循七年，居許六年，杜門後理舊學，
於是《詩》、《春秋傳》、《老子解》、《古史》四書皆成。嘗撫卷而
歎，自謂得聖賢之遺意，繕書而藏之，顧謂諸子;「今世已矣，後
有達者，必有取焉耳。」[3]觀此得知:《詩集傳》乃轍早年著作，
後於離亂失意時，重新整編補正，其書遂成。吾觀《詩集傳》乃
就《詩經》之「詩序」抒發，頗有創見，獨具慧眼。《四庫提要》
云:「厥後王得臣、程文昌、李樗皆以轍說爲祖。」乃就《詩經》
說《詩經》，或析論或斧正，或訓詁或考據，貢獻良多，朱子作《詩
集傳》亦多擇取。而於詩歌創作，則有〈毛詩序〉:「予存其一言

1　《欒城後集卷三》，頁919 蘇籀記錄祖父晚年言論自白書。
2　《欒城遺言一卷》宋蘇籀撰。籀字仲滋，眉州人，轍之孫，遲之子也。
　　南渡後居婺州，官至監臣。籀年十餘歲時，侍轍於潁昌，前後九載，未
　　嘗去側。因錄其所聞，可追記者若干語，以示子孫，故曰遺言。中間辨
　　論文章流別，古今人是非得失，厥爲詳晰，頗能見轍作文宗旨。其精言
　　奧義，亦多足以啓發來學。
3　《欒城後集卷十三　潁濱遺老傳下》，頁1040。

而已」，曰：「是詩言是事也。」[4]

　　故轍詩作，以言事爲多，其來有自。《蘇轍集前言》：「蘇轍一生創作詩歌咋然不少，但多半表現個人身邊瑣事，視野不夠開闊，又死守漢儒詩教，不能超出陳腐的舊框框，風格比較拘謹。加上受理學家的影響，強調詩歌應宣揚哀而不怨，安貧樂道的禮教，議論較多，缺少動人的形象和熱情奔放的感情以及鮮明生動的語言，不能很好地發揮詩歌的長處，因而在文學史上影響不大。」[5]此皆從負面的指摘，詩作接近二千首的作品，乃一無可取，豈其然乎？豈其然乎？名列唐宋八大家的蘇轍，個性內斂，處世拘謹，謙沖寡言，計慮周詳，以兄軾的「烏臺詩案」爲戒，此小蘇之所以爲小蘇，豈可不慎乎！

　　蘇轍有篇〈詩病五事〉的論詩專文[6]從詩的思想內容及藝術形式，強烈批評五個詩人各有缺失：（一）李白，華而不實，好事喜名，不知義理之所在。宋人普遍尊杜抑李，但蘇轍批評是過分不實，未能觀照全局，但就局部而論，有失公允。所以錢振鍠《詩話卷上》斥蘇轍爲「狂悖庸妄」，謹慎如蘇轍，猶有失論，吾人批評詩文，豈可不更加審慎？（二）白居易「拙于紀事」，蘇轍批評「事不接，文不屬，如連山斷嶺，雖相去絕遠，而氣象聯絡，觀者知其脈理之爲一。」詩歌的寫作，意境的捕捉，跳躍抒發，以爲與文章不同，以激發讀者想像空間而已。（三）批評韓愈詠征伐之事，形容盛極，李斯頌秦尚且不忍言，而韓愈自謂無愧于雅頌，何其陋也。若從反戰思想的立場，批評韓愈，則無可厚非。若就

---

4 蘇轍在〈關雎篇〉〈詩序〉「〈關雎〉后妃之德也。」之下結論云：故予存其一言而已。曰：「是詩言是事也。」而盡去其餘，獨采其可者見於今傳；而尤不可者，皆明著其失，以爲此孔氏之舊也。
5 《蘇轍集 前言》，頁14。
6 《欒城三集卷八》，頁1228。

文章描敘而言，則未必不可。(四)批評孟郊「陋于聞道」，孟郊詩：「食薺腸亦苦，強歌聲無歡。出門如有礙，誰謂天地寬？」詩旨道出貧苦的窘境，難以自拔，現實的苦境，直抒而出，得不得道，非詩人所關注的事。(五)批評王介甫以詩害政。「欲破富民以濟貧民，不知其不可也。」蘇轍的批評已涉及對新法的不滿而發，並非詩文的指謫。

　　綜觀〈詩病五事〉，蘇轍的批評有過當之處，但就詩歌理論而言，有異於宋人詩話的敘論藝術技巧，且偏重詩歌思想內容加以揭發，亦有些許別闢蹊徑的見解。

　　蘇軾曾經讚歎子由詩有味外之味，是捉住靈感的一時即興佳作。〈次韻子瞻病中大雪〉：「吾兄筆鋒雄，詩俊不可和。雪中思清絕，韻惡愈難奈。……言隨飛灰落，意與長風簸。(略)」[7]「雪中思清絕」就是靈感的捕捉，快筆急書，得自然之文，文意均臻奇妙。

　　蘇轍晚年隱居潁昌，譜寫詩境在於空明，已得佛家高妙。〈讀舊詩〉：

> 早歲吟哦已有詩，年來七十才全衰。開編一笑恍如夢，閉目徐思定是誰？敵手一時無復在，賞音他日更難期。老人不用多言語，一點空明萬法師。[8]

　　時為徽宗大觀二年(1108)敵手者乃指蘇軾、黃庭堅、秦觀、陳師道等已謝世，知音不再，而有知音難覓的無奈。蘇軾〈送參寥師〉：「欲令詩語妙，無厭空且靜。靜欲了解動，空故納萬境。」[9]空明的詩境與佛家的意境相契合，則為菩提絕境。

7　〈欒城一集卷一〉，頁16。
8　《欒城三集卷一》〈讀舊詩〉，頁1165。
9　《蘇詩彙評卷十七　送參寥師》，頁733。

三、儒學對蘇轍詩作的影響

蘇轍從小以父兄爲師，兄弟出處諸多雷同。《宋史‧蘇轍傳》「轍與兄進退出處，無不相同。患難之中，友愛彌篤，無少怨尤，近古罕見。」本文於「從心理學探究三蘇牲格，文風迥異」中，顯現轍與父洵個性頗爲相近，沈默寡言，謹慎將事，以造就內斂堅毅的人格。蜀州張方平預測其成就高於兄軾，誠然不謬。況且家庭教育嚴謹，程夫人教忠教孝，「以書自名」、「以名節自勵」。父洵明示讀書在於「內以治身，外以治人」，有儒家標舉「獨善其身、兼善天下」的懷抱。蘇轍〈歷代論并引〉自稱「士生於世，治氣養心，無惡於身，推是以施之人，不爲苟生也。不幸不用，猶當以其所知，著之翰墨，使人有聞焉。」遂以立德立言爲生涯規劃，以屬其志。於詩作中有關社會寫實、關心民瘼、誠中形外等，造就其詩作特色，〈初發彭城有感寄子瞻〉：

> 秋晴卷流潦，古汴日向乾。扁舟久不釋，畏此行路難。此行亦不遠，世故方如山。我持一寸刃，巉絕何由刊。念昔各年少，松筠閟南軒。閉門書史叢，開口治亂根。文章風雲起，胸膽渤澥寬。不知身安危，俯仰道所存。橫流一傾潰，萬類爭崩奔。孔融漢儒者，本自輕曹瞞。誓將貧賤身，一悟世俗昏。豈意十年內，日夜增濤瀾。生民竟憔悴，遊宦豈復安。水深火益熱，人知蹈憂患。甄豐且自叛，劉歆苟盤桓。而況我與兄，飽食顧依然。上願天地仁，止此禍亂源。歲月一徂逝，尚能反丘園。[10]

此詩依曾棗莊先生蘇轍年譜：宋神宗熙寧十年（1077）轍送

10　《欒城集卷七》，頁130。

兄軾往徐州，於彭門相從百餘日，過中秋（八月十六日），旋赴南京就任留守簽判任，作詩以別。詩中熱情洋溢，飽讀詩書，立志遠大，不顧安危，依道行事，而以孔融自居，不畏曹瞞權勢，藉此嘲諷小人得勢，君子沈淪，欲拯救水深火熱之生民，戡止動蕩不安之亂源，然書生咄咄，徒呼奈何！

四、道學對蘇轍詩作的影響

宋初王禹稱在〈戹言日出賦〉有言：「君不言而黔首化，天不言而玉燭和。」[11]任何時代一種思潮的流行，政治力的介入厥為重要因素。尤其是當政者的支持與提倡，推波助瀾而得風行草偃之效。道家思想在宋初太祖趙匡胤採納道士蘇澄「無欲無侮，凝神大和」的治國之策；其後宋太宗等歷代君王莫不尊重道家有道之士。[12]而士大夫則道家往來甚密，生活中與道家思想、道家文化融和為一。[13]

蘇轍幼年讀書天道觀，啟蒙老師為張易簡道士。蘇轍〈和遲

---

11 王禹稱《小畜集卷二》〈戹言日出賦〉。
12 《中國學術通史 宋元明卷》張立文 祁潤興著〈第十一章〉，頁589〈道教的中興和世俗化〉：在國家宗教制度方面，趙宋王朝從太祖、太祖兄弟開始就確立了崇奉和保護道教的祖宗之法。特別是北宋真宗趙恆（998 1023年在位）和徽宗趙佶（1101 1126年在位）為了粉飾太平，教化戎狄，先後以神道設教的怪誕方式，製造神話，演義奇蹟。真宗謊稱神靈托夢，多次炮製天書，封禪泰山，祭祀汾陰。徽宗自稱神人降臨，大興符籙，並使自己成為神霄派宗師。北京人民出版社 2004年12月出版。
13 《宋代文學通論》 王水照主編 〈第三章道教與宋代文化〉 頁363 樓鑰〈望春山蓬萊觀記中說：「老（即道教）與佛之學行世尚矣，未知所為輕重。然以吾鄉一境計之，僧籍至八千八而道流不能以百，其居才十數，而佛廬至不可數。何耶？蓋嘗聞之歐陽公矣，大略以為佛能箝人情而鼓以禍福，人之趨者眾而熾，老氏獨好言清淨，靈仙之高，其事冥深不可質究，故凡佛氏之動搖興作為力甚易，而道家非遭人主之好尚不能獨興。高雄復文圖書出版社 2000年6月初版。

由舍雜詩九首并引〉「吾家本眉山，田廬之多寡，與揚子雲等。」
又詩云：「老佛同一源，出山便異流。少小本好道，意在三神州。
子房見黃石，願封小國留。終老預人事，斷穀爲呂憂。」[14]「少
小本好道，意在三神州」意謂蘇轍少小好道，乃道家的道，天性
使然。蘇軾的性情重視享樂，遊山玩水；而蘇轍性情沈靜拘謹，
穩重務實。蘇轍於道術素養優於兄軾，且兄軾曰：「余觀子由，
自少曠達，天資近道，又得至人養生長年之訣，而余亦竊其一、
二。」[15]蘇轍兄弟與道士交往甚密，然兄軾自歎弗如，乃天資有
別使然爾。至於「養生長年之訣」係指治平四年（1067）轍著《龍
川略志第一》云：「扶父喪還蜀，泊舟仙都（四川酆都縣）山下，
有道士以《陰真君長生金訣》石本相示。又蘇轍《龍川略志第二》
〈醫術論三焦〉：「彭山有隱者通古醫術，與世諸醫所用法不同，
人莫知之。單驤從之學，盡得其術，遂以醫名於世。治平中，予
與驤遇廣都（今四川雙流縣），論古今醫術同異。」蘇轍〈贈醫僧
善正〉：

> 老怯江邊瘴癘鄉，城東時喜到公房。歷言五藏如經眼，欲
> 去三彭自有方。身厭遠遊安靜默，術因多病更深長。時時
> 為我談尊宿，曾入南公古道場。[16]

按三彭者，指人體內有害之三蟲。與三尸同。《宣室志》僧
契虛法稚川、真君問

曰：「爾絕三彭之仇乎？」《三尸中經》：「上尸名彭㞎中尸名

---

14 《欒城後集卷四》，頁 926。
15 《蘇詩彙評卷十五》，頁 610 子由將赴南都與余會宿於逍遙堂作兩絕
　　句，讀之殆不可爲懷，因和其詩以自解：「余觀子由，少曠達，天資近
　　道，又得養生長年之訣。而余亦竊其一二，以爲今者宦遊相別之日
　　淺，而異時退休相從之日長，既以自解，且以慰子由云。」
16 《欒城集卷十三》，頁 247。

彭質，下尸名彭矯。」

　　蘇軾遊羅浮山詩「道華亦欲啖一棗，契虛正欲仇三彭」。

　　蘇軾於道家取效於莊子者多，而蘇轍則上取老子爲骨幹，雖是老莊同源，終究有別。蘇轍〈和子瞻濠州七絕、觀魚台〉：「莊子談空惠子聽，鄙人斤斧俟忘形。莫嗟質喪無知者，對石何妨自說經。」[17]詩中以莊子與惠施的相知相惜，藉與軾兄相互共勉。蘇轍對於道家學術既已天資契合，又有後天與有道之士往來者眾，於內、外丹求長生以祛病者之慾念，詩作自然流露。〈贈方子明道人〉：「水銀成銀利十倍，丹砂爲金世無對。此人靳術不肯傳，闔戶泥牆畏天戒。今子何爲與我言，人生貧富寧非天。鉗鎚橐籥枉心力，鹺鹽布被隨因緣。我來江西（指上述鄜都事）晚聞道，一言契我心所好。廓然正若太虛空，平生伎倆都除掃。子言舊事淨慈師，未斷有爲非淨慈。此術要將救飢耳，人人有命何憂飢？」[18]

五、佛學對蘇轍詩作的影響

　　佛教在北宋皇帝的扶持、保護及利用的政策下，佛教平民化，融入人民日常生活之中，遂得到穩定的發展。太祖建國不久，即廢止後周世宗的「毀佛令」，修訂出家考試制度，並派遣僧人到西域求佛，又敕令張從信等於蜀州成都雕刻《大藏經》。爾後歷代皇帝對於佛教的發展，採取寬大包容的政策，如譯佛經、建佛寺等，遂與儒、道等三教同流，交相滲透，成爲宋代新思想的「理學」。蘇轍係當代文學名家，對於當代學術風潮自然契入，九歲時曾隨父洵遊廬山，與訥禪師、景福順公接觸。而後與名僧交遊，

17　《欒城集卷三》，頁 59。
18　《欒城集卷十三》，頁 250。

如龍井辯才法師、臻長老、寶月大師等，淡泊清淨的本性，對於佛學的接受與參照，自然交融，滲透於詩文中，俯拾可得，如〈贈淨因臻長老〉：「十方老僧十年舊，燕坐繩床看奔走。遠遊新自濟南來，滿身自覺多塵垢。（略）」[19]宋神宗元豐三年（1080）轍貶筠州，筠州佛教鼎盛，佛剎林立，轍與名僧往來頻繁，《過聖壽院訪聰長老》：「朝來賣酒江南市，日暮歸爲江北人。禪老未嫌參請數，漁舟空忙往來頻。每慚飯菜分齋缽，時乞香泉洗病身。世味漸消婚嫁了，幅巾緇褐許相親。」[20]蘇轍儼然得道高僧，與佛結因緣，直到終了，在爲學做人做事，不曾須臾離棄佛學。〈春盡〉：「楞嚴十卷幾回讀，清酒三升是客同。試問鄰僧行乞在，何人閒暇似衰翁。」[21]〈送琳長老還大明山〉：「依依二三老，示我馬祖禪。身心忽明曠，不受塵垢纏。」[22]〈書楞嚴經後〉：「予自十年來，於佛法中漸有所悟、自許還蔡，杜門幽坐，取楞嚴經翻覆熟讀，乃知諸佛涅槃正路從六根入，每跌坐燕安，覺外塵引起六根，根若隨去，即墜死道中；根若不隨，還流全一，中中流入，即是涅槃。」[23]上述佛學對蘇轍詩文的影響。王水照認爲禪對詩的影響：一、語言文字平易通俗，與禪宗相似。二、摒棄筆記小說蕪亂的內容，欣賞內容創作與禪宗入悟門徑一樣。洵爲的論。[24]

---

19 《欒城集卷六》，頁 119。
20 《欒城集卷十二》，頁 221 余居高安三年，每晨入莫出，輒過聖壽院訪聰長老謁方子明浴頭笑語移刻而歸。歲月既久，作一詩記之。
21 《欒城後集卷三》，頁 914。
22 《欒城集卷十四》，頁 264。
23 《欒城後集卷二十一》，頁 1112。
24 註同 13（思想篇）第三章〈第一節道教影響文學家的諸種不同途徑〉頁 375 「蘇軾、蘇轍兄弟與道教的關係就是典型的綜合影響的結果：從家族文化方面看，他們從小學承其父蘇洵，以儒學之外旁參老莊之學；從地域上看，西蜀是道教繁盛之邦；從師承上看，蘇軾（兄弟）又曾在天

第二節　蘇轍詩作特色

蘇轍詩歌創作，以言事為多，是以作品表現，乃其生活寫實，或感慨繫之，如仕宦之前，詩作閒淡簡遠，清新活潑，尤其是家鄉景物山川等內容，平實中有創意。仕宦之後，為民喉舌，遂以唐社會詩家為典範，「文章合於時而著，詩歌合於事而作」。試析論其詩作特色如後：

一、閒淡簡遠

蘇轍乃早慧詩人，青少年即有詩作，泛指未步入仕宦之前，詩風清淡樸實，意境幽遠，涉世未深，心地坦然。尤其是家鄉周遭景物、古代勝跡，皆為蘇轍模山範水的素材。試舉例以對：

〈入峽〉

> 舟行瞿唐口，兩耳風鳴號。渺然長江水，千里投一瓢。峽門石為戶，鬱怒水力驕。扁舟落中流，浩如一葉飄。呼吸信奔浪，不復由長篙。捩柁（舵）破潰旋，畏與亂石遭。兩山慶相值。望之不容舠。漸近乃可入，白鹽最雄高。草木皆倒生，哀叫悲玄猿。白雲繚長袖，零落如飛毛。（略）[25]

宋仁宗嘉祐四年（1059）在張方平殷勤激勵後，蘇洵帶領軾轍兄弟及家眷等人，欲赴汴京參加應試。依長江，舟行南下，進

慶觀從道士張易簡學習。這些必然是驅動他們後來系統地閱讀《道藏》、學習煉丹、導引等的原因。

25 《欒城集卷一》，頁7。

入瞿唐峽，蘇轍書寫〈入峽〉詩。

　　起筆直書瞿唐峽險峻，兩岸峭壁直立，造成峽口強風。次寫長江水流因「兩山蹙相值」，江水鬱積而怒，驕狂洶湧，舟行江上，彷彿一葉扁舟。不用長篙，亂石林立，漩渦密布，兩山相值，水道狹窄，山巒迫近，驚心動魄，或恐呼吸之際，迅速淪沒。再寫白鹽山高聳入雲，草木倒生，最爲殊勝。高山綿亙，山水相映，塑造長江三峽的奇峰異水。而「猿鳴三聲淚沾衫」的離鄉之情，前程渺渺，憂從中來，自然而生。葉燮《原詩內篇》：「詩之基…功名之士，決不能爲泉石淡泊之音；輕浮之子，必不能爲敦龐大推之響。其心如日月，其詩如日月之光。故每以詩見人，人又以詩見。…使其人其心不然，勉強造作，而爲欺人欺世之語；能欺一人一時，決不能欺天下後。」蘇轍〈入峽〉風格足以當之。

　　詩作爲五言古詩，以山水爲骨幹，山則高聳直立，白雲繚繞，草木倒生，猿猴悲啼。水則浩瀚湍急，亂石中立，舟行如葉，瞬息萬變。詩依順流而下描敘：瞿唐的強風，江水的湍急，峽門的石壁，舟行的飄忽，白鹽山的入雲，猿猴的悲啼。蘇轍於詩中用字，字字平易，句句平實，狀難寫之景如在眼前，《後山詩話》：「寧拙毋巧，寧樸毋華，寧僻毋俗，詩文皆然。」[26]

〈望夫臺〉

　　江上孤峰石爲骨，望夫不來空獨立。去時江水拍山流，去後江移水成磧。江移岸改安可知？獨與高山化爲石。山高身在心不移，慰爾行人遠行役。[27]

此詩依《曾棗莊蘇轍年譜》頁 368 係嘉祐四年（1059）南行

26　《後山詩話》宋 陳師道著《清 何文煥輯 歷代詩話》，頁 311 《四部叢刊》漢京文化事業有限公司 72 年 1 月。
27　《欒城集卷一》，頁 6。

赴京，過忠州（今四川忠縣）所作。案望夫臺亦名望夫石，位於
湖北省武昌縣北山上，有石如人立，名曰：「望夫石。」相傳昔有
貞女，其夫從役赴國難，女餞送此山，立望而死，化爲石，因名。
〈神異經〉[28]武昌貞婦望夫，化而爲石。〈幽明錄〉[29]武昌北山上
有望夫石，狀若人立，古傳云，昔有貞婦，其夫從役遠赴國難，
餞送此山，立望夫而化爲立石，因名焉。

　　此詩以神話故事爲本，用精簡平淡的字句，鏤月裁雲的巧妙
手法，敘述一首久爲人民口耳相傳的纏綿愛情。首聯敘述「望夫
臺」以「石」爲骨，孤峰特出，「石」字係雙關語，既是「望夫臺」
之堅石，不爲風雨銷毀，又是貞女的決心毅力，不因逝水如斯而
灰心喪志。藉想像幻化爲望夫歸來的貞女，「獨立」乃擬人格筆法，
敘述貞女孤獨久候，千百年來不論刮風暴雨日曬雨淋，只爲等候
天涯未歸人的心境，「望盡千帆都不是，斜暉脈脈水悠悠」落空悵
惘。頷聯、頸聯乃敘時空變幻滄海桑田，從「拍山流」到「水成
磧」再「化爲石」，物換星移，但見江畔送流水。末聯「心不移」
與首聯相呼應，終於予行人安慰爾。

　　詩式雖爲律詩，但年輕的蘇轍並不蹈襲詩式，遂以文爲詩，
《宋劉攽中山詩話》：「詩以意爲主，文詞次之，或意深義高，雖
文辭平易，自是奇作。世效古人平易句，而不得其意義，翻成鄙

28　《神異經　書名　凡一卷　舊題漢東方朔撰　晉張華注》　《隋志》所載亦
　　相符。但劉向《七略》所不載，當爲六朝文士所依託所記，皆方外之言，
　　不可究詰；而詞蕪轉麗，同賦家多引用之。見《四庫提要　子　小說類　第
　　5 冊　卷 146　頁 2884》。
29　《幽明錄　隋志題宋劉義慶編撰》，《隋志雜傳類廿卷》，《唐志作卅卷》，
　　入小說家類。此後書目未錄，疑佚於宋。所錄多爲晉宋士人僧俗奇聞異
　　事，亦有集錄前人舊說者，故《列異傳》、《搜神記》、《搜神後記》亦有
　　相同故事，與《搜神記》同爲志怪小說代表作。

野可笑」[30]此詩意義高深，但文辭平易，自是簡遠閒淡之作。

二、平實創新

蘇轍晚年閑居潁昌，教讀諸子弟，有〈示諸孫〉詩：

> 少年真力學，玄月閉書帷。老去渾無賴，心空自不知。
>
> 交遊誰識面，文字略存詩。笑向諸孫說，疏慵非汝師。[31]

方東樹《昭昧詹事》：「子由詩用意用筆老重，不事馳騁，非人浮情粗氣，苟為驚俗，而意不可尋，語句或失之平淺者可比。此所以為坡弟，能自立一家。」若以前人做為驗證，方東樹以為「大約以韓公為宗，而造句不及其奇崛。使才用筆奇縱不及坡及太白、杜韓。以此求之，可知家數大小優劣。」又說：「韻不及歐，快不及王，勁不及黃，奇肆不及子瞻，而妥貼大雅，亦可謂工矣。」蘇轍之所以為蘇轍，自成一家。

> 「新詩落紙一城傳，顧我疏蕪豈足編。他日杜陵詩集裏，韋迢略見兩三篇。」[32]

此詩宜為元豐四年（1081）蘇轍貶謫筠州（高安）作品，結識北宋末年重要文學家毛維瞻及毛滂父子。毛維瞻出身衢州（浙江衢縣）大族，調任筠州知州，為政寬簡，深得民心，蘇轍譽為「江西第一人」[33]毛君待轍若詩友，公餘閒暇，宴遊相從，以詩酬作，偶爾和詩遲緩，則催逼之，樂此不疲，遂有此作。

此詩為七絕，首句讚美毛君詩作篇章豐富，傳布迅速；次言反躬自省，詩作空疏。再論毛君以盛唐詩聖杜甫相提並論，而以

---

30 同註 26，頁 285。

31 《欒城三集卷二》，頁 1171。

32 《欒城集卷十》，頁 190。

33 《欒城集卷十》，頁 192。〈次韻毛君經句不用鞭扑〉：「歲終誰為公書考，豈止江西第一人。」

韋迢自喻作結。案韋迢唐京兆人，官都官邸，嶺南節度行軍司馬
（尚友錄二）詩附錄在杜工部集。[34]蘇轍對毛維瞻的尊重與肯定，
平實有致。而詩作一、三句寫毛君，二、四句寫自己，交錯寫法，
且以毛君喻杜甫，以韋迢自喻，頗有附驥尾之況，可謂出陳腐於
創新。就史實而言，蘇轍優於毛君，但蘇轍爲毛君屬員，乃合於
人情之作也。明李東陽懷麓堂詩話：「秀才作詩不脫俗，謂之頭巾
氣。和尚作詩不脫俗，謂之餕餡氣。詠闌閣過於華麗，謂之脂粉
氣。能脫此三氣，則不俗矣。」[35]蘇轍已超脫「三氣」，不爲囿限。

《次韻張耒見寄》：

> 我家初無負郭田，茅廬半破蜀江邊。生計長隨五斗米，飄
> 搖不定風中煙。茹蔬飯糗不顧餘。茫茫海內無安居。此身
> 長似伏轅馬，何日還爲縱壑魚。憐君與我同一手，微官骯
> 髒羞牛後。（略）[36]

《曾棗莊蘇轍評傳》（蘇轍年譜頁 390）謂此詩起筆有「相逢
十年驚我老，雙鬢蕭蕭似秋草。」因而推論作於元豐二年（1079）
逆數十年，則張耒從學於蘇轍當自熙寧三年（1070）始。《宋史卷
四四四張耒傳》：「遊學於陳，學官蘇轍愛之，因得從軾遊，軾亦
深知之，稱其文汪洋沖泊，有一唱三歎之聲。」

此爲七言古詩，敘述出仕之前，貧窮困境，「無負郭田」家
無恆產也，「茅廬半破」不得安居也，「生計長隨五斗米」，食不足
也，「風中煙」喻生活不安定也，總結家庭生活拮据而有「不顧餘」、
「無安居」的困窘。出仕之後，宦途以「伏轅馬」自喻，勞累羈
絆，發諸內心吶喊；而有儵魚出遊的祈盼。然現實環境的拘宥，

---

34 《杜詩鏡詮卷二十》，頁 723　楊（綸）注　新興書局　53 年 10 月新 1 版。
35 《臺靜農編　百種詩話類編（下）》，頁 2081　藝文印書館　63 年 5 月初版。
36 《欒城集卷九》，頁 166。

平生之志不得實現，但求宦途亨通，以遂「先憂後樂」之懷抱。《楊慎升菴詩話卷四》有言：「奇寓乎純粹之中，巧藏於和易之外。」此詩足以稱之。

三、情真感人

〈懷澠池寄子瞻兄〉：

> 相攜話別鄭原上，共道長途怕雪泥。歸騎還尋大梁陌，行人已渡古崤西。曾為縣吏民知否，舊宿僧房壁共題。遙想獨遊佳味少，無言騅馬但鳴嘶。[37]

蘇轍與兄軾從小讀書遊戲，不曾須臾分離，兄弟友愛彌篤；而後少年得志，科舉中第，步上仕途，別多聚少。嘉祐六年（1066）十一月兄軾赴鳳翔簽判任職，蘇轍送至鄭州西門外，此為兄弟第一次分別，離情依依，割捨不忍。蘇軾於馬上賦詩一篇寄給弟轍：「不飲胡為醉兀兀，此心已逐歸鞍發。歸人猶自念庭幃，今我何以慰寂寞？（略）」[38]〈和子由澠池懷舊〉

《胡仔苕溪漁隱叢話前集卷三》引《王直方詩話》東坡喜韋蘇州「寧知風雨夜，復此對床眠」詩句，其時蘇洵奉命修禮書，轍奏乞留京侍父，而人生有別，手足情深，向誰傾訴？

《宋吳可藏海詩話》：「凡看詩，須是一篇立意，乃有歸宿感。」[39]此詩要旨在於「話別」，首聯敘別地點在河南鄭原（鄭州），別離前的相攜，兄弟的親密，躍然紙上。頷聯瞬間如雪泥的變化莫測，蘇轍東回大梁（河南開封），蘇軾西行陝西鳳翔，分隔的空間，

---

37 《欒城集卷一》，頁 12。

38 《蘇詩彙評卷三　和子由澠池懷舊》，頁 64。

39 同註 35，頁 2　《藏海詩話　宋吳可撰》。可號藏海居士，北宋末年人，生平不詳。有《藏海居士集二卷》。

隨著時間的流逝，不斷擴大膨脹，愈遠愈念，愈念愈切。頸聯回憶往事，由近及遠，曾爲縣吏「壁共題」。末聯道盡而今兄弟的獨行滋味，但聞馬嘶，無人對話，反襯自己的孤獨，與「壁共題」的「共」字，道相呼應，情深感人，收筆奇絕。吳可說：「詩人之工，特在一時情味，固不可預設法式也。」（同註 39）

〈次韻子瞻潁州留別二首〉其一：

> 託身遊宦鄉，終老羨箕潁。隱居亦何樂？親愛形隨影。念兄適吳越，霜降水初冷。翩然事舟楫，棄此室廬靜。平明知當發，中夜抱虛警。永懷江上宅，歸計失不猛。人生徇所役，有若魚墮井。遠行豈易還？劇飲終難醒。不如早自乞，閒日庶猶永。世事非所憂，多憂亦誰省！[40]

宋神宗熙寧四年（1071），蘇轍因極力反對王安石的厲行新法，遂以「勉強從事，才力寡薄，無所建明。」（制置三司條例司論事狀）遂有「以書抵介甫、陽叔，指陳其決不可者，且請補外。」〈潁濱遺老傳〉時張方平知陳州，遂辟蘇轍爲陳州學官。而兄軾同時出知杭州，兄弟俱到潁州，進謁致仕的歐陽修[41]，在潁州陪侍文忠公。其時歐陽修高齡六十五，身體遒健，髮白似雪，容光浮頰，暢遊飲酒，劇談不倦。經二月有餘的歡聚盤桓，兄弟不得不相別於潁州。蘇軾賦作〈潁州初別子由〉：「征帆挂西風，別淚滴清潁。留連知無益，惜此須臾景。我生三度別，此別尤酸冷。」[42]三度別乃指嘉祐六年，蘇軾赴鳳翔簽判，一別也；治平二年，蘇轍

40　《欒城集卷三》，頁 57。

41　宋神宗熙寧四年（1071）九月蘇軾送蘇轍至潁州，同謁歐陽修，陪修燕潁州西湖。蘇轍〈陪歐陽少師永叔燕潁州西湖〉：「西湖樂作遊人多，爭觀竊語誰能呵？十年思潁今在潁，不飲耐此遊人呵！」《曾棗莊著 蘇轍評傳 附錄蘇轍年譜》，頁 391 五南圖書出版公司 84 年 6 月初版。

42　《蘇詩彙評卷六 潁州初別子由二首》其一 頁 202。

爲大名府推官，二別也；三別於潁州，熙寧四年蘇轍任陳州學官，此別「別有滋味在心頭」，感觸殊深，而有「別恨終無窮」的酸冷。

　　詩作起筆以遊宦爲苦，其苦在「別」，不若許由巢父隱居箕山，兄弟常相隨，蘇轍嘗有〈次韻子瞻減降諸縣囚徒事畢登覽〉：「晝出同穿履，宵眠共覆裘。」[43]的美好回憶，分別在即，天明出發，中夜抱虛，而後江南水冷，霜降逼人，不知何日再聚？何日歸鄉？縱然「所遇日轉勝，恨我不得同。」爲役所使，勉強從事，猶是魚墮井中，安得自在自適？蘇轍以文爲詩，詩句質樸，詩意感人，通篇隔句押韻，虛中有實，實中有虛，詩中無「別」字，「別」字藏詩中，兄弟摯愛之情，情深意切，與其遠行多憂，不如自乞終老。《石林詩話》：「詩之用事，不可牽強，以至於不得不用而後用之，則事辭爲一，莫見其安排鬥湊之跡。」[44]此詩契合之作，順勢而爲。

四、氣節崢嶸

　　吳氏（厚）元豐四年（1081）〈浩然堂記〉：「古之君子，平居以養其心，足乎內，無待乎外，其中潢漾，與天地相終始。止則物莫之測，行則物莫之禦。富貴不能淫，貧賤不能憂。行乎夷狄患難而不屈，臨乎死生得失而不懼，蓋亦未有不浩然者也。」[45]蘇轍此論乃就人類道德修養而抒發，誠如文天祥正氣歌並序：「天地有正氣，雜然賦流形：下則爲河獄，上則爲日星，於人曰浩然，沛手塞蒼冥。」正氣在天地之間，無所不在，無物不存；而道義爲其根源，人人在內心深處潛藏無限的能力，只要依序定、靜、安、慮則有得；是以蘇轍以爲「氣可以養而致。」且肯定「我善

43　《欒城集卷一》，頁 13。

44　同註 26　《石林詩話卷上》，頁 413。

45　《欒城集卷二十四》，頁 409。

養吾浩然之氣。」

〈初發彭城有感寄子瞻〉：

> 念昔各少年，松筠閟南軒。閉門書史叢，開口治亂根。文
> 章風雲起，胸膽渤澥寬。不知身安危，俯仰道所存。橫流
> 一傾潰，萬類爭崩奔。孔融漢儒者，本身輕曹瞞。誓將貧
> 賤身，一悟世俗昏。豈意十年內，日夜增濤瀾。生民竟憔
> 悴。遊宦豈復安。水深火益熱，人知蹈憂患。甄豐且自叛，
> 劉歆苟盤桓。而況我與兄，飽食順依然。上願天地仁，止
> 此禍亂源。歲月一徂逝，尚能反丘園。（略）[46]

此詩作於神宗熙寧十年（1077）八月十六日蘇轍赴南京留守
簽判任作詩以別。蘇軾〈水調歌頭〉：「子由相從彭門百餘日，過
中秋而去，作此曲以別。余以其語過悲，乃爲和之。」詞云：「故
鄉歸去千里，佳處輒遲留。我醉歌時君和，醉倒君須扶我，惟可
忘憂。」[47]

蘇轍兄弟年少時才高志大，將「內以治心，外以治人」爲懷
抱，藉諸儒學道術爲本，然入仕以來，「橫流」喻小人道長，如洪
水傾瀉，莫可抵禦；「萬類」喻良民，而君子道以劉歆、甄豐爲反
例，不備氣節而依附篡漢的王莽，自殺以終。蘇轍家世貧窮，滿
腔熱血，惆瘝在抱，十年之內，目睹人民的生活水深火熱，生民
的憔悴憂患，而有食不下嚥的苦痛，只有兄軾知心的傾訴。

此詩爲五言古詩，隔句押韻，一韻到底。以「道」爲詩眼，
年少讀書依於「道」，王綱不振、人民顛沛流離失於「道」：而孔
融有「道」死於「無道」之曹操，劉歆、甄豐因「無道」而殉於

46　《欒城集卷七》，頁 130。
47　蘇詞彙評　頁 26　曾棗莊主編　四川文藝出版社　2000 年 1 月。

「無道」之王莽。欲止此禍亂，惟「有道」以救之。[48]

　　甄豐附王莽，漢平帝初，以定策功拜少傅，及莽稱帝，按金匱拜更始將軍，廣新公。後其子甄邯尋以作符命誅，豐自殺。[49]

　　劉歆，向之少子，字子駿。初治易，後受穀粱、左傳。成帝時，與向領校秘書，向死後，爲中壘校尉。哀帝即位，王莽舉爲大中大夫，遷騎都尉，集六藝群書種別爲七略，中國目錄學自此始。後忤諸儒所訕，且忤執政大臣，出爲河內太守。及王莽執政，引爲國師。後莽殺其三子，潛謀誅莽，自殺。[50]

　　郭綸：

> 「郭綸本蕃種，騎鬥雄西戎。流落初無罪，因循遂龍鍾。嘉州已經歲，見我涕無窮。自言將家子，少小學彎弓。長遇西鄙亂，走馬救邊烽。手挑丈八矛，所往如投空。平生事苦戰，數與大寇逢。昔在定川寨，賊來如群蜂。萬騎擁酋帥，自謂白相公。揮兵取其元，模糊腥血紅。戰勝士氣振，赴敵如旋風。蚩蚩甄裘將，不信勇且忠。有功不見賞，憔悴落巴賨。此非介子推，安肯不計功？郭綸未嘗敗，用之可前鋒。（略）」[51]

　　郭綸，是欒城集卷一第一首，屬五言古詩，是蘇轍隨同父兄第二次進京南行於嘉州遇勇士郭綸的作品。敘述郭綸本河西弓箭

48　《宋范曄著　唐李賢等注　新校後漢書注（冊四）卷七十〈鄭孔荀列傳〉》，頁 2261 孔融，後漢魯國人，孔子後，字文舉。少有俊才，獻帝時爲北海相，立學校，表儒術，尋拜大中大夫，值漢室之亂，志在靖難，然才疏意廣，迄無成功。　操終圖漢室，不欲與同，故怒而殺之。著《孔北海集》世界書局　六十三年五月三版。

49　《漢班固撰　唐顏師古注　清王先謙補注　漢書補注（二）卷九十九（上）王莽傳第六十九（上）》，頁 1711　藝文書局。

50　同註 49〈楚元王傳第六　卷三十六〉，頁 962。

51　《欒城集卷一》，頁 1。

手，屢戰有功，不賞。自黎州都監官滿，貧不能歸；權嘉州監稅。
劉熙載《藝概》評蘇轍郭綸詩：

> 不識而爲之歛容，一折；由一夫不足道到擔憂群雄寒心，又
> 一折；以此非介子推反證郭綸記功正當，再一折；用人當用長，
> 郭綸雖非介子推式的賢人，卻是未嘗敗的猛將，是用之可爲前鋒，
> 不應讓其憔悴落巴賓（嘉州監稅），又是一折。僅這後八句涵蘊，
> 就非常豐富，曲折地表達對郭綸的同情，對朝廷賞罰不公的不滿，
> 真可謂「鍛意深，下句熟」。

意隨詩句層層轉折，託意遙深，正說反諷，皆意有所指，蘇
轍爲郭綸有功不賞，正氣凜然的發聲。仔細品嚐，滋味塡胸，令
人回味無窮。

五、社會詩作

〈夜泊牛口〉：

> 行過石壁盡，夜泊牛口渚。野老三四家，寒燈照疏樹。見
> 我各無言，倚石但箕踞。水寒雙脛長，壞褲不蔽股。日莫
> 江上歸，潛魚遠難捕。稻飯不滿盂，饑臥冷徹曙。安知城
> 市歡？守此田野趣。祇應長凍饑，寒暑不能苦。[52]

此詩作於仁宗嘉祐四年（1059），蘇轍第二次南行赴京過宜
賓，抒懷之作。敘述牛口渚附近，夜宿舟中，遠望江邊居民鮮少，
只有「三、四家」，在稀稀疏疏的林間，幽幽燈光的映照，顯現淒
清的人間。但蘇轍觀察村民，彼此陌生疏離，蹲踞在石上，粗鄙
之態，卻十分自在。時屆秋冬，江水冰冷，爲捕魚，捲起褲管，
站立水中，因褲舊不得蔽股，遑論蔽腿，因此，腿部裸露，雙腳

---

52 《欒城集卷一》，頁 2。

倍見修長。捕魚不易，夜黑回家，米飯不滿盂，受凍挨餓臥於江邊，等待次日黎明的到來。雖然衣食短缺，坐臥無褥，但野趣橫生，城中居民何嘗領略？

此首五言古詩，隔句押韻之作，乃蘇轍不期而遇的生活體驗，實寫野老村夫的衣食短缺，而得生活野趣的真品味。全詩就水陸交錯描敘，勾勒人物形象活現，用筆恰到好處。唯最後四句抒發情懷，託意於詩中，在「苦」字而已。李東陽云：「奇寓乎純粹之中，巧藏於和易之外。」[53]

〈竹枝歌〉：　忠州作

> 舟行千里不至楚，忽聞竹枝皆楚語。楚言啁哳安可分？江中明月多風露。扁舟日落駐平沙，茅屋竹籬三四家。連春並汲各無語，齊唱竹枝如有嗟。可憐楚人足悲訴，歲樂年豐爾何苦？釣魚長江江水深，耕田種麥畏狼虎。俚人風俗非中原，處子不嫁如等閒。雙鬟垂頂髮已白，負水採薪長苦艱。上山採薪多荊棘，負水入溪波浪黑。天寒斫木手如龜，水重還家足無力。山深瘴暖霜露乾，夜長無衣猶苦寒。平生有似麇與鹿，一旦白髮已百年。江上乘舟何處客，列肆喧譁占平磧。遠來忽去不記州，罷市歸船不相識。去家千里未能歸，忽聽長歌皆慘悽。空船獨宿無與語，月滿長江歸路迷。路迷鄉思渺何極，長怨歌聲苦悽急。不知歌者樂與悲，遠客乍聞皆掩泣。[54]

宋神宗嘉祐四年（1059）蘇轍隨同父洵兄軾南行赴京，路過忠州（四川忠縣）因作此詩。蘇軾〈南行前集序〉：「己亥之歲，待行適楚。舟中無事，博奕飲酒，非所以爲閨門之歡。山川之秀

---

53 同註 35《明李東陽　懷麓堂詩話》，頁 2286。
54 《欒城集卷一》，頁 5。

美，風俗之樸陋，賢人君子之遺跡，與凡耳目之所接者，雖然有觸於中而發爲詠歎。蓋家君之作與弟轍之文皆在，凡一百篇，謂之〈南行集〉，將以識一時之事，爲他日之所尋繹。且以爲得於談笑之間，而非勉強所爲之文也。時十二月八日江陵驛書。」（蘇轍年譜　頁 368）尋讀〈竹枝歌〉正如蘇軾所言：「有觸於中而發爲詠歎。」識一時之事，有「但歌生民病，願得天子知」之發；且其詠歎乃「非勉強所爲之文也」。

　　「竹枝」，樂府名。亦名巴渝詞。唐劉禹錫謫朗州時，以俚歌鄙陋，依騷人《九歌》，作《竹枝新辭九章》。後人仿其體，詠土俗瑣事亦多謂之竹枝詞，後乃轉作詞牌名，因其體本於樂府之竹枝也。《新唐書卷一百八十一劉禹錫傳》

　　本詩分爲三大段：第一段自起筆至「歲樂年豐爾何苦？」詩中鋪敍楚地人民的悲歌，雖是豐年（反諷），生活拮據。第二段自「釣魚長江江水深」至「一旦白髮已百年。」是詩的骨梗，承接第一段自問自答「何爾苦？」敍述楚人之苦：食不飽，釣魚「江水深」，種麥「畏狼虎」；處子不嫁，「春風秋月等閒過」；採薪「苦艱」，負水浪黑，工作勞苦，手如龜，足無力，無衣苦寒夜，平生似麋鹿；倏忽已百年。第三段自「江上乘舟何處客？」至「遠客乍聞皆掩泣。」蘇轍以赤子之心，道盡呈現眼前楚人的水深火熱，痛不欲生的慘況，字字血淚，句句掏心。採三自問三自答鋪敍完篇，令人不忍卒讀。蘇轍關心民瘼，追隨唐社會詩家，〈讀樂天集戲作五絕〉有言：「樂天夢得老相從，洛下詩流得二雄。」社會詩家的「文章合爲時而著，詩歌合爲事而作」，殆止乎此也。

　　此詩以悲爲經，以苦爲緯；因苦而生悲，因悲而愈苦，悲苦糾纏交織的人生。因係七言古詩，全詩自第二句押韻，通篇隔句押韻，有換韻，有通韻，或平聲遲緩，或仄聲急促，吟誦之際，

音韻沈鬱，情愫迴蕩，淒淒前聲，滿座掩泣。座中泣下誰最多？眉山蘇轍長衫溼。明王世貞引劉勰曰：「情者文之經，辭者理之緯；經正而緯成，理定而後辭暢。又曰：「詩人篇什，為情而造文，為情者要約而守真；」《藝苑巵言卷一》[55]蘇轍〈竹枝歌〉之作，情辭兼備，要約而守真耳。

六、泉亦奇，詩亦奇，何異王右丞

蘇轍詩存一千七百餘首，作品呈現不同風貌，詩風如同散文，平淡造語，不事麗辭。〈樓雲室〉：

> 石室空無主，浮雲自來去。人間春雨足，歸意帶風雷。[56]

此詩屬五絕，僅二十字；意境超塵脫俗，不食人間煙火。首句「空」字，敘石室的寂靜世界，與王維的「空山不見人」〈鹿柴〉，空間有大小、有室內室外的不同，而意境有異曲同工之妙。第二句的「自」字，點出閒適，不受拘泥；如同王維的「行到水窮處，坐看雲起時」〈終南別業〉浮雲的來去自如，行無所事，一片化機。浮雲是我心，我心是浮雲，心凝形釋，與天地同流。一、二兩句一靜一動，相映成趣。「人間」的內涵與蘇軾的「何似在人間」的「人間」相應，意指在野。末句的「風雷」，是易經的益卦（卦號）震下巽上，「利有攸往，利涉大川。」回老家是大利多，有不如歸去的強烈意。王維〈重酬范郎中〉：「楊子解嘲徒自遣，馮唐已老復何論？」其實王維才四十出頭，正是壯年有為之時，但不願加入以李林甫為首的集團，只好棄官離朝。

楊升庵《升庵詩話卷一，十四》談〈樓雲室〉盛讚：「奇景奇句，可誦可想。泉亦奇，詩亦奇，何異王右丞！」又說：「宋詩

---

55 同註 35《王世貞藝苑巵言引劉勰曰》，頁 1393。
56 《欒城集卷十六》〈題李公麟山莊圖并序　樓雲寺〉，頁 314。

信不及唐，然其中豈無可匹敵者？在選者眼力耳。」蘇子由〈中
秋夜八絕 其六〉云：「巧轉上人衣，徐行度樓角。河漢冷無雲，
冥冥獨飛鵲。」[57]〈其七〉云：「猿狄號古木，魚龍泣夜潭。行人
已天北，思婦隔江南。」[58]

　　中秋夕抒寫月亮巧步輕挪，先「上人衣」，再上「樓角」，而
浩渺的中秋夜空。只有孤獨的鵲鳥在寂寥中默默的飛翔，鵲鳥就是
蘇轍的化身。「冷」與「獨」二字，饒富禪趣，王維〈過盧員外宅看
飯僧共題詩〉有「寒空法雲地，秋色淨居天。」其意境類同。至於
〈旅行〉，是首抒情五絕，看山，情滿於山；視水，水滿於水，南北
隔離，相思情深，但情是恬淡的，超然的，有種特殊的理趣。所以
楊慎推崇蘇轍「有王維輞川遺意，誰謂宋無詩？」〈升庵詩話 卷四〉

　　蘇轍與兄軾的詩風不同，名氣不如蘇軾響亮，其實最能代表
蘇轍的詩風，是在於寫景、詠物、詠史、題畫以及抒發個人閑適
生活的小詩。〈南窗〉詩，最被後人稱許：

> 京城三日雪，雪盡泥方深。閉門謝往還，不聞車馬音。
> 西齋書帙亂，南窗初日升。輾轉守床榻，欲起復不能。
> 閉戶失瓊玉，滿階松竹陰。客從遠方來，疑我何苦心。
> 疏拙自當爾，有酒聊共斟。[59]

　　蘇轍在應試制策提出六論以後，當道大臣譁然，以爲蘇轍大
逆不道，直指仁宗皇帝的施政不當。仁宗皇帝以其直言忠諫，予
以錄取。其時留京侍父所作。詩眼是「苦」字，壯志難伸，咄咄
失意，只有「疏拙」自守，「有酒聊共斟」，以自我慰藉。清人葉
喬然〈龍性堂詩話續集〉評爲「清逸閑適，淡致如許……此詩當

---

57 《欒城集卷三》〈中秋夜八絕 其七〉，頁 42。
58 《欒城集卷三》〈中秋夜八絕 其六〉，頁 42。
59 《欒城集卷三》，頁 49。

於陶柳門外另一席。」此詩直逼陶柳，無不遜色。東坡以為人間
應錄數百本，廣為流傳。蘇轍詩〈南窗〉意境簡遠，有味外之味。
蘇軾以為「人間當有數百本，蓋閑淡簡遠，得味外之味。」《洪邁
容齋隨筆卷一五》：「誰說子由不如兄軾哉？」

　　方東澍評蘇轍詩風「氣格雅適」，列舉如後：

〈次韻子瞻望湖樓上五絕〉其一，敘述乘船遊湖的悠閑：

　　欲看西湖兩岸山，臥乘湖上木蘭船。湖山已自隨船改，更
　　值陰晴欲雨天。[60]

〈過登封闓氏園〉

　　秋暑尚煩襟，林泉淨客心。菊殘知節過，荷盡覺池深。
　　疏柳搖山色，青苔遍竹陰。猶嫌進官道，輾轆聽車音。[61]

　　此詩描敘闓氏園秋後的園景，詩中鍊字，生動貼切，如「淨」、
「知」、「覺」、「搖」等，讀之令人心馳神往，景物歷歷在目。

〈次韻子瞻題長安王氏宅中隱堂五首〉其一：

　　秦中勝岷蜀，故國不須歸。甲第春風滿，巴山畫夢非。
　　竹深啼鳥亂，花落晚蜂飛。我欲西還去，敲門慎勿違。[62]

　　詩中「竹深啼鳥亂，花落晚蜂飛」，一「亂」一「飛」，最為
動人。

〈送陳安期都官出城馬上〉

　　城中二月不知春，唯有東風滿面塵。歸意已隨行客去，流
　　年驚見柳條新。
　　薄書填委休何日？學問榛蕪愧古人。一頃稻田三畝竹，故

---

60 《欒城集卷四》，頁 68。
61 《欒城集卷四》，頁 77。
62 《欒城集卷二》，頁 22。

圍何負不收身？[63]

此詩描敘送客心情，「歸意已隨行客去」，一語道盡送客的內心感受。

〈九日三首〉其一

> 早歲寡歡意，衰年仍病纏。客居逢九日，斗酒破千錢。
>
> 茰菊驚秋晚，兒孫慰目前。登高懶不出，多酌任頹然。[64]

此詩描敘蘇轍獲赦北返以後的生活片斷，字裏行間，不著愁情，而愁情自著。

〈次韻子瞻和淵明飲酒二十首〉其一

> 我性本疏懶，父母強教之。逡巡就科選，逮此年少時。
>
> 幽憂二十年，懶性祇如茲。偶然踐黃閨，俯仰空自疑。
>
> 乞身未敢言，常愧外物持。[65]

此詩蘇轍自述其天性疏懶，年少中第，謙稱是偶然的機運。

蘇轍詩中佳句俯拾即是，聊舉些許，以供品嚐。

> 人生出處因難料，流萍著水初無根。〈和子瞻雪浪齋〉
>
> 至今養心送四體，瘦不為病肥非妍。〈維摩像〉
>
> 寵辱何須身自試，窮愁不待酒驅除。〈李行中見寄〉
>
> 扁舟落中流，浩如一葉飄。〈入峽〉
>
> 「飢鳥巧會行人意，來去紛紛噪客船。」〈巫山廟鳥〉
>
> 「唯有巫山最穠秀，依然不負遠來心。」〈江上看山〉

戴復古有《論詩十絕》：「謝安未厭頻撫妓，汲黯猶須臥理民」〈快哉亭詩〉。「虛窗每怯高風度，碧瓦頻驚急雨懸」〈中秋新堂看月戲作〉。

---

63 《欒城集卷三》，頁44。
64 《欒城後集卷三》，頁916。
65 《欒城後集卷一》，頁878。

　　「意匠如神變化生，筆端有力任縱橫。須教自我胸中出，切忌隨人腳後行。」《戴復古論詩十絕》蘇轍的詩風，確實有王維輞川遺意，但其創新創意，不隨腳後行，自有獨特的詩作，另有一片天空。

第三章　蘇轍論文及其散文特色

第一節　蘇轍論文

一、所學所行，皆本乎家傳

　　蘇洵父序，對於老泉的幼年教育，不教不學，縱而不問，一味自由放任，不曾嚴厲管教，人問其故，笑而不答。洵父心中有數，或許是「不屑教誨謂之教誨」的教育方法。因爲蘇洵賦性聰明，辯智過人，從容待其自省而後有爲，知子莫若父。當蘇洵伯父蘇渙進士及第時，蘇洵已十六歲，頗受誘發進身功名仕途的念頭，遂於天聖五年（1027）十八歲參加進士考試，卻不幸落第。

　　當代四川眉山三大家族是程、石、蘇，彼此不僅是鄉親又是姻親，至爲親近。蘇洵在〈送石昌言使北引〉曾記載其受昌言影響至深。因昌言舉進士時，洵約五歲，昌言曾給洵棗栗吃，彼此親近。而後昌言名聲日隆，蘇洵漸長，稍知讀書，學句讀，屬對、聲律，但未成而廢。由此得知，蘇洵在十九歲到二十七歲的歲月中，遊蕩不學。時家道中落，生養之累，程氏慨然，一肩挑負。至二十七歲，閉戶苦讀年餘，再舉進士不第，遂絕意仕進。在〈廣士〉結論有言：

　　　　人固有才智奇絕，而不能爲章句、名數、聲律之學者，又

> 有不幸而不為者。苟一之以進士，制策，易使奇才絕智有
> 時而窮也。[1]

蘇洵對章句聲律之學既不能為而不願為，因此，屢試不中。慶曆六年（1046）三十八歲時，再舉茂材又不中，遂斷然以為「此不足為學也！」而後知取士之難，絕意於功名，而自托於學術。〈上歐陽內翰五首第一〉：

> 時復內顧，自思其才，則又似乎不遂止於是而已者。由是，
> 盡焚曩時所為文數百篇，取論語、孟子、韓子及其他聖人
> 賢人之文而兀然端坐，終日以讀之者七、八年。……讀之
> 益精而其胸中豁然以明，若人之言固當然者。然猶未敢出
> 其言也。時既久，已而再三讀之，渾渾乎覺其來之易也。
> [2]

蘇洵盡焚曩時作文數百篇，殆指應科舉而作，而後棄章句、名數、聲律之學，默然專注，冥冥惛惛，累積七、八年後，胸中豁然開朗，再經時日，再三熟讀，為文汨汨然而出，源源不絕。〈上田樞密書〉：「方其致思於心也，若或起之，得之心而書之紙也，若或相之。」[3]儲材豐富，致思用心，以筆書紙，必得左右逢源的滋味。

蘇洵〈上張侍郎書二首〉第一：

> 洵有二子軾、轍，齠齔授經，不知他習。進趨跪拜，儀狀
> 甚野，而獨於文字中有可觀者。始學聲律，既成以為不是
> 盡力於其間。讀孟、韓文，一見以為可作。引筆書紙，日

---

1 《蘇洵嘉祐集第五卷》，頁 34 三蘇全集（上）中文出版社 日本東京市
　 1986 年 4 月
2 《蘇洵嘉祐集第十五卷》，頁 94。
3 《蘇洵嘉祐集第十四卷》，頁 89。

　　數千言，坌然溢出，若有所相。[4]

　　軾、轍兄弟從小讀經，別無他習。「幼學無師，先君是從遊戲圖書，寱寐其中」，生活儀節雖不是中規中矩，但在寫作文章頗有可觀者。以父親蘇洵為師，在蘇軾十來歲時，父洵曾令軾作〈夏侯太初論〉，文中有「人能碎千金之璧，不能無失聲於破釜；能搏猛虎，不能無變色於蜂蠆」的警句，洵非常欣賞，深愛此論。根據蘇籀《欒城遺言》記載：「東坡幼年作〈卻鼠刀銘〉，公（蘇轍）作〈缸硯賦〉，曾祖（蘇洵）稱之，命佳紙修寫，釘於所居壁上。另外蘇軾在少年時代作品有《春秋論》，而蘇轍有《論語解》、《孟子解》等書。蘇洵〈上歐陽內翰五首　第一〉說：「孟子之文，語約而意盡，不為巉刻斬絕之言，其鋒不可犯。」（同註2）軾轍兄弟受到父洵影響深遠，顯而易見。蘇轍〈亡兄子瞻端明墓誌銘〉：

　　　　公（軾）之於文，得之於天：少與轍皆師先君。初好賈誼、陸贄書，論古今治亂，不為空言。既而讀《莊子》，謂然歎息曰：吾昔有見于中、口未能言，今見《莊子》得吾心矣。乃出《中庸論》，其言微妙，皆古人所未喻。嘗謂轍曰：吾視今世學者，獨子可與我上下耳。既而謫居于黃，杜門深居，馳騁翰墨，其文一變，如川之方至，而轍瞠然不能及矣。[5]

　　這段文章有四大要點：（一）說明軾、轍兄弟以父洵為師。（二）軾讀《莊子》得吾心。（三）軾在貶黃州前，為文多莊子哲思。貶黃州後，為文多釋氏真言。（四）軾貶黃州前，兄弟為敵手，此後，蘇轍自以為望塵莫及。因軾熟讀釋氏書，深悟實相，參之孔老，博辨無礙，浩然不見其涯。

　　蘇轍又記載：「先君晚歲讀《易》，玩其爻象，得其剛柔遠近

4　《蘇洵嘉祐集第十四卷》〈上張侍郎二首〉，頁89。
5　《欒城後集卷二十二》，頁1126。

喜怒逆順之情，以觀其辭，皆迎刃而解，作《易傳》未完，疾革，命公（軾）述其志。公泣受命，卒以成書。」（同註 5）

　　蘇軾繼父洵完成遺作，書成《易傳》。其後復作《論語說》，時發孔子之秘。最後居南海，作《書傳》，推明上古之絕學，多先儒所未達。至于遇事所爲詩、騷、銘、記、書檄、論、譔，率皆過人，蓋因軾幼而好學，老而不倦的勤讀，又有天資聰慧爲之相助使然耳。蘇軾〈記歐陽公論文〉敘述：

> 頃歲，孫莘老識歐陽文忠公，嘗乘間以文字問之，云：無他術，唯勤讀書而多爲文自工。世人患作文字少，又懶讀書，每一篇出，即求過人。如此，少有至者，疵病不必待人指摘，多作自能見之。此公以其嘗試者告人，故尤有味。6

　　蘇軾以勤讀多作示人，乃得自親身試驗，然世人多不察，少讀多作，難期有功；多讀多作自能顯現績效，吾人宜以此爲鑑。

　　蘇轍幼承庭訓，論事立言，淵源於老蘇。英挺之氣，亦有乃父之風，惟氣象不逮其父之雄奇。且兄弟友愛甚篤，文思頗受乃兄的影響，嘗云：「子瞻讀書有與人言，有不與人言，不與人言者，與轍言之，而謂轍知之。」可見手足情深，相互教益的深厚。而〈蘇文定公謚議〉，記載父子相互教益，乃本於家傳。「惟公（轍）挺生西蜀，毓秀山川，天材最高，資稟實厚，而又有父文安先生爲之師，有兄文忠公爲之師友。蓋其所學所行，皆本乎家傳，而文章事業，卓乎可敬而仰也。」7

　　蘇轍生性喜愛自然樸拙，有〈茸東齋〉詩：

6　《蘇軾文集第六十六卷》〈記歐陽公論文〉，頁 2055。

7　《三蘇全集（下）》〈欒城集跋言語 蘇文定公謚議〉，頁 1577 中文出版社日本京都市 1986 年 4 月。

我生溪山間，弱冠衡茅住。生來乏華屋，所至輒成趣。（略）[8]

生長眉山，四川一隅，住無華屋，遊山戲水，自然成趣。但是勤讀苦學，亦不多讓父兄，在〈張恕寺丞益齋〉詩曾提到：「我家亦多書，早歲嘗竊叩。晨耕掛牛角，夜燭借鄰牖。（略）」[9]早年嗜書如命，晨昏課讀，不以爲苦。爲使自己用志不紛，於是「經年謝賓客」，忘記飲食，至於「飢坐失昏晝」。而後鋪紙直抒，「落筆逢左右」，快樂的情境是「樂如聽鈞天，醉劇飲醇酎」。（同註9）欲達到如癡如醉的神思馳騁，就得如「春耕不厭深」，才能「秋穫常自受」，金玉或爲災，詩書難有相負的時機。所以，蘇轍一再強調，「人生不讀書，空洞一無有。」（同註9）

總之，蘇氏父子的苦學，在唐宋八大家中，佔有三席之位，可謂擅有宋之文風，立不朽之盛事。父子三人，以一介平民，卒能卓然大家，規模宏偉，時人翕然而尊。唯心靈的枯竭，是最大的缺憾。[10]

蘇轍年少時讀書，意氣風發，而以功名自期。〈四十一歲莫日歌〉：

> 小兒不知老人意，賀我明年四十二。人生三十百事衰，四十已過良可知。少年讀書不曉事，坐談王霸了無疑。脂車秣馬試長道，一日百里先自期。（略）[11]

四十二歲，蘇轍已有歲不我與的感慨，愈發可見蘇轍的寸陰

8　《欒城後集卷三》，頁 921。
9　《欒城集卷七》，頁 136。
10　《欒城後集卷四》，頁 933。
　　蘇轍〈讀書〉：「習氣不易除，書魔間即至。圖書紛滿前，展卷輒忘睡。」古今浩無垠，得失同一軌。前人已不悟，今人復如此。憨然嫠婦憂，嗟哉肉食鄙。掩卷勿垂陳，慟哭傷人氣。
11　《欒城集卷九》，頁 169。

是惜，勤勉好學。因而鼓舞文風，名賢輩出，影響後世，至深且
鉅。

二、意立而理明，不必覓事應付

　　前文敘述三蘇父子學習歷程，曾有「所學所行，皆本乎家傳」
的示現，而在論文的態度和見解，也有共同性，共通性的基調，
並各有其特長和成就，蘇洵長於史論，蘇轍策論精確，蘇軾為全
才，各類文體均有佳作。然而，三蘇的論文，雖取孟韓及其他聖
人賢人的文章，並非重視文章好其修辭而已。茲將三蘇論文特色，
敘述於後：

　　寫作文章，首在審題，貴在意立。若審題不周，必泛濫無歸，
東拼西湊，不知所云。而意立是全文的線眼，譬諸連山千里，必
有立峰；匯水百川，必有正脈。由此著想，則陳義見其大而不至
常落邊際，而其餘所兼及者，不過枝葉鱗爪，而一篇作文著力緊
要處，就在意立為其關鍵。有意而有言，意盡而言止，是普世寫
作的至言。

　　劉勰《文心雕龍附會》有言：

　　　何謂附會？謂總文理，統首尾，定與奪，合涯際，彌綸一
　　　篇，使雜而不越者也，若築室之須基構，縫衣之待縫緝矣。

　　附會，就是蘇洵所謂的意立，是一篇文章的「基構」，以此
綴思鋪敘，以「神志為神明，事義為骨髓，辭采為肌膚，宮商為
聲氣。」意立是文章的總綱領，意立既定，而後「驅萬塗於同歸，
斟百慮於一致，使眾理雖繁，而無倒置之乖，群言雖多，無棼絲
之亂；扶陽而出條，順陰而藏跡，首尾周密，表裏一體」《文心雕
龍附會》，此是附會的作文技巧。

　　蘇洵與孫叔靜論文，拈出意立理明是作文的第一要務。

「久承借新文及累為訪臨，甚荷勤眷。文字已為細觀，甚善甚善。必欲求所未致，如〈中正論〉引舜為證，此是時文之病。凡論但意立而理明，不必覓事應付。」[12]

蘇洵在文中強調寫作文章以意立為首要關鍵，意立而後理明，若是意不立，則搪塞應付，乃時文的弊病。此書作於嘉祐、治平年間，時蘇洵於京師編修《太常因革禮》，孫叔靜當時從蘇洵問學。

蘇軾在〈呈諸試官〉也有相同的識見：以為「文辭雖少作，勉強非天稟」，[13]寫作文章不是勉強擠出來的，有感而發，有事則敘，因勢利導，因此，蘇軾批評時人寫作的應付態度，東拼西湊，無病呻吟，索然無味。「緬懷嘉祐初，文格變已甚。千金碎金璧，百納收寸錦。調和椒桂醲（音ㄧㄢˋ），咀嚼沙礫磣。」所以蘇軾主張為文之要，縱然天下之事散在經、子、史中，但不可徒使，必得一物以攝之，然後為己用。所謂「一物者」，就是「意立」。

蘇軾在哲宗元符年間，遠謫儋州，為葛立方講作文方法，軾說：「在商店裏商品無所不有，只有一樣東西可以換取──「錢」。軾以商品比喻作文，而以「錢比喻意立，意不立，不可明事，不可作文。」

蘇轍〈答徐州教授李昭玘書〉體認讀書得到旨趣的歡樂情致：

> 出入學中逾年，稍知旨趣所詣，蓋耽悅至道，忽忘世味，每有超然絕俗之意。……遽以知道許之，夫古之所謂知道者，富貴不能淫，貧賤不能憂，夫豈如轍困躓而謀安者耶！

12　〈與孫叔靜帖〉此信作于嘉祐、治平年間。蘇軾〈跋先君與孫叔靜帖〉說：「嘉祐、治平間，先君編修《太常因革禮》，左京師，學者多從講問。而孫叔靜兄弟皆篤學能文，先君極稱之。《三蘇文藝思想》曾棗莊著，學海出版社，84 年 8 月。

13　《蘇詩彙評卷八》〈監試呈諸試官〉，頁 264。

14

「旨趣」即意立，亦即文章線眼，悟得旨趣，是謂知「道」，此「道」字非聖人之道，乃文章之道，讀書的至道，超然絕俗，自得忘我，醉於文章之道中，左右逢源，享受滋味，豈有「富貴不能淫，貧賤不能憂」的世俗包袱，庸人自擾的無趣？蘇轍在元豐八年（1085）八月四十七歲時，被命為秘書省校書郎，有〈初聞得校書郎示同官〉詩：

> 讀書猶記少年狂，萬卷縱橫曬腹囊。奔走半生頭欲白，今年始得校書郎。[15]

早年蘇轍意氣風發，欲齊王霸為職志，整日淹沒在左圖右史之中，勤勉課讀，以父兄為師，豪氣干雲。但是年盡半百，才得校書郎，感慨來得太晚，有歲不我與的感觸，中舉雖是容易，宦途卻是十分坎坷。

李昭玘，宋濟南人，字成季。少與晁補之齊名，進士。官提點京東路刑獄。後坐元符黨奪官。徽宗時，為起居舍人。後閒居十五年，自號樂靜先生。著有《樂靜集》，《宋史卷三四七》。

作文之要，辭句未成，而線眼已立，既立以後，始終前後，百變而不離其宗。如蘇洵的〈六國〉，線眼是「賂」，蘇軾六國論在於「養士」，而蘇轍〈六國論〉是「天下之勢」。蘇轍兄弟在應制考試時，皆作〈刑賞忠厚之至論〉，蘇軾著意於「道」，而蘇轍著意於「義」，都是命題相同，而立意各自不同，各自以馳騁之才，驅遣文字，抒發立論，都是上品。至於蘇軾名篇〈前後赤壁賦〉，線眼在「風月水」，而蘇轍的〈上韓太尉書〉在「氣」字。

清朝李光地在《李榕村全集》提醒讀者讀書要點，在於「讀

---

14 《欒城集第二十二卷》，頁 392。
15 《欒城集卷十四》，頁 266。

書只贊其文學好，何益？須將作者之意發明出來，及考訂其本同異，文義之是否，字字不放過，方算得看過這部書。」[16]

發明作者之意，即發明文章線眼，發明文章線眼，才認識作者寫作動機與目的，進而透視全文，了解全貌，與作者交心。

總之，劉勰的「附會」，蘇洵的「意立」，蘇軾的「一物」，蘇轍的「旨趣」，詞雖不同，都是指陳「文章線眼」，是爲文護前最緊要的關鍵。〈附會、贊曰〉：

> 篇統間關，情數稠疊。原始要終，疏條布葉，道味相附，懸緒自接，如樂之和，心聲克協。

因爲「線眼」一言可盡，但敷文鋪敘，波瀾起伏，惟獨樹不能成林，獨緒不能成帛，獨木不能成屋，獨腋不能成裘，五色比而後成章，五聲和而後成樂，五味調而後成和，文必相宜，而後斐然成章。

三、才適邦家用，聲非章句儒

西漢賦家，擒文鋪采，藻飾無徵，如司馬長卿賦〈上林〉，揚子雲賦〈甘泉〉，班孟堅賦〈兩都〉等，是謂無物而姑爲夸誕以欺世人，是不符實用的辭賦。逮唐朝中葉，社會詩人興起，提倡「文章合爲時而著，詩歌合爲事而作」的功用，「但歌生民病，願得天子知」的實用詩文。元白的提倡，摒棄空疏迂闊而不切實用的風花雪月文學，不用考據瑣細堰埃的文字。三蘇對文學主張，既重實用，又講辭章。因爲父子三人「皆有志于當世」，因此，對文章的社會實用是相當重視。蘇軾在〈謝歐陽內翰啓〉認爲「自

---

16 李光地，清、安溪人。字晉卿，號厚庵，康熙進士。累官文淵閣大學士，諡文貞。學宗程、朱，誠明並進。爲清初理學名家。詩文有《榕村全集》《清史二百六十三、列傳十》

昔五代之餘，文教衰落，風俗靡靡。」[17]於是宋仁宗下詔申戒浮
靡，提倡古風，「招來敦厚樸直之士，罷去浮巧輕媚叢艷彩繡之文」
於是歐陽修承詔執掌文柄，奇僻險怪，聲律章句的文章，盡爲摒
棄，實用樸拙之文，皆爲登錄。蘇洵〈太玄論上〉：

「言無有善惡也。苟有得乎吾心而言也，則其辭不索而獲。
夫子之于《易》，吾見其思而得之者也；于《春秋》，吾見其感焉
而得之者也；于《論語》，吾見其觸而得之者也。思焉而得，故其
言深；感焉而得，故其言切；觸焉而得，故其言易。」[18]言無善
惡，是語言在品質上不分好壞，好壞的分別，在於「得乎吾心否？」
「得乎吾心」爲好，「不得乎吾心」則不好；「得乎吾心」是文自
胸臆自然流出，不假聲律，卻能有「思」、「感」、「觸」的文思，
發之筆端有「深」、「切」、「易」的實用，若揚雄《太玄》，是「不
得乎其心而爲言，不得乎其言而爲書」，蘇洵的指謫批評是否過
當，自有評價。但爲文若不誠則無物，無物要來何用？「說者之
多，行者之寡」，言行一致，才是蘇洵的文學實用的主張。蘇軾也
提出寫實的功能，寫物的特色：「葉之未落，其葉沃若，他木殆亦
不可以當此。」林逋〈梅花〉詩云：「疏影橫斜水清淺，暗香浮動
月黃昏，決非〈桃木〉詩也。」皮日休〈白蓮〉詩云：「無情有恨
無人見，月曉風清欲隨時，決非〈紅蓮〉詩。」

蘇洵與〈楊節推書〉，特別強調文章要符合客觀實際，欲寫
埋銘，卻不曾「耳目相接」，與死者平生素不相識，若依「行狀」
而書埋銘，必是虛浮不實之事，蘇洵認爲「不得吾心」，不講真話，
而以難爲婉拒。洵曰：

「節推足下，往者見託以先丈之埋銘，示之以程生之行

---

17 《蘇軾文集第四十九卷》〈謝歐陽內翰書〉，頁1424。
18 《蘇洵嘉祐集第八卷》，頁52。

狀。洵于子之先君，耳目未嘗相接，未嘗輒交談笑之歡。夫古之人所為志夫其人者，知其平生而閔其不幸以死，悲其後世之無聞，此銘之所為作也。然而不幸而不知其為人，而有人焉告之以其可銘之實，則亦不得不銘。此則銘亦可信行狀而作者也。今余不幸而不獲知子之先君，所恃以作銘者正在其行狀耳。而狀又不可信。嗟夫難哉！」[19]

節推，官名，即節度使下所設的推官，掌勘問刑獄。楊節推，即楊美球，曾任安靖軍從事。蘇洵除在文學思想上堅持與事實相合的直接證驗，同時也提供撰寫墓誌銘的很好規範，值得後人省思。

蘇軾〈答喬舍人啓〉明確提出文章以體用為本的思想，軾說：

「聞人才以智術為後，而以識度為先；文章以華彩為末，而以體用為本。……道之將廢也，取其後而棄其先。……故議論慷慨，則東漢多徇義之夫；學術誇浮，則兩晉無可用之士。」[20]

「先器識後文藝」，是有志之士的素養，而為文則以「體用為本，華彩為末」，是以東漢兩晉的文風迥然有別，東漢樸拙合於世用，兩晉浮誇，且不合於世用。

三蘇對於唐德宗賢相陸贄，最為敬慕，因陸贄（宣公）奏議，「論深切於事情，言不離於道德」，奏議剴切而中理，合乎實用的觀念，況且「智為子房而文則過，辯為賈誼而術不疏，上以格君心之非，下以通天下之志，三代已還一人而已。」在蘇軾〈乞校正陸贄奏議上進劄子〉結論：「為贄之論，閱卷了然，聚古今之精

19　《蘇洵嘉祐集第十六卷》，頁 102。
20　《蘇軾文集第四十七卷》〈答喬舍人啓〉，頁 1363。

英，實治亂之龜鑑。」[21]

　　蘇軾敬慕陸宣公，推崇備至，是蘇軾心目中的偶像，除精神上的感召之外，在於〈陸宣公奏議〉的行文切中時弊，〈答虔倅俞括奉議書〉：「區區之忠，自謂庶幾於孟軻之敬王，且欲推此學於天下。」[22]因此，使家藏此方，人挾此藥，以待世之病者，是爲仁人君子的至情。尤於儒者之病，多空言少實用，賈誼陸贄之學，幾乎不傳。

　　蘇轍又說：「初好賈誼陸贄書，論古今治亂，不爲空言。」〈亡兄子瞻端明墓志銘〉（同註5）認爲「陸贄之文，遣言措意，切近的當，有執事之實。」而在〈歷代論〉中有〈陸贄論〉，劈頭說道：「昔吾先君博觀古今議論，而以陸贄爲賢。吾幼而讀其書，其賢比賈誼而詳練過之。」[23]因蘇洵、蘇軾對於陸贄論文多所好評，蘇轍遂不再論其爲文，但論其事功，是以略而不敘。由此得知：三蘇對於陸宣公贄的敬仰，是爲不刊之論。

　　蘇軾〈謝梅龍圖書〉曾對「時文」的浮剽有著強烈的批評，自言「長於草野，不學時文」是以抒論作文的風格是「詞語甚樸，無所藻飾」，以爲可以矯正「時文」的弊端。蘇軾的作文與歐陽修的「事信言文」的要件完全吻合，「事信」者，文章內容具有真實性；「言文」者，文章語言具有藝術性。

　　梅龍圖即梅摯，字公儀，成都新繁人，時爲龍圖閣學士。

　　蘇轍在〈題東坡遺墨卷後〉詩中，自我肯定，「少年喜爲文，兄弟俱有名」在科舉考試後，雀屏高中，名滿京師。但是蘇轍亦謙讓自己，以爲世人有正確的品評：「知我不如兄」。兄軾是轍的

21　《蘇軾文集第三十六卷》〈乞校正陸贄奏議上進劄子〉，頁1012。

22　《蘇軾文集第五十九》〈答虔倅俞括奉議書〉，頁1794。

23　《欒城後集卷十一》，頁1005。

師友，有騏驥附尾的事實。然而「凜然成一家」，亦不容兄軾專美於前，父子兄弟在唐宋八大家中，各有一席之地，明代散文家茅坤評論道：「子由之文，其奇峭處不如父，其雄偉處不如兄，而其疏宕嫋娜處亦自有一片煙波，似非諸家所及。」[24]令人感歎的是兄軾自儋耳北返，病歿常熟，「斯文久衰弊」，涇渭的清濁不再分辨，然而清者自清，濁者自濁，三蘇文藝思想「以西漢爲宗師」是一致的主張。蘇轍〈送家安國赴成都教授〉：「文律還應似兩京」，[25]在復古的文風盛行之中，不只是以唐代爲規模，更以恢復兩漢文風爲標的。《欒城遺言》：「余少年若不達爲文之節度，讀〈上林賦〉，如觀君子冠冕遜折揖讓音吐皆中規矩，終日威儀，無不可觀。」

　　蘇轍於熙寧十年（1077）時三十九歲，送蘇軾往徐州，秋七月，〈黃樓賦〉：「河決於澶淵，東流入鉅野，北溢於濟南，溢於泗。八月戊戌，水及彭城下，余兄子瞻適爲彭城守。」[26]黃庭堅〈題蘇子由黃樓賦草〉：「銘欲頓挫崛奇，賦欲弘麗，故子瞻作諸物銘，光怪百出。子由作賦，紆徐而盡變。」[27]後來蘇籀在《欒城遺言》明白指出：公曰：「〈余黃樓賦〉學西都也。」其後晚年不作此工夫之文。而劉貢父贊美此賦勝過子瞻。

　　三蘇遠襲漢朝遺風，師賈誼、司馬遷、班固。〈蘇轍歷代論陸贄〉：「昔先君博觀古今議論，而以陸贄爲賢。吾幼而讀其書，其賢比漢賈誼，而詳練過之。」（同註 23）又說：「〈蘇軾〉少與轍皆師先君，初好賈誼、陸贄書，論古今治亂，不爲空言。」（同註5）可見三蘇推崇賈誼與陸贄並無二致，「不爲空言」爲作文根苗。

---

24 《蘇轍集前言》，頁 11。

25 《欒城集卷十五》，頁 298。

26 《欒城集卷十七》，頁 334。

27 黃庭堅〈題蘇子由黃樓賦草〉《山谷集》四庫全書 文淵閣。

　　賈誼，洛陽人。年十八能誦詩屬文，稱於郡中，河南守吳公聞其秀材，召置門下。文帝初立，誼年少通諸家之書，召為博士，是時賈生年二十餘歲最少，每詔令下，諸老先生未能言，賈生盡為之對，人人各如其意，以賈生為能。一歲之中，超遷至太中大夫。後因讒言不用賈生，以為長沙王太傅。又為梁懷王太傅，懷王墮馬死，賈生自傷為傅無狀，哭泣歲餘亦死。年三十三。《漢書、列傳第十八》

　　蘇軾〈賈誼論〉起筆：「非才之難，所以自用者實難。惜乎賈生王者之佐，而不能自用其才。」（同註 21）因此，不是漢文帝不用賈誼，是賈誼不能被漢文帝所用。蘇軾提出深交大臣，天子不疑，大臣不忌，而後可以為所欲為。用與不用，必須默默以待其變，而不自殘，對賈誼的總評：「才大量小，才有餘而識不足。」道說賈誼的不當，以此為鏡，蘇軾屢遭遷徙，貶謫儋州，歷盡九死一生，但當回首向來蕭瑟處，卻無風雨也無晴的胸次曠達，了無掛礙。病歿常熟，蓋為天意。

　　蘇洵在〈史論中〉提出修史的四種方法，史書以「達意」為首要條件，達意就是文章的真實性，與史實相符合，而後才能富有教化作用。所以歷史，是民族的精神，人群的參考，時代的盛衰，世俗的文野，施政的得失，物質的盈虛，都是史書中的實錄。蘇洵說：

> 「遷，固史難以事詞甚，然亦兼道與法而有之，故時得仲尼遺意焉。吾今擇其書有不可以文曉而可以意達者四，其一曰隱而章，其二曰直而寬，其三曰簡而明，其四曰微而切。」[28]

28　《蘇洵嘉祐集第十卷》，頁 65。

蘇洵認為歷史是事實，文章繁簡，可以偏頗，使文采鮮明，而不失創新，謂之有史才、有史識，有史學，而稱許司馬遷文辭淳健簡直，足稱一家。至於指責班固是因襲司馬遷論點超過一半，是不可取。著《後漢書》的范曄，其缺失在於「多失其人」，不僅違背史實，也缺乏史識。著《三國志》的陳壽，帝魏而臣吳蜀，有失客觀的史實。

蘇轍〈上韓太尉書〉：

「太史公行天下，周覽四海名山大川，與燕趙間豪俊交游，故其文疏蕩，頗有奇氣。」《欒城集卷二十二》

蘇轍推崇司馬遷《史記》有奇氣，奇氣者，蘇洵上田樞密書中有言：「遷固之雄剛」，正是奇氣最好的註腳。

蘇轍於元祐五年（1090）作〈滕達道龍圖挽詞二首〉：其一

才適邦家用，學非章句儒。遭逢初莫測，流落一長吁。

大節輕多難，深言究遠圖。收功太原守，談笑視羌胡。[29]

蘇轍雖是挽滕達道，讚美滕達道為國建立功業，寫作詩文不作章句儒，即講求世用的文學主張。在〈上曾參政書〉中有言：「轍也，復不自度量而言當世之事，亦不敢為莽鹵不詳之說，其言語文章，雖無以過人，而其所論說，乃有矯拂切直之過。」[30]蘇轍提出「言當世之事」，「論說有矯拂切直之過」，即為文切中時弊，重於實用，不作「莽鹵不詳之說」，不寫空談疏略之作。在〈送柳子玉〉詩中，對當代作文有嚴厲的批評，有不以為然的諷刺：

柳侯白首郎，風格終近古。舊游日零落，新輩誰與伍？

人情逐時好，變化無定主。試看近時人，相敬蹈規矩。

行身劇孔孟，稱道皆舜禹。但求免譏評，豈顧愁肺腑？

29　《欒城後集卷一》，頁 876。
30　《欒城集卷二十二》，頁 385。

坐令不羈士，舉足遭網罟。…（略）

歎息子美賢，相與實舊故。至今存篇章，醉墨龍蛇舞。…
（略）

惜哉時論隘，安置失處所。（略）[31]

詩中稱讚柳子玉詩文有古人風範，世人已鮮有醇厚作品，「逐
時好」應是時人的作品，也是人之常情，貪圖近利，但作表面功
夫，雖然「行身劇孔孟，稱道皆舜禹」，只是避免譏評，寫作詩文
盡是不從「肺腑出」，其詩文豈能感人？若是詩文從「肺腑出」，
真情自然流露，惟恐文字獄的結網全開，難逃其罪。因此，杜甫
的寫實史詩，至今令人感懷不已。所以，在〈和頓主簿起見贈二
首〉，更是明確的指出，「古文」的不切實用，積極欲補救空疏的
詩文：其一

聲病消磨只古文，諸儒經術鬥紛紜。不如舊學都無用，猶
把新書強欲分。老病心情愁見敵，少年詞氣動干雲。搜賢
報國君何敢？欲補空疏但有勤。[32]

蘇轍在子瞻〈和陶淵明詩集引〉，曾提到「轍少而無師，師
子瞻。既冠而學成，先君命轍師焉」，蘇轍的家學淵源，俯拾即是。
既而「子瞻稱轍詩有古人之意」，然自以爲不若。但自東坡斥居黃
州以後，其學自進，沛然如川之方至，其詩比杜子美，李太白爲
有餘。遂用轍比淵明，轍雖勉力追從，卻瞠乎其後，惟一二和淵
明而已。時宋徽宗紹聖四年（1097）轍貶海康，自以平生所好，「以
圖史爲園囿，文章爲鼓吹。」而爲詩喜歡「精深率妙，不見老人
衰憊之氣。」

轍喜好淵明之詩，其實淵明作詩不多，但詩的特色：「質而

31　《欒城集卷三》，頁48。
32　《欒城集卷四》，頁73。

實綺，癯而實腴」，是詩人中最高評價。況且不只喜好淵明詩而已，更敬仰淵明的爲人，因淵明臨終疏告儼（長子）等：「吾少而窮苦，每以家貧，東西游走，性剛才拙，與物多忤，自量爲己，必貽俗患，黽勉辭世。使汝等幼而饑寒。」[33]淵明此語是實錄。既是實錄，就是爲文與事實相符而合於世用，因此，蘇轍謙虛的自謂晚節能學習淵明的萬分之一，作文爲人都作如是想。蘇軾題陶淵明詩：「陶靖節云：平疇交遠風，良苗亦懷新，非古之耦耕植杖者，不能道此語。非余之世農，亦不能識此語之妙也。」[34]寫作詩文、品味詩文，須藉助舊有經驗，人生歷練，自然體認深刻，入木三分。

　　總之，爲文貴實用，真實，是三蘇的家傳文學主張，若是夸誕以欺世，是不求核實的過失。〈文心雕龍夸飾〉：「夸過其理，則名實兩乖，若夸而有節，飾而不誣」才是爲文淵懿之美。

四、心之所嗜，不能自已

　　蘇轍自元符三年（1101）以六十二歲高齡，貶官循州，徙永州、岳州，尋即還居潁昌，過其閒居自適的生活。〈歷代論〉是晚年隱居潁昌的作品，以評論歷代人物爲主要內容。而〈歷代引〉除敘述三蘇父子家學相傳外，並記載晚年歸隱潁昌的生活及心境。

　　元符庚辰（三年），蒙恩歸自嶺南（岳州），卜居潁昌，身世相忘，俯仰六年，洗然無所用心，復自放圖史之間，偶有所感，時復論著。然已老矣，目眩于觀書，手戰于執筆，心煩于慮事，其于平昔之文益以疏矣。然心之所嗜，不能自已，輒存之于紙。

---

33 楊勇著《陶淵明集校箋卷七》〈與子儼等疏一〉，頁 321　正文書局　76年 1 月 1 日。
34 《蘇軾文集第六十六卷》效陶詩蘇軾〈題淵明詩二首〉，頁 2091。

　　蘇轍初還定居潁昌，朝廷仍然繼續推行王安石新政，黨爭並未停息，人命危淺，躬耕生活，所以有「雪覆西山三頃麥，一犁春雨祝天工。麥秋幸與人同飽，昔日黃門今老農」[35]的生活寫實。而整日置圖史之間，必有所感，時復論著，誠然文學家的筆端觸處生春，汩汩然而來，是「心之所嗜，不能自已」的形諸文字，書於紙上。自然行文，不受拘泥。

　　蘇軾〈南行前集敘〉，也有同樣為文的看法，與弟轍不謀而合：「夫昔之為文者，非能為之為工，乃不能不為之為工也。」不是為文而文，是因自然而不得不為文，如草木之有花實，充滿勃鬱而自現於外，雖欲不現，不可得也。況且誠於中而形於外，觸動心弦，文思泉湧，自胸中傾瀉而出，是「詩從肺腑出，出則愁肺腑」，感人至深，不是勉強的作文。

　　蘇洵〈太玄論〉，強調寫物要事真，寫意要情真。「方其為書也，猶其為言也；方其為言也，猶其為心也。書有以加乎其言，言有以加乎其心，聖人以為自欺。」（同註 19）「加乎其言」者，就是誇飾藻麗；「加乎其心者」，就是言不由衷。誇飾藻麗，言不由衷，鋪采擒文，鮮少真情，不忍卒讀。正如蘇軾反對「言有浮於其意，而意有不盡其言」（策略第一），寓理相同。由此推論，東晉名士，亦在蘇軾摒斥之列，認為「道喪士失己，出語輒不情，江左風流人，醉中亦求名。」醉中亦求名，不醉更求名，為求名而寫作，必是「不情」之作。「不情」之作，必失其真，〈書李簡夫詩集後〉又舉「孔子不取微子高，孟子不取於陵仲子，厭惡他們的不情。反之，若「陶淵明欲仕則仕，不以求仕為嫌。欲隱則

隱，不以去之爲高。饑則扣門而乞食，飽則雞黍以延客」[36]古今皆讚美，以爲賢人，是陶淵明的「真情」可貴，詩文感動人心。

關於寫作，蘇軾〈思堂記〉提出「言發於心，而衝於口，吐之則遂人，茹之則逆予，以爲寧逆人也，故卒吐之。」吐之逆人，是因說真話，寫真情，不作假、不虛僞的不被人接受，只是蘇軾寫作詩文發自內心，不假麗辭的自怨自艾。

寫作是件平生最快意的事，在《春渚記聞卷六》，蘇軾對劉景文說：「某平生無快意事，惟作文章，意之所到，則筆力曲折，無不盡意，自謂世間樂事無逾此者。」體味其中至樂的滋味，適意無異逍遙遊，爲得到適意，但求辭達，爲求辭達，其寫作原則〈答謝民師書〉：「大略如行雲流水，初無定質。但當行於所當行，止於不可不止。文理自然，姿態橫生。」[37]

又曰：辭達而已矣。夫言止於達意，即疑若不文，是大不然。求物之妙，如繫風捕影，能使是物了然於心者，蓋千萬人而不一遇也；而況能使了然於口與手乎！是之謂辭達。辭至於能達，則文不可勝用矣。

辭達，有三個條件：（一）了然於心（二）了然於口（三）了然於手。寫作時構思爲先，是了然於心，就是心到，其次是口述，就是「口到」，心口合一，用手譜諸文字，就是「手到」。蘇洵〈仲兄字文甫說〉「論及寫作及於自然，以風水比喻，十分得當，然而此二物（風水）者豈有求乎文哉？無意乎相求，不期而相遭，而文生焉。」[38]是以爲文，非水之文，非風之文，風與水不能爲文，但不能不爲文，是「物之相使而文出乎其間」，所以是天下的

36　《蘇軾文集第六十八卷》〈書李簡夫詩集序後〉，頁 2148。
37　《蘇軾文集第四十九卷》〈答謝民師書〉，頁 1418。
38　《蘇洵嘉祐集第十九卷》，頁 117。

至文。至於溫玉及刻鏤組繡,非不文,是爲人工之文,不是自然的文。自然的文,只有風與水而已。

至於詩文的品嚐,蘇軾〈書黃子思詩集後〉:「蕭散簡遠,妙在筆畫之外。」正如司空圖詩品說:「梅止于酸,鹽止于鹹,飲食不可無鹽梅,而其美味在鹹酸之外。」,意境的領悟,是有賴有自己的學養與歷練,如人飲水,冷暖自知,旁人則不能替代。

「詩窮而後工」的思想,是天經地義的事,唐朝韓愈在〈荆潭唱和詩序〉:「歡愉之辭難工,而窮苦之辭易好。」歐陽修進而分析窮苦辭好的原因:因「內有憂思感憤之鬱積,其興于怨刺以道羈臣寡婦之歎,而寫人情之難言。」羈臣寡婦的怨憤填滿胸中,不激發而出,書於詩文,以洩積怨,自我療傷。

詩窮而後工,蘇軾持肯定和認同的態度,在〈僧弋勤初罷僧職〉:

> 新詩如洗出,不受外垢蒙。清風入齒牙,出語爲松風。…
> (略)

> 非詩能窮人,窮者詩乃工,此語信不妄,吾聞諸醉翁。[39]

詩的前四句,讚美惠勤詩風格高氣清,不受現時環境的拘限特立不群。後四句強調不是因寫詩而使人窮,若是寫詩使人窮,全天下人都是求富不求窮,就無人寫詩。蘇軾在〈邵茂誠詩集序〉有很好的詮釋,「至於文人,其窮也固宜,勞心以耗神,盛氣以忤物,未老而衰病,無惡而得罪,鮮不以文者。天人之相值既難,而人之自賊如此,雖欲不困,得乎!」[40]

文人之所以窮,其來有自:勞心耗神,盛氣忤物。既專心致力於寫作,則無暇逢迎以屈膝,如此,文人的傲氣外現,不苟同

---

39 《蘇詩彙評卷十二》,頁 455。
40 《蘇軾文集第十卷》,頁 320。

於世俗，是以「雖欲不困」，其勢無由。故歸諸天命，以自我慰藉。歸諸於天命，徒呼奈何！其實寫邵茂誠的貧窮、短命、無子、不遇等哀之，亦以此自哀。

邵茂誠，諱迎，與蘇軾於嘉祐二年（1057）同登進士，十五年後熙寧五年（1072）於吳興孫莘老做客相見。為人篤學強記，恭儉孝友；而貫穿法律，敏于吏事。病歿於熙寧六年（1073。蘇軾稱「其文清和妙麗，如晉宋間人。而詩尤可愛，咀嚼有味，雜以江左，唐人之風。……以錄其文，哀而不怨。」

「詩窮而後工」，也是「心之所嚐，不能自已」的具體體現，蓄積於內，吐之於外，是合乎人的常情。蘇軾對於不合人情者，輒加痛惡。《宋史紀事本末卷四五》記載：「程頤在經筵，多用古禮，蘇軾謂其不近人情，每加玩侮。」蘇軾的性情，是求創新求變化，固守窠舊，當然不以為是。而蘇軾在〈王定國詩集敘〉：「古今詩人眾矣，而杜子美為首，豈非以其流落饑寒終不用，而一飯未曾忘君歟？」[41]杜甫是忠貞的愛國詩人，當之無愧。

蘇轍〈上兩制諸公書〉中論及聖賢的經學微言大義，後世解說紛紜，見仁見智，識大識小，各憑才力而求其本義。欲使經學大義明白，昭告世人，蘇轍提出建言：

> 「今夫使天下之人因說者之異同，得以縱觀博覽，而辨其是非，論其可否，推其精粗，而後至于微密之際，則講之當益深，守之當益固。孟子曰：君子深造之以道，欲其自得之也。自得之，則居之安。居之安，則資之深。資之深則取之左右逢源，故君子欲其自得之也。」[42]

在經義乖僻離析，是非不明之際，必須做到辨是非、論可否、

---

41 《蘇軾文集第十卷》，頁 318。
42 《欒城集卷二十二》，頁 391。

推精粗、而後講益深，守益固。如此，在臨稿執筆之際，才能自得，居安，資深，而後左右逢源，得寫作的快樂，左旋右抽，無不適意，至此境界，已達到「心之所嗜，不能自已」的情境。

詩文欲求感人肺腑，必求真實。蘇軾〈答劉沔書〉有云：

「然世之蓄軾詩文者多矣，率真偽相半，多為俗子所致，讀之使人不平。然亦不足怪，識真者少，蓋從古所病。」[43]

以此觀點評論，以爲梁蕭統輯《文選》，世以爲工，以軾觀之，拙於文而陋於識，莫統若也。蕭統《文選》選文標準：「事出於沈思，義歸乎翰藻」雖是世稱中國第一部文學總集，蘇軾因其「失真」而不以爲然。所以〈與魯直書〉又說：「凡人文字，常務使平和；至足之餘，溢爲奇怪，蓋出於不得已爾。」[44]勉強作文，（答張嘉文五）：「公文自己得之於心，應之於手矣。譬之百貨，自有定價，豈小子區區所能定價哉？」[45]是以但求「博觀而約取，如富人之築大第，儲其材用，既足而後成之，然後爲得也。」[46]

蘇軾提出呼籲不作俗人之學。〈送人序〉：「士之不能自成，其患在於俗學。俗學之患，枉人之材，窒人之耳目，誦其師傳造字之語，從俗之文，才數萬言，其爲士之業盡此矣。」（蘇軾文集第十卷）爲避免俗人之學，詩文皆作欲得意表之外，因此，作者需要及時捕捉靈感，以防止靈感稍縱即逝。蘇軾〈臘日遊孤山訪惠勤惠恩二僧〉：「滋遊淡薄歡有餘，到家恍如夢蘧蘧。作詩火急

---

43 《蘇軾文集第四十九卷》〈答劉沔都曹書〉，頁 1429。

44 《蘇軾文集第五十七卷》〈與魯元翰二首〉，頁 1707。

45 《蘇軾文集第十卷》〈答張文潛縣丞書〉，頁 1427。

46 《明史》：坤善古文，最心折唐順之。順子喜唐宋諸大家文，所著文編，唐宋人自韓柳歐三蘇曾王八家外，無所取，故坤選八大家文鈔。其書盛行海內，鄉里小生無不知茅鹿門者。

追亡逋，清景一失後難摹。」[47]詩文寫作捉住一絲靈感，如同追捕亡命之徒，情境一失，則難以捉住。只要有寫作經驗的人，都會有相同的感受。

五、文不可以學而能，氣可以養而致

蘇轍〈上韓太尉書〉是在仁宗嘉祐二年（1057），時值進士及第，「轍之來也，於山見終南、嵩華之高，於水見黃河之大且深，於人見歐陽公，而猶以為未見太尉也，故願得觀賢人之光輝，聞一言以自壯，然後可以盡天下之大觀而無憾者矣。」《欒城集卷二十二》書中有求賢若渴的強烈慾望，且於書中提出文氣說。

養氣之說，或許是子由承襲孟子而發揚光大的表現。

孟子〈公孫丑上〉記載孟子談養氣的情況，孟子提出告子的說法。

告子曾說：我對一個人的談話，聽不入耳，就不問他存心的好壞，一概不從；我對一個人的存心看不中意，就不問他的口氣好壞，一概不理。[48]接著孟子提出對告子不動心的批評，孟子說：「不得於心，勿求於氣，可；不得於言，勿求於心，不可。」因為「夫志，氣之帥也；氣，體之充也。夫志至焉，氣次焉，故曰：持其志，無暴其氣。」

氣的意義，有廣狹之分：廣義的氣，是氣之體；是人類一切善惡行為的原動力。如「氣之帥」、「氣，體之充也」、「氣次焉」、「無暴其氣」等皆是廣義的氣。至於狹義的氣，是氣的用，是促成人類某種特殊行為的動力。如「浩然之氣」、「勇氣」、「意氣」等皆是狹義的氣。更具體淺顯的說，辭氣、口氣也是。〈論語泰伯〉：

---

47 《蘇詩彙評卷七》，頁 228。
48 告子曰：不得於言，勿求於心，不得於心，勿求於氣。

「出辭氣，斯遠鄙倍（背）矣。」說話言辭語氣得體，就可避免別人的鄙陋不合理的回話。

劉勰《文心雕龍養氣》有言：「昔王充著述，制養氣之篇，驗己而作，豈虛造哉？」王充在後漢章帝章和二年（88）罷州家居，當時已年近七十，於是作養性十六篇，內容多屬養氣自守，愛精自保的道理和方法，所以劉彥和稱它是驗己而作。[49]

曾鞏的文風，接近歐陽修，依據歐陽修論文以為充於中者實，則發為文者輝光的理念，拈出文氣。〈讀賈誼傳〉：

> 「蓋自喜其資之者深，而得之者多也。既而遇事而發，足
> 以自壯其氣，覺其辭源源來而不雜，馴吾粗以迎其真，植
> 吾本以質其華，其高足以凌青雲，抗太虛而不入於詭誕，
> 其不足以盡山川草木之理，形狀變化之情，而不入於卑
> 汙。及其事多，而愛深慮遠之激托有觸於吾心，而干於吾
> 氣，故其言多而出於無聊，讀之有憂愁不忍之態，然其氣
> 要為無傷也。」[50]

由此觀之，養氣之說自孟子以來，學者名士多所關心注意，只是養氣的修習，不如蘇轍的具體透明。因此，蘇轍的養氣之說提出，從小鑽研孟子，或許是啟動靈感的原動力。至若曹丕《典

49　《論衡自紀篇》：年漸七十，時可懸輿；仕路隔絕，志窮無如。事有否然，身有刑害。髮白齒落，日月�邁，儔倫彌索，鮮作特賴，貧不供養，志不娛快，曆數冉冉，庚辛域際雖懼終徂，愚猶沛沛，乃作養性之書。凡十六篇。

50　《曾鞏讀賈誼傳》據王師更生編著《曾鞏散文研讀》頁 70，解題：本文輯自《聖宋文選》、《南豐文粹》清何焯《義門讀書記》卷四十四認為是曾鞏少作。李晨《曾鞏年譜》根據文中「故予之窮餓，兄以知人之窮者，亦必先此。又當學文章，而知窮人之辭，自古皆然，是以於賈生少進焉。」列此文於宋仁宗慶曆五年乙酉（西元 1045 年）曾鞏時二十七歲。文史哲出版社，2006 年 6 月初版。

論論文》以爲「雖在父兄不能以移子弟」的說法，蘇轍提出強而有力的「氣可以養而致」。曹丕《典論論文》：「文以氣爲主，氣之清濁有體，不可力強而致……雖在父兄不能以移子弟。」曹丕拈出的「氣」，乃指作家先天的才氣的寫作風格而言。蘇轍上樞密韓太尉書：「以爲文者氣之所形。然文不可以學而能，氣可以養而致。」蘇轍的「氣」，乃指作家後天寫作之風格，文章的氣勢，其內涵並不相屬，可以相互承接。

蘇轍提出養氣的例證，〈上樞密韓太尉書〉：

> 孟子曰：「我善養吾浩然之氣」，今觀其文章，寬厚弘博，充乎天地之間，稱其氣之小大。太史公行天下，周覽四海名山大川，與燕趙間豪俊交游，故其文疏蕩，頗有奇氣。此二子者，豈嘗執筆學為如此之文哉！其氣充乎其中，而溢乎其貌，動乎其言，而見乎其文而不自知也。」《欒城集卷二十二》

蘇轍養氣的二種途徑：其一內在的修養，就是培養浩然之氣，以孟子爲代表人物。其二外在的閱歷，就是周覽四海名山大川，以培養視野遠大胸次坦蕩，且與豪俊交遊，以增長見識，以司馬遷爲代表。細讀前文，蘇轍偏重於司馬遷的外在閱歷。雖然韓愈〈答李翊書〉中提出「氣盛則言之長短與聲之高下皆宜」的養氣與爲文的相互關係，但如何養氣則付之闕如，韓愈說：「氣不可以不養也。行之乎仁義之途，遊之乎詩書之源，無迷其途，無絕其源，終吾身而已。」[51]就孟子養氣集義寫作文章，不如蘇轍的「盡天下之大觀」的培養浩然之氣，具體易行。此乃蘇轍在文藝思想上的一大貢獻。

51　《韓愈韓昌黎全集第十六卷》〈答李翊書〉

　　元人郝經〈內遊〉以道學家的觀點，反駁蘇轍：「欲學遷之遊而求助於外者，曷亦內遊乎？身不離於衽席之上；而遊於六合之外，生乎千古之下，而遊乎千古之上，豈區區於足跡之餘，觀賞之末者所能乎？」是道家的修道養性之方。見解與蘇轍完全相左。

　　郝經，元順天人。字伯常，金亡徙順天，家貧，晝則負薪米為養，暮則讀書。世祖詔見，諮以經國安民之道，條上數十事，世祖大悅，後為翰林侍讀學士。為人尚氣節，為學務有用。著有《續後漢書》等。卒諡文忠。

　　近人郭紹虞《中國文學批評史》則認為「子瞻才高，能由文以致道，更能因道以成文。……子由上不能如子瞻之入化境，而下又不敢有作文之意，於是不得不求之於氣。」[52]郭氏評蘇轍的文氣說，論及兄弟才氣，揚軾抑轍，顯而易見。若就文氣的觀點，蘇轍亦有一席之地。況且，蘇軾在文氣上的著墨敘述，兄弟有諸多相同之處。蘇軾詩：

　　「昌身如飽腹，飽盡食還饑；昌詩如膏面，為人作容姿；不如昌其氣，鬱鬱志不衰。……養之塞天地，孟軻不吾欺。（略）」[53]詩中的「昌其氣」，就是培養浩然之氣，而持其氣以常則不衰，其養氣的根源來自孟子，沛然浩大，充滿在天地之間，源源不竭。

第二節　蘇轍散文特色

　　三蘇在文藝思想的理念，諸多相輔相成，而由父蘇洵的體大

---

52 郭紹虞〈中國文學批評史〉第一章北宋之文論第三目三蘇，頁 348。
53 蘇詩彙評卷三十四》〈韓退之、孟郊墓銘云：以昌其詩，舉此問王定國，當昌其身耶？抑昌其詩也？來詩下語未契。作此答之〉頁 1432。

思精，開啓門戶；兄軾以其天縱英才瀟灑風流，上承父洵的家學，下啓弟轍的聰穎，是三蘇中最爲耀眼的大文豪；但是小蘇（轍）在父洵的調教之下，在亦師亦友的蘇軾薰陶之中，雖然才智不如兄軾的發揮得淋漓盡致，揮灑的得風風光光，但是在仕宦官位及晚年的急流勇退，在潁昌頤養天年，都勝過兄軾。而且在散文詩歌亦各有所長，名詩佳作不如兄軾多爲人知，其不爲人知的內斂性格，依然有很高的成就，居唐宋八大家之一，洵非偶然，既不是攀緣父兄，也不是浪得虛名。〈題東坡遺墨卷後〉自述：「少年喜爲文，兄弟俱有名。世人不妄言，知我不如兄。篇章散人間，隨地皆瓊英。凜然成一家，豈與餘人爭？」蘇轍謙讓自歎不如蘇軾，而「兄弟俱有名」、「凜然成一家」，也是不可多讓，自我肯定。蘇軾〈答張文潛書〉讚美子由，「子由之文實勝僕，而世俗不知，乃以爲不如。其爲人深不願人知之，其文如其爲人，故汪洋澹泊，有一唱三歎之聲，而其秀傑之氣，終不可掩。」（同註 45）軾、轍都說實話，並非如世俗故作姿態，矯俗干名。蘇軾〈答毛滂書〉說得中肯，「世間惟名實不可欺。文章如金玉，各有定價。」並非世人口舌所能貴賤也。茲將蘇轍文章特色，摘其要點，敘述於後：

一、語言平淡，不事艷麗

　　蘇轍的散文作品，語言平淡，不事艷麗，是其作品特色，鍊字鍊句，但求合理辭達而已。宋孝宗曾經對蘇轍曾孫蘇詡說：「子由之文，平淡而深造於理。」蘇轍於元豐三年（1080）自南謫監筠州鹽酒稅，是歲十二日修東軒，初八作記。上任以後，精力疲廢，日以繼夜，昏然就睡，終究不能安於東軒。於是對顏子的簞食瓢飲居陋巷而不改其樂，得到顏子之樂，甘心貧賤，不求斗升之祿，良有以害於學。是以蘇轍悟得出人意表的結論，用平淡的

語詞，平鋪直述。〈東軒記〉：

「嗟夫！士方其未聞大道，沉酣勢利，以玉帛子女自厚，自以爲樂矣。及其循理以求道，落其華而收其實，從容自得，不知乎天地之爲大與死生之爲變，而況其下者乎？故其樂也，足以易窮餓而不怨，雖南面之王，不能加之，蓋非有德不能任也。」[54]此段文章，不涉鋪張，抑謫居的悲傷，化悲傷而進德修業，也是一個內省的自我療傷。所以〈明道雜志〉張耒說：「某平生見人多矣，惟見蘇循州不曾忙……雖事變紛紜至前，而舉止安徐，若素有處置。」這是「定、靜、安、慮、得」的具體表現。蘇轍集前言：「他（蘇轍）的記敘性散文，往往給人一種清新明快的感覺。如〈武昌九曲亭記〉《欒城集卷三十四》以瑰麗的筆觸勾勒出建亭的快樂，其中描寫少年時登山浮水的情景，尤其感人，恰如其分地表現適意爲悅的主題。」

哲宗元祐元年（1086）蘇轍除右司諫，九月司馬光卒，有〈司馬溫公詞代三省祭司馬丞相文〉，祭文的要件是揚善隱惡，因有讚頌過譽之慮，所以蘇洵拒寫虛無不實的墓志銘，然蘇轍祭司馬丞相文，就司馬光三世之臣，對自己的愛護，對全民的愛護，平實敘述，並無藻飾駢儷的歌功頌德，試舉一段品味：

「公病于家，臥不時起。明日當齋，公訃暮聞。天以雨泣，都人酸辛。禮成不賀，人識君意。龍袞蟬冠，遂以往襚。公之初來，民執弓矛。逮公永歸，既耕且穫。公雖云亡，其志則存。國有成法，朝有正人。持而守之，有進毋隕。匪以報公，維以報君。」[55]

此段安慰死者的祭文，以四言爲句，但求簡潔，只表彰司馬光的政績，改善人民的生活，「匪以報公，維以報君」，以實現司

54　《欒城集卷二十四》，頁 405。
55　《欒城集卷二十六》，頁 439。

馬光的公忠體國心志，令人感動。〈欒城遺言〉公曰：「子少作文，要使心如旋木，大事大圓成，小事小圓轉，每句如珠圓。」此篇祭文確實如是。朱熹對三蘇的思想理念曾大發抨擊，卻對此篇祭文，備加肯定。朱熹說：「祭溫公文止有子由好。有好題目乃有好文章，此作鋪述實事，不事文飾，讀之猶令人感泣。」其他如〈民賦序〉，唐荊川評曰：「平正通達，不求為奇而勢如長江大河，是小蘇之所長也。」〈王氏清虛堂記〉〈吳氏浩然堂記〉《欒城集卷二十四》對「清虛」、「浩然」所發的議論頗為玄妙，〈南康直節堂記〉《欒城集卷二十四》。〈待月軒記〉、〈遺老齋記〉《欒城三集卷十》「敘事描寫自然貼切，情與心思俱入佳處。」[56]語言平淡，不事艷麗，確為蘇轍文章的特色，並非誇大其辭。

二、一波三折，託意遙深

蘇軾讚美弟轍文章有一唱三歎之妙，厥為名實相符，並無過當。而文中常有立意在彼而說詞在此的論述，就以〈上樞密韓太尉書〉為例，韓琦，字稚圭，北宋北陽（河南安陽）人，曾任樞密使，資兼文武，「入則周公、召公，出則方叔、召虎」，時望最高，「才略冠天下」。蘇轍心儀已久，欲求召見。但是以降心辱志，卑辭厚諛的文章寫法，是蘇轍所不為。所以首段以養氣為寫作文章的關鍵，論及養氣的根源，而以孟子的善養浩然之氣，得寬厚宏博，而司馬遷的遊名山大川，與豪俊交遊，疏蕩而有奇氣。其次抒論自己的懷抱，以司馬遷的遊歷為自我壯大，力求上進。其三論及韓琦的德望，功業彪炳，仰慕不已。結論是以弱冠之年，「益治其文，且學為政」，終於道說此篇文章的真正渴求。全文氣勢旺

---

56 同註 24，頁 12。

盛，蹈厲駿發，自始及終，未嘗稍減。凜然之氣充乎字裏行間，讀來激人心魄，蕩人心懷。劉海峰曾說：「子由之文，其正意不肯一口道破，紆徐百折而後出之。」本來是篇干謁求見的文章，卻提出養氣的文章關鍵，形成蘇轍的論文思想最有貢獻，又能突破前人窠臼而有創新的文學觀念，確是天下奇文。朱熹批評：「東坡文字較明白，子由文字不甚分曉。」《朱子語錄》，而劉熙載亦稱：「大蘇文一瀉千里，小蘇文一波三折。子由稱歐陽公雍雍俯仰，不動聲色，而義理自勝，認為子由有得於歐公。」《藝概、文概》

又如〈黃州快哉亭記〉，元豐六年（1083），蘇軾因「烏臺詩案」被誣為訕謗，乃貶黃州，蘇轍牽累被貶監筠州鹽酒稅安置，其時張夢得亦貶官黃州，「快哉亭」乃張夢得所建，蘇軾命名，蘇轍作文。蘇轍政治生涯處於困境，於是就「快哉」二字抒發暢論，以為自勉勉人，道說人生哲理：心中坦然，無往不快，文章緊扣主題，篇幅中「快」字七出，淋漓暢快，風格雄放雅致，筆勢紆徐得意，夾敘夾議，情意交融，堪稱千古快文。

文章線眼為「快哉」，以「謫居」二字作伏筆。全文分為三段：首段其一先敘「江」，因黃州瀕臨大江，再由江引出「亭」，其二建亭的目的在於江流之勝，不得不先江後亭。而大力著筆於「江」的描敘，狀江之「奔肆放大」「其勢益張」「與海相若」愈寫愈狀，愈寫愈闊，藉三層的水勢盛大，與亭強烈對比（一對比）。寫江的三變，道盡攬勝的「快哉」。再次敘述建亭背景，乃張夢得謫居齊安，謫居何來「快哉」？蘇軾兄弟一貶官黃州團練副使，一貶監筠州鹽酒稅，何來「快哉」？張君、蘇軾兄弟皆不快，「快哉」亭名再作強烈對比（二對比）。反諷之意存焉。

第二段承接前段「快哉亭」的所見，以江為先的概說，波濤洶湧，風雲變化。其次日夜的變化，日則實筆勾勒，「舟楫出沒」，

夜則虛筆以出,「魚龍悲鳴于其下」。歷歷可數,一片詳和靜謐,
山明水秀,豈不「快哉」!再回顧風流人物的事跡,曹操、孫權、
周瑜、陸遜,流風遺跡,逐鹿天下,仍然神遊心馳,令人「快哉」!
情景交融,無處不快。

　　第三段引楚襄王從宋玉景差于蘭台之遊,引發「風無雌雄之
異,而人有遇不遇之變,楚王之所以為樂與庶民之所以為憂,此
則人之變也。說明君民憂樂境域不同,委婉暗藏「快哉」,二字出
自楚辭。惟「其中坦然,不以物傷性,將何適而非快?」全文脈
絡分明、章法綿密、層次井然。寫江、寫山,則好山好水,寫人
物、寫事跡,則引人入勝。處處緊扣「快哉」,是篇讀之「快哉」
的奇文。

　　林雲銘《古文析義》評曰:「全篇只拿快哉二字細發,可與
乃兄〈超然台記〉並傳,超然二字出《莊子》,快哉二字出《楚辭》,
皆有自樂其樂之意。超然乃子由命名,而子瞻為文,言其無往而
不樂,快哉乃子瞻命名,而子由為文,言其何適而非快,俱從居
官不得意時,看出取義亦無不同也。文中一種雄偉之氣,可以籠
罩海內,與乃兄並峙千秋,子瞻嘗云:『四海相知惟子由,人倫之
中豈易得此,安得不令人羨殺。』」[57]

三、抑揚頓挫,體氣高妙

　　蘇轍作論,常常出人意表,器識寬宏,眼界寬大,不落俗套,
而自創機杼,如〈三國論〉,述及劉備抑揚頓挫,而行文如長江大
河,不可平治,體氣高妙,直逼老蘇。

　　「世之言者曰:孫不如曹,而劉不如孫」一抑。「劉備唯智

57　《古文析義卷之六》〈黃州快哉亭記〉林雲銘評註,頁786　廣文書局　六
十年五月出版。

短而勇不足，故有所不若于二人者，而不知因其所不足以求勝，則亦惑矣」，二抑。「蓋劉備之才，近似于高祖」，一揚。「而不知所以用之之術」，再抑。「昔高祖之所以自用其才者，其道有三焉耳；……此三事者，（據勢勝之地，收出奇之將、折項籍猖狂之勢）三國之君，其才皆無有能行之者，獨有一劉備近之而未至」，抑孫曹，揚劉備。「棄天下而入巴蜀，則非地也；用諸葛孔明治國之才……則非將也；不忍忿忿之心，犯其所短，而自將以攻人，則是氣不足尚也」，四抑。「方其奔走于二袁之間，困于呂布而狼狽于荊州，百敗而其志不折，不可謂無高祖之風矣」，四揚。此論抑揚交錯，字裏行間，一氣呵成，馳驟澎湃，不可拘制。方望溪評爲諸論中尙爲拔出者。蘇軾在熙寧八年（1075）知密州（山東諸城）時建超然台，由蘇轍命名，軾有〈書子由超然台賦後〉謂子由「沖和澹泊，體氣高妙」是文章特徵。

又如〈六國論〉，蘇轍緊扣「天下之勢」的分析，透過各國對韓魏不同的態度，以及韓魏自身的立場，敘述「天下遍受其禍」的原因：一則各國不支持韓魏，二則韓魏假道於秦，使得秦攻燕趙。不曾有韓魏之憂，而區區韓魏終究被虎狼之強秦所吞噬。

收筆作結時，蘇轍以反面敘述：韓魏爲天下諸侯藉之以蔽其西的屏障，齊楚燕趙若能「厚韓魏以擯秦」，「彼秦者將何爲哉？」呼應前述「免于亡」的自妄之計，並回應天下之士的「慮患之疏，而見利之淺」之弊，「貪疆場尺寸之利，背盟敗約」，不能聯合一致，因此秦兵未出，而天下諸侯已自困。

蘇轍爲文目的，在於反諷宋仁宗時代的逸樂偷安而不知振奮謀國，國家危在旦夕，希望君臣能夠以六國不能聯合一致爲戒，積極抗敵，呼籲君臣認清當前形勢，同心共濟，才是國強民富的基礎。

　　本文議論精確，筆力遒勁。明人錢穀贊曰：「如大鵬鼓翼，天風順發，一息萬里，信文人之巨手也。」（唐順之編：《三蘇文範》）

　　林雲銘《古文析義》評曰：「戰國合縱之說，後人以成敗聚訟紛紛，總不出蘇秦唾餘。此篇單就六國攻秦一著言之，按慎靚王三年（西元前 318），楚燕三晉同伐秦，至函谷關敗走。始皇六年（西元前 241），又同伐秦敗走。似諸侯未嘗不欲勝秦，但不明天下之勢，藉韓魏之蔽而敗之兵，不得所以勝之，策耳。若諸侯皆并力而爲此，敗不必攻秦，秦亦不能爲山東之害，可以應乎無窮也。其行文一氣流轉，且確切難爲兄矣。」[58]

四、論事精確，識見獨到

　　寫作論事貴精確，若一味誇誕，不根無由，嬉戲浮文，要來何用？昔左太沖序〈三都賦〉，司馬長卿賦〈上林〉，楊子雲賦〈甘泉〉，班孟堅賦〈兩都〉，張平子賦〈西京〉等，皆兩漢名家，篇幅長，敷辭麗，然不求核實，形成漢賦鋪張擒采的特質，於賦尙可，若於論事，則有欺世人之病。又如賈生〈過秦論〉，言始皇吞二周而亡諸侯，按秦昭襄十四年滅西周。其後七年，莊襄王滅東周。又四年始皇始即位（西元前 246）。是二周之亡，非始皇事，是謬誤舉證。是作家下筆之時，不可不慎。所以劉彥和認爲有很好的識見，誇張而有節制，文飾而不虛妄，就是文質兼備的貴文。觀蘇轍策論，多爲精確論事，〈臣事上第一道〉，論用重臣。「其（重臣）在朝廷之中，天子爲之蹴然而有所畏，士大夫不敢安肆怠惰于其側。爵祿慶賞，已得以議其可否？則不求以爲己之私惠；刀鋸斧鉞，己得以參其輕重，而不求以爲己之私勢。要以使天子有

---

58 同註 57，頁 785。

所不可必爲，而郡下有所震懼，而己不與其利。」重臣是不待天下歸于己有，所以天下不可一日而無，結論：「凡爲天下，宜有以養其重臣之威，使天下百官有所畏忌，而緩急之間，能所有堅忍持重而不可奪者。」方望溪以爲「一篇之旨」。又說：「所論極當，而得其人甚難，其材賢非間氣不能生，其器識非學道不能成，豈易易言哉？」而呂公著：「只謂蘇子由儒學，不知吏事精詳如此！」（欒城遺言）子由的論說、進論，精確核事，識見獨到，篇篇精采。如〈唐論〉收筆時提出「大論天下，論其勝敗之形，以定其法制之得失，則不若窮其所由勝敗之處。」「勝敗之形」，乃一般人的見解，以爲前事不忘，後世之師；而「勝敗之處」，是勝敗關鍵，是蘇轍深思熟慮的心得，出人意表。

又如論樂，大家耳熟能詳的〈黃州快哉亭記〉：「士生于世，使其中（衷）不自得，將何往而非病？使其中坦然，不以物傷性，將何適而非快？」以「自得」爲樂。而在〈武昌九曲亭記〉：「蓋天下之樂無窮，而以適意爲悅。……惟其無愧于中，無責于外，而姑寓焉。」以「無愧」爲樂，得孟子俯仰無愧的遺意。又〈遺老齋記〉：「予聞之樂莫善于如意，憂莫慘于不如意。今予退居一室之間，杜門卻掃，不與物接。心之所可，未嘗不行；心所不可，未嘗不止。行止未嘗少不如意，則予平生之樂，未有善于今日者也。」而晚年蟄居潁昌，是「樂」的生活享受，是「自得」而無不「適意」，豈庸人所能及哉！

蘇轍文章既是論事精確，識見獨到，而在下筆鋪陳之際，善用設喻，使行文活潑，富有變化，藉此使持論容易獲得明白，事理易曉，聊舉數例，以供參照。

〈君術第四道〉，劈頭即用設喻：「臣聞古者君臣之間，相信如父子，相愛如兄弟。」君臣的關係，如父子，如兄弟，朝廷之

中，和諧融洽，才有「知無不言，言無不盡」的忠貞人臣。如孟子所說：「君之視臣如手足，則臣視君如腹心；君之視臣如犬馬，則臣視君如國人；君之視臣如土芥，則臣視君如寇讎」（離婁下）

〈君術第五道〉：「夫天下之人，弛而縱之，拱手而視其所爲則其勢無所不至。其狀如長江大河，日夜渾渾，趨于下而不能止。」以天下之人，弛而縱之，則其勢如長江大河，怒奔急下，莫可阻遏，提出治國如治水的識見，確是獨到。又如〈臣事上第三道〉以「天下譬如大器」，又〈臣事下、第五道〉以「吏之生于南者，必置之北；生于東者，必投之西……譬如僑居于他鄉，其心常屑屑（下小雨貌）而不舒，數日求去，不肯處長久之計。」批評北宋用人政策的缺失，是一針見血的卓見。

五、彩色絢爛，不可窮詰

蘇轍的散文，給人的印象大多是造語平淡，不事麗詞的印象，此爲散文家在人生歷煉足夠火候以後，才能得到此等意境。當年輕氣盛時，誰不愛彩色絢爛、氣象崢嶸的文章呢？蘇轍也不例外，試看他二十三歲時，在京侍父所寫的〈上兩制諸公書〉：

> 今夫班輸、共工，旦而操斧斤以游其叢林，取其大者以為楹，小者為桷，圓者以為輪，挺者以為軸，長者擾雲霓，短者蔽牛馬，大者擁丘陵，小者伏薈莽……而獵夫漁師，結網聚餌，左強弓，右毒矢，陸攻則斃象犀，水伐則執鮫鮀，熊羆虎豹之皮毛，黿龜犀兕之骨革，上盡飛鳥，下及走獸昆蟲之類，紛紛籍籍，折翅捩足，鱗鬣委頓，縱橫滿前，肉登鼎俎，膏潤砧几，皮革齒骨，披裂四出，被于器用。《欒城集卷二十三》

此段文章頗有漢魏六朝駢文的特色，色彩艷麗，對偶工整，

句式整齊，聲韻鏗鏘。明茅坤曾經評蘇轍在應舉時文字，此文如天馬行空，而識見亦深刻〈卷六評商論〉又說：「行文如神龍於天之上，風雨上下，不可捉摸，不可測試，不可窮詰。」〈卷七評老子論〉其實蘇轍以後仍有類似作品，只是少數而已，如〈黃樓賦〉就是例證。《欒城遺言》記載：「余黃樓賦學兩都也，晚年不作此工夫。」蘇軾〈與李公擇書〉：「子由近作〈棲賢堂記〉，讀之慘懍，覺崩崖飛瀑逼人寒慄。」又〈跋子由棲賢堂記〉：「子由作〈棲賢堂記〉，讀之便如堂中，見水石陰森，草木膠葛。僕當爲書之刻石堂上，自欲與廬山結緣，他日入山，不爲生客也。」試看〈廬山僧堂記〉首段：

　　「元豐三年（1080），余得罪遷高安。夏六月，過廬山，知其勝而不敢留。留二日，涉其山之陽，入棲賢谷。谷中多大石，岌嶪相倚。水行石間，其聲如雷霆，如千乘車行者，震掉不能自持，雖三峽之險不過也。故其橋曰三峽。渡橋而東，依山循水，水平如白練。橫觸巨石，匯爲大車輪，流轉洶湧，窮水之變。院據其上流，右倚石壁，左俯流水，石壁之趾，僧堂在焉。狂峰怪石，翔舞于檐上。杉松竹箭，橫生倒植，蔥蒨相糾。每大風雨至，堂中之人，疑將壓焉。」〈欒城集卷二十三〉清王士禛《帶經堂詩話》：評「潁濱〈棲賢堂記〉造詣奇特，雖唐作者如劉夢得、柳子厚妙於語言，亦不能過之。……子遊廬山至此，然後知其形容之妙，如丹青圖畫，後人不能及也。」[59]

　　於此可見蘇轍文章的另類風格，平淡乃絢爛的極致，不經絢爛，那來平淡？趙令時《侯鯖錄》：「凡文字少小時，雖令氣象崢嶸，彩色絢爛；漸老漸熟，乃造平淡。其實不是平淡，絢爛之極

59　王士禛《帶經堂詩話》〈評棲賢堂記〉。

也。汝見爺（蘇轍）伯（蘇軾）而今平淡，一向只學此樣，何不取舊時應舉時文字看，高下抑揚，如龍蛇捉不住，當且學此。」[60]此段文字記載著作家的心路歷程，彌足珍貴。清張潮〈幽夢影〉談讀書的心境，「少年讀書，如隙中窺月；中年讀書，如庭中望月；老年讀書，如台上玩月，皆以閱歷之淺深，為所得之淺深耳。」

六、朱熹、楊慎評三蘇文

（一）朱熹評三蘇文

《朱子語類》批評蘇氏論文與道的關係：

道者文之根本，文者道之枝葉，惟其根本乎道，所以發之於文皆道也。三代聖賢文章，皆從此心寫出，文便是道。今東坡之言曰，吾所謂文必與道俱，則是文自文道自道。待作文時，旋去討箇道來入放裏面。此是他大病處，只是他每常文字華妙，包籠將去，到此不覺漏逗說出他根本病痛所以然處。緣他都是因作文卻漸漸說上道理來，不是先理會得道理了方作文，所以大本都差。

朱熹此段文字，根本不曾道及蘇氏癢處。他仍然強調「文以載道」，「文從道中流出，豈有文反能貫道之理」，其實，朱氏與蘇氏論「道」的內涵，渾然不合，當然是見仁見智的區別，朱氏的指責，並不恰當。

蘇轍在〈詩病五事〉文中，對於孟郊的貧窮，不曾付予同情，反而對孟郊稱讚的人，都斥為不知「道」。可以斷定蘇轍必能有用於世，方可謂「知道」。歐蘇等雖是尊韓重道，但三蘇卻從生活現

---

60 《侯鯖錄》宋趙令時撰，凡八卷。令時早年從蘇游入元祐黨籍，所記皆前輩遺事、及詩話文評，頗為精贍。以後雜錄，故取五侯鯖之意為名曰侯鯖錄。見四庫全書總目卷 141 子部 51 小說家類（二）。

實中著眼，視野遼闊，但求文學做爲經世致用，而不是狹隘爲倫
理道德服務而已。要求充實文學內涵，而不是取消藝術技巧，蘇
轍是有著鮮明的表現。

（二）楊升菴評三蘇文

　　北宋的三蘇 —— 蘇洵（老蘇）蘇軾（大蘇）蘇轍（小蘇）父
子三人，在中國文藝思想史上，確實有著：不可磨滅的地位。上
承先秦、漢、唐以來的文藝思想，發揚光大而豐富內容，創新思
想。下啓南宋、明清文藝思想。學者名家緊隨其後，波瀾壯闊，
不曾停息。尤其是三蘇文章更是後人勤讀習作的資材。「蘇文生，
吃菜羹、蘇文熟，吃羊肉」的諺語，源源流長，到現代依然適用。
三蘇遠則以西漢古樸的文風爲依，以賈誼、司馬遷爲典範。近取
唐宋各家爲師承 —— 陸贄、韓愈、歐陽修，不只是在文章創作的
努力方向，僅取造語平易，言爲世用的文章；而在精神感召之下，
心胸坦蕩，堅強不屈。楊升菴：「評三蘇者，以奇崛評文安，以雄
視評文忠，以疏宕評文定。又謂子得之父，弟受之兄，而不知三
賢之文，其致一也。」三蘇文章的創作，本乎儒學，切合世用，
不事雕琢，不書空言。但是寫作文章技巧，卻高超美妙，難望其
項背。楊升菴稱：「奇正相生，冥明互藏，虛實代投，疾徐錯行，
歧合迭乘，順逆旋宮，方圓遞旋，有無相君，倘亦五行之無常勝
邪？四時之無常位邪？而其變又如神無跡而水無創邪？」上述抽
象虛寫的品評，並不具體；是否溢美或得理，自有論斷。孫月峰
的說法，較爲貼切：「有文於此，能全持其雄博高逸之氣，紆回峭
拔之情，以出入於仁義道德禮樂刑政之中，取不窮而用不敝，體

屢遷而物多姿者，其惟三蘇乎！」[61]

　　眉山三蘇，在歐陽公首先推薦昭告士林，在京師一日而父子名重朝野，在北宋文壇掀起一股眉山三蘇風潮，《宋史蘇洵傳》：「通六經百家之說，下筆頃刻數千言，至和、嘉祐間歐陽修上其所著二十二篇，既出，士大夫爭傳一時，學者競效蘇氏爲文章。」明朝茅坤又在其侄茅一桂《校刊老泉文集序》說明蘇洵的學識淵源及其文章風格，有更具體的評述：「蘇文公崛起蜀徼，其學本申韓，而行文出於荀卿、孟軻及戰國策諸家，不敢謂得古六藝之遺。然其鑱畫之議，幽情之思，博大之識，奇崛之氣，非近代儒生所及。要之，韓歐而下與諸名家相爲表裏，及其二子繼響，喜祐之文，西漢同風矣。」

　　三蘇由於個性的不同，名列於唐宋八大家，文章如金玉，各有定價，蘇洵擅長議論，精通治術，長於兵學，喜言權術，張方平《樂全集卷三九》稱蘇洵「左丘明《國語》，司馬遷善敘事，賈誼之明王道，君兼之矣。」其文渾而有勁，結構嚴謹，有法度、有氣勢，爲應制文的典範。

　　蘇軾是一位通才名家，是北宋文壇中最爲光芒萬丈的文學家，以文爲詩，繼韓昌黎之後，別開生面，才思橫溢，觸處生春。詞的意境擴大，豐富內容，天生健筆一枝，爽如哀梨，快如并剪，成爲豪放詞名家。而文章的創作，切合世用，要求「形似」固好，「神似」更妙，左抽右旋，無不如意。有必達之隱，無難顯之情。沈德潛《說詩晬語卷下》：「蘇子瞻胸有烘爐，金、銀、鉛、錫皆歸溶鑄。其筆之超曠，等於天馬脫羈，飛仙遊戲，窮極變幻，而適如意中所欲出。韓文公後，又開闢一境界。」作畫貴「寫意」，

61　見於《明楊慎編袁宏道評釋》〈明天啓歲二年刊本〉。

作到莊周「凝神」的境界,書法貴自然,樸拙天真。其實蘇軾的文藝思想,機括來自禪悟,如初食橄欖,真味愈久愈在,是中國文學史上十項全能的巨人,屹立不搖,永不磨滅。蘇軾有氣節,善議論,雄視百代,冠冕當時,馳騁賈、馬,頡頑韓、柳。而後蘇門四學士、六君子乃至明清,迄於今日,人人同欽,個個膜拜,最具有影響力的文學家。

蘇轍,自稱不如兄軾,但蘇軾稱弟轍作詩有古人之風,自以為不若。古人之風乃指陶潛、王維的詩風。而在文藝思想上提出「養氣」的觀點,打破曹丕「雖在父兄,不能以移子弟」的迷思,從閱歷、交往豪傑,以培養「文氣」,亦是別開生面的創新,過人才氣的表現。因此,在散文及詩作,是其偏才的創作,不事雕琢,汪洋澹泊,一唱三歎皆為其詩文的最高評價。《全宋詞》:蘇轍存詞四首。《曾棗莊蘇轍評傳,頁124》兄弟泛舟清河古汴,轍寫〈水調歌頭〉:「離別一何久?七度過中秋。去年東武今夕,明月不勝愁。豈意彭城下,同泛清河古汴,船上載涼州。鼓吹弄清賞,鴻燕起汀州。坐中客,翠羽帔,紫綺裘。素娥無賴西去,曾不為人留。今夜清樽對客,明夜孤帆水驛,依舊照離憂。但恐同王粲相對永登樓。」平生不喜填詞,而對於作畫的理念,與乃兄軾雷同,求其「形似」,再求「神似」,因其個性內斂,資稟渾厚。陳後山〈次韻黃樓詩〉:「一代蘇長公,四海名未已。少公作長句,班馬安得擬?」著有《詩集傳》、《論語拾遺》、《龍川略志、別志》、《欒城集、後集》等書。〈王鞏蘇黃門挽詞〉:「弟兄仁義達,千古各垂名。」朱右編《八先生文集》,唐順之《文編》、茅坤《唐宋八大家文鈔》、儲欣《唐宋十大家全集錄》等,三蘇文章皆名列其中。

秦觀〈答傅彬老簡〉:

閣下又謂三蘇之中,所謂學者登州(蘇軾)為最優,於此

猶非也。老蘇先生，吾不及識其人。今中書（蘇軾）補闕（蘇轍），則僕嘗身事之矣。中書之道，如日月星辰，經緯大地，有生之類，皆仰其高明。補闕則不然，其道如元氣，行於泥淪之中，萬物由之而不自知也。故中書自謂吾不及子由，僕竊以為知音。」[62]

62　《秦觀淮海集卷三十》〈答傅彬老簡〉。

第四章　蘇轍論畫及其文藝餘論

第一節　蘇轍論畫

　　從中國美術發展史觀察，中國繪畫有段很長的時間，是跟隨寫實性而追求理想性的實現。例如在六朝與唐代盛行的神仙山水畫，就完全表現追求理想性的繪畫；其中以中唐水墨畫所啓發寫意性爲基礎的「胸中山水」最具代表。從此以後，中國繪畫只有在寫實性、理想性、寫意性獲得調和時，才能產生藝術內容被大家所肯定的作品，北宋的山水畫就是實例，而宋代花鳥畫也不曾超出如此範疇。因此，北宋所以被認定爲宋元繪畫史，甚至是中國繪畫史的最高峰，不僅是寫實、理想、寫意的表現獲得完全調和，而在繪畫技術方法，有其顯著進步的時代。

一、我非畫中師，偶亦識畫旨

　　三蘇對於畫頗爲喜好，蘇轍《欒城後集汝州龍興寺修吳畫殿記》敘述「予先君宮師平生好畫，家居甚貧，而購畫常若不及。」[1]先君宮師指蘇洵，宮師，太子太師，元祐中以蘇轍爲執政大臣，贈太子太師。蘇洵愛畫，弟子門人，爭致其畫，以得蘇洵歡顏，故雖爲布衣，而致畫者眾。《東坡志林》：「方先君與某篤好詩畫，

1　《欒城後集卷二十一》，頁 1106。

每有斬獲，真以爲樂。」[2]

　　蘇轍又說：「予兄子瞻少而知畫不學，而得用筆之理。轍少聞其餘，雖不能深造之，亦庶幾焉。」可見兄弟對畫著墨不多，但得「用筆之理」，對畫品評卻有別出心裁的卓見。所以蘇轍自我肯定：「我非畫中師，偶亦識畫旨。」[3]

　　汝州，今河南臨汝。吳畫殿指吳道子畫的汝州龍興寺華巖小殿。紹聖元年（1094）蘇轍貶官汝州，與通判李純繹遊龍興寺，見華巖小殿破漏不堪，東西夾壁上吳道子畫已被風雨侵蝕，囑寺僧惠真修葺，爲之作記。

二、朝與竹乎為遊，暮與竹乎為朋

　　蘇轍〈墨竹賦〉是篇敘述親家文同（與可）畫竹的經驗歷程。文學創作與作畫過程頗爲類似，都是經過作者對事物的仔細觀察、耳濡目染、朝夕共處的熟稔，了然於胸，於是文思泉湧，意興翁勃，有觸於中而情見乎詞，形諸筆端，左右逢源，然而不休。與可的答話，是畫家親身體驗創作歷程的心聲。與可說：「夫予之所好者道也，放乎竹矣。始予隱乎崇山之陽，盧乎修竹之林，視聽漠然。無概乎予心。朝與竹乎爲遊，暮與竹乎爲朋。飲食乎竹間，偃息乎竹陰，觀竹之變也多矣。」[4]住家在竹林之中，遊焉、朋焉、食焉、息焉，與竹林是生命共同體，竹林的變化，始見而悅之，如今乃悅而不自知，與竹林合爲一體，不分彼此。因此，「忽

2　《東坡志林　三卷》宋蘇軾撰。陳振孫《書錄解題》載：東坡手澤三卷，隨手所記，本非著作，亦蕪書名。其後人裒而錄之，命曰、手澤而刊軾集者，不欲以書目之故。《四庫全書總目　子、雜家類　卷一百二十》藝文印書館　58 年 3 月 3 日。

3　《欒城集卷二》，頁 24。

4　《欒城集卷十七》，頁 333。

乎忘筆之在手與紙在前，勃然而興，而修竹森然，雖天造之無朕，亦何以異于茲焉。」（同註4）與可畫竹時，已是竹滿於眼，已是忘記自我的存在，身與竹化，凝神致志，心無旁騖，如蘇軾〈書晁補之所藏與可畫竹三首〉的情境一致：

> 與可畫竹時，見竹不見人。豈獨不見人，嗒（ㄊㄚˋ）然遺其身。
>
> 其身與竹化，無窮出清新。莊周世無有，雖如此疑（凝）神。[5]

蘇轍在〈墨竹賦〉結論時，將與可的畫竹，和庖丁解牛、輪扁斫輪，相提並論，以為與可是有道之人。蘇軾則不以為然，質問「子由未嘗畫也，故得其意而已。若予者，豈獨得其意，并得其法。」〈文與可畫篔簹谷偃竹記〉，蘇轍但就與可畫竹的意境描敘，蘇軾以為宜就畫竹技巧議論，欣賞的角度不同罷，並無是非的存疑。

蘇軾〈文與可畫篔簹谷偃竹記〉對於文與可的畫竹，歷程經過觀察沈思而書寫其畫竹：「今畫者乃節節而為之，葉葉而累之，豈復有竹乎？」[6]不經積學，不足以作畫，「故墨竹必先得成竹於胸中，執筆孰視，乃見其所欲者，急起從之，振筆直遂，以追其所見，如兔起鶻落，少縱則逝矣。」（同註6）若是心識其所以然者，而不能然者，內外不一，心手不相應，是不學的過失。

《歷代畫家評傳、宋》（張安治等編著）。文同，字與可，號石室先生、笑笑先生，又稱錦江道人。梓州（宋為梓州梓潼郡）永泰（今四川鹽亭縣東北六十里）新興鄉新興里人。生於宋真宗天禧二年（1018），死於宋神宗元豐二年（1070）。有《丹淵集四

---

5 《蘇詩彙評卷二十九》，頁1224。
6 《蘇軾文集第十一卷》，頁390。

十卷》傳世。（文同生平簡述　頁 1）

　　《文心雕龍神思》提到「神居胸臆，而志氣統鍵；物沿耳目，而辭令管其樞機。」寫作需要靈感，藉諸才氣以抒佈，而外物掠過耳目，需要華美文辭來表現。作畫何嘗不是如此？蘇軾在郭正祥家醉，畫竹石壁上，自己畫竹的感覺：「空腸是酒芒角出，肝肺槎枒生竹石。森然欲作不可回，吐嚮君家雪色壁。」[7]當靈感浮現時，是神與物遊，創作的意念如狂潮洶湧而至，創作的衝動，一觸即發，而有著「作詩火急追亡逋，清景一失後難摹。」由於擔心靈感稍縱即逝，所以「求物之妙，如繫風捕影，能使是物了然於心者，蓋千萬人而不一遇也，而況能使了然於口與手乎？」[8]

　　蘇軾〈書蒲永昇畫後〉敘述：唐僖宗廣明年間，有處士孫位創新意，隨物賦形，盡水之變，號稱神逸。其後蜀人黃筌、孫知微皆得其筆法。但是孫知微欲于大慈寺壽寧院壁，作湖灘水石四堵，營度經歲，終不肯下筆。一日倉皇入寺，索筆墨甚急，奮袂如風，須臾而成，作輸瀉跳蹙之勢，洶洶欲崩屋也。

　　由此得之，靈感的把握，是文藝創作的泉源，是可遇不可求，來去飄緲，唯智者能掌控，能運用自如。而「積學以儲寶」的生活經驗，為靈感揮灑的原動力。蘇轍〈書郭熙橫卷〉有「十年江海興不淺，滿船風雨通宵行。」[9]因郭熙曾外放江南十年，耳目相接，都是名山勝水，古樹擁雲，漁舟唱晚，所以「歸來朝中亦何有？」答案是「日高困睡心有適，夢中時作東南征」，郭熙於是將江南十年生涯的生活歷練，在入畫時模山範水，一一表現無遺。

7　《蘇詩彙評卷二十三》〈郭正祥家醉畫竹在壁上部作詩為謝且遺二銅劍〉，頁 1030。
8　《蘇軾文第四十九卷》〈答謝民師書〉，頁 1418。
9　《欒城集卷十五》，頁 295。

因而得到「袖中短軸才半幅，慘淡百里山川橫」的稱譽。

　　蘇軾在〈次韻水官詩〉亦有如是的看法，詩云：「高山豈學畫，用筆乃其天。譬如善游人，一一能操船。」詩中「善游人」是「積學」，「是生活」體驗，「能操船」則是依生活體驗，化爲文藝創作的靈感，也是文藝創作的基礎。蘇轍〈石蒼舒醉墨堂〉：「石君得書法，弄筆歲月久。經營妙在心，舒卷功隨手。（略）」[10]書法與作畫原理相似，歲月浸淫，用心經營，手隨心到，自然有成。與兄軾認知相同。

　　郭熙，字敦夫，河南溫縣人，與蘇轍同時的著名畫家。工畫山水寒林，並創影壁之法，論者謂獨步一時。著有《林泉高致》，爲山水畫論傑作。

三、心知後馬有爭意，兩耳微起如立錐（寫實性）

　　蘇軾〈書李伯時山莊圖後〉，提到李伯時作山莊圖，與現實生活並無二致，是寫實性的佳作。「龍眠居士作山莊圖，使後來入山者信腳而行，自得道路，如見所夢，如悟前世。見山中泉石草木，不問而知其名；遇山中漁樵隱逸，不名而識其人。」[11]文中「信腳而行，自得道路」、「泉石草木，不問而知名」、「漁樵隱逸，不名而識人」，說明李伯時的作畫，與實物完全相同，應物象形，也是形似的畫家。蘇轍〈李公麟陽關圖二絕〉其一：「百年摩詰陽關語，三疊嘉榮意外聲。誰遣伯時開縞素，蕭條邊思坐中生。」[12]

　　李伯時的作畫，是天機的契合，是道勝於藝的表現。如「醉中不以鼻飲，夢中不以趾捉」，因其與萬物交，其智與百工通，乃

10　《欒城集卷三》，頁 47。
11　《蘇軾文集第七十卷》，頁 2211。
12　《欒城集卷十六》，頁 324。

是有道有藝的畫家。

李伯時，名公麟，一字叔時，號龍眠居士，宋舒城（安徽省）人。與蘇軾、蘇轍、黃庭堅、米芾等人深交往來，以白描畫法冠絕一時，善畫人物、鞍馬，筆法精妙，氣韻高遠現存「五馬圖卷」唯一真跡，使畫中的馬能浮起有立體的感覺，惜此畫於第二次世界大戰後下落不明。

其次再論畫水，波濤起伏以為善者，而畫出窪隆，使人用手捫水，可謂畫水的極致。蘇軾〈書蒲永昇畫後〉：「古今畫水，多作平遠細皺，其善者不過能為波頭起伏，使人至以手捫之，謂有窪隆，以為至妙矣。」（同註 11）宋朝畫家模山範水，透過仔細觀察，得山水於胸中，而後傾瀉於筆端，雖然有神氣、骨法、運筆、傳神、置陳（佈局）、模寫等六種畫法[13]但名家各自擅場，不分軒輊。

蘇軾又記載蒲永昇畫壽寧院水，作二十四幅，每夏日掛之高堂素壁，即陰風襲人，毛髮為立。可見蒲永昇畫水，畫得活水，使人面臨其畫，如置身在激流瀑布中，不寒而慄。

蘇轍〈韓幹三馬〉詩中敘述老馬、中馬、後馬的姿態，各自不同的表現，如在眼前。而「御者」、「僕夫」、「圉人」三人亦各有所思，動作不一，在畫面上呈現人馬構圖和諧，表情活現，確是形似的上品。

> 老馬側立鬃尾垂，御者高拱持青絲。心知後馬有爭意，兩
> 耳微起如立錐。中馬直視翹右右，眼光已動心先馳。僕夫

---

13 宋代畫家郭若虛，將「氣韻生動」解釋為畫畫時的客觀人格和主觀的精
　神。應物象形：就是寫實，寫形的「實狀」。
　　隨類賦形：隨著物體而賦予色彩。經營位置：作畫的佈局，也就是結構或
　組織。傳移模寫：照著畫本畫畫。（摘錄馮作民編中國美術史頁 54）

旋作奔佚想，右手正控黃金羈。雄姿駿發最後馬，回身奮
鬣真權奇。圍人頓轡屹山立，未聽決驟爭雄雌。物生先後
亦偶耳，有心何者能忘之？（略）[14]

韓幹，唐京兆藍田（陝西西安）人。家貧，曾當酒館小二，
曾向王維學畫十多年，成爲中國繪畫史上的佳話。韓幹擅長人物
肖像與鞍馬圖，當時宮中玄宗御馬名駒，及諸王侯所養的駿馬，
皆爲韓幹繪畫素材。因而成爲獨步古今的畫馬名家。曾向玄宗說：
「陛下廄中之名馬即爲臣之業師。」由此可見其畫風是屬於寫實
主義。因爲宮中御馬都是飼養肥大，所以杜甫不客氣的批評韓幹
「畫肉不畫骨，忍使驊騮氣凋喪。」〈贈曹將軍霸丹青引〉蘇軾〈書
韓幹牧馬圖〉，亦有微詞，蘇軾說：「廄馬多肉尻脽圓，肉中畫骨
誇尤難。金羈玉勒繡羅鞍，鞭箠刻烙傷天全。」[15]就事實而論，
杜甫、蘇軾的批評是慧眼獨具，與事實相符。

蘇轍又有〈題王生（不詳其人）畫三蠶蜻蜓二首〉，畫中饑蠶
的宛轉，食蠶的聲如雨，老蠶的矯首神思，神態畢現，唯妙唯肖。

「饑蠶未得食，宛轉不自持。食蠶聲如雨，但食無復知。老
蠶不復食，矯首有所思。」又畫蜻蜓的饑餓中燒、飽食困竹的情
況，十分動人：

「蜻蜓飛環環，向空無所著。忽然逢飛蚊，驗爾饑火作。
一飽困竹梢，凝然反冥冥。若無飢渴患，何貴一簞樂。」[16]

蘇軾〈書吳道子畫後〉贊美「道子畫人物如以燈取影，逐來
順往，旁見側出，橫斜平直，各相乘除，得自然之數，不差毫末。
《蘇軾文集　第十七卷》」吳道子的畫人物不僅是栩栩如生，筆順

14　《欒城集卷十五》，頁 295。
15　《蘇詩彙評卷十五》，頁 586。
16　《欒城集卷十五》，頁 296。

活潑有致，尤其是「得自然之數，不差毫末」，畫得與真人完全一樣，世稱畫聖，不是浪得虛名。

　　吳道子，唐代陽翟（河南禹縣）人，擅長佛道人物，畫筆洗煉遒勁，雄峻生動，以長安景雲寺的地獄圖壁畫最為動人，時號「畫聖」。

　　蘇軾對於形似的繪畫，並不以為然，而有「論畫以形似，見與兒童鄰。」因此稱羨吳道子的畫，「出新意於法度之中，寄妙理於豪放之外。」所以就吳道子的畫和王維的墨水畫比較，揚王抑吳，對王維極為推崇，蘇軾說：「吾觀畫品中，莫如二子（王維、吳道子）尊。……吳生雖妙絕，猶以畫工論。摩詰得之於象外，有如僊翮謝籠樊。吾觀二子皆神駿，又於維歛衽無間言。〈王維、吳道子畫〉因為「何處訪吳畫？普門與開元。」而「開元有東塔，摩詰留手痕。」《蘇詩彙評卷四》吳道子雄放的畫風，雖然「下手風雨快」，但「筆所未到氣已吞」，有力無氣，是不索然不取。而王維本詩老，其畫竹兩叢，「亦若其詩清且敦。」蘇軾稱王維「味摩詰之詩，詩中有畫。觀摩詰之畫，畫中有詩」，不是無的放矢。

　　蘇轍對於形似繪畫，在〈畫歎并引〉文中，亦有品評：

　　「武宗元比部學吳道子畫佛菩薩、鬼神。燕肅龍圖學王摩詰畫山川水石，皆得其彷彿。潁川僧舍往往見之，而里人不甚貴重，獨重趙董二生。二生雖工而俗，不識古名畫遺意，作〈畫歎〉。」：

　　　「武燕未遠嗟誰識？趙董紛紛枉得名。已矣孫陳舊人物，至今但數漢公卿。」[17]

　　武宗元與燕肅二人，一學吳道子，一學王維，都是學到形似的寫實性，一般里人卻尊崇趙公祐與董源二人。蘇轍因習俗不識

17　《欒城三集卷一》，頁1149。

名畫遺意，而作〈畫歎〉。

　　武宗元，宋河南人。初名宗道，字總之。官虞曹外郎，工畫。

　　燕肅，宋益都人，家曹州，字穆之。父峻，慷慨任俠。肅舉進士，累官禮部侍郎致仕。性精巧，工畫。

　　趙公祐，唐長安人。寶曆年間，寓居蜀，子趙奇，孫子趙德齊，父子孫三代，都是蜀地潛心從事寺院壁畫創作的巨匠。以大聖慈寺為中心，作畫將近一世紀的壁畫。李德裕鎮蜀，以賓禮遇之。工畫人物，尤善佛像鬼神。

　　董源，南唐鍾陵人。字叔達，又字北苑。官後苑副使。工畫山水，以奇峭雄秀之美，寫煙谿雲壑之圖，與釋巨然並稱「董巨」。其畫適於遠眺，近視不成物形。其後米芾將董源派發揚光大，影響後代深遠。

　　孫位，唐人。居會稽山，號「會稽山人」。工書畫，以曾遇異人，遂改名為遇。工於松石的隱逸畫家。

　　陳皓，善畫釋像。師事吳道子，與范瓊、彭堅同為當代名家，范瓊最年青最傑出，然陳、彭不分高下，乃以天王像作畫，同時作一堵，仍不分優劣，於益州大聖慈寺等留有筆跡。

四、畫馬不獨畫馬皮，畫出三馬腹中事（寫意性）

　　中國繪畫史上，由於水墨畫的刺激，從唐末歷經五代一直到宋初，除傳統的職業畫匠以外，一般畫家不再以熟悉畫技為滿足，更積極追求精神內容的充實；增廣見聞是必要條件，以建立自己的藝術品牌。所以藝術名家，不再重視把自然原封不動的搬到畫布上，而要求把自然美化、理想化予以重現，甚至追求影射心中的理想美，這就是寫意性的畫風，也是「神似」的表現。神似，是指對客觀事物內在規律的異乎尋常透徹的瞭解，也就是掌握客

觀事物的本質特徵。而且神似要借助於一定的有形的物品的真實，才能體現出來，即以形寫神。

蘇轍在元祐八年中，存詩二百九十首，題畫詩有四十六首，這是當代風氣中較為不尋常的表現，因為當時作畫被認定是「閒業」，「丹青偶為戲」〈蘇軾次韻水官詩〉一般文人並不願意涉及談畫論著。而在〈韓幹三馬〉有「畫師韓幹豈知道，畫馬不獨畫馬皮。畫出三馬腹中事，似欲譏世人莫知。」（同註 14）蘇轍的讚美，得來李伯時的反駁：「伯時一見笑不語，告我韓幹非畫師。（略）」蘇軾也不同意蘇轍的評價，〈次韻子由書李伯時所藏韓幹馬〉：「幹惟畫肉不畫骨，而況失實空留皮。煩君（轍）巧說腹中事，妙語欲遣黃泉知。君不見韓生自言無所學，廄馬萬匹皆吾師。」[18]品畫鑑賞，好惡各自不同，難有是非高下的辨識，子瞻子由的識見不同，或許如同濠梁之辯而已。

蘇轍對於寫意性的畫，情有獨鍾，另有〈秦虢夫人走馬圖二絕〉其一：「秦虢風流本一家，豐枝濃艷映雙花。欲分妍醜都無處，夾道遊人空歎嗟。」[19]詩中只有「豐枝濃艷」四字為寫實，其他如「風流」、「映雙花」、「都無處」、「空歎嗟」等詞，形容楊貴妃姊妹秦虢夫人的美艷，令人嘖嘖稱羨，都是寫意性的描敘。其他虛寫的詩句。如「勇怯不必同，要以各善耳。」「優柔自好勇自強，各自勝絕無彼此。」對於吳道子的雄偉豪放的地獄圖，王維的閒靜淡遠的輞川圖，各領風騷，吳、王二人可以齒列，愛屋及烏，期盼「古壁能堅完，塵土雖積，光艷長不毀。」〈跋吳道子地獄變相〉蘇轍的赤子之情，令人感動！至於韓幹三馬的結論：「物生先後亦偶耳，有心何者能忘之？」忘記先後，不貴先後，就是忘記

---

18 《蘇詩彙評卷二十八》〈次韻子由書李伯時所藏韓幹馬〉，頁 1215。
19 《欒城集卷十五》，頁 303。

比較，由於比較，煩惱接踵而至。如〈蜻蜓〉的結論：「若無饑渴患，何貴一簞樂？」如同老子以爲「吾之大患，在於吾之有身」，詩旨遙深，託意起興，詩畫皆是比興的佳作！

蘇軾對於寫實（形似）的畫，一直是鄙視而不苟同，因此，畫聖吳道子的地獄圖，雖是畫得陰森駭人，使人毛骨悚然，但仍然抵不過王維的閒靜淡遠。而有「賦詩必此詩，定非知詩人。」寫實敘事的詩，蘇軾認爲不是詩人應有的作品，而肯定「詩畫本一律，天工與清新。」在天機契合之下，如庖丁解牛的合於腠理，進而有出人意表的創新，才是好詩好畫。所以稱讚王維的畫是「出新意於法度之中（創新），寄妙理於豪放之外（自然），所謂游刃有餘，運斤成風，蓋古今一人（王維）而已。」〈書吳道子畫後〉是以「丹青弄筆聊爾耳，意在萬里誰知？」強調作畫貴在寫意。如顧愷之的「額上加三毛，覺精彩殊勝。」又孫叔敖抵掌談笑，使人謂死者復生。就作畫與作文而言，是相互一致，「文以達吾心，畫以達吾意而已。由於朱象先能文而不求舉，善畫而不求售，不求於世，則王公大人，以何道使之？」〈書朱象先畫後〉蘇軾心中也有些許的感慨，自己是有求於世的人。

蘇軾〈題憩寂圖詩〉：

> 「東坡雖是湖州派，竹石風流各一時。萬世畫師今姓李（伯時），不妨遠作輞川詩（王維）。」[20]

元祐元年（1086）正月十二日，蘇軾、李伯時爲柳仲遠取杜甫「松根胡僧憩寂寞」之句爲題，復請李伯時再作此圖。文同與蘇軾都善畫竹石名世，文同曾知湖州，未到任而病逝，世人仍稱「文湖州」，其畫風被稱爲「湖州竹派」。蘇軾與文同畫風雖近，

20　《蘇軾文集第六十八卷》〈題憩寂圖詩〉，頁 2153。

但自稱各具風流，不盡相同。而對李伯時模仿王維，有微諷李伯時，當然作畫必須貴於創作的思想，表現得一清二楚。

蘇軾論畫，提供作畫的常形與常理兩大原則，在〈淨因院畫記〉：「論畫，以為人禽宮室器用皆有常形；至於山石竹木，水波煙雲，雖無常形，而有常理。」[21]作畫時，「常形之失，人皆知之；常理之不當，雖曉畫者有不知。」「常形」在品畫者的眼中，是具體寫實的畫像，察覺錯失容易。而「常理」因無定形，需要具備物理現象學識，察覺錯失自然不易。蘇軾更深入的指出，欺世盜名者，必憑藉於無常形；因常形之失，止於所失，而不病其全。若是常理之不當，則全廢。是故無常之形，其理不可不謹慎以守也。

社會上的畫匠，也許都能曲盡其形，其理若非高人逸才不能做到。以文同的作畫竹石枯木，是得其理的人。「如是而生，如是而死，如是而攣拳瘠蹙，如是而條達遂茂，根莖節葉，牙角脈縷，千變萬化，未始相襲；而各當其處，合乎天造，厭（饜）于人意。」所以稱為「達士」的作品。「合乎天造」是合乎常理的尺度，而「饜于人意」是常形的架構，「常理」、「常形」不失，是為作畫極品。

常理之失，失在觀物不審，不審不問，而以想當然的誤判作畫，自然失去常理。蘇軾〈書黃筌畫雀〉：黃筌畫飛鳥，勁腳皆展。有人指出：飛鳥縮頸則展腳，縮腳則展頸，但不曾「頸腳兩展」。確實如此。這是觀物不審的誤判，所以「好問則裕」。向誰請教？〈書戴嵩畫牛〉有類似常理之失，蜀中杜處士喜好書畫，其中以「戴嵩畫牛」一幅，最為珍愛，「錦囊玉軸，常以自隨。」一日曬畫，有一牧童見之，拊掌大笑。指出畫牛常理的不當，牧童說：「此

---

21 《蘇軾文集第十一卷》〈淨因院畫記〉，頁 367。

畫鬥牛也，牛鬥力在角，尾搐入兩股間，今乃掉尾而鬥，謬矣。」因此，向誰請問，蘇軾的答案：「耕當問奴，織當問婢。」[22]各行各業都有竅門，如畫牛，問牧童就是。人間「處處有餘師」，師者，不問其年老年少，貴賤貧富，道之所存，師之所存。

　　黃筌，字要叔，成都人，五代後蜀畫家，與江南徐熙並稱「黃徐」。

　　蘇軾於熙寧六年六月（1073）書〈跋蒲傳正燕公山水〉曾就作畫題材，提出作畫準則：以人物為神，花竹禽鳥為妙，宮室器用為巧，山水為勝。可作為前述「常形之失」，「常理之失」的統整。而山水以清雄奇富變態無窮最為艱難。而稱「燕公之筆，渾然天成，燦然日新。」超越畫工的匠氣，而入詩人清麗的意境。

　　蒲傳正，名宗孟，閬州新井人。擁護呂惠卿的手實法，殘酷鎮壓梁山伯盜。蘇軾曾以慈、儉相戒。

　　燕公，即燕文貴，北宋吳興人，善畫人物山水，自成一家，以「溪山樓圖卷」最為著稱。

　　蘇轍〈汝州龍興寺修吳畫殿記〉敘述詳盡標準有四：即能、妙、神、逸。依次漸進，能不及妙，妙不及神，神不及逸。舉證說明：

> 「稱神者二人，范瓊、趙公祐，而稱逸者一人，孫位（遇）而已。范、趙之工，方圓不以規矩，雄傑偉麗，見者皆知愛之。而孫氏縱橫放肆，出于法度之外，循法者不逮其精，有從心不逾矩之妙。」[23]

　　當蘇轍東遊陝西岐山縣下，始見吳道子畫，盛稱吳畫係畫中極品，謂吳道子畫比范瓊為奇，比孫遇為正，號稱「畫聖」，是宋

22　《蘇軾文集第七十卷》〈書黃筌畫雀〉，頁 2213。
23　《欒城集卷二十一》，頁 1106。

朝畫壇宗師。

第二節　蘇轍文藝理論餘論

一、北宋蘇門六君子

　　北宋晚期的文壇，在中國文學史上留名，佔有一席之地的名家，都是依附三蘇門下，尤其是蘇軾的提拔後進，不遺餘力，彷彿當年歐陽修拔擢蘇軾兄弟一樣。自稱蘇門「四學士」的黃庭堅、秦觀、張耒和晁補之。若再加陳師道、李薦則號稱「六君子」。陳亮曾輯《蘇門六君子文粹》七十卷，見於現存崇禎六年（1633）《四庫全書總目卷一百八十七〈蘇門六君子文粹〉》。錢謙益序云：

　　胡仲修得宋人所輯《蘇門六君子文粹》以歸，刻之武林，而余為之序曰：六君子者，張耒文潛、秦觀少游、陳師道履常、晁補之無咎、黃庭堅魯直、李薦方叔也。史稱黃、張、晁、秦俱遊於蘇門，天下稱為「四學士」，而此益於陳、李，蓋履常元祐初以文忠荐起官，晚欲參諸弟子間，方叔少而求知，事師之勤渠，生死不間，其繫於蘇門宜也。

　　這六人在哲宗、徽宗時期，活躍於當代，雖然文藝思想不是對三蘇照單全收，亦步亦趨。各有自己的寫作風格，各有自己的文藝主張，但都是承襲三蘇的巨大影響，使北宋文學產生不同的風貌，豐富文學內容，注入文學新生命，新活力，使中國文學的生命，松柏長青，綿延流長。

　　張耒（1052-1112）字文潛，號柯山，楚州淮陰（江蘇省淮陰）人。因曾得到蘇軾的提拔，遂得與軾遊，軾亦深知之，盛讚其文

汪洋沖淡，有一唱三歎之聲。元祐年間，曾任秘書省正字，遷龍圖閣學士。後遭新黨排擠，貶官宜州、黃州。徽宗時，得蘇軾訃音，舉哀悼念，爲新黨所忌，再貶房州別駕。晚年定居陳州，人稱宛丘先生。著有《宛丘集》《柯山集》，《柯山詞》等。《宋史卷四百四十四》

張耒師承蘇軾，論文崇尚自然。在〈賀方回東府序〉提出文章出於自然，文章是抒寫情性的表現：「文章之於人，有滿心而發，肆口而成，不待思而工，不待雕琢而麗者，皆天理之自然，而情性之至道也。」與蘇軾的爲文看法，完全一致，爲文者「非能爲之爲工，乃不能不爲之爲工。」而「滿心而發，肆口而成」，其目的在於「辭達」而已。

張耒的詩風，崇尚白居易和張籍的社會派詩家，以「但歌生民病，願得天子知」的呼籲，與三蘇的「言爲當世之用」，重視文章的實用，並無二致。

秦觀（1049-1100）字太虛，後改字少游。別號「淮海居士」，揚州高郵（江蘇省揚州）人。在兄弟中排行第七，所以世人稱他爲「秦七」。《宋史卷四百四十四》

秦觀在熙寧七年（1074）時二十六歲，蘇軾由杭州通判移知密州途中，曾將其詩詞數百篇呈送蘇軾，軾讀後大爲讚賞，從此訂爲神交。熙寧十年（1077）蘇軾移知徐州，秦觀專程拜訪，此後以詩酬贈，交往甚密。次年，秦觀寫〈黃樓賦〉，蘇軾稱爲「屈、宋才」，又結識蘇轍、黃庭堅、張耒、晁補之等人。李薦《師友談記》有東坡言：「少游文章如美玉無瑕，琢磨之功未有出其右者。」明人張綖《淮海集序》中說：「與賈誼、陸贄爭長。」可見其文風與三蘇極爲相似。

秦觀多次應試不第，迨元豐八年（1085）三十七歲才考取進

士。初仕定海主簿，元祐三元（1088）在蘇軾和范純仁先後舉荐，應制科試，中式後曾任秘書省正字兼國史院編修。紹聖元年（1094）新黨章惇、蔡京等掌得朝廷大政，秦觀被目爲蘇軾舊黨，貶謫南方（雷州），逐被除名，永不收敘。哲宗駕崩，元祐黨人得到大赦內遷，蘇軾、秦觀均在其中，但秦觀路過藤州（廣西藤縣），醉臥光化亭上而辭世。

秦觀雖爲蘇門四學士之一，但其詞風與蘇軾截然不同，蘇軾是北宋豪放詞家的創造者，而秦觀《淮海詞》是婉約淒美，馮煦《宋六十一家詞選、例言》贊歎秦觀詞風「怒悱不亂、悄乎得小雅之遺」，緊追李後主（煜）之後，而與晏小山（幾道）同步。

黃庭堅（1045-1105）字魯直，洪州分寧（江西修水縣）人。號「山谷道人」，又號「培翁」。生長在文學豐厚的世家，從小勤勉課讀，多才多藝，詩、文、詞、賦樣樣皆通，書法與蘇軾、米芾、蔡襄並稱宋代四大書法家。《宋史卷四百四十四》

黃庭堅在治平四年（1067）二十三歲時考取進士，少年得志。元豐元年（1078）致書徐州太守蘇軾，表示仰慕之意，並呈詩二首。蘇軾覆信，稱贊其詩說「古風二首，托物引類，真得古詩人之風。」從此深交，終身不渝。始終追隨蘇軾，常相唱和，成爲蘇門四學士之一。徽宗時，蔡京當權，大伐舊黨，流放宜州（廣西宜　山縣）編管，崇寧四年死於貶所。

黃庭堅的文藝思想淵源，以儒家爲骨髓，集釋、道於一身，與蘇軾相近。但文學雖主創作，則與蘇軾有南轅北轍的詩風，如脫胎換骨，改竄陳句；好用拗律，押險韻；好用奇字僻典等，與三蘇的文藝思想主張平易自然，大異其趣。

晁補之（1053-1110）字無咎，自號「歸來子」，濟州鉅野（山東濟寧）人。熙寧二年（1069）十七歲時，在杭州謁見蘇軾，呈

作文〈七禺〉，蘇軾盛讚「其文博辯雋偉，絕人遠甚，必顯於世，由是知名。」《宋史卷四百四十四》，紹聖年間，被列入元祐黨籍，屢遭貶謫。著有《濟北晁先生雞肋集七十卷》，《晁無咎詞》又名《晁氏琴趣外篇》六卷。《四庫全書總目卷一百五十四雞肋集》提要說：「今觀其集，古文波瀾壯闊，與蘇氏父子相馳驟，諸體詩風俱高騫，一往俊邁，並駕於張（耒）、秦（觀）之間，亦未知孰為先後。」由此得知，晁無咎與三蘇的詩文風格，是相互接近。

陳師道（1053-1102）字履常，號「後山居士」，彭城（江蘇徐州市）人。自少篤學能文，十六歲拜曾鞏為師。元祐二年（1087）三十五歲時，由於蘇軾、孫覺的舉荐，得任徐州教授，從此遊於蘇軾門下，與黃庭堅等交往，後與黃庭堅成為江西詩派重要人物。崇寧元年（1102）四十九歲時，在京郊參加祭典，天候嚴寒，拒絕穿著租用衣服，人感受風寒而病歿。著有《後山居士文集》、《後山詞》。《宋史卷四百四十四》

陳師道詩學杜甫，卻主張從黃庭堅詩道入手。〈答秦觀書〉：「及一見黃豫章，盡焚其編而學焉。」又說：「僕之詩，豫章之詩也。」可見陳師道學黃庭堅詩風，且得其精髓。劉克莊《江西詩派、後山》也提到：「文師南豐，詩師豫章，二師皆極天下之本色，故後山詩文高妙一世。」至於黃庭堅稱「閉門覓句陳無己」，是敘述陳無己每登臨得句，即急歸，臥一榻，以被蒙首，謂之「吟榻」。家人知道，連貓犬都逐去，嬰兒稚子，也抱持寄在鄰家。徐徐起身，就筆硯，即詩已成。

李薦（1059-1109）字方叔，華州（陝西華縣）人，自號太華逸民。《宋史卷四百四十四》父惇與蘇軾同年。然薦六歲而孤，能自奮力，後以學問稱鄉里。於黃州謁見蘇軾，贄文求知，蘇軾稱「其筆墨瀾翻，有飛沙走石之勢。」素貧寒，而屢試不第。著《師

友談記》一卷，記載個人與蘇軾、秦觀、張耒等人交往時所聞所見的嘉言懿行。另有《濟南集》，現存八卷。《四庫全書總目卷一百五十四》評論：「薦才氣橫溢，其文章條暢曲折，辯而中理，大略與蘇軾相近。」

二、南宋陸游與楊萬里

三蘇的文學在北宋掀起其狂風巨浪，在蘇氏父子先後辭世以後，三蘇的文學仍然如日中天，如長江大河，波濤滾滾，繼續向前奔馳。雖然王安石譏為「縱橫之學」，朱熹更強烈抨擊，評為「雜學」，但陸務觀《老學庵筆記卷八》記載三蘇文學歷久不衰的情形：「建炎以來，尚蘇氏文章，學者翕然從之，而蜀士獨盛。……語曰：蘇文熟，吃羊肉。蘇文生，吃菜羹。」可見三蘇文章已是士子的學文典範，「蘇文熟」則為文韻味雋永，功名得意，有「羊肉」可食。若「蘇文生」，則文蕪雜平淺，功名失意，只有嚐「菜羹」，索然無味。因此，南宋孝宗時，追贈三蘇諡號「文安、文忠、文定」，肯定三蘇的文學地位。

陸游（1125-1210）字務觀，號「放翁」，越州山陰（浙江紹興）人。祖父陸佃是王安石的學生，支持新政，父親陸宰是一位學者和藏書家。自從年幼受到家庭愛國教育的薰陶，深植其衷，終生不廢。在〈示兒〉詩中有「死去原知萬事空，但悲不見九州同！王師北定中原日，家祭無忘告乃翁」，道盡其愛國詩人的心聲。從小以讀書為樂，讀淵明詩集，旦暮不釋，廢寢忘食。范成大鎮蜀，陸游常為座上賓客，主賓酬唱，歡樂之餘，陸游不拘禮法，被譏為頹放，遂自號「放翁」。《宋史卷三百九十五》

陸游文學創作是多產作家，現存《劍南詩稿八十五卷》，詩九千三百多首，《放翁詞一卷》，一百三十多首，文學史上少出其

右者，概括可分三期。早年以藻繪為工，頗重技巧；中年開拓意境，博大宏肆；晚年退隱居家，力求平淡。周必大跋子由〈由劉貢父省上示作坐客詩〉說明陸游對蘇轍的推崇備至：「吾友陸務觀，當今詩人之冠冕，勸予哦蘇黃門詩。退取《欒城集》觀，殊未識其旨趣。……郊居無事，天寒踞爐如餓鴟。劉友子澄忽自來申寄此卷相示，快讀數過，溫雅高妙，如佳人獨立，姿態易見。然後知務觀於此道真先覺也。」

陸游作文，效法蘇軾崇尚自然，有〈文章〉詩：「文章本天成，妙手偶得之。」與蘇軾以作文為世間樂事，而胸有洪爐，金、銀、鉛、錫，皆歸熔鑄。綜觀陸游與蘇軾在性情極為相似，放翁與東坡居士的「滿肚子不合時宜」，都是思想契合的最好說明。所以，陸游是南宋繼承三蘇文學的大文學家，性情使然。

楊萬里（1127-1206）字廷秀，吉州吉水（江西省吉安）人。紹興二十四年（1154）進士。任永州零陵丞時，謁見名將張浚。張浚以正心誠意之學勉勵，因取其書房名為「誠齋」，並以自號，著有《誠齋集》。《宋史卷四百三十四》

楊萬里的學詩歷程，在〈荊溪集序〉中說：「予之詩始學江西諸君子，既又學後山五字律，既又學半山老人七字絕句。晚乃學絕句於唐人，學之愈力，作之愈寡。」於是跳脫江西詩社的匡架，開創另一途徑，在〈跋徐恭中省干近詩〉中說：「傳派傳宗我替羞，作家各自一風流。黃、陳籬下休安柳，陶、謝行前更出頭。」自述作家宜各有特色，步前人腳跟應感羞恥。因此，跳脫黃庭堅、陳師道的藩籬，就陶淵明、謝靈運更有佳作。

楊萬里的詩作，題材取自實際生活，範圍擴大，不受拘限，自創「誠齋詩體」，其特點是抒寫民生疾苦，描敘自然景物，富有幽默感，語言平易，想像豐富。因此，「無事不可入詩」，與蘇軾

風格極爲相似。

三、明代三袁 ── 袁宗道、袁宏道、袁中道

三袁的袁宗道、袁宏道、袁中道三兄弟，胡北公安人，因此稱爲「公安派」。三袁中以袁宏道最有名。袁宏道，字中郎，號石公（1568-1610），有《中郎全集》。《明史文苑傳》說：「先是王（世貞），李（攀龍）之學盛行，袁氏兄弟獨心非之。宗道在館中，與同館黃輝力排其說，於唐好白樂天，於宋好蘇軾，名其齋曰「白蘇」。至宏道益矯以清新輕俊，學者多舍王、李而從之，目爲「公安體。」公安體的文學理論的特色，包括：

（一）進化的文學

歷代文學的變遷，各有其時代的特性，創作或是批評，都該明白其時代的特色，才能祛除「家有敝帚，享之千金」的褊頗心態。而貴古賤今，一字一句都要擬古，此乃戕害文學的生命，而喪失作者的個性。

「弟才雖綿薄，至於掃時詩之陋習，爲末季之先驅，辯歐韓之極冤，搗鈍賊之巢穴，自我而前，未見有先發者，亦弟得意事也。」《袁中郎全集卷二十四》袁中郎強烈的指陳：反對復古的詩風，自由創作的具體主張。

袁宏道提出：「文之不能不古而今也，時使之然也，夫古有古之時，今有今之時，襲古人語言之跡，而冒以爲古，是處嚴冬而襲夏之葛者也。」〈雪濤閣集序〉

因此，時有古今，文亦有古今。若襲古人語言之跡，而以爲古，是處嚴冬而襲夏葛的人，完全不合時宜。如宋歐、蘇輩出，大變晚唐積習，於物無所不收，於情無所不暢，於境無所不取。

如此思想與三蘇的「長於草野，不學時文，不剽裂文句」完全相同。

（二）反對模擬

袁宏道《小修集序》：「秦、漢而學六經，豈復有秦、漢之文，盛唐而學漢、魏，豈復有盛唐之詩？惟夫代有升降，而法不相沿，各極其變，各窮其趣，所以可貴。」三蘇也有「非能為之為工，乃不能不為之為工，所以寫作應是「大略如行雲流水，行於所常行，止於不可不止，文理自然，姿態橫生」才是。

（三）獨抒性靈，不拘格套

獨抒性靈就是文學要發抒個人的情感，言志而不載道；是表現個人的性情而不是無病呻吟。而不拘格套是發抒文學自由創作的精神，不拘泥於格律，以免傷害作者的個性表現。袁宏道的看法：「文章新奇，無定格式，只要發人所不能發，句法、字法、調法，一一從你自己胸中流出，此真新奇也。」《答李元善》而〈敘咼氏家繩集〉則言：「蘇子瞻酷嗜陶令時，貴其淡而適者也。」三蘇主張「得心應手，自胸臆中流出」，「詩從肺腑出，出則感肺腑」是獨抒性靈，不拘格套的最好寫照。

（四）文學作品，必有內容

「公安體」主張文學作品須有內容，其內容不是聖人的人倫大道，是指有血肉，有情感，有思想的文章。以為文質相互依從，且質勝於文的觀念。要做到「鉛黛所以飾容，而盼倩生於淑姿；文彩所以飾言，而辯麗本於情性。」《文心雕龍情采》三蘇主張不作俗人之學，批評《文選》的選文藻麗，又有「詩病五事」的指

陳，與三袁的文學作品，其內容必有共通之處。

四、清代袁枚及尊宋詩家

（一）袁　枚

　　結束明代浪漫文學思潮的是袁枚，字子才，號「簡齋」。
（1716-1798），清浙江錢塘（杭州）人。《清史稿校注卷四百九十
一》二十四歲進士，歷任江寧等諸縣，勤政愛民，事無不舉。三
十八歲即絕意仕進，休官養親，築隨園於江寧之小倉山，以著書
吟詠自娛，時稱「隨園先生」。著有《小倉山房詩文集》。

　　袁枚是明代公安袁宏道的繼承者，詩主性靈，喜山水，愛聲
色。在〈答戢園論詩書〉談到獨抒性靈的巧妙比喻：「以千金之珠，
易魚之一目，而魚不樂者，何也？目雖賤而真，珠雖貴而偽也。」
況且批評宋朝程朱理學家，以爲其道不是文王周公之道。袁枚勇
於撻伐道統的文學家，終於不容於徵聖宗經明理載道的衛道者，
所以，公安與袁枚的浪漫文學，遂告同歸於盡。

　　袁枚〈答王夢樓侍講第八十九首〉：

　　「詩宜自出機杼，不可寄人籬下，譬作大官之家奴，不如作
小邑之薄尉，何也？薄尉雖卑，終是朝廷命官，家奴雖豪，難免
主人笞罵。今之尊韓抱杜，而皮傅其儀形者，能無悚悔。」又云：
詩如佛法，有正法眼藏，有狡會神通，參正法者，不貴神通；夸
神通者，渺視正法。」

（二）尊宋詩家 ── 宋牢、查慎行、厲鶚。

　　宋牢，字牧仲，號「漫堂」。（1634-1713）河南商邱人，有《西
陂類稿》。《池北偶談》記其嘗畫蘇軾像，而己侍立其側，可見對

於東坡的敬愛。作詩縱橫奔放，刻意生新。

查慎行，字初白（1650-1727），浙江海寧人。著有《敬業堂集》。詩崇蘇陸，曾補注蘇詩五十二卷。《四庫提要》：「觀慎行近體，實出劍南。依其淵源，大抵得於蘇軾爲多。」其詩得宋人之長而不染其弊，可見其在宋詩的地位。

厲鶚，字太鴻（1692-1753）浙江錢塘人。著有《樊榭山房集》。並著有《宋詩紀事》百卷，是研究宋詩知名的學者。才學極高，卻愛用冷字僻典，流於餖飣摛搳的毛病。偶有蒼涼清麗的作品，如〈晚過梁溪有後〉最後四句：

「三面看山暝色催，舊遊零落使人哀。依稀第二泉邊路，半在蒼煙落葉堆。」雖有東坡詩中的意境，但終究略遜一籌。

五、現代的蘇文

三蘇是北宋國文學史上的奇葩，距離現在已接近一千年。他們永遠璀璨亮麗，「其人雖已死，典型在宿昔。風簷展書讀，古道照顏色。」今日的三蘇，仍然是光芒萬丈，立足文壇，只要有中國人的地方，就有蘇東坡，甚至是日本、韓國、美國、英國、法國、德國也都有其著作研究。蘇軾是古今中外最受肯定歡迎的大文學家。

試觀三蘇的〈六國論〉，識見特出。蘇洵的史論，蘇轍的散文及詩，如〈黃州快哉亭記〉，〈上樞密韓太尉書〉等，而才氣縱橫的蘇軾，無論是詩詞，散文均有傲人的成就，詞如中秋夜醉達旦、思念子由的〈水調歌頭〉，赤壁懷古的〈念奴嬌〉，謫居黃岡的〈定風波〉；詩如〈和子由澠池懷舊〉，〈題西林壁〉等，散文如前後〈赤壁賦〉、〈日喻〉、〈超然台賦〉、〈潮州韓文公廟碑〉等，都是大家耳熟能詳，朗朗上口的文學作品。而三蘇的著作專書，

論文撰寫，真是汗牛充棟，堆積如山，品類繁多，難以列舉。喜愛三蘇的人，仍然是發狂發熱，提到三蘇，人人眼睛發亮，神氣飛揚；尤其是蘇東坡，在夢中都會發笑。

三蘇不只是在文學的傑出表現，更可貴的是三蘇的氣節凜然，有守有為，進退合宜，頂天立地，坦蕩蕩的胸懷，令人敬仰，忠君愛國，始終如一。父子三人，並列唐宋古文八大家，前無古人，後無來者，今日的三蘇，仍然神氣活現的活在大家的心中，仍然引導大家向前邁進，三蘇的精神，千千萬萬年之後，還是與人類同在，永遠長存！

參考書目

一、有關三蘇參考書目

蘇轍集　宋蘇轍著　陳宏天、高秀芳點校　北京　中華書局　1999 年 7 月　第二版

欒城集　蘇轍　四部備要　中華書局　民 60 年台二版

道德經解　蘇轍　明萬曆兩蘇經解本　四庫全書　民 71 年 9 月台二版

蘇轍老子道德經評註　木山鴻吉　藝文印書館　民 54 年

蘇文定公文集　蘇轍　宋孝宗時眉山刊大字本　四庫全書　民 71 年 9 月台二版

潁濱文鈔　李贄選　明末宜和堂本　四庫全書　民 71 年 9 月台二版

潁濱先生春秋集解　蘇轍　四庫全書　商務印書館　民 71 年 9 月台二版

論語拾遺一卷　蘇轍　明萬曆刊兩蘇經解本　四庫全書　民 71 年 9 月台二版

孟子解　蘇轍　四庫全書　商務印書館　民 71 年 9 月台二版

古史　蘇轍　明南監刊本　四庫全書　民 71 年 9 月台二版

龍川略志　蘇轍　四庫全書　商務印書館　民 71 年 9 月台二版

蘇轍評傳　曾棗莊　五南圖書出版公司　民 84 年初版

朱熹論三蘇之學　涂美雲　秀威資訊　2005 年 9 月 30 日

合刻三先生潁濱文匯　明末茅坤等評本　四庫全書　民 71 年 9

月台二版

三蘇傳　曾棗莊　學海出版社　民 85 年初版

三蘇全集（上中下）蘇洵　蘇軾　蘇轍　眉州三蘇祠堂刊　中文
　　出版社　日本京都市　1986 年 4 月出版

三蘇散文研究及其他　李李　秀威資訊　2008 年 7 月 1 日

嘉祐集十六卷附錄二卷　蘇洵　四庫全書　商務印書館　民 71
　　年 9 月台二版

蘇洵及其政論　徐琬章　文津出版社　民 73 年 6 月

三蘇文　葉玉麟　商務印書館　民 72 年 9 月

蘇軾文集　（宋）蘇軾撰　（明）茅維編；孔凡禮點校　北京：中
　　華書局　1999 年 7 月　第五次印刷

蘇詩彙評　曾棗莊主編　四川文藝出版社　2000 年 10 月

三蘇文研究　陳雄勳　三民書局　民 76 年 6 月

蘇東坡傳　林語堂著　宋碧雲譯　民 66 年 5 月

蘇詞彙編　曾棗莊　文史哲出版社　曾濤編　民 87 年 5 月初版

蘇文忠公詩編注集成總案　王文誥　巴蜀書局　1985 年成都

蘇東坡新傳（上下）　李一冰　聯經出版事業公司　民 79 年 3 月
　　五版

蘇軾的道家與道教　鍾來因　學生書局　民 79 年 5 月初版

蘇軾研究史　曾棗莊等著　江蘇教育出版社　2001 年 3 月第一版

蘇軾詩研究　謝桃坊　巴蜀書局　1987 年 5 月第一版

蘇軾散文研讀　王更生　文史哲出版社　民 90 年 2 月

蘇洵言論及其文學之研究　謝武雄　文史哲出版社　民 70 年 4 月
　　初版

三蘇及其散文之研究　陳雄勳　文史哲出版社　民 81 年 11 月初版

三蘇年譜彙刊　王水照　上海古籍出版社　1989 年 11 月

三蘇文藝思想　曾棗莊　學海出版社　民 84 年 8 月初版

蘇轍古史中的歷史思想　王治平　清華碩士論文　民 86 年

蘇轍文學研究　高光惠　台大中文碩士論文　民 78 年

北宋文學批評資料彙編　黃啓方　成文出版社　民 67 年 9 月

寧靜淡泊的蘇轍　王保珍　中國文學家傳　里仁書局　民 82 年
　　12 月 31 日

沈靜簡潔的蘇轍　陳春城　歷代名作家傳　河畔古典文學叢刊
　　民 88 年 9 月

蘇轍史論散文研究　吳淑樺著　萬卷樓圖書公司　2007 年 11 月

二、一般參考書目

韓昌黎全集　韓愈　新興書局　民 56 年 9 月新一版

翰苑集注　陸贄　世界書局　民 53 年 1 月

歐陽文忠公集　歐陽修　四庫全書　商務印書館　民 71 年 9 月台
　　二版

臨川集　王安石　四庫全書　商務印書館　民 71 年 9 月台二版

傳家集　司馬光　四庫全書　商務印書館　民 71 年 9 月台二版

范文正公集　范仲淹　四庫全書　商務印書館　民 71 年 9 月台二版

安陽集　韓琦　四庫全書　商務印書館　民 71 年 9 月台二版

樂全集　張方平　四庫全書　商務印書館　民 71 年 9 月台二版

捫蝨新話　陳善　四庫全書　商務印書館　民 71 年 9 月台二版

困學紀聞　王應麟　四庫全書　商務印書館　民 71 年 9 月台二版

侯鯖錄　趙令畤　四庫全書　商務印書館　民 71 年 9 月台二版

曲洧舊聞　朱弁　四庫全書　商務印書館　民 71 年 9 月台二版

春渚紀聞　何薳　四庫全書　商務印書館　民 71 年 9 月台二版

夢溪筆談　沈括　四庫全書　商務印書館　民 71 年 9 月台二版

容齋隨筆　洪邁　四庫全書　商務印書館　民 71 年 9 月台二版

文心雕龍　劉勰　四庫全書　商務印書館　民 71 年 9 月台二版

梁谿漫志　費袞　四庫全書　商務印書館　民 71 年 9 月台二版

聞見後錄　邵博　四庫全書　商務印書館　民 71 年 9 月台二版

鶴林玉露　羅大經　四庫全書　商務印書館　民 71 年 9 月台二版

太平寰宇記　樂史　四庫全書　商務印書館　民 71 年 9 月台二版

石林燕語　葉夢得　四庫全書　商務印書館　民 71 年 9 月台二版

苕溪漁隱叢話　胡仔　長安出版社　民 67 年 12 月

歷代詩話　清何文煥輯　四部刊要　漢京文化事業有限公司　民
　　72 年 1 月 1 日

百種詩話類編　臺靜農編　藝文印書館　民 61 年

宋代文學與思想　臺灣大學中國文學研究所主編　學生書局　民
　　78 年 8 月初版

北宋的古文運動　柯寄澎　幼獅出版社　民 81 年 8 月初版

北宋古文運動發展史　祝尚書　巴蜀書社　1995 年 11 月

兩宋文學史　程千帆、吳斯雷　麗文公司印行　1993 年 10 月

中國文學批評史　郭紹虞　唯一書業中心　民 64 年 9 月

北宋詩文革新研究　程杰著　文津出版社　民 85 年 12 月初版

宋代文史論叢　孔凡禮著　北京　學苑出版社　2006 年 5 月第一版

宋代文學論稿　楊慶存著　復旦大學出版社　2007 年 3 月第一版

文學心理學　錢谷融、魯樞元　新學識文教出版中心　1990 年 9 月

文藝心理學　朱光潛　漢京文化學業有限公司　民 76 年 3 月 10 日

文藝創造心理學　劉烜　吉林教育出版社　1992 年 1 月

宋人傳記資料索引補編　李國珍　四川大學　1994 年 8 月第一版

宋文記事　曾棗莊、李凱、彭君華編　四川大學出版社　1995 年

現存宋人著述總錄　劉琳　沈治宏編著　巴蜀書社　1995 年 8 月

宋代蜀人著作存佚錄　許肇鼎　巴蜀書社　1986 年

宋人軼事彙編　丁傳靖　商務印書館　民 71 年 9 月台二版

宋儒學案　陳叔諒、李心莊重編　正中書局　民 59 年 4 月台四版

明儒學案　李心莊重編　正中書局　民 57 年 11 月台三版

朱子語類　藝文印書館　百部叢書集成初編　影印本八卷　清張
　　佰行　民 58 年

宋代學術思想研究　金中樞　幼獅書店　民 78 年 3 月

宋代文化研究　第一、二、三、四、五、六輯　四川大學古籍整
　　理研究所　1991 至 1996 年

宋學的發展和演變　漆俠著　河北人民出版社　2004 年 10 月第
　　一版

宋儒微言　盧國龍　華夏出版社　2001 年 4 月

中國學術通史　宋元明卷　張立文　祁潤興著　人民出版社
　　2004 年 12 月

宋史研究論文與書籍目鐘　宋晞編　文化大學出版初片版　民 92 年

新校本宋史並附編三重一　楊家駱　鼎文出版社　民 74 年 6 月四版

新校資治通鑑注　司馬光　世界書局　民 68 年 5 月八版

續資治通鑑長編　李燾　世界書局　上海師大古籍所，華東師大
　　古籍所點校二版　北京中華書局　2004 年 9 月重印

續資治通鑑長編　李燾　世界書局　民 72 年 4 月

文獻通考　馬端臨　四庫全書　商務印書館　民 71 年 9 月台二版

中國政治思想史　薩孟武　三民書局　民 89 年 8 月十版

中國政治社會史　薩孟武　三民書局　民 82 年 10 月六版

中國政治思想史　蕭公權　聯經出版社　民 69 年 5 月

中國政治思想史　張金鑑　三民書局　民 78 年 1 月

宋代政治史　何忠禮　浙江大學出版社　2007 年 6 月第一版

宋代政教史　劉伯驥　中華書局　民 60 年 12 月初版

宋代社會政治論稿　陳振著　上海人民出版社　2007 年 11 月第
　　一版

宋史專題課　鄧廣銘　漆俠蕃　北京大學出版社　2008 年 1 月第
　　一版

宋論・清　王夫之著　王嘉川譯注　北京中華書局　2008 年 9 月
　　第一版

北宋黨爭研究　羅家祥　文津出版社　民 82 年 11 月初版

宋代監察制廈　賈玉英　河南大學出版社　2006 年 2 月重印

孫子十家注　廣文書局　魏武帝　孫星衍等注　民 67 年 7 月

孫子兵法研究　李洛日編譯　黎明文化事業公司　民 89 年 5 月

不戰而勝 —— 孫子謀略縱橫　張國浩　正展出版公司　2000 年 9 月

宋朝廂軍研究　淮建利著　中州古籍出版社　2007 年 9 月第一版

宋代科舉　賈志揚　東大圖書公司　民 84 年 6 月初版

宋代官學教育與科舉　李弘祺　聯經出版社　民 83 年 6 月初版

宋太祖的統治藝術　張金光　知青頻道　民 83 年 4 月 10 日初版

北宋危機管理　陳文德　遠流出版社　民 84 年 3 月 16 日二版

北宋中期儒學復興運動　劉復生　文津出版社　民 80 年 7 月初版

北宋進士科考試內容之演變　甯慧如　知書房出版社　1996 年
　　10 月初版

宋代中期以後之官制改革　張復華　文史哲出版社　民 80 年 11
　　月初版

宋遼夏金史話　木鐸出版社　民 77 年 9 月初版

兩宋財稅史　汪聖鐸　中華書局（北京）　1995 年 7 月北京

宋代財政和文獻考論　李偉國　上海古籍出版社　2007 年 7 月

中國經濟發展史導讀　吳永猛　中國文化大學出版部　民 80 年 9

　　月修訂版

宋代地域經濟　程民生主編　雲龍出版社　1995 年 9 月初版

中國經濟史考證　日‧加藤繁華　華世出版社　民 70 年 9 月版

中國經濟史　馬持盈　商務印書館　民 70 年 10 月

中國經濟思想通史　趙靖主編　北京大學出版社　1997 年 5 月初版

中國美術史　馮作民　藝術圖書公司　1998 年 7 月再版

歷代畫家評傳　宋‧張治安等　中華書局香港分局　1986 年 5 月
　　重印

禪宗的人生哲學　陳文新　揚智文化　民 64 年 9 月

禪宗與中國文化　葛兆光　里仁書局　民 76 年 10 月 10 日

中國古今地名大辭典　謝繁昌　商務印書館　民 82 年 3 月台一版

歷代名人生卒年表　梁廷燦　商務印書館　民 68 年 11 月台二版

歷代名人年里碑傳總表　姜亮夫　商務印書館　1993 年 11 月第
　　一版

三、論文期刊參考目錄

蘇轍的生平及作品　陳宗敏　古今文選　國語日報　書和人第四
　　輯　民 66 年 8 月

從三蘇祠談到蘇轍的儒家思想　王煜　哲學與文化　民 80 年 8 月

穎濱遺老蘇子由　張樸民　反攻　民 63 年 8 月

蘇轍孟子解二十四章研析　吳武雄　台中技術學院學報　民 93
　　年 6 月

蘇轍論語拾遺探討　吳武雄　台中人文社會學院　民 93 年 2 月

蘇轍論語拾遺試探　陳昇輝　問學集　民 92 年 6 月

二蘇五經論作者考　吳淑樺　高師大國文學報　民 90 年 12 月

論蘇轍新論旨趣　吳武雄　國立台中技術學院　人文社會學報

民 94 年 12 月

道非孔孟乎 —— 論蘇轍論語拾遺、孟子解之深層意義　吳淑樺
　高師大國文學報　民 98 年 1 月

宋代老子學以佛解老析論　江淑君　中國學術年刊　民 95 年 3 月

蘇轍的佛道思想　涂美雲　東吳中文研究集刊　民 91 年 9 月

蘇轍的佛學思想　王煜　韶關學院學報　第二二卷　第八期
　2001 年 8 月

蘇轍崇道思想及其文論　林美珍　人文社會學科教學通訊　民
　91 年 6 月

蘇轍老子解義理內蘊探析 —— 兼論儒道交涉的老學識域　江叔君
　中文學報　民 90 年 3 月

蘇子由的道家思想　王煜　中道　民 81 年

蘇轍歷代論的歷史詮釋與意義建構　陳秉貞　人文及社會學科教
　學通訊　民 92 年 4 月

蘇轍在元祐黨爭中的角色與影響　涂美雲　中興大學中文系　民
　97 年 6 月

蘇轍詩集傳評介　趙制陽　民 85 年 3 月

蘇轍與古文運動　吳武雄　台中技術學院　民 92 年 12 月

蘇軾與蘇轍水調歌頭唱和詩析論　陳鍾琇　中國語文　民 95 年 6
　月

蘇轍詩歌之審美意向　林美珍　新竹教育大學學報　民 95 年 6 月

蘇轍黃州快哉亭記的結構分析　陳佳君　國文天地　一九九期
　90 年 12 月

快哉何來？鑑賞黃州快哉亭記　林碧珠　中國語文　民 93 年 3 月

新脩蘇轍養氣說　張靜二　中外文學　民 81 年 6 月

蘇轍上韓太尉書的養氣說　黃惠君　國文天地　一九六期　民

90 年 9 月

蘇轍和文與可洋州園亭三十詠析論　張健　明道文藝二三五期　民 84 年 10 月

蘇轍題畫詩研究　林美珍　中國古典文學研究　民 91 年 9 月

文同與蘇轍超然台賦比較研究　張博鈞　思辨集　民 94 年 3 月

蘇轍墨竹賦及其論文同繪竹之理境　劉淑媚　中國語文　民 91 年 7 月

手足之愛平生一人：蘇軾蘇轍兄弟情深　陳晉生　歷史月刊　民 90 年 7 月

我年十九識君翁 —— 蘇轍與歐陽修之交誼　王素琴　中國文化月刊　民 90 年 8 月

蘇軾的文藝觀　劉乃昌　文史哲出版社　1981 年

歐陽修與三蘇的交誼　江正誠　藝文志　一六四期　民 68 年 5 月

蘇轍兄弟考制科　王窓賢　國文天地　民 86 年 10 月

坡公號老泉考　李李　國文天地　民 81 年 11 月

三蘇學養探頤　黃淑賢　新埔學報第二期　民 64 年 12 月

蘇轍任遼始末　蔣武雄　國立台中技術學院人文社會學報　民 94 年 12 月

蘇軾前後赤壁賦心靈境界之探討　張學波　中興大學中文學報五期　民 81 年 5 月

蘇軾論語說鉤沈　馬德富　四川大學學報　1992 年 12 月

也談蘇軾念奴嬌赤壁詞的格式　曾永義　臺灣大學中文學報　1992 年 7 月

論宋代稅收中的違法處罰　張全明　江漢論壇　1991 年 6 月

宋代內庫的財政管理述論　朱鳴　西北師大學報　1991 年 7 月

論宋代榷酒制度中的買撲形式　李華端　西北師大學報　1991

　　年 7 月

談禪對詩的影響　余崇生　中國語文七十七期　民 84 年 12 月

歐陽修排抑太學體初探　彭雅玲　中華學苑四十六期　民 84 年 3 月

試論文與氣　張靜二　大陸雜誌八十七期　民 82 年 9 月

隨園論東坡詩探討　葉程義　中華學苑四十期　民 79 年 3 月

論北宋的守內虛外國策　鄭珍平　北京師範學院學報　1992 年 4 月

宋代的茶葉政策史實綜述　岡元司　史學研究一九七期　1992
　　年 7 月

北宋的黨爭與文學　鞏本棟　文獻五〇期　1991 年 10 月

論宋代稅收中的違法處罰　張全明　江漢論壇　1991 年 6 月

論宋代內庫的財政管理述論　朱鴻　西北師大學報　1991 年 7 月

論宋太祖集中財權　顧吉辰　學術月刊　1991 年 5 月

論宋代錢荒　葉坦　中國史研究　1991 年 5 月

試論熙寧元祐期間蘇轍的政治思想　蘇爲之　上海師範大學學報
　　1990 年 3 月

青苗法研究　顧金芳　西南師範大學學報　1990 年 7 月

論北宋中期的財政危機　袁一堂　史學月刊　1990 年 5 月

從中唐到北宋錢荒問題的考察　喬幼梅　歷史研究　1990 年 4 月

四川兩宋鑄錢瑣談　王有鵬　四川文物　1990 年 5 月

宋代四川鑄錢監及所鑄鐵錢　李清蘭　四川文物　1990 年 5 月

四川交子的界分與數類　杜文玉、王克西　中國錢幣　1990 年 4 月

蘇軾文論及其散文藝術研究　黃美娥　國立師範大學國文研究所
　　集刊三十四期　1990 年 6 月

東坡日月長蘇軾在黃州　王保珍　故宮文物月刊　1990 年 4 月

蘇東坡貶謫黃州的生活與心境　黃寬重　故宮文物月刊　1990
　　年 4 月

浩然之氣─以貫之蘇轍散文特色略論　唐驥　求索　1997 年

蘇軾散文中的禪　趙仁珪　北京師範大學學報─四二期　1997 年

蘇洵書信體散文研究　李李　華岡文科學報廿一期　1997 年

文氣論的當代價值　暢廣元　陝西師範大學學報廿六期　1997 年

論佛老思想對蘇軾文學的影響　劉乃昌　四川大學報叢刊六期　1980 年

司馬光〈奏彈王安石表〉辨偽　鄧小南　北京大學學報　1980 年 8 月

蘇軾美學思想管見　劉長久　北京大學學報　1980 年 8 月

試論蘇軾的文藝思想　曹學偉　四川大學學報叢刊六期　1980 年 6 月

蘇軾的文藝思想　顧易生　文學遺產　1980 年 9 月

蘇軾論藝術的真實性　朱靖華　文學論集四期　民 69 年 7 月

歐陽修的道及其對文學創作的影響　成復旺　文學論集四期　民 69 年 7 月